Herderbücherei

Band 237

Das vorliegende Taschenbuch, das von Professor August Franzen, dem Ordinarius für Kirchengeschichte und Religiöse Volkskunde an der Universität Freiburg, eigens für die Herder-Bücherei geschrieben wurde, bietet einen kurzen, prägnanten und sachlich fundierten Überblick über die Geschichte der katholischen Kirche von ihren Anfängen bis zur Gegenwart. Dabei wird die Mitte gehalten zwischen der Darbietung eines notwendigen Zahlen- und Tatsachenmaterials und einer ideengeschichtlichen Verknüpfung auf dem Hintergrund der politischen, sozialen und allgemeinen Geistes- und Kulturgeschichte. Somit wendet sich das Werk an alle, die die Kirche in ihrer Geschichte und ihrer wesenhaften Geschichtlichkeit kennenlernen wollen, und wird nicht zuletzt auch für Schüler und Studenten ein willkommenes Arbeitsmittel sein. Dem kommt entgegen, daß der Autor auf gute Lesbarkeit ebensoviel Wert gelegt hat wie auf die Herausarbeitung großer Zusammenhänge und umfassender Durchblicke.

Die neuesten Erkenntnisse der wissenschaftlichen Forschung, die das geschichtliche und theologische Bewußtsein unserer Zeit zum Teil ganz erheblich verändert haben, sind überall berücksichtigt und verarbeitet. Strittige Fragen werden nicht umgangen, sondern mit besonderer Sorgfalt behandelt, das heißt, sie werden nicht einer leichtfertigen und oberflächlichen Tageskritik unterzogen, sondern aus ihrem zeitgeschichtlichen und geistesgeschichtlichen Zusammenhang heraus gedeutet.

Im Aufbau des Werkes ist die bewährte Einteilung in Altertum, Mittelalter und Neuzeit beibehalten worden. Die Problematik ist deutlich herausgestellt, die Schwerpunkte sind auch räumlich hervorgehoben (z. B. die Reformation und die neueste Zeit) und große Persönlichkeiten lebensvoll dargestellt.

Ein ausführliches Namen- und Sachregister, eine Bibliographie und eine Papstliste beschließen diesen neuen Band in der sehr erfolgreichen Reihe „Nachschlagewerke und Kompendien“ der Herder-Bücherei.

August Franzen

# Kleine Kirchengeschichte

Herderbücherei

Originalausgabe
erstmals veröffentlicht als Herder Taschenbuch

1. Auflage Dezember 1965
2. Auflage Februar 1968
3. Auflage November 1970
4. Auflage März 1973
5. Auflage September 1975
6. Auflage Dezember 1976
7. Auflage Januar 1978
8. Auflage März 1979


Imprimatur. – Freiburg im Breisgau, den 7. Oktober 1965
Generalvikar p. T.: Dr. Vetter
Herder Freiburg · Basel · Wien
Herstellung: Freiburger Graphische Betriebe 1979
ISBN 3-451-01737-7

# INHALT

## I. ZEITRAUM
## DAS CHRISTLICHE ALTERTUM

### *I. Epoche: 1–311*
### *Von der Gründung bis zur Konstantinischen Wende*



### *II. Epoche: 312–604*
### *Von Konstantin d. Gr. bis zu Gregor d. Gr.*

## II. ZEITRAUM

## DIE KIRCHE DES MITTELALTERS



### *I. Epoche: 500–700*



### *II. Epoche: 700–1050*

*III. Epoche: 1050–1300*
*Die Blüte der Kirche im Hochmittelalter*



*IV. Epoche: 1300–1500*
*Die Kirche in der Zeit der Auflösung der abendländischen Einheit*

## III. ZEITRAUM
## DIE KIRCHE DER NEUZEIT

### *I. Epoche: 1500–1700*
### *Reformation und katholische Reform*

es sich auf Grund der apostolischen Verkündigung in den Herzen seiner gläubigen und liebenden Anhänger gebildet hatte, so können wir doch feststellen, daß nicht wenige Einzelheiten der Evangelien über ihn historisch überprüfbar sind: Unter dem „Christus des Glaubens", wie er im Neuen Testament geschildert wird, ist der „historische" Christus sicher greifbar; seine geschichtliche Existenz ist unbestreitbar. Vor allem können wir Anfang und Ende des irdischen Lebensweges Jesu mit historischer Sicherheit in den zeitgeschichtlichen Zusammenhang einordnen: seine Geburt unter Herodes d. Gr., etwa im Jahre 4/5 vor unserer Zeitrechnung, und seinen Tod am Kreuze unter Pontius Pilatus an einem 14. oder 15. Nisan in einem der Jahre 30 bis 33 n. Chr. Wenn auch die vier kanonischen Evangelien offenkundig theologische und kerygmatische Absichten gehabt haben, so haben sie doch nicht versäumt, auf Tatsachen und Zusammenhänge ihrer Zeit hinzuweisen und die Heilsgeschehnisse, ohne chronologisch vorzugehen, historisch zu verankern. Sie berichten als Augenzeugen und entwerfen ein ungemein eindrucksvolles und lebendiges Bild von der Persönlichkeit, den Lehren und dem Sterben des Meisters, das man nur aus der Lektüre ihrer Schriften gewinnen kann.

Auch nichtchristliche Quellen bezeugen die historische Existenz Jesu. Zwar fehlen gleichzeitige, zeitgenössische Berichte außerchristlicher Herkunft; aber die Aussagen des Tacitus um 117 (Annales XV, 44), des jüngeren Plinius um 112/113 (Brief an Kaiser Trajan) und des Sueton um 120 (Vita Claudii, c. 25) sind zuverlässig und historisch vollauf beweiskräftig, so daß wir sie als sichere Zeugnisse heranziehen können. Von dem jüdischen Schriftsteller Josephus Flavius besitzen wir aus der Zeit um 93/94 Äußerungen, die sein Wissen um die geschichtliche Persönlichkeit Jesu klar erkennen lassen (Antiquitates XVIII, 5, 2 und XX, 9, 1), während eine andere Stelle (Ant. XVIII, 3, 3) in ihrer Echtheit sehr zweifelhaft ist.

2. Die Frage der *Geschichtlichkeit der Kirchengründung* durch Jesus Christus ist seit Beginn der Neuzeit ebenfalls sehr umstritten. Sie konzentriert sich auf das Problem, ob Christus nur ein allgemeines Christentum gepredigt oder seiner Religion in einer institutionellen Kirche auch zugleich eine feste organisatorische Form gegeben habe, der er die Verkündigung seines Evangeliums und die Fortsetzung seines Heilswirkens zur ausschließlichen Verwirklichung anvertraut wissen wollte.

Der spiritualistische Kirchenbegriff (ecclesia spiritualis) des ausgehenden Mittelalters führte in der Reformationszeit zur Ablehnung und heftigen Bekämpfung der Papstkirche, der die Reformatoren eine Verfälschung des ursprünglichen Willens Christi vorwarfen, und noch in neuerer Zeit hat der protestantische Kirchenrechtslehrer Rudolf Sohm (Kirchenrecht, I, 1892) von seinem lutherischen Kirchenbegriff her die These vertreten, Christus habe keine Kirchengründung gewollt, sondern ein rein geistiges Christentum gepredigt; deshalb sei auch das Urchristentum noch ohne alle äußere Ordnung und organisatorische Bindung gewesen; es sei ausschließlich vom Geiste der Liebe geleitet und zusammengehalten worden und habe noch keine kirchliche Institution gekannt. Erst die nachapostolische Zeit habe Jesu Wollen mißverstanden und sein Werk verfälscht. Aus dieser Fehldeutung sei die frühkatholische Kirche entstanden, in der dann später der freie Glaube der Urzeit zum Dogma erstarrt und das charismatische, geisterfüllte Leben der ersten Christen von tötenden Rechtssätzen und Disziplinarvorschriften eingefangen worden sei.

Noch in der Auseinandersetzung und im ökumenischen Gespräch der Gegenwart nimmt die Frage nach der Kirchengründung einen zentralen Raum ein. Sohms Ideen wirken bei Emil Brunner (Das Mißverständnis der Kirche, 1951), Hans von Campenhausen (Kirchl. Amt und Geistliche Vollmacht in den ersten drei Jahrhunderten, 1953) und anderen fort. Es ist daher notwendig, näher auf die Frage einzugehen, was die Heilige Schrift über diese Kirchengründung sagt und wie die Urkirche den Willen Christi verstanden und verwirklicht hat.

Die Evangelien berichten auf jeder Seite, daß der Inbegriff der Heilspredigt Jesu die Frohbotschaft vom Gottesreiche gewesen ist, das sich in zwei Stufen verwirklicht:

1. in einem Stadium des diesseitigen Beginnes, das mit der Verkündigung Jesu schon angebrochen ist (Lk 11, 24; Mt 11, 12) und

2. in einem Stadium der endzeitlichen Vollendung.

Dachte sich Jesus das erste Stadium, mit dem allein wir es hier zu tun haben, in einer nur unsichtbaren oder auch in einer sichtbaren Verwirklichung? Wollte er ein sichtbares, äußeres, durch Ämter gegliedertes und organisiertes Gottesreich schon in dieser Welt? Die Beantwortung ist schwierig, da Christus nirgends, soweit uns überliefert ist, einen klaren Gründungs-

# I. ZEITRAUM
# DAS CHRISTLICHE ALTERTUM

## I. Epoche: 1–311
## Von der Gründung bis zur Konstantinischen Wende

### § 1

### DER HISTORISCHE JESUS UND SEINE KIRCHENSTIFTUNG

Als geschichtliche Offenbarungsreligion leitet sich das Christentum von der historischen Person des Gottmenschen Jesus Christus und von seinem Heilswerk ab. Voraussetzung und Grundlage einer jeden kirchengeschichtlichen Darstellung ist daher der Nachweis seiner historischen Existenz und der Geschichtlichkeit seiner Kirchenstiftung.

1. Die Bestreitung der *historischen Existenz Jesu* ist seit dem 18. und 19. Jahrhundert oft im Namen der aufgeklärten, liberalen Wissenschaft und der historischen Kritik versucht worden: so von H. S. Reimarus († 1768), F. Chr. Baur († 1860), D. Fr. Strauss († 1874), Bruno Bauer († 1882), ferner um die Wende unseres Jahrhunderts besonders von Robertson, Smith, Drews u. a. Sie alle bemühten sich, das Christentum als eine Erfindung der Apostel, die Gestalt Jesu als eine unwirkliche, erdichtete, mythische Personifikation religiöser Sehnsüchte und Vorstellungen, als einen frommen Betrug des Jüngerkreises oder als Übernahmen und Variationen der Gotthelden vorderasiatischer, hellenistischer Mysterienkulte darzustellen. Die aufblühende vergleichende Religionswissenschaft entdeckte plötzlich Ähnlichkeiten und Parallelen im Leben Jesu mit dem Sonnengott Mithras (H. B. Smith, 1911), mit dem Helden des babylonischen Gilgamesch-Epos (Jensen, 1906), mit der Mythengestalt vom sterbenden und auferstehenden Gottheiland (R. Reitzenstein u. a. m.); man glaubte, das in den Evangelien gezeichnete Bild vom Leben und Lehren

Jesu als personifizierten Niederschlag sozialer Sehnsüchte der unterdrückten Masse deuten zu müssen (Kalthoff, 1902).

Alle diese Theorien sind heute aufgegeben und müssen vom wissenschaftlichen Standpunkte aus als erledigt betrachtet werden. Sie könnten daher mit Stillschweigen übergangen werden, wenn sie nicht in der marxistisch-kommunistischen Propaganda fortlebten. Dadurch, daß Karl Marx und Friedrich Engels die zu ihrer Zeit neuen radikalen Ideen ihres Zeitgenossen Bruno Bauer aufgegriffen und tradiert haben, gehört dieser alte Zopf heute noch zum Standartbestand des Kommunismus und wird kritiklos weitergetragen.

Schwerer wogen die von der liberalen Theologie des 19. und beginnenden 20. Jh. im Namen der Textkritik geführten Untersuchungen und Angriffe auf die historische Echtheit und Zuverlässigkeit der Evangelien. Inzwischen hat die moderne Bibelexegese, gestützt auf eine exakte, mit größter Gewissenhaftigkeit und Akribie betriebene Arbeit am biblischen Text, die Fundamente neu gefestigt. R. Bultmanns Versuche einer „Entmythologisierung" des Neuen Testamentes haben zur Erkenntnis der Vielschichtigkeit des Denkens der urchristlichen Gemeinde und ihrer Überlieferung, die in der Heiligen Schrift ihren Niederschlag gefunden hat, geführt. Wir haben gelernt, die zeitbedingte, sog. „mythische" Aussageform vieler Schrifttexte von ihrem wesentlichen Inhalt zu unterscheiden und den historischen Kern mit dem zentralen Anliegen der neutestamentlichen Botschaft vom Heilswerk Gottes in Jesus Christus aus ihrer Umkleidung herauszulösen (= „entmythologisieren"). „Formgeschichtliche" Untersuchungen, die sich kritisch mit der literarischen Ausdrucksform der Texte im einzelnen befaßt haben, vermochten diejenigen Stücke und Abschnitte aus dem Gesamttext klarer herauszuarbeiten, die als primäre Quellen zum Leben des historischen Jesus zu gelten haben. Wenn dadurch auch manche überkommenen naiven Vorstellungen, die in den Evangelien nichts anderes als moderne Biographien Jesu mit chronologischer und inhaltlicher Vollkommenheit erblickten, erschüttert worden sind, so konnte doch andrerseits ein Grundstock von historisch überprüfbaren Fakten aus den neutestamentlichen Texten herausgearbeitet werden, der aller Kritik standhält.

Wenn wir also auch wissen, daß keines der vier Evangelien eine historische Biographie Jesu ist oder hat sein wollen, sondern daß sie das Bild von ihm so festgehalten haben, wie

*II. Epoche: 1789–1918*
*Von der Französischen Revolution bis zum 1. Weltkrieg*



*III. Epoche: 1918–1965*
*Vom 1. Weltkrieg bis zur Gegenwart*

# VORWORT

Eine „Kleine Kirchengeschichte“ kann *nicht alles* bringen. Sie muß sich notwendig beschränken und deshalb aus der Masse des Stoffes auswählen. Eine Auswahl aber ist stets subjektiv. Immer wird man fragen können, warum dieses Ereignis behandelt, jenes jedoch ausgelassen worden sei. Nun, der Verfasser versichert, daß er nicht willkürlich vorgegangen ist. Ihm kam es in der Darstellung vor allem darauf an, die großen historischen und theologischen Linien in der Geschichte der Kirche hervortreten zu lassen. Er war dabei bemüht, die aktuellen Fragen jeweils nach dem neuesten wissenschaftlichen Stande herauszuarbeiten. Es gibt keine „kirchengeschichtlichen Tabus“. Die sogenannten heißen Eisen werden nirgendwo umgangen, vielmehr gerade mit besonderer Sorgfalt behandelt. Freilich sind sie durchweg viel zu komplex, als daß sie ohne ein tieferes Eingehen auf die zeitgeschichtlichen Hintergründe verstanden werden könnten. Nur die ganze historische Wahrheit führt zur vollen Erkenntnis und zur gerechten Beurteilung etwa der Konstantinischen Wende (S. 65ff), der Inquisition (S. 203ff), des Hus-Prozesses (S. 230ff), Savonarolas und Alexanders VI. (S. 239ff), der Reformationsereignisse (S. 244ff) und der Stellung der katholischen Kirche im Dritten Reich (S. 369ff). Hier kann nur vor leichtfertiger Tageskritik gewarnt werden.

Im übrigen sei auf die umfangreicheren Handbücher der Kirchengeschichte und auf die bibliographischen Hinweise, die am Schlusse dieses Bandes beigefügt sind, verwiesen. Dort wird jeder Interessierte leicht die Werke finden, die ihn über Einzelfragen orientieren.

Dem Verlag Herder danke ich für die Aufnahme in seine wertvolle Taschenbuchreihe. Auch an dieser Stelle möchte ich meiner unermüdlichen Helferin, Frl. Gertrud Gerdemann, Freiburg, für die vielen technischen Dienste, die sie mir beim Schreiben, beim Lesen der Korrekturen und bei der Herstellung des Registers geleistet hat, meinen besonderen Dank sagen.

Freiburg, im Oktober 1965 *A. Franzen*

befehl gegeben hat. Dennoch aber lassen die biblischen Berichte und die Bilder, die Jesus zur Charakterisierung seiner Kirchenvorstellung gebrauchte, erkennen, daß er ein sehr konkretes Kirchenbild gehabt hat und daß die Apostel ihn ebenso konkret verstanden haben.

Wenn Jesus seine Kirche mit einem Hause oder mit seiner Herde vergleicht (Mt 16, 18; 21, 42; 1 Kor 3, 11; Apg 4, 11; ferner Mt 26, 31; Joh 10, 16; 1 Kor 9, 7), so drückt er gleichzeitig ganz klar aus, daß dieser Hausbau eines festen Felsenfundamentes bedarf und zur Führung der Herde ein autorisierter Hirt nötig ist. Er selbst wählte aus seiner Jüngerschar die „Zwölf" als besonders Verantwortliche aus und bestellte in Petrus einen erstverantwortlichen Hirten seiner Herde (Mk 3, 14f; Mt 16, 17ff; Lk 22, 31ff; Joh 21, 15ff). So richtete er selbst die ersten „Ämter" ein. Ein Amt ist mehr als ein augenblicklicher, vorübergehender Dienst. Eben die offizielle Bestellung verleiht ihm einen Dauercharakter, bedeutet eine überindividuelle Bindung der Dienstfunktion an einen bestimmten dauernden Auftrag, der auch über den Tod des einzelnen Trägers hinaus fortbesteht, und gibt dem Amtsinhaber die höhere Vollmacht, im Namen und in der Autorität dessen zu sprechen und zu handeln, der ihn bestellt hat. Darum zieht das Amt auch die Nachfolgerschaft nach sich. In diesem Sinne jedenfalls haben die Apostel ihr Amt als eine „von Gott gegebene Gnade, um den Dienst Jesu Christi . . . zu erfüllen und das heilige Werk des Evangeliums Gottes zu verrichten" (Röm 15, 16), betrachtet und sich Mitarbeiter und Nachfolger in diesem Amte bestellt. Nicht anders hat die Urkirche gedacht. Von diesem Amt her wurde die Kirche aufgebaut. Da Christus selbst das Amt trägt und in ihm wirkt, kann man sagen, daß aus und mit diesem Amtscharakter die Kirche gegeben ist.

3. Sosehr es richtig ist, daß die von Christus gegründete Kirche nur im Glauben und von Glaubenden erfaßt werden kann und daß sie als eine übernatürliche und transzendierende Größe notwendig geistig und deshalb unsichtbar ist, so muß doch mit Nachdruck daran festgehalten werden, daß sie in diese Zeit hineingestellt und für die Menschen dieser sichtbaren Welt gestiftet worden ist. Jesus hat diese seine Kirche als eine geschichtliche und sichtbare Gemeinschaft gewollt. Darauf zielte sein ganzes Wirken hin. Er hat nicht nur gelehrt, sondern mit seinen Jüngern in der Gemeinschaft gelebt. Seine religiöse Lehre geht nicht auf eine Schulgründung hinaus, sondern auf

eine echte, das ganze Dasein umfassende Lebensgemeinschaft, in der er selbst das Herz, die zentrale Mitte sein wollte (Joh 14, 20ff) und die von ihm ihr Lebensprinzip erhalten sollte.

Paulus sieht diese Lebensgemeinschaft der Gläubigen mit Christus unter dem Bilde des Leibes (1 Kor 12, 12ff), in dem Christus das Haupt, die Gläubigen aber die Glieder sind (Eph 2, 15ff; 4, 12ff; Kol 3, 15). In der Kirche lebt er fort mit seiner Menschwerdung, Erlösung und Kreuzeshingabe. Wie sie teilhat an seinem gottmenschlichen Sein und Heilswerk, so lebt sie auch sein Leben. Paulus erinnert fortwährend daran, daß uns Christi Leben, Leidenstod und Auferstehung nicht nur eine objektive historische Tatsache ist, sondern daß wir, wenn Christus nicht umsonst gestorben sein soll, sein Leben mitleben, seinen Tod miterleiden und seiner Auferstehung teilhaftig werden müssen.

Die fundamentale Frage, die wir zu stellen haben, lautet: „Was dünkt euch von Christus, wessen Sohn ist er?“ (Mt 22, 42). Die Antwort kann nur eine Glaubensantwort sein: Gottes Sohn! Die Inkarnation ist der Zentralbegriff des Christentums. Hier hört aber die Zuständigkeit der rein historischen Forschung auf und beginnt die Theologie, die eine Glaubensentscheidung fordert und voraussetzt. Gott ist Mensch geworden in Jesus Christus, um die Menschheit wieder mit sich zu verbinden und ihr nahe zu sein. In der Kirche als dem fortlebenden Christus tritt Gott über alle Zeiten und Völker hinweg immer wieder aufs neue in die Menschheit ein, um sie zum Heile zu führen.

Das tiefste Geheimnis der Kirche liegt in ihrer Identität mit Christus. In ihr setzt sich das Werk, das der Gottmensch Jesus Christus in seinem historischen Erdenleben begonnen hat, bis zu seiner dereinstigen Wiederkunft in der eschatologischen Vollendung fort. Sie ist der Raum, in dem die Inkarnation des Logos in dieser Welt sich immer wieder neu vollzieht. J. A. Möhler spricht daher von der „fortgesetzten Menschwerdung Christi in der Kirche“. In diesem Sinne ist die Kirche selbst ein tiefes Glaubens- und Heilsgeheimnis (Epheserbrief) und nimmt teil an dem gewaltigen Spannungsverhältnis zwischen göttlicher Heiligkeit und menschlichem Versagen. Göttlichkeit, Heiligkeit und Unzerstörbarkeit empfängt sie von ihrem göttlichen Stifter; menschliches Versagen, Sündhaftigkeit und Unbeständigkeit sind ihr vom Menschlichen her eigen. Diese in ihrem Wesen begründete Polarität verleiht ihrem Dasein und Wirken in der Geschichte etwas ungemein Aufregendes. Nicht nur um sie herum, sondern auch in ihrem eigenen Schoße und in jedem ihrer Gläubigen vollzieht sich der dramatische Kampf zwischen Göttlichem und Menschlichem, zwischen Heiligem und Unheiligem, zwischen Heil und Unheil. Sie ist Kirche der Heiligen und Kirche der Sünder. In der Kirchengeschichte wie im Leben des einzelnen Gläubigen wirkt sich dieses Ringen in einem ständigen Auf und Ab, in einem steten Wechsel zwischen geistigem Hochstand und Niedergang aus, je nachdem wie die Kirche Gott gegenüber mit Maria bei der historischen Inkarnation des Logos ihr „ecce ancilla Domini" spricht.

Erlösung und Heiligung der Menschheit ist das verpflichtende Programm, das Christus seiner Kirche mit auf den Weg gegeben hat. An der Art und Bereitschaft, mit der sie diesem göttlichen Auftrag im Leben nachkommt, ist ihr jeweiliger Zustand in der Geschichte zu messen. Mittel und Methoden der Durchführung haben oftmals gewechselt und müssen sich den Gegebenheiten des menschlichen Faktors anpassen. Auftrag und Ziel bleiben die gleichen. Der im Laufe der zweitausendjährigen Geschichte immer wieder erklungene Ruf nach Reform und Rückkehr zur Urkirche kann nicht die Wiederholung und anachronistische Erneuerung der urkirchlichen Lebensformen zum Inhalt haben, sondern nur die Rückbesinnung auf den mit dem Anfang gegebenen Auftrag: Die Fortsetzung des Erlösungswerkes Christi in seinem Wort und seinem Sakrament, die Durchdringung und Heimholung der Welt für Christus.

## § 2

### URKIRCHE UND APOSTOLISCHE ZEIT

Wie keine andere Epoche der Geschichte ist die Zeit der Grundlegung und Konstituierung der Kirche in der ersten, der „Apostolischen Zeit" entwicklungsgeschichtlich von ausschlaggebender Bedeutung.

1. Nach der Himmelfahrt Jesu sah sich die Jüngergemeinde plötzlich vor eine völlig neue Situation gestellt. Zwar hatte der scheidende Herr ihr unzweideutig einen klaren Missionsauftrag (Mt 28, 18; Mk 16, 15) erteilt, der die Fortsetzung seiner Heilspredigt und die Verkündigung der Frohbotschaft

vom eschatologischen Königtum Christi zum Inhalt hatte, aber konkrete Anweisungen über die Art ihres weiteren Zusammenlebens und den organisatorischen Aufbau der Gemeinde im einzelnen scheint er ihr nicht gegeben zu haben. Jedenfalls gehen die Meinungen unserer Exegeten darüber sehr auseinander. Aber wenn protestantische Theologen zwischen dem, was Christus eigentlich gewollt, und dem, was sich tatsächlich entwickelt hat, einen Gegensatz konstruieren wollen, so ist darauf hinzuweisen, daß die Apostel und ersten Jünger, die ja Augen- und Ohrenzeugen seiner Verkündigung gewesen sind, gewiß besser den Willen Jesu zu deuten gewußt haben als heutige Gelehrte nach zweitausend Jahren.

Freilich reicht die Schrift allein (Sola-Scriptura-Prinzip) nicht aus, um das Geschehen zu deuten. Die urchristliche, apostolische Tradition muß als lebendiger Faktor mit in Rechnung gestellt werden. Christus hat seinen Willen nicht in abstrakten Normen und Anweisungen kundgetan, sondern ihn als einen lebendigen Auftrag an seine Apostel erteilt; und als diese, nach der Himmelfahrt plötzlich ihres Meisters beraubt, sich vor die ungemein schwierige Aufgabe gestellt sahen, das Werk Jesu fortsetzen zu müssen, haben sie ganz gewiß als die authentischen Interpreten seines Willens gehandelt, wenn sie dem Gemeindeleben eine feste Ordnung und der Kirche eine hierarchische Struktur gaben. Hierarchie (ἱερὰ ἀρχή = heiliger Ursprung, heilige Herrschaft) will besagen, daß diese Ordnung heiligen Ursprungs ist, weil sie von Christus selbst der Kirche gegeben wurde.

Daß die Apostel sich geirrt haben könnten, ist unmöglich. Nach der Glaubensüberzeugung der Kirche waren die „Zwölf“ selbst noch Träger göttlicher Offenbarung, die sie unmittelbar von Christus empfangen hatten. Sie standen unter der Inspiration des Heiligen Geistes, als sie das vom Herrn ihnen mitgeteilte Offenbarungsgut in ihrer lebendigen Glaubensverkündigung weitergaben. Dies geschah nicht nur in mündlicher Predigt oder im geschriebenen Wort, der Heiligen Schrift, sondern auch in ihren mannigfachen praktischen Anordnungen im kultischen, disziplinären und institutionellen Bereich. Da Christus selbst keine geschriebene Zeile hinterlassen hat, ist das, was diese Zwölfer-Apostel mündlich oder schriftlich, persönlich oder durch ihre unmittelbaren Schüler uns von ihm überliefert haben, wesentlich für das Christentum. Es enthält die gesamte heilsökonomisch wichtige göttliche Offenbarung an die Menschen. Neues ist seitdem nicht mehr hinzugekommen und wird nicht mehr hinzukommen. Die allgemeine göttliche Heilsoffenbarung liegt in der Apostolischen Tradition beschlossen und vollendet. So ist und bleibt es das Kriterium der Echtheit einer Glaubenslehre, daß ihr Vorhandensein in der „traditio apostolica" nachgewiesen werden kann. Diese hat sich in Lehre, Kult und Leben der Urkirche ebenso niedergeschlagen wie in den inspirierten kanonischen Schriften des Neuen Testamentes, die in dieser Apostolischen Zeit entstanden sind.

Allerdings ist es oft nicht leicht zu entscheiden, was von diesem urchristlich-apostolischen Gedankengut als unmittelbar göttliches Offenbarungsgut zu gelten hat und was durch die theologische Reflexion der Urgemeinden hinzugekommen ist. Es ist nämlich deutlich erkennbar, daß die Offenbarungsinhalte schon von der ersten Christengeneration nicht steril konserviert, sondern mit selbständigem Verständnis durchdacht und weitergeführt worden sind. So entstand frühzeitig eine theologische Durchdringung der Offenbarungswahrheiten, vor allem hinsichtlich der gottmenschlichen Person Jesu und seines Erlösungswerkes, die wir mit einem allgemeinen Ausdruck als „Gemeindetheologie" der Urkirche zu bezeichnen pflegen. Bewundernd stellen wir heute fest, daß diese Frühzeit eine der theologisch-schöpferischsten Epochen der Kirchengeschichte gewesen ist. Da diese Reflexion in Heiliger Schrift und Tradition gleicherweise niedergelegt ist, bemühen sich Exegeten und Historiker gemeinsam, es näher zu fassen und vom unmittelbaren göttlichen Offenbarungsgut zu unterscheiden. Die letzte Entscheidung jedoch darüber, was wesentlicher Inhalt des Glaubens war und ist, obliegt dem kirchlichen Lehramt.

Aus dieser Offenbarungsnähe der Apostolischen Zeit erklärt es sich, daß das Christentum seit jeher in und aus der Überzeugung lebt, daß es an die Bewahrung der „traditio apostolica" auf Sein oder Nichtsein gebunden ist. Diese Bindung kann aber nicht im starren Festhalten oder gar in der unmöglichen Wiederholung urchristlicher Denk- und Lebensformen bestehen, sondern muß dem Prinzip der lebendigen mündlichen oder schriftlichen Überlieferung und dem Gesetz der organischen Entwicklung Rechnung tragen. Ein unschöpferischer Traditionalismus würde dem der Kirche innewohnenden Geist- und Lebensprinzip nicht gerecht. Wenn in der Kirchengeschichte zu allen Zeiten und immer wieder auch in Zukunft der Ruf nach Re-form laut geworden ist und werden wird, so kann seine rechte Erfüllung nicht in der naiven Rückkehr zur anfänglichen Urform liegen, wie Spiritualisten, Sektierer und Häretiker stets unter Verleugnung des Gesetzes der historischen Entwicklung und der organischen Entfaltung alles Lebendigen gemeint haben, sondern nur in der fortschreitenden Verwirklichung des ursprünglichen, mit dem Anfang gegebenen Auftrages Christi. Reform bedeutet Besinnung auf das, was Christus seiner Kirche als verpflichtendes Programm mit auf den Weg gegeben hat. Die Urkirche hat es in besonderer Weise und Reinheit verwirklicht; darum kommt ihr eine gewisse normierende und exemplarische Bedeutung zu; aber das schließt die wesentliche Weiterentwicklung nicht aus. In diesem tieferen Sinne weiß sich die katholische Kirche trotz ihrer universalen Ausbreitung und gewaltigen inneren Entfaltung nach fast zweitausend Jahren noch absolut eins und identisch mit der Kirche der Apostel in der Urzeit.

Die zeitliche Abgrenzung dieser apostolischen Offenbarungszeit bereitet einige Schwierigkeiten. Man rechnet sie gewöhnlich von der Himmelfahrt Jesu „bis zum Tode des letzten (Zwölfer-)Apostels". Diese Fixierung darf aber nicht formaljuristisch gepreßt werden. Wir können sie im weiteren Sinne als die Zeit der ersten und zweiten (!) christlichen Generation bezeichnen, in der und solange die unmittelbaren Zeugen des auferstandenen Herrn noch lebten und seine Offenbarung weitertrugen. So stammt z. B. der inspirierte, kanonische Hebräerbrief des Neuen Testamentes nach dem Urteile katholischer Exegeten von einem unbekannten, alexandrinisch gebildeten Christen der zweiten Generation.

Unsere Quelle für die Kenntnis des kirchlichen Lebens in dieser Zeit sind vor allem die neutestamentlichen Schriften, besonders die Apostelgeschichte und die Paulusbriefe. Daneben aber stehen uns noch andere Zeugen zur Verfügung, so z. B. die Schriften der apostolischen Väter, die zum Teil selbst noch in diese Frühzeit zurückgehen (Didache, Clemensbrief) oder aber aus zweiter Hand Berichte über die urkirchlichen Zustände überliefert haben.

2. Welches Bild von der Kirche zeigt diese apostolische urchristliche Zeit?

Apostelgeschichte und Paulusbriefe lassen klar erkennen, daß von Anfang an in der Urkirche das geistliche „Amt" als ein wesentliches konstitutives Element der Gemeindeordnung betrachtet worden ist. Eine rein charismatische, auf freier Geisteswirkung beruhende Verfassung ohne Ämter, ohne eine Rechtsordnung und ohne einen festen Glaubensbestand hat es nie gegeben; sie ist mit dem paulinischen Kirchenbegriff unvereinbar. Das gilt sowohl für die Ortsgemeinde als auch für die Gesamtkirche. Wie die Urapostel ihre Bestellung zur neutestamentlichen Verkündigung amtlich, d. h. autoritativ von Christus selbst erhalten haben (Mk 3, 13ff; Mt 10, 1ff; Lk 6, 12ff), so haben auch sie ihren besonderen Mitarbeitern und Nachfolgern die Hände zur amtlichen Bestellung aufgelegt. Die Urgemeinden erscheinen nirgends als uniforme, sondern stets als gegliederte Gemeinschaften, die nach dem Prinzip der Haupt-Leib-Einheit aufgebaut sind. Die Amtsträger sind dazu bestellt und berufen, den unsichtbaren Herrn zu repräsentieren und in seinem Namen durch Wort und Sakrament das Werk der Erlösung fortzusetzen. Sie allein üben die leitenden Funktionen von Amts wegen aus, sei es im Dienste der Gesamtkirche als Apostel, Propheten und Evangelisten, oder sei es im Dienste der Einzelgemeinde als Bischöfe, Presbyter, Diakone, Lehrer und Hirten (1 Kor 12, 28; Phil 1, 1; 1 Tim 3, 2ff). Überall herrscht das Prinzip der von Christus und den Aposteln hergeleiteten Amtsnachfolge (apostolica successio) in strenger Stufenordnung.

Das Amt stand nicht im Gegensatz zum Charisma, das zu besonderen Dienstleistungen von Gott verliehen war. Oft begegnen wir Amtsträgern, die zugleich Charismatiker waren (2 Kor 8, 23: Titus; Phil 2, 25; Röm 16, 1; Gal 1, 19; 1 Kor 15, 7); und umgekehrt wurden Charismatiker mit der Leitung einer Gemeinde betraut. Schließlich war Paulus selbst Pneumatiker und Charismatiker, dabei als Amtsträger nüchtern und sachlich genug, um zu wissen, daß seine neugegründeten Gemeinden eine aufmerksame, realistische und straffe amtlich-autoritative Leitung nötig hatten. Die Charismen mußten sich in der normalen Kirchenleitung dem Amt unterordnen. Mehr und mehr konzentrierte sich die ordentliche Gemeindeführung auf die Bischöfe und Diakone; dabei waren die Bischöfe aus dem Presbyterkollegium herausgewachsen, in dem sie als Vorsteher und Aufseher (episkopos) die Führung innehatten. In manchen Ortsgemeinden begegnen uns am Anfang mehrere Presbyter-Episkopen zugleich; aber spätestens im 2. Jh. setzte sich der monarchische Episkopat überall durch.

In dieser Tendenz zur monarchischen Spitze, die schon früh in den Einzelgemeinden zu beobachten ist, hat man mit Recht das Prinzip des Primates, wie er sich später in der Gesamtkirche ausprägt, schon durchschimmern sehen (H. Schlier).

Dem hochgestimmten Glaubensbewußtsein der Urkirche und ihren besonderen Aufgaben entsprach die Gruppe der reinen Charismatiker, von denen häufig die Rede ist. Ihre Funktion bestand darin, die Gemeinde zu erbauen und ihr zu besonderen Diensten zur Verfügung zu stehen, nicht aber sie zu leiten. Wir hören gelegentlich von ernsten Spannungen, die sich zwischen ihnen und den Amtsträgern in den Gemeinden ergaben (1 Kor 1, 10ff; 14, 1ff). Aber diese wurden schließlich in der Liebe überwunden. Später traten die charismatischen Begabungen ohnehin mehr in den Hintergrund, ohne aber jemals in der Kirche ganz unterzugehen.

## § 3

## DER SIEGESLAUF DER JUNGEN KIRCHE VON JERUSALEM BIS ROM

Die Apostelgeschichte schildert uns diesen Siegeslauf des Evangeliums „von Jerusalem bis an die Grenzen der Erde“ (Apg 1, 8). Sie vermittelt uns tiefe Einblicke sowohl in die hinreißende und begeisterte Missionstätigkeit als auch in das von der ersten Liebe erfüllte innere Leben der Urkirche. Wir können drei Perioden unterscheiden:

1. Die judenchristliche mit Jerusalem als Zentrum (c. 1–9, 31),
2. die des Überganges vom Juden- zum Heidenchristentum mit Antiochien als Mittelpunkt (c. 9, 32 – 15, 35),
3. die der Heidenmission des hl. Paulus (c. 13–28).

### *1. Die Urgemeinde von Jerusalem*

Die Mutterkirche von Jerusalem genoß von Anfang an eine besondere Achtung. Hier wirkten die Urapostel, die gemeinsam unter Führung des Petrus die Gemeinde leiteten, als lebendige Zeugen ihres Herrn. Hier lebten noch viele, die als Augenzeugen des Wirkens, Sterbens und der Auferstehung Jesu voll Begeisterung die Frohbotschaft von der Erlösung verkündeten.

In Jerusalem kam es zuerst zur Ausbildung einer eigenen christlichen Begriffssprache und Gottesdienstgestaltung. Zwar fühlte sich die junge Gemeinde zunächst noch als Erfüllung des Judentums, nahm am jüdischen Gottesdienst teil, lebte in den überkommenen jüdischen Frömmigkeitsformen und übernahm die Grundprinzipien der jüdischen Organisation (Gliederung der Gemeinde, Führung durch Älteste, Presbyter, und Amtsträger mit bleibender Vollmacht). Zugleich aber bildete sie mit den Aposteln eine eigene Gemeinschaft; sie hielt ihren eigenen Gottesdienst im dankenden Gedenken (Eucharistia) und in der kultischen Vergegenwärtigung des Opfertodes Christi, indem sie in ihren Privathäusern „das Brot brachen und mit Jubel und Herzenseinfalt die Speise nahmen" (Apg 2, 46) und so das heilige Abendmahl feierten. Von dieser Jerusalemer Gemeinde wurden Gemeinschaftsleben und Verfassung, Frömmigkeit und Gebetsordnung der Kirche entscheidend mitgeprägt. Auf dem sog. Apostelkonzil in Jerusalem (um 50) fiel auch die erste schwere Entscheidung, die für die Zukunft der jungen Kirche von größter Bedeutung wurde, daß nämlich die Heidenchristen grundsätzlich vom jüdischen Gesetz frei sein sollten (Apg 15, 6ff, 19).

Wenn auch der innere Aufbau der Gemeinde zunächst durch das Kollegium der Zwölfer-Apostel gemeinsam bestimmt war, so ist doch deutlich erkennbar, daß dem Petrus eine führende Rolle zukam. Neben ihm bezeichnet Paulus auch Jakobus und Johannes als die „Säulen" der Gemeinde (Gal 2, 9). Erst nach dem Weggang des Petrus von Jerusalem (um 43/44, Apg 12, 17) trat Jakobus an seine Stelle. Er wird von der Tradition als erster „Bischof" von Jerusalem bezeichnet. Auf dem Apostelkonzil begegnen uns erstmalig die „Presbyter"; schon vorher werden die 7 Diakone genannt (Apg 6, 1f) mit Stephanus an der Spitze. So ist die hierarchische Ordnung der Amtsträger komplett: der Apostel-Bischof, die Presbyter und die Diakone als autoritative Leiter der Jerusalemer Gemeinde.

Trotz ihrer Teilnahme am jüdischen Kult und ihrer strengen Beobachtung des jüdischen Gesetzes, die sie zunächst als eine jüdische Sekte erscheinen ließen, mußte es bald zur Lösung vom Judentum kommen, da die neuen, typisch christlichen Züge von Anfang an die Anhänger Jesu in einen unüberwindlichen Gegensatz zur Synagoge brachten. Die christliche Taufe, das Gebet, das sich an Christus als den Kyrios (= Gott) richtete, die Eucharistiefeier, die exklusive christliche Liebesgemeinschaft, die bis zur Hingabe des Privatbesitzes für die Gemeinschaft der Glaubensbrüder drängte (Apg 2, 44ff), riefen das Mißtrauen, die Ablehnung und schließlich die Feindseligkeit der Juden hervor. Besonders der Christusglaube führte den offenen Konflikt herbei, der sich in zwei stoßartigen Verfolgungen Luft machte: Die erste Welle führte im Jahre 32/33 zur Steinigung des Stephanus, zur Vertreibung der hellenistischen Judenchristen aus Jerusalem und zur weiteren Verfolgung durch Saulus, der dann vor Damaskus zwischen 33/36 seine Bekehrung erlebte und als Paulus bald ein „auserwähltes Werkzeug" der christlichen Verkündigung werden sollte (Apg 9, 15f). Die zweite Verfolgungswelle, die König Herodes Agrippa I. (37–44) entfachte, führte im Jahre 42/43 zum Märtyrertod des Apostels Jakobus d. Ä. und zur Gefangennahme des Petrus, der wunderbar aus dem Gefängnis errettet wurde (Apg 12, 1ff).

Während die Verfolgung sich zur Hauptsache gegen die Hellenisten, d. h. gegen die zum Christentum bekehrten Diaspora-Juden, richtete und die positive Wirkung hatte, daß durch sie das Christentum in die Welt hinausgetragen wurde, blieben die hebräischen Judenchristen in Jerusalem zurück. Durch besonders loyales Verhalten gegenüber dem jüdischen Kult und Tempeldienst suchten sie sich in der Gunst der Juden zu halten. Dennoch war der Gegensatz auf die Dauer nicht zu verbergen. Er mußte zu neuen Explosionen führen. Um 62/63 wurde der Apostel Jakobus d. J. gesteinigt. Nach Josephus Flavius (Antiquitates XX, 9, 1, v. 4–6) hat der Hohepriester Ananos das Osterfest des Jahres 62, während einer Prokuratorenvakanz, dazu benutzt, den erfolgreich wirkenden „Bruder Jesu" und einige andere Christen der Gesetzesübertretung anzuklagen und verurteilen zu lassen. Nach alter Überlieferung (Hegesippos, bei Eusebius Hist. Eccl. II, 23, 12, 10–18) wurde er zuvor von der Tempelzinne herabgestürzt und dann von einem Walker mit der Keule erschlagen.

Als die Christen zu Beginn des Jüdischen Krieges (66–70) auf die Warnung und Prophezeiung Jesu vom Untergang Jerusalems (Mt 24, 15ff) hin früh genug Jerusalem verließen, wurden sie von den Juden als Abtrünnige und Verräter gebrandmarkt. Der wachsende Haß führte um 100 zur offiziellen Verfluchung der Christen durch die Synagoge. Der neue und letzte Aufstand der Juden gegen die Römer unter Bar Kochba (132–135) brachte den Christen in Palästina eine abermalige blutige Verfolgung durch die Juden ein. Damit war der Trennungsstrich zwischen Juden und Christen endgültig gezogen und die unselige Feindschaft nahm ihren Anfang, die sich so unheilvoll für beide Seiten auswirken sollte: Bei den Christenverfolgungen des römischen Reiches spielten bald die Juden als Anstifter und Volksaufwiegler gegen die Christen immer wieder eine verhängnisvolle Rolle; nach der Konstantinischen Wende und vor allem im Mittelalter waren die Juden die Leidtragenden. Mit dem neuzeitlichen rassischen Antisemitismus hat der religiöse Gegensatz freilich nichts zu tun.

Mit dem Untergang Jerusalems im Jahre 70 fand die besondere Vorrangstellung der Jerusalemer Gemeinde ein Ende.

### *2. Die Gemeinde von Antiochien*

Als erste heidenchristliche Gemeinde und christliches Missionszentrum nahm Antiochien im Anfange eine bedeutende Stellung ein. Der sog. Antiochenische Streitfall (Apg 15 und Gal 2, 11ff) gab den Anstoß zur Klärung des Verhältnisses der Judenchristen zu den Heidenchristen. Leider wissen wir sonst nicht viel über den inneren Aufbau der Gemeinde und können daher nicht sagen, inwieweit er für den Ausbau der zahlreichen Gemeinden maßgeblich war, die Paulus auf seinen drei großen Missionsreisen von Antiochien aus gegründet hat. Offensichtlich bestand sie zum größten Teil aus Nicht-Juden, so daß sie nicht mehr als jüdische Sekte erschien, sondern erstmalig als eigenständige religiöse Gemeinschaft der Christianer oder „Christen" (Apg 11, 26) bezeichnet wurde.

Paulus war es vor allem, der das Christentum vom jüdisch-palästinensischen Mutterboden gelöst und von Antiochien, einem Zentrum der griechisch-römischen Kultur des Hellenismus, in die Welt hinausgetragen hat. Nach seiner Bekehrung (um 33) hatte er sich nach dem Jahre 36 zunächst drei Jahre in die arabische Wüste zurückgezogen, um sich auf seinen apostolischen Beruf vorzubereiten, und war dann auf Einladung des Barnabas nach Antiochien gegangen. Mit diesem unternahm er, „vom Heiligen Geiste ausgesandt" (Apg 13, 4), seine *1. Missionsreise* (45–48), die ihn nach Cypern und Kleinasien führte (Perge, Antiochien in Pisidien, Ikonium, Lystra und Derbe, vgl. Apg 13–14). Auf seiner *2. Missionsreise*

(49/50–52) drang Paulus über Kleinasien hinaus nach Europa vor, wo er die Gemeinden von Philippi, Thessalonich, Athen, Korinth gründete (Apg 15, 36–18, 22). Die *3. Missionsreise* (53–58) ging durch Galatien und Phrygien nach Ephesus, von dort nach Griechenland und wieder zurück nach Troas, Milet, Cäsarea und Jerusalem, wo sie mit seiner ersten Gefangennahme (58) endete (Apg 18, 23–21, 27). Während dieser Zeit schrieb er seine herrlichen Briefe an die Korinther, Römer, Galater u. a. Er schaute auch schon nach Rom und dem Westen (Spanien) aus.

### *3. Die Anfänge der römischen Gemeinde*

Diese römische Gemeinde stand bereits in einer gewissen Blüte, als Paulus im Winter 57/58 von Korinth aus seinen Römerbrief dorthin richtete (Röm 1, 8). Einige Jahre vorher (um 50) hatte es nach dem Berichte des Kaiserbiographen Sueton (Vita Claudii, c. 15, 4) unter den römischen Juden Tumulte um Christi willen gegeben („Judaeos impulsore Chresto assidue tumultuantes Roma expulit") so erzählt er, und Paulus hatte zwei von diesen Vertriebenen, das Ehepaar Aquila und Priscilla, auf seiner 2. Missionsreise in Korinth kennengelernt (Apg 18, 2); sicher hat er von diesen mehr über die römischen Christen gehört und damals schon den Plan gefaßt, selbst nach Rom zu reisen. Römer waren auch schon beim 1. Pfingstfest in Jerusalem zugegen (Apg 2, 10). Daher erscheint es nicht unmöglich, daß es schon sehr früh eine christliche Gemeinde in Rom gab. Wer hat sie gegründet?

Die älteste Tradition der römischen Gemeinde hat ihre Gründung stets auf Petrus zurückgeführt. War dieser im Jahre 42/43 nach seiner Flucht aus Jerusalem, von wo er sich „an einen anderen Ort" begab (Apg 12, 17), unmittelbar oder wenigstens schon bald darauf nach Rom gezogen? Dies ist durchaus denkbar, auch wenn er z. B. im Jahre 50 zum Apostelkonzil wieder in Jerusalem weilte. Es spricht auch nicht die Tatsache dagegen, daß er nicht in Rom anwesend war, als Paulus seinen Römerbrief (57/58) schrieb oder als er sich in römischer Gefangenschaft befand. Denn sicher wird er, wie alle Apostel vom Missionsdrang getrieben, bald wieder weitergewandert sein, nachdem er die Gemeinde gegründet hatte. Die Nachricht von seinem 25jährigen Aufenthalt in Rom, die erst im 4. Jh. überliefert worden ist (Eusebius u. Catalogus Liberianus), verdient nicht viel Glauben und braucht vor allem nicht von einem ununterbrochenen Daueraufenthalt verstanden zu werden. Hingegen steht es einwandfrei fest, daß Petrus in Rom gewesen ist; denn sowohl der 1. Petrusbrief, der im Jahre 63/64 sicher in Rom geschrieben worden ist (1 Petr 5, 13), als auch sein Märtyrertod in Rom während der neronischen Christenverfolgung, wahrscheinlich im Juli 64, bezeugen dies. Gerade der letztere ist nach den jüngsten Ausgrabungen unter St. Peter in Rom nicht mehr zu bezweifeln; selbst wenn eine ganz genaue Identifizierung seines Grabes noch nicht gelungen ist und wohl kaum so gelingen wird, daß nicht irgendwelche Bedenken übrigblieben, ob es dieses oder jenes von mehreren übereinanderliegenden Gräbern ist, so ist doch eindeutig nachgewiesen, daß er an dieser Stelle begraben worden ist. Damit muß auch das durch die einhellige Tradition bis in die ältesten Zeiten hinauf überlieferte Faktum seines römischen Martyriums als historisch gesichert angesehen werden.

Diese Tradition weist in einer ununterbrochenen Zeugenreihe vom 1. Klemensbrief (um 96) über den Märtyrerbischof Ignatius von Antiochien (Brief an die Römer), über Irenäus von Lyon, der als erster eine vollständige römische Sukzessionsreihe aufgezeichnet hat (Adv. haereses, III, 1, 1; 3, 2), über Dionysius von Korinth (Eusebius, KG II, 25, 8) und den römischen Presbyter Caius (Eusebius, KG II, 25, 7) bis zu Tertullian (De praescriptione haereticorum, 32; Adv. Marcionem IV, 5) und vielen anderen auf Petrus als den Gründer der römischen Kirche hin. Zusammen mit Paulus, der ebenfalls in Rom den Märtyrertod in der neronischen Verfolgung gefunden hat, steht Petrus als Gründerapostel an der Spitze aller römischen Bischofslisten. Diesem unmittelbaren apostolischen Ursprung verdanken die römischen Bischöfe, wie sie selbst sehr wohl wußten, wie es aber auch von allen anderen Kirchen stets anerkannt worden ist, ihre Sonderstellung und Bedeutung in der Gesamtkirche. Auf ihr beruhte die Sicherheit und absolute Zuverlässigkeit der Apostolischen Tradition in der römischen Kirche, die durch die Kette der Nachfolger des hl. Petrus auf dem römischen Bischofsstuhl gewahrt blieb und die Reinheit der christlichen Lehre verbürgte.

Auf Petrus folgten Linus, Anacletus, Clemens, Evaristus, Alexander, Sixtus, Telesphorus, Hyginus, Pius, Anicetus, Soter und Eleutherus usw. In dieser Reihenfolge fand bereits Hegesipp um 160 die römische Sukzessionsliste vor, als er nach Rom kam, um sich gegenüber der gnostischen Irrlehre hier Auskunft über die reine und wahre Lehre Christi und der Apostel zu holen. Auch Irenäus stellte sie fest, als er zum gleichen Zwecke um 180 in Rom die sicherste Bürgschaft für die christliche Wahrheit suchte. Beide hatten dabei weniger ein historisch-chronologisches Interesse an dieser römischen Bischofsliste als vielmehr ein rein dogmatisches; sie waren auf der Suche nach der echten, unverfälschten Glaubenswahrheit. In einer Zeit, die noch wenig Schriftliches hinterließ, war die sichere mündliche Überlieferung von größter Bedeutung. Wenn man sich auf zuverlässige Gewährsmänner berufen und nachweisen konnte, daß diese Überlieferungskette sich ununterbrochen auf den Meister selbst zurückverfolgen ließ, so war damit die Reinheit der Lehre garantiert. Wir begegnen diesem Bestreben auch in der außerchristlichen Welt, etwa im Judentum (vgl. die alttestamentlichen Genealogien, Gen 5, 11, 10ff; 1 Chron 1, 9), in den griechischen Philosophenschulen und in den islamischen Theologenschulen. Es kam dabei nicht auf die Beifügung von Lebensdaten an. Den Namenreihen selbst eignete ein dynamischer Charakter, der Glaubenssicherheit und Festigkeit in der Lehre verlieh.

Es darf uns daher auch nicht wundern, daß den ältesten römischen Bischofslisten keine Daten beigefügt sind. Erst sehr viel später erwachte das historische Interesse, und es ist bezeichnend, daß es eben ein Historiker war, der als erster versucht hat, Datierungen vorzunehmen. Eusebius von Cäsarea († 339), der „Vater der Kirchengeschichte", hat in seinen zehn Büchern „Kirchengeschichte" zu Beginn des 4. Jh. die 28 Papstnamen nach dem jeweiligen Amtsantritt mit den gleichzeitigen Kaiserdaten synchronisiert. Bei ihm begegnet auch zuerst die Angabe, daß Petrus 25 Jahre Bischof von Rom gewesen sei; er schloß dies daraus, daß von Petri Flucht aus Jerusalem (42) bis zu seinem Tode in Rom, den er auf 67 ansetzte, eben 25 Jahre vergangen waren. Dieses Verfahren hat der sog. Catalogus Liberianus aus dem Jahre 336 bzw. 354 fortgesetzt und nach rein schematischen Gesichtspunkten perfektioniert, indem er sogar Tag und Monat des jeweiligen Regierungsantritts hinzufügte; daß diesen Angaben kein historischer Wert beizumessen ist, braucht nicht hervorgehoben zu werden. Man kann aber wohl versuchen, unter Zuhilfenahme der von der historisch-kritischen Forschung gebotenen Ergebnisse gewisse Anhaltspunkte für die Regierungszeiten der einzelnen Päpste zu gewinnen; danach würde die älteste Liste so aussehen: Petrus († 64 ?), Linus (64–79 ?), Anaklet (79–90/92 ?), Clemens I. (90/92–101 ?), Evaristus (101–107 ?), Alexander I. (107–116 ?), Sixtus I. (116–125 ?), Telesphorus (125–138 ?), Hyginus (138–142 ?), Pius I. (142–154/55 ?), Anicet (154/55–166 ?), Soter (166–174 ?), Eleutherus (174–189 ?), Viktor I. (189–198/99 ?), Zephyrinus (199–217 ?); von hier an lassen sich die Daten einigermaßen sicher angeben.

## § 4
## WEITERE AUSBREITUNG DES CHRISTENTUMS BIS ZUM 3. JAHRHUNDERT

An der auffallend schnellen Ausbreitung des Christentums, die in sich ein Geheimnis der Gnade ist, waren viele Faktoren beteiligt. Die Apostelgeschichte zeigt, in wie starkem Maße das Diasporajudentum im Anfang als erster Vermittler der christlichen Verkündigung anzusprechen ist. Überall wandte sich Paulus zunächst an die jüdischen Gemeinden, die über das ganze römische Reich verbreitet waren. Besonderen Anklang fand seine Predigt bei den „gottesfürchtigen Heiden", d. h. bei jenen Kreisen, die sich innerlich dem Judentum angeschlossen hatten, ohne ihm äußerlich anzugehören; über diese Brücke gelangte das Evangelium dann bald zu den reinen Heiden.

Neben Paulus waren auch die anderen Apostel missionierend tätig. Leider wissen wir über ihre Tätigkeit im einzelnen nichts Sicheres. Was die späteren Legenden uns darüber erzählen, ist wertlos. Dagegen läßt sich feststellen, daß es ohne ihre intensive Missionsarbeit nicht erklärbar ist, daß tatsächlich bereits im 2. Jh. das Christentum wohl schon in allen Randländern des Mittelmeeres verbreitet war und von dort auch bis in die entfernteren Gebiete des römischen Reiches vordrang. Es gab von Anfang an außer den Uraposteln noch berufsmäßige Missionare, Apostel im weiteren Sinne. Aber auch sie sind keineswegs allein als die Träger der christlichen Mission anzusehen. Die Christen insgesamt wirkten in die Welt hinein, die sie umgab, und verkündeten das Evangelium Jesu Christi. So wanderte die frohe Botschaft von der Erlösung mit Kaufleuten,

Soldaten und Predigern die Straßen des römischen Reiches entlang. An den Knotenpunkten des Verkehrs, in den Städten, entstanden die ersten Gemeinden. Unter dem Schutze der Pax Romana im einheitlich geschlossenen Imperium konnte das Christentum bis zum Ende des 2. Jh. in der ganzen zivilisierten Welt, der „Ökumene", festen Fuß fassen.

Der Schwerpunkt der Ausbreitung lag im Osten. Für Bithynien in Kleinasien besitzen wir das unverdächtige Zeugnis des heidnischen Statthalters Plinius d. J., eines römischen Senators und Konsuls (des J. 100), der als kaiserlicher Statthalter (111–113) in Bithynien und Pontus um 112 bereits auf eine so große Zahl von Christen gestoßen war, daß er bei Kaiser Trajan anfragen mußte, wie er sich ihnen gegenüber verhalten solle. „Die Angelegenheit schien mir einer Anfrage wert", so schrieb er, „besonders wegen der großen Zahl derjenigen, die in einen Prozeß verwickelt werden könnten. Denn viele Menschen jeden Alters, Standes und Geschlechtes werden in Gefahr kommen. Nicht nur die Städte, sondern auch die Dörfer und das flache Land hat dieser ansteckende Aberglaube (des Christentums) erfaßt. Ihm kann wohl noch Einhalt geboten und abgeholfen werden; denn es ist jetzt schon festzustellen, daß man die Tempel, die bereits fast verödet waren, wieder zu besuchen anfängt, daß die feierlichen Feste, die man schon lange nicht mehr begangen hatte, wieder in Aufnahme kommen, und daß man beginnt, wieder Futter für die Opfertiere zu kaufen, wofür sich bisher nur noch selten Käufer gefunden hatten. Hieraus kann man leicht ersehen, wieviel Menschen wieder zurückgeführt werden könnten, wenn man ihnen Gelegenheit zur Umkehr geben würde" (Plinius, epistola 96).

Wenn die Länder am Schwarzen Meere bereits dieses Bild darboten, so kann es nicht wundern, daß es in den westlichen Provinzen Kleinasiens und in Syrien bereits am Ende des 1. Jhs. keine bedeutende Stadt mehr gab, die nicht eine Christengemeinde gehabt hätte. Diese gingen großenteils auf apostolische Gründung (Paulus) zurück. Im 2. Jh. gab es dort schon Städte mit einer überwiegend christlichen Bevölkerung, und auch das Land war weithin erfaßt. Nur so ist es verständlich, daß sich in der 2. Hälfte dieses Jhs. in Phrygien der Montanismus zu einer Art von Volksbewegung entwickeln konnte, die das ganze Land ergriff. Noch vor dem Ende der Verfolgungen, am Ausgang des 3. Jhs., scheint es Städte gegeben zu haben, die bereits vollkommen christlich geworden waren. In ihnen konnte selbst die furchtbare diokletianische Verfolgung sich nicht mehr durchsetzen.

Von Kleinasien und Syrien aus drang das Christentum in das Zweistromland vor. Edessa wurde zum Missionszentrum, und als König Abgar von Edessa mit seiner Familie um 200 zum Christentum übertrat, war die weitere Christianisierung des Landes in vollem Zuge. In Dura-Europos, am oberen Euphrat, hat sich die älteste uns erhaltene christliche Kapelle wiedergefunden, ein mit reichem Freskenschmuck biblischen Inhaltes ausgestatteter Kultraum, der um 232 entstanden ist.

Über die Anfänge des Christentums in Ägypten fehlen uns leider die Quellen. Aber alles deutet darauf hin, daß hier die christliche Mission nicht weniger früh eingesetzt hat. Alexandrien war ihr Ausgangspunkt und wurde bald geistiges Zentrum, vor allem durch seine berühmte theologische Schule. Wenn Bischof Demetrios von Alexandrien (188–231) die Organisation der ägyptischen Kirche durchführen konnte und bald etwa 100 Bischofssitze entstanden, so läßt dies darauf schließen, daß die Christianisierung bereits weithin durchgeführt war.

Im Westen war Rom der kirchliche Mittelpunkt. Papst Fabian nahm um die Mitte des 3. Jh. eine Neu-Organisation der stadt-römischen Gemeinde vor, die uns in die Lage versetzt, den Mitgliederbestand für diese Zeit auf mehrere Zehntausende zu berechnen. Dem Kaiser Decius (249–251) erschien die Größe der römischen Gemeinde bereits so bedrohlich, daß er geäußert haben soll, er nehme die Nachricht von der Erhebung eines kaiserlichen Nebenbuhlers ruhiger und gelassener hin als die Mitteilung, daß ein neuer Bischof von Rom gewählt werde (Cyprian, epistola 55, 9). Trotz aller Bedrängnisse in den Verfolgungszeiten hat sich die römische Gemeinde mächtig entwickelt. Eusebius berichtet, daß sich zur Verurteilung des Gegenbischofs Novatian im J. 251 etwa 60 italienische Bischöfe in Rom zu einer Synode zusammenfanden (Eusebius, KG. VI, 42, 2).

In Nordafrika war das Christentum ebenfalls im 2. Jh. stark vertreten. Die erste sichere Kenntnis erhalten wir freilich erst aus dem Bericht über das Martyrium in Scillium (Numidien) um 180. Aus den Schriften des Tertullian († nach 220 in Karthago) entnehmen wir, daß die Zahl der Christen in Nordafrika im J. 212 recht groß gewesen sein muß (Tertullian, Ad Scapulam, 2, 5). Um 220 konnte Bischof Agrippinus von

Karthago eine Synode von mehr als 70 Bischöfen um sich versammeln; zwanzig Jahre später waren es 90, und gegen Ende des 3. Jhs. scheinen die Städte überwiegend christlich gewesen zu sein.

In Gallien hat Marseille wahrscheinlich schon im 1. Jh. eine christliche Gemeinde gehabt. Im 2. Jh. sind die Gemeinden von Lyon und Vienne im Rhonetal bedeutend. Im J. 177 erlitten 49 Christen in Lyon den Märtyrertod. Im 3. Jh. wächst die Zahl der Gemeinden in ganz Gallien. Nach Irenäus von Lyon († um 202) gab es zu seiner Zeit auch schon christliche Gemeinden im römischen Germanien (Irenäus, Adv. haereses 1, 10, 2). Die jüngsten Grabungsergebnisse haben in Trier, Köln, Bonn und in Süddeutschland in Augsburg christliche Kultstätten aus dem 3. Jh. nachgewiesen. Erstarkt ist das Christentum in den Römerstädten Germaniens freilich erst im 4. Jh. Der Kölner Bischof Maternus hat nachweislich an der römischen Synode des Jahres 313 teilgenommen und ist ein Jahr später in Arles gewesen, wo er ebenfalls die Synodalakten mitunterschrieben hat. Auch drei britannische Bischöfe waren 314 in Arles.

Außerhalb des römischen Imperiums gab es um 226 etwa 20 Bistümer im Gebiete des Tigris. Armenien wurde unter seinem König Trdat II. um 280 großenteils christianisiert und konnte gegen Ende des 3. Jhs. als ein christliches Land gelten. Wenn es sich auch nicht mit Sicherheit nachweisen läßt, so ist doch die Möglichkeit immerhin gegeben, daß in Indien der Apostel Thomas als erster das Evangelium gepredigt hat. Wahrscheinlicher aber ist es, daß der christliche Glaube erst später von Persien aus nach Indien getragen worden ist und daß der Name der „Thomaschristen" nicht von dem Apostel Thomas, sondern vom Mâr Thomas aus dem 8. Jh. herrührt.

Dieser gewiß imponierende Überblick darf freilich nicht dazu verführen, die Zahl der Christen übertrieben groß anzusetzen. Statistische Angaben hierüber sind unmöglich. Nur ungefähre Schätzungsversuche liegen vor, die stets problematisch bleiben. So hat Ludwig von Hertling eine solche Schätzung, nach Okzident und Orient getrennt, vorgenommen (in: ZKTh 58 [1934] u. 62 [1938]) und ist zu folgendem Ergebnis gelangt:

Im *Westreich* gab es vermutlich um das Jahr 100 nur wenige tausend Christen; um das J. 200 hingegen mehrere zehntausend, um das J. 300 etwa 2 Millionen und um das J. 400 vielleicht 4 bis 6 Millionen.

Im *Ostreiche* lassen sich für die ersten drei Jahrhunderte nicht einmal vage Vermutungen anstellen; um das Jahr 300 könnten es 5 bis 6 Millionen gewesen sein; um das J. 400 vielleicht 10 bis 12 Millionen Christen. Der Osten war weit stärker christianisiert als der Westen des Reiches. Sieht man diese Zahlen auf dem Hintergrund der Gesamtbevölkerung des römischen Imperiums, die um 200 etwa 70 Millionen, um das J. 300 aber nur etwa 50 Millionen betrug, so erkennt man, daß die Christen lediglich eine kleine Minderheit ausmachten. Vor allem blieb das flache Land noch lange heidnisch (pagus, pagani = Heiden schlechthin).

## § 5
### DIE ERSTE GEISTIGE ENTFALTUNG DES CHRISTENTUMS

Der schnellen Ausbreitung entsprach auch die frühzeitige innere Entfaltung und das organische geistige Wachstum des jungen Christentums. Auf die Epoche der Grundlegung der Kirche in der „Apostolischen Zeit", die die erste und zweite Christengeneration umfaßte, folgte die sogenannte „Nachapostolische Zeit", die dadurch gekennzeichnet ist, daß sie jetzt, nachdem die eigentliche Offenbarungszeit abgeschlossen war, das von den Aposteln überkommene Glaubensgut der dritten Generation und allen folgenden Geschlechtern weitergeben mußte und damit die Tradition im engeren Sinne begründete. Sie stellte also die Brücke zwischen den Aposteln und der späteren Kirche dar, das erste Glied in der Kette der Überlieferung. Natürlich durfte die Entwicklung dabei nicht stehenbleiben. Das junge Christentum mußte sich auch seinen Platz in der Welt erobern, sich nach innen und außen behaupten und verteidigen. Und drittens endlich bedurfte es der weiteren theologischen Aufarbeitung und Durchdringung der Offenbarung entsprechend dem geistig-geistlichen Wachstum der Christengemeinden.

Diesen Aufgaben unterzogen sich nacheinander die sog. Apostolischen Väter, die frühchristlichen Apologeten und die Kirchenväter.

1. Als „*Apostolische Väter*" bezeichnen wir eine Gruppe von Schriftstellern der unmittelbar nachapostolischen Zeit, die

noch in ihrer eigenen Person den lebendigen Zusammenhang mit den Aposteln verkörpern. Näherhin sind es „die Schriftsteller der urchristlichen Zeit, die nach dem heutigen Forschungsstand als Schüler oder Hörer der Apostel glaubhaft auszuweisen und zugleich oder auch ohne persönliche Bekanntschaft mit diesen Aposteln doch in ihrer gesamten Lehre in hohem Grad als Träger der apostolischen Überlieferung anzusprechen, aber nicht zu den neutestamentlichen Autoren zu rechnen sind" (J. A. Fischer, Die Apostolischen Väter, 1956, IX).

Nach dieser Definition hätten wir sicher Klemens von Rom, Ignatius von Antiochien und Polykarp von Smyrna zu dieser Gruppe zu rechnen. Nicht so klar ist es bei Quadratus (Kodratus), den Fischer dazurechnet, Altaner hingegen nicht, und bei Papias von Hierapolis, den Altaner als Apostelschüler gelten läßt, hingegen Fischer nicht. Unsicher ist es auch bei den sog. Presbytern Kleinasiens, von denen Irenäus von Lyon und Eusebius gelegentlich ohne nähere Namengebung berichten, sie hätten ihre Lehren von den Aposteln empfangen gehabt (Irenäus, Adv. haereses IV, 27, 1 u. IV 32, 1); bei ihnen ist zu vermuten, daß sie ihrerseits nur wieder Aussprüche von Apostelschülern weitergegeben haben, demnach also das zweite Glied der Traditionskette darstellen.

Außer dieser ersten Gruppe der eigentlichen Apostolischen Väter gibt es eine Anzahl frühchristlicher Schriften, die nach der obigen Definition eigentlich nicht hierher gehörten, aber wegen ihres hohen Alters und ihrer inhaltlichen Nähe zur apostolischen Zeit in diesem Zusammenhang behandelt zu werden pflegen; es sind: der *Diognetbrief*, der *Barnabasbrief*, die *Didache* und der „*Hirt*" des Hermas.

Alle diese Schriften sind von unschätzbarem Wert für unsere Kenntnis des urchristlichen Lebens und Denkens. Sie zeigen, wie der Übergang von den apostolischen Gemeindegründungen zur urchristlichen Verfassungsform sich vollzogen hat und wie der institutionelle Charakter, der ursprünglich stärker vom charismatischen Geiste überformt war, allmählich deutlicher hervorgetreten ist. Auch über den Prozeß der Kanonbildung des Neuen Testamentes geben sie Aufschluß. Wenn ein Teil dieser Schriften anfangs selbst noch zu den neutestamentlichen Schriften gezählt, beim Gottesdienst verlesen und als Richtschnur (kanon) des geoffenbarten Glaubens betrachtet wurde, wie etwa der 1. Klemensbrief, der „Hirt" des Hermas oder der Barnabasbrief in Syrien und Ägypten, so zeigt dies, daß sie noch mitten in diesem Vorgang der Scheidung standen. Erst als dann der Inspirationsbegriff, der von den Apostolischen Vätern selbst bereits umrissen wurde, klarer herausgearbeitet worden war, sonderte man das nachapostolische Schrifttum von dem inspirierten neutestamentlichen der Heiligen Schrift aus. Dabei ist erkennbar, wie auch zahlreiche andere theologische Begriffe sich bildeten oder fortentwickelten.

Als „erstes genauer datierbares Werk . . . in der christlichen Literatur außerhalb des Neuen Testamentes" haben wir den *1. Klemensbrief* zu betrachten. Er wurde um das Jahr 96 in Rom verfaßt und gibt sich als ein Bitt- und Mahnschreiben der römischen Gemeinde an die Gemeinde von Korinth mit der Aufforderung, die dort ausgebrochenen Streitigkeiten beizulegen und Frieden und Eintracht wiederherzustellen. Sein Verfasser war nach dem einstimmigen Zeugnis der ältesten Überlieferung Klemens, der Bischof der römischen Gemeinde und der dritte Nachfolger des hl. Petrus in Rom. Er stellt das älteste literarische Zeugnis für den Martertod der Apostel Petrus und Paulus „bei uns", d. h. in Rom, dar und bringt auch sonst wertvolle historische Nachrichten über die beiden ersten Christenverfolgungen in Rom unter Nero und Domitian. In der korinthischen Angelegenheit verfährt der Schreiber so, daß man ein gewisses auf einer höheren Autorität gegründetes Selbstbewußtsein nicht übersehen kann, das keineswegs mit dem Hinweis auf den römischen Charakter im allgemeinen erklärt werden kann, sondern deutlich an Petrus und seine Vorrangstellung anknüpft. Wenn auch der brüderlich mahnende Ton überall gewahrt bleibt, so „scheint dennoch nicht nur eine gewöhnliche correctio fraterna vorzuliegen", sondern mehr (Fischer, 12). „Freilich ist noch nirgend eine primatiale Stellung Roms ausdrücklich behauptet; es findet sich aber auch keine Stelle, die ihr widerspräche. Im Gegenteil", so fährt Fischer unter wörtlicher Berufung auf B. Altaner (Patrologie [6]1960, S. 81) und A. von Harnack (Einführung in d. alte Kirchengeschichte, 1929, S. 99) fort, „darf man hier schon den Geist, die Kraft und den Anspruch Roms auf eine besondere Stellung unter allen Gemeinden . . . angekündigt finden. In dieselbe Richtung weist auch die besondere Hochschätzung, die dem Brief bereits im 2. Jh. entgegengebracht wurde." Vom Dekretalstil des mittelalterlichen Papsttums ist der Brief noch sehr weit entfernt, aber er spricht bereits autoritativ. Wie Klemens von Rom nach dem glaubwürdigen Zeugnis des Irenäus ein getreuer Schüler von Petrus und Paulus war, so Ignatius von Antiochien vermutlich auch. Als Bischof von Antiochien in Syrien, dessen Christengemeinde ebenfalls eine Zeitlang von Petrus geleitet worden ist, war er dessen zweiter Nachfolger, wie Origenes und Eusebius berichten. In seinen jungen Jahren hatte er Petrus und Paulus wohl noch persönlich kennengelernt. Daß er ein direkter Schüler des hl. Johannes gewesen sei, ist eine erst sehr späte Überlieferung (Hieronymus im 4. Jh.); sie könnte aber zutreffen, da Johannes bekanntlich bis in seine hohen Jahre hinein in Ephesus gelebt hat.

Von Ignatius besitzen wir sieben echte Briefe, die nur wenige Jahre nach dem Klemensbrief geschrieben worden sind. Unter der Regierung des Kaisers Trajan (98–117), wahrscheinlich um 110, wurde er als Christ ergriffen und nach Rom gebracht, wo er den Martertod durch Bestien fand. Auf der Todesreise dorthin, von Soldaten bewacht und gequält, verfaßte er in Smyrna und Troas Dankschreiben an die Gemeinden von Ephesus, Magnesia und Tralles, die ihm unterwegs Trost hatten zukommen lassen, sowie an die Kirchen von Philadelphia, von Smyrna, an ihren Bischof Polykarp und an die christliche Gemeinde von Rom, „die den Vorrang auch in der Liebe hat". Alle diese Schreiben sind voll von herrlichen Gedanken. Verfassungsgeschichtlich ist erkennbar, daß sich in seinem Bereiche der monarchische Episkopat durchgesetzt hatte. Nur ein einziger Bischof steht noch an der Spitze der Gemeinden, und Ignatius mahnt, „folgt alle dem Bischof wie Jesus Christus dem Vater, und dem Presbyterium wie den Aposteln; die Diakone aber achtet wie Gottes Gebot! Keiner soll ohne Bischof etwas tun, was die Kirche betrifft. Nur jene Eucharistiefeier soll als zuverlässig gelten, die unter dem Bischof oder einem von ihm Beauftragten stattfindet. Wo der Bischof erscheint, dort soll die Gemeinde sein, wie da, wo Jesus Christus ist, die *katholische Kirche* ist" (Brief an die Smyrnäer, 8, 1). Er entwickelt bereits eine Theologie des Bischofsamtes, in dem er die Einheit der Kirche verkörpert findet. Christus, Bischof und Kirche sind eins.

In seinem Briefe an die Römer weist Ignatius der römischen Kirche unzweifelhaft auch bereits eine Sonderstellung zu. Er rühmt nicht nur ihre Liebestätigkeit, sondern auch – wohl in Anknüpfung an den Klemensbrief, den er gekannt haben muß – ihre Glaubensfestigkeit und Lehre, so daß „das besondere Ansehen und eine tatsächliche Vorrangstellung der römischen Gemeinde bereits deutlich zu spüren ist" (Altaner, 86). Seinen bischöflichen Mitbruder Polykarp, der ihn in Smyrna betreut hatte, mahnt Ignatius von Troas aus an seine Hirtenpflicht und fordert ihn auf, in der Christenverfolgung festzustehen wie ein Amboß unter den Schlägen des Hammers.

Von Polykarp, dem Bischof von Smyrna, der in seiner Jugend noch den Apostel Johannes persönlich gehört hatte und von ihm zum Bischof bestellt worden war, besitzen wir einen Brief an die Philipper. Dieser ist tatsächlich aus zwei Schreiben zusammengesetzt, von denen das erste z. Z. der Romreise des Ignatius, um 110, das zweite einige Jahre später, etwa 111/112 (Fischer), abgefaßt worden ist. Polykarp starb als 86jähriger Greis den Martertod in Smyrna, entweder 155/156 oder 167/168. Über sein ergreifendes Sterben auf dem Scheiterhaufen in der Arena berichtet uns ein im wesentlichen echtes und zuverlässiges Schreiben, das ein unmittelbarer Augenzeuge verfaßt und im Auftrage der Gemeinde von Smyrna an die Kirche von Philomelium in Phrygien gesandt hat.

Von Quadratus liegen uns nur wenige Zeilen einer im übrigen verlorenen Apologie vor, die er um 125 an Kaiser Hadrian (117–138) zur Verteidigung des Christentums geschickt hat; ob diese mit dem Diognetbrief identisch ist, wie neuerdings behauptet worden ist (P. Andriessen), bleibt fraglich. Auch von dem Bischof Papias von Hierapolis sind uns lediglich einige Fragmente seiner „Erklärungen von Herrenworten" erhalten, die er um 130 verfaßt hat.

Von der zweiten, der uneigentlichen Gruppe von Schriften der „Apostolischen Väter" gehört der *Barnabasbrief* der ersten Hälfte des 2. Jhs. an; der *Diognetbrief*, ein wunderbares „Zeugnis vergeistigten christlichen Offenbarungsglaubens und Selbstbewußtseins", wurde von einem unbekannten Verfasser in der 2. Hälfte des 2. Jhs. an einen hochstehenden Heiden namens Diognet gerichtet; die *Didache* oder Zwölfapostellehre, die zugleich die älteste uns bekannte Kirchenordnung enthält und Aufschluß über das liturgische Leben der Frühzeit gibt, stammt aus der 1. Hälfte des 2. Jhs., wobei aber der Grundstock (Did. 1–6) noch ins 1. Jh. zurückreicht. Der „*Hirt*" des Hermas, eines Bruders des römischen Bischofs Pius I. (142–154/55?), ist um die Mitte des 2. Jhs. als eine eindringliche Bußapokalypse in Rom entstanden; ihr kommt eine große Bedeutung für die Geschichte der sakramentalen Buße zu.

2. Die *frühchristlichen Apologeten* des 2. Jhs. übernahmen die Aufgabe der literarischen Verteidigung des Christentums. Schon war die Kirche eine geschichtliche Größe geworden und konnte von der Außenwelt nicht mehr ignoriert werden. Die immer zahlreicher in die christlichen Gemeinden eintretenden Männer von Stand und Bildung suchten das lebendige Gespräch mit den gebildeten Heiden, teils um ihren Übertritt zu rechtfertigen, teils um die vorhandenen Vorurteile und Verleumdungen gegen die Christen zurückzuweisen.

In dem Bemühen, sich ihrer Umwelt verständlich zu machen, bedienten sich die Apologeten weitgehend der Begriffssprache ihrer Zeit. In die Geistigkeit der späteren Stoa und des Platonismus und in die religiöse Vorstellungswelt der griechisch-orientalischen Mysterienkulte hinein sollten sie die christliche Botschaft verkündigen. Mit beiden waren sie aufgewachsen vor ihrer Hinwendung zum Christentum, wie z. B. Justin, der erst nach langem Suchen den Weg zur christlichen Wahrheit gefunden hatte; tagtäglich kamen sie mit ihnen in Berührung. Was Wunder, wenn sie das Evangelium in der Sprache auslegten, die diese Welt sprach und die auch ihre eigene Muttersprache war. Ihnen dafür den Vorwurf zu machen, sie hätten das Gotteswort „hellenisiert" und dadurch verfälscht, ist ungerechtfertigt. Ihr Ziel war die Heimholung ihrer Welt für Christus. In der Absicht, für Christus Zeugnis abzulegen und missionarisch zu wirken, suchten sie mutig den Dialog mit ihrer Umwelt. Es bleibt ihre dauernde Ruhmestat, daß sie sich nicht ins Ghetto abdrängen ließen.

Die hellenistische Welt bot in der Tat genügend wertvolle Anknüpfungspunkte für dieses Gespräch. Der Logosgedanke des Prologs zum Johannesevangelium, der selbst wohl der spätjüdischen Weisheitslehre entstammen mag, hatte ja doch sein Gegenstück in der Philosophie Zenons und der Stoa; die hier als schöpferischer Logos waltende göttliche Kraft, der das ganze Weltall seinen Ursprung und seine Beseelung verdankt, war schon von den Apostolischen Vätern (Ignatius, Brief an d. Magnesier 8, 2) auf Christus angewandt worden. Der berühmte Märtyrer und Philosoph Justin, der lange Zeit in Rom als christlicher Weisheitslehrer tätig war, bis er um 165/167 um seines Zeugnisses für Christus willen hingerichtet wurde, führte den Gedanken, daß alle Menschen in ihrer

Vernunft bereits Keime des ewigen Logos (Logoi spermatikoi) besitzen, in seinen beiden Apologien weiter aus (Apologie I, 32, 8; 46, 2 u. ö.). Alle Menschen sind von Natur, d. h. vom Schöpfer, auf die göttliche Wahrheit hin angelegt. In der Offenbarung des Christus-Logos hat diese göttliche Wahrheit ihre letzte und höchste Enthüllung erfahren. Nicht nur die Gottesmänner des Alten Bundes, sondern auch die großen Denker des Griechentums, die die Wahrheit suchten, waren Christus bereits nahe und hatten keimhaft an ihm, dem göttlichen Logos, Anteil; sie waren gewissermaßen Christen schon vor Christus. Das Christentum ist die wahre Philosophie und Weisheit; es ist die Erfüllung der Menschheitssehnsucht nach Erkennen der letzten und tiefsten Zusammenhänge, die echte Gnosis.

Wie Justin, so argumentierten auch die übrigen Apologeten, nur setzten die einen sich mehr mit dem Judentum, andere mehr mit dem Polytheismus des Heidentums oder den Erlösungsverheißungen der Mysterienkulte auseinander. Allen gemeinsam war das Bestreben, das Christentum als die einzige Erfüllung und die ewige Bestimmung des Menschen zu erweisen.

Zu dieser Gruppe der frühchristlichen Apologeten rechnen wir außer *Justin* die Philosophen *Aristides* und *Athenagoras* aus Athen, den Syrer *Tatian*, der neben seiner „Rede an die Hellenen" noch eine Evangelienharmonie (Diatessaron) verfaßte, in Rom Schüler Justins gewesen ist, aber nach seiner Rückkehr in den Orient um 172 eine häretische, gnostisch-enkratitische Sekte gründete, ferner die Bischöfe *Theophil* von Antiochien, *Apollinaris* von Hierapolis, *Meliton* von Sardes und *Ariston* von Pella (um 140), den Rhetor *Miltiades*, den Satiriker *Hermias* und *Quadratus*, der hier auch als Apologet genannt werden muß.

3. Den Ehrennamen „*Kirchenväter*" geben wir jenen großen Theologen, die nicht bei der Verteidigung stehengeblieben sind, sondern sich die tiefere theologische Durchdringung des Glaubensgutes von der Grundlage der Offenbarung her zum Ziele gesetzt haben. Die meisten von ihnen sind Bischöfe gewesen; daher der Name „Vater", der ursprünglich den Bischöfen in der Gemeinde reserviert war; einige aber waren auch nur Priester, wie z. B. Hieronymus, oder Laien, wie Tertullian. Die spätere Doktrin nennt als Merkmale für die Zugehörigkeit zur Gruppe der Kirchenväter: 1. Rechtgläubig-

keit in der Lehre, 2. Heiligkeit im Leben, 3. kirchliche Anerkennung und 4. Zugehörigkeit zum christlichen Altertum. Durch das letzte Charakteristikum werden die Kirchen*väter* von den Kirchen*lehrern* unterschieden, die im Mittelalter und in der Neuzeit gelebt und gelehrt haben.

Ihre Themen waren ihnen vielfach von außen nahegelegt worden; sie entsprachen einem echten Zeitbedürfnis. So hatte die enge Berührung mit der hellenistischen Philosophie und Weisheitslehre z. B. die Gefahr heraufbeschworen, das Christentum nicht mehr als reine, an Schrift und apostolische Tradition gebundene göttliche Offenbarung anzusehen, sondern es zu gnostischen Spekulationen auf synkretistischer Basis zu mißbrauchen. Schon früh suchte eine in ihrem Kerne ganz und gar heidnische Gnosis in das Christentum einzudringen. Sie bediente sich für ihre verworrenen Gedankengänge über Weltschöpfung und Welterlösung gerne der allegorischen Deutung der Heiligen Schrift und vermengte christliches Offenbarungsgut mit heidnischen, besonders dualistischen Vorstellungen. Ihr gegenüber wurde es nötig, den christlichen Glauben und die Quellen der Offenbarung genau festzulegen, diejenigen Schriften, die allein die Richtschnur (= Kanon) darstellen konnten, in einem „Kanon der Heiligen Schrift“ endgültig zu bestimmen, ihren Inspirationscharakter näher zu definieren und ihre authentische Auslegung ausschließlich dem Bischof zu reservieren. Der willkürlichen Schriftauslegung einzelner Häretiker setzte man als Norm und alleingültige Interpretation das Schriftverständnis im Geiste der Apostolischen Tradition entgegen. Die einzige Garantie für die Reinerhaltung des von den Aposteln überlieferten Offenbarungsgutes ist die durch ununterbrochene Sukzession in der Nachfolge der Apostel gesicherte Überlieferung im Bischofsamte. So hoben die Kirchenväter nachdrücklich hervor, daß die echte christliche Gnosis nur diejenige sein könne, die den Glauben im Sinne der „traditio apostolica“ verstehe. Nur bei den Bischöfen, den rechtmäßigen Nachfolgern der Apostel, ist Orthodoxie zu finden. Wer sich vom Bischof trennt, geht in die Irre.

Aus der Auseinandersetzung mit der Gnosis und den anderen Irrlehren erwuchs die wissenschaftliche christliche Theologie. Ihre Themen betrafen in der Hauptsache Person und Werk Christi (Christologie), Christi Heilswerk (Soteriologie) und sein Verhältnis zum Vater und zum Heiligen Geist (Trinitätslehre). Sie blieben für die nächsten Jahrhunderte die Kernpunkte der theologischen Denkarbeit.

Der erste bedeutende Theologe des 2. Jhs. war Bischof *Irenäus von Lyon* († um 202). In seinem Hauptwerke Adversus haereses („Wider die Irrlehren") arbeitete er um 180 bis 184 unter anderem die Bedeutung der echten apostolischen Tradition für die Reinerhaltung des wahren Glaubens heraus. Er sieht sie am klarsten durch die Petrusnachfolge des römischen Bischofs in der Gemeinde zu Rom garantiert und schleudert dieses Argument den gnostischen Irrlehren entgegen (Adv. haereses, 3, 3). Er hat uns die älteste römische Bischofsliste überliefert.

In Nordafrika wirkte zur gleichen Zeit der Jurist und theologische Schriftsteller *Tertullian* († nach 220 in Karthago). Auch er stellte den gnostischen Häretikern das echte Traditionsprinzip als Glaubensnorm entgegen. In seiner Hauptschrift *De praescriptione haereticorum* (um 200) weist er sie durch zwei bündige „Feststellungen" (= „Praescriptiones" in der Juristensprache) zurück: 1. Christus hat seine Lehre nur den Aposteln zur Verkündigung übergeben und sonst niemandem; eine Sonderoffenbarung geheimer Mitteilungen an irgendwelche andere Menschen, von denen die Gnostiker ihre Kenntnisse zu besitzen vorgaben, gibt es nicht. 2. Die Apostel ihrerseits haben ihre Lehren ausschließlich den von ihnen gegründeten Bischofskirchen übergeben. Mit diesen apostolischen Kirchen müssen alle Christen im Glauben übereinstimmen. Eine Lehre, die nicht in der apostolischen Tradition steht, ist häretisch. Also sind die Gnostiker Häretiker, so schließt Tertullian. In seinen zahlreichen Schriften hat er manche theologischen Begriffe geprägt, die bis heute im Gebrauch sind. Leider ist er in seinen späteren Jahren (um 207) selbst in die Irre gegangen, indem er sich der rigoristischen Sekte des Montanismus zuwandte.

In Rom schrieb zu Beginn des 3. Jhs. der Presbyter *Hippolyt* († 235) viele theologische Schriften, unter anderem auch eine *Refutatio omnium haeresium* („Widerlegung aller Häresien"), die er nach 222 gegen die trinitarischen Irrlehren des Modalisten Sabellius und die sog. Patripassianer richtete. Er verfaßte eine sehr wirkungsvolle Kirchenordnung, die „Apostolische Überlieferung" (um 220). Eifersucht und gekränkter Ehrgeiz brachten auch ihn leider in Gegensatz zur Kirche, als er bei der Papstwahl 217 übergangen und statt seiner Kallistus (217–222) gewählt wurde. Vielleicht ließ er sich sogar von seinen Anhängern zum (ersten) Gegenpapst wählen und führte so das erste Schisma in Rom herbei. Später söhnte er sich mit der Kirche wieder aus und starb 235, zusammen mit Papst Pontian, den Märtyrertod in der Verbannung.

In Karthago lebte und lehrte auch Bischof *Cyprian*, erst 246 getauft, schon 248/49 Bischof geworden und 258 enthauptet. Er war ein starker Vertreter der kirchlichen Einheit. In seiner Schrift *De ecclesiae unitate* (um 251) steht der Satz: „Der kann Gott nicht zum Vater haben, der die Kirche nicht zur Mutter hat." Echt ist auch der im 4. Kapitel dieser Schrift enthaltene, vielfach zu Unrecht angegriffene Satz: „Der Primat ist dem Petrus verliehen. Wie kann jemand, der sich vom Stuhl Petri, auf den die Kirche gegründet ist, trennt, glauben, er sei noch in der Kirche?" (De eccl. unitate, 4, 7). Freilich darf man aus diesen Worten kein Bekenntnis zum römischen Jurisdiktionsprimat herauslesen. Cyprian selbst hat sich seit 255 mit Papst Stephan I. überworfen; er vertrat in der Frage der Gültigkeit der Ketzertaufe – von einem falschen Sakramentsbegriff ausgehend – den Standpunkt, die Wirkung der Taufe hänge vom Gnadenstand des spendenden Priesters ab; wer selbst den Heiligen Geist nicht besitze, könne ihn in der Taufe auch nicht weitergeben; danach wäre also nicht Christus (ex opere operato) der Spender, sondern der Mensch kraft seines eigenen Charismas.

## § 6

### DIE ANFÄNGE DER CHRISTLICHEN SCHULE VON ALEXANDRIEN

In den großen Gemeinden der damaligen Weltstädte Rom, Antiochien, Alexandrien u. a. machte der tägliche Andrang zum Christentum die Einrichtung besonderer Katechumenate für die Taufbewerber nötig. Die Dauer und Intensität des Vorbereitungsunterrichtes stellte hohe Anforderungen nicht nur an die Katechumenen, sondern mehr noch an die Lehrer in diesen Katechumenaten. Auch für sie mußte man Bildungsstätten schaffen, sogenannte Katechetenschulen, in denen eine höhere theologische Ausbildung und christliche Unterweisung geboten wurde. Sicher bestand eine solche im 2. Jh. bereits in Alexandrien.

Jedoch die, mit der wir uns hier befassen, war nicht von

dieser Art. Sie ist vielmehr aus einer freien Lehrtätigkeit christlicher Weisheitslehrer hervorgegangen, die ganz nach der Art der stoischen, kynischen und sonstigen Philosophen, die ihre Lehren dozierten, christliche Weltanschauung auf privater Basis vortrugen. Als Justin von dem heidnischen Richter nach seiner Tätigkeit gefragt wurde, antwortete er nach dem amtlichen Protokoll: „Ich wohne im zweiten Stock des Hauses eines gewissen Martin beim Bad des Timotheus. Dort halte ich mich auf, seitdem ich zum zweitenmal in Rom lebe. Ich kenne keinen anderen Versammlungsort. Alle, die mich dort aufsuchten, habe ich in der Lehre der Wahrheit unterwiesen. Ja, ich bin ein Christ."

So hielt es auch der Sizilianer *Pantänus*, als er um 180 in Alexandrien, dem geistigen Zentrum des Hellenismus, aus eigener privater Initiative eine christliche Weisheitsschule eröffnete und im Rahmen philosophischer Vorträge die Lehre des Evangeliums vortrug. Er wandte sich an alle Wißbegierigen, nicht nur an die Christen, sondern auch an die Wahrheitssuchenden unter den Heiden. Durch seine tiefschürfenden und zugleich begeisternden Ausführungen hat er manchen Heiden für das Christentum gewonnen und viele Christen in die Höhen theologischer Spekulation mitfortgerissen. So wurde auch der Athener *Klemens* (*140/150, † vor 216) dem Christentum zugeführt und bald so von ihm ergriffen, daß er sich (um 200) neben Pantänus mit wachsendem Erfolg als christlicher Philosoph und Weisheitslehrer in Alexandrien niederließ. Sein größter Schüler war der junge *Origenes* (* um 185 in Alexandrien, † um 254). Als Klemens in der Verfolgung des Septimius Severus die Stadt verließ, setzte Origenes seine Lehrtätigkeit fort. Auch er begann als freier Privatlehrer seine christlichen Unterweisungen. Erst gegen 215 übertrug ihm Bischof Demetrios von Alexandrien offiziell den kirchlichen Katechumenenunterricht der großen alexandrinischen Christengemeinde. Jedoch gab er das eigentliche Katechetenamt schon bald an seinen Freund Heraklas weiter und widmete sich selbst wieder mit größtem Erfolg seiner früheren Tätigkeit, aber nunmehr im Auftrage des Bischofs und als amtlich bestellter Lehrer der Kirche. Als er sich um 230 von befreundeten Bischöfen ohne Erlaubnis und Dispens seines Bischofs zum Priester weihen ließ, kam es zum Bruch mit Demetrios. Er mußte Alexandrien verlassen und begab sich nach Cäsarea in Palästina, wo er seine Lehrtätigkeit fortsetzte. In der Verfolgung des Kaisers Decius eingekerkert und gefoltert, wurde er zwar noch freigelassen, starb aber bald darauf an den Folgen der Mißhandlung.

Worin bestand die Eigenart dieses alexandrinischen Schultyps? Gerade der Umstand, daß sie keine kirchliche Zweckanstalt war, weder Katechetenschule noch kirchlich-theologische Hochschule, sondern auf freier Initiative beruhte, wie die neuere Forschung gezeigt hat, verlieh ihr eine besondere Note. Wenn man sie so mitten ins Leben hineinstellt, „eröffnet sich eine geradezu imposante Sicht: In der Metropole der hellenistischen wissenschaftlichen Welt betreibt ein von unbändigem missionarischem Drang erfüllter, selbst auf diesem Wege zum Christentum konvertierter Lehrer im Philosophengewande eine ‚Schule' ganz im Stil seiner Zeit für die jungen und die alten Wahrheitssucher und Weisheitsliebhaber seiner heidnischen Umwelt", so beschreibt A. Knauber dieses Unternehmen. Klemens ist „als der erste christliche Gelehrte anzusprechen". Er kannte sich nicht nur in der Heiligen Schrift aus, sondern vereinigte in sich auch das gesamte profane Wissen seiner Zeit und war mit der griechischen Philosophie und klassischen Literatur bestens vertraut. Er verstand die Fragen und Nöte der jungen Menschen, die von den Bildungszentren seiner Zeit, von Athen, Rom und Antiochien, herkamen, von dem dortigen Unterricht unbefriedigt, wie einst er selbst auch, geblieben waren und nun die letzte und höchste Weisheit in der christlichen Offenbarung suchten und fanden. Vielleicht hatten sie das Christentum schon einmal in den verworrenen Formen des gnostischen Synkretismus kennengelernt. Klemens mußte auf sie eingehen, ihre Vorstellungen entwirren und sie langsam vom Irrtum zur reinen und wahren Gnosis des Christentums hinführen. Er lebte und lehrte wie ein Philosoph und bediente sich der Formen und der Sprache der Weisheitslehrer seiner Zeit. Origenes folgte ihm darin.

„Eine geradezu umwälzende Tat" war es, daß diese Männer nicht nur das äußere Gewand und die Ausdrucksformen der zeitgenössischen heidnischen Philosophen aufgriffen, sondern auch ihre Thematik. Und wenn sie etwa die in der Gnosis so beliebte Kosmologie behandelten, so taten sie es nicht mit der Absicht, diese Gedanken von vornherein ad absurdum zu führen und kurzerhand zu verwerfen, sondern zeigten auf, wie die religiösen Grundfragen über die Entstehung der Welt, den Schöpfergott, die Tatsache des Bösen in diesem Dasein und die Erlösung durch den Gott-Logos Jesus Christus in der christlichen Offenbarung ihre letzte und tiefste Beantwortung fanden. „Boten des Christentums im Philosophengewande" wollten sie sein. Besonders Klemens war „nichts mehr und nichts weniger als der Missionar der hellenistischen Geisteswelt, der zum ersten Male . . . mit dem ganzen Einsatz seines neuchristlichen Siegesbewußtseins einen erobernden Vorstoß größeren Stils . . . in die heidnischen ‚Akademikerkreise' seiner Zeit hineingetragen hat" (Knauber). Dabei war sein Interesse nicht in erster Linie ein rein theologisches, sondern ein seelsorgliches. Er wollte seine Hörer für Christus gewinnen und sie zum Heile führen.

Aber, so fragen wir, ist er in dieser Anpassung an die hellenistische Umwelt nicht doch zu weit gegangen? Sind nicht mit der Sprache und den Begriffen auch die Inhalte der griechischen Philosophie und der Mysterienkulte in das junge Christentum eingedrungen, und hat der spätantike Synkretismus nicht doch zu einer Verfälschung des ursprünglichen, reinen Evangeliums geführt? Diese Fragen sind ernst zu nehmen, denn es ist gewiß, daß aus Liebe zur Akkommodation zu keiner Zeit Abstriche vom geoffenbarten Glaubensgut gemacht werden dürfen.

Bei näherem Zusehen ist festzustellen, daß von solchen Abstrichen in der Tat keine Rede sein kann; ebensowenig von Überfremdung des Christlichen durch heidnische Gedanken und Gebräuche. Diese Männer selbst waren sich zu sehr ihres wesentlichen Gegensatzes zur heidnisch-gnostischen Umwelt bewußt, als daß sie ihr leichthin verfallen wären. Wenn sie aber die Akkommodation ernst nahmen und sich nicht scheuten, auch die geistige Welt ihrer Hörer ernst zu nehmen, so wußten sie um den lebendigen Heils- und Missionsauftrag dessen, der in der Kirche fortlebt, um durch sie zu allen Zeiten immer wieder neu Mensch zu werden. Wie Christus in seiner Inkarnation grundsätzlich alles Menschsein bejaht und angenommen hat – außer der Sünde –, d. h. wie er unter den Juden ein Jude geworden ist, so nimmt er im Laufe der Kirchengeschichte das Menschsein aller Völker und Kulturen an, um stets von neuem in ihnen inkarniert zu werden. Mit Paulus, der „allen alles geworden" ist (1 Kor 9, 22), erklärte Klemens immer wieder: „Man muß für die Hellenen ein Hellene werden, um alle zu gewinnen. – Man muß denen, die nach der *bei ihnen üblichen* Weisheit verlangen, das darbieten, was ihnen vertraut ist, damit sie möglichst leicht durch ihr eigenes Gedankengut zum Glauben an die Wahrheit in rechter Weise hingelangen" (Klemens, Stromateis I, 15, 3ff; V, 18, 6ff).

Griechisches Denken hat sich in der Folgezeit aufs innigste mit dem christlichen Offenbarungsgut vermählt. In den großen Heiligen- und Theologengestalten der griechischen Patristik hat dieser Bund seine herrliche Bestätigung und Vollendung gefunden. Ohne ihn wäre die gewaltige theologische Leistung der ersten Konzilien nicht möglich gewesen. Über Klemens hinaus hat der große Origenes die Fundamente dazu gelegt.

## § 7

### INNERE KRISEN: SPALTUNGEN UND HÄRESIEN

Die hohe Geistigkeit und Gedankenfülle der christlichen Offenbarungswahrheiten einerseits und andererseits die mit dem inkarnatorischen Prinzip der Kirche gegebene Geschichtsgebundenheit und Menschlichkeit ihrer inneren und äußeren Entwicklung und Entfaltung machen das häufige Auftreten von Fehlmeinungen und häretischen Verfälschungen, die abgewehrt werden mußten, verständlich. Eben weil die Kirche sich bewußt war, das kostbare Gut der reinen göttlichen Wahrheit in einem zerbrechlichen irdischen Gefäße tragen und unverfälscht bewahren zu müssen, sah sie sich aus Verantwortung genötigt, besondere Sorgfalt auf die Abwehr falscher Lehren zu verwenden. Zumal in Zeiten synkretistischer Vermischungstendenzen, die einem gefährlichen Relativismus in Glaubensfragen huldigen, reagierte sie stets besonders allergisch gegen das Aufkommen von Sondermeinungen und Häresien. Das war schon im jungen Christentum der Fall und gestaltete seine Lage, die ohnehin von außen aufs schwerste bedroht war, oft geradezu tragisch. Eusebius, der Vater der Kirchengeschichte, stellte bereits fest, daß im 2. Jh. die innere Bedrohung des Christentums durch Häresien und Spaltungen weit größer gewesen sei als die äußere durch die Verfolgungen. Die erstaunlich reiche antihäretische Literatur der Urkirche, der Apologeten wie der Kirchenväter, beweist, mit wie großer Aufmerksamkeit und Sorge man diese Entwicklung beobachtet hat.

1. Aus *judenchristlichen Kreisen*, die sich nicht entschieden genug vom alten jüdischen Kult lösen konnten, entstanden besonders nach dem Tode des hl. Jakobus (62/63) in Jerusalem

und Palästina judaistische Spaltungen, die schließlich in die Häresien der Ebioniten, Nazaräer und Elkesaiten einmündeten, die zwar an der Messianität Jesu noch festhielten, aber seine Gottheit leugneten. Cerinth (Ende des 1. Jhs.) verband mit einem schroffen Judaismus bereits gnostische Spekulationen. Er war ein Zeitgenosse des Apostels Johannes, und Irenäus berichtet, daß dieser gegen Cerinth sein Evangelium verfaßt habe.

2. Die verschiedenen *gnostischen Systeme* sind Produkte des Synkretismus und gehen in vorchristliche Zeit zurück. Die Entdeckung einer großen gnostischen Bibliothek im J. 1946 zu Nag Hammadi in Ägypten ermöglicht es uns heute, ihre verwirrenden Gedanken und ihr Wesen ein wenig klarer zu erfassen. Griechische Religionsphilosophien und die Erlösungsversprechung orientalisch-hellenistischer Mysterienkulte verbanden sich in ihnen zu einem eigenartigen Gemisch von Diesseits- und Jenseitsvorstellungen, in die nur die Eingeweihten Einblick erhielten.

Die Gnostiker versprachen ihren Anhängern geheimnisvolle Aufschlüsse über die letzten großen Menschheitsfragen nach dem Woher und Wohin des menschlichen Lebens, nach der Entstehung des Kosmos und nach dem Sinn des Bösen und des Unheils in dieser Welt. Die „wahre Erkenntnis" (=Gnosis), die sie vermittelten, beruhte nicht auf vernunftgemäßem Erkennen und sachlicher Belehrung, sondern wurde durch mystische Versenkung und bestimmte religiöse Praxis erworben. Sie behaupteten, im Besitze geheimer Offenbarungen zu sein, die ein verborgenes, nur den Eingeweihten zugängliches Wissen enthielten.

Eben dieser Offenbarungscharakter war es, der die Gnostiker schon früh ein Interesse am Christentum gewinnen ließ. Wir hören bereits in den neutestamentlichen Schriften von ihnen; besonders Paulus wendet sich entschieden gegen sie (1 Tim 1, 4; 4, 7; 6, 4; 6, 20; Kol 2, 8ff; Apok 2, 6 15). Dennoch konnte nicht verhindert werden, daß sie sich mit der Zeit die christliche Offenbarungslehre zu eigen machten und in ihrem Sinne zurechtlegten. Ihre phantastische allegorische Ausdeutung der Heiligen Schrift wußte platonische und pythagoräische Spekulationen mit den Erlösungsgedanken der heidnischen Mysterien und mit den mythologischen Kosmogonien und Astrologien des alten Orients zu verbinden. Die christliche Glaubenslehre von der Erlösung durch die Menschwerdung des Gottessohnes verschmolz mit der Emanations- und Äonenlehre und wurde mit dualistischen Vorstellungen vermengt, nach denen es zwei miteinander im Kampfe liegende letzte Prinzipien, das Gute und das Böse, gibt.

Als gemeinsame Grundanschauungen der verschiedenen gnostischen Systeme sind die folgenden Gedanken anzusehen: Aus dem allerhöchsten, in unzugänglichem Lichte wohnenden verborgenen Gott sind die Welten in der Weise durch Emanation entstanden, daß zahlreiche Geister (Äonen, bis zu 365) aus diesem Gott hervorgegangen sind, die sich immer weiter von ihrem göttlichen Ursprung entfernen. Je größer der Abstand ist, desto geringer sind sie in ihrem Wesen und desto weniger Licht besitzen sie. Auf der letzten, untersten Stufe vermischen sie sich schließlich mit der Materie, die dem Reiche der Finsternis und des Bösen angehört. In dieser niedrigsten Schicht ist unsere Erde entstanden; sie ist das Werk des geringsten aller Äonen, des Demiurgen. Dieser Demiurg oder „Weltbildner" wird mit Jahwe, dem Gott des Alten Testamentes, gleichgesetzt.

„Erlösung" besteht nun in der Befreiung der göttlichen Lichtfunken aus der finsteren Materie und ihrer Zurückführung zur Lichtfülle (Pleroma) des höchsten Gottes. Hier setzt die Vermischung mit dem Christlichen ein. Christus erscheint als ein solches Geistwesen (Äon); seine Aufgabe war es, den Menschen jenen bisher unbekannten höchsten Gott zu verkünden und sie zu lehren, wie man die Materie ausscheiden, die Finsternis überwinden und in die Lichtwelt Gottes zurückkehren kann. In Jesus von Nazareth nahm er einen Scheinleib an. Er wirkte und litt nur zum Schein (Doketismus); er konnte gar nicht in Wirklichkeit leiden und am Kreuze sterben; manche Gnostiker lehrten, der Christus-Logos sei überhaupt erst bei der Taufe im Jordan auf den Menschen Jesus herniedergestiegen und habe ihn dadurch zum Messias gemacht. Vor der Passion habe er ihn wieder verlassen, so daß am Kreuze nur der Jesus von Nazareth als reiner bloßer Mensch gestorben sei. Dem Kreuzestode komme auf jeden Fall keine erlösende Bedeutung zu; nur die Lehrtätigkeit sei wichtig, und allein diejenigen, die die Geheimlehre des Christus-Logos verständen und befolgten, würden wirklich „erlöst". Inhalt der Lehre aber sei, die Materie zu überwinden. Nur die wahren „Gnostiker" oder „Pneumatiker" vermöchten dies zu verstehen. Die Masse der Menschen, die Heiden, gingen als „Stoffmenschen"

(Hyliker) mit der Materie in der ewigen Finsternis verloren. Den Durchschnittschristen gestand man als „Psychikern“, die der höheren Erkenntnis unfähig seien, eine geringere Erlösung und beschränkte Seligkeit zu. Christus habe eine doppelte Offenbarung hinterlassen, eine niedere, die in den Heiligen Schriften der Großkirche verkündet werde, und eine höhere, verborgene, die er nur einigen auserwählten Personen geheim anvertraut habe und in deren Besitz jetzt die Gnostiker seien.

Hauptvertreter der sog. „christlichen“ Gnosis waren *Satornil* in Antiochien (Anfang d. 2. Jhs.), *Basilides* in Alexandrien (um 120–145) und *Valentin* in Rom (um 136 – um 160).

In ihrem Wesen ist diese Gnosis, wie leicht zu erkennen, absolut unchristlich, da sie das Wesentliche des Christentums, den Glauben an die wirkliche Gottheit Christi, leugnet. Sie stellt den Versuch dar, das Christentum in den gefährlichen Sog des Synkretismus mit hineinzuziehen. Ihre Anziehungskraft lag vor allem in dem Reiz, den das Geheimnisvolle und Pseudomystische auf zahlreiche Menschen ausübt; ferner in den kosmischen Spekulationen und in den mit kultischen Formen verbundenen Enthüllungen über ein neues Welt- und Erlösungsverständnis; und schließlich in der scheinbar so streng asketischen Lebensgestaltung, die in Wirklichkeit einer nichtchristlichen, dualistischen Weltverneinung und Leibfeindlichkeit entsprang. Durch eine ausgedehnte Propaganda, die in religiösen Romanen, frommen kultischen Hymnen und apokryphen „Heiligen Schriften“ sich niederschlug und angeblich auf Sonderoffenbarungen und geheimen Traditionen von bisher verborgenen Christusworten beruhte, richtete die Gnosis in den jungen Christengemeinden, die zum großen Teil noch aus neugetauften, aus dem Heidentum herkommenden Konvertiten bestanden, manchen Schaden an. Über den Manichäismus rettete sie sich bis ins Mittelalter hinein, indem sie in den Sekten der Paulicianer, Bogomilen und Katharer fortlebte, und hat auch in der Neuzeit ihre Fortsetzung erhalten (Spiritismus, Theosophie, Anthroposophie etc.). Eigentlich ist sie nie ganz überwunden worden, und eben dies läßt vermuten, daß sie in irgendeiner Weise einem tieferen menschlichen Verlangen entgegengekommen ist.

3. Der *Manichäismus* geht auf den Perser *Mani* (215–273) zurück, der als letzter Abgesandter Gottes nach Buddha, Zarathustra und Jesus die göttliche Offenbarung zum vollen Abschluß bringen wollte. Mit dem Christentum hat seine

Lehre kaum noch etwas gemein. Er vertrat den strengen Dualismus und sah den Weltprozeß als einen ständigen Kampf zwischen Licht und Finsternis, zwischen den Prinzipien des Guten und des Bösen, zwischen Geist und Materie an, wobei der Mensch durch Enthaltung von aller bösen Materie, von Fleischgenuß und Wein ebenso wie von geschlechtlicher Lust, das Böse in sich zu überwinden und das Licht zu mehren hat. Erst in den letzten Jahrzehnten des 3. Jhs. drang der Manichäismus in das römische Reich ein, breitete sich aber im 4. Jh. um so rascher aus und wurde dadurch, daß er zugleich viele christliche Elemente in sich aufnahm, zu einer großen Gefahr für das Christentum. Auch der hl. Augustinus war ihm vor seiner Taufe verfallen.

4. Der *Marcionismus* war im 2. Jh. eine Zeitlang die gefährlichste Konkurrenz der christlichen Großkirche. *Marcion*, als Sohn des Bischofs von Sinope am Schwarzen Meer um 85 geboren, kam gegen 139 nach Rom, um seine eigenen Ideen in der römischen Gemeinde zu propagieren. Als er abgewiesen und exkommuniziert wurde, gründete er eine eigene Kirche, die sich dank seiner straffen Leitung und Organisation schnell ausbreitete. In seiner Lehre verwarf er das Alte Testament und predigte einen strengen Dualismus. Der Jahwe des AT sei der zürnende Gott des Bösen; im Christus des Neuen Testamentes aber habe sich der höchste gute Gott geoffenbart; die Anhänger Jahwes, die Juden, hätten den Gott des NT, Christus, verfolgt; da dieser aber lediglich einen Scheinleib angenommen habe, hätten sie ihn auch nur scheinbar töten können. Der strenge, auf dualistischer Leibfeindlichkeit beruhende ethische Rigorismus, der den Marcionismus kennzeichnet, hat ihm viele fanatische Anhänger verschafft.

5. Als „*Enkratiten*" („Enthaltsame") bezeichnen schon Irenäus (Adv. haer. I, 28) und Klemens von Alexandrien (Stromateis I, 15, 71 u. ö.) die Vertreter einer streng leibfeindlichen asketischen Richtung, die um 170 weite Verbreitung fand und bedrohliche Ausmaße annahm. Tatian gehörte ihnen an, den wir oben bereits als Apologeten kennengelernt haben. Dogmatisch waren sie korrekt, gingen aber in ihren asketischen Forderungen, offenbar unter dem Einfluß Marcions, so weit, daß sie von *jedem* Christen die volle Enthaltsamkeit nicht nur von Fleisch- und Weingenuß, sondern auch vom Gebrauch der Ehe verlangten. Mit Recht wurde diese Auffassung als häretisch zurückgewiesen. In abgeschwächter Form haben

sich enkratitische Tendenzen jedoch vielfach erhalten und spielten auch in der Vor- und Frühgeschichte des Mönchtums eine Rolle.

6. Der *Montanismus* enthielt solche enkratitischen Züge, die sich mit einem urchristlichen Enthusiasmus verbanden. Indem er der allgemeinen Kirche vorwarf, sie sei bereits allzusehr verweltlicht, predigte *Montanus*, ein ehemaliger Kybele-Priester, seit 156/157 (nach anderen erst gegen 172) eine strenge Sittenreform und Askese, verwarf die Flucht vor dem Martyrium und forderte, daß der Christ sich freiwillig zum Martyrium melden, ja geradezu drängen müsse. Er ließ auch die eschatologische Spannung der Urkirche wieder aufleben und kündigte den unmittelbar bevorstehenden Anbruch des Tausendjährigen Reiches Christi (Chiliasmus) an. Er berief sich auf besondere Offenbarungen und gab sich für den Propheten des Heiligen Geistes aus, in dem nun, über Christus hinaus, die göttliche Offenbarung zur abschließenden Vollendung gekommen sei. Er wurde von zwei ekstatischen Frauen unterstützt, Priscilla und Maximilla, die ebenfalls prophetische Gesichte und Offenbarungen erhalten zu haben behaupteten. In Perpuza in Phrygien versammelten sie ihre Anhänger, um die Ankunft Christi zum Weltgericht zu erwarten. Ihre strenge Moral verschaffte der Sekte viele Anhänger. Sie griff später nach Nordafrika über, wo sich ihr um 207 sogar ein geistig so hochstehender Mann wie Tertullian anschloß und von nun an auch seinerseits die Großkirche wegen ihrer angeblich so laxen Moral und Bußpraxis aufs heftigste befehdete.

Angesichts der Mannigfaltigkeit und Häufigkeit der Irrlehren wird die Frage nach dem Sinn der Spaltung zu einem wirklichen Problem. „Es muß ja Häresien unter euch geben", so schreibt Paulus an die Korinther (1 Kor 11, 19), „damit die Bewährten unter euch offenbar werden." Von einer „felix culpa" spricht J. Lortz und betont, „daß Irrtum und Schuld sehr wohl einen tiefen Sinn im Heilsplane Gottes einschließen können". Die Kirche lerne, so erklärt K. Rahner, „erst deutlicher ihre eigene Wahrheit kennen, indem sie den Widerspruch zu ihr hört . . . und ablehnt". Nichts wäre auch falscher, als wenn man Häresie einfachhin mit Bosheit gleichsetzt und nicht wahrhaben will, daß sie „manchmal sogar in einem besonders eifrigen persönlichen Suchen nach der rechten Heilswahrheit" gründet (Lortz). Hieronymus schreibt: „Keiner kann eine

Häresie aufrichten, der nicht glühenden Geistes ist und Gaben der Natur besitzt, die vom Künstler Gott geschaffen sind", und Augustinus mahnt: „Glaubt nicht, Brüder, daß Häresien durch irgendwelche kleinen Seelen entstehen konnten. Nur große Menschen haben Häresien gemacht" (In Psalm. 124).

Aber Augustinus nennt sie im gleichen Atemzuge böse und vergleicht sie mit zwar großen, aber darum auch um so gefährlicheren Felsenriffen; er warnt vor ihnen. Auch die Paulusstelle ist nicht damit erklärt, daß er der Häresie eine positive Bedeutung in dem Sinne, daß sie der Förderung der Wahrheitserkenntnis diene, zusprechen wollte. Vielmehr sieht Paulus in der Häresie eine furchtbare Bedrohung des Heiles nicht nur für den einzelnen, sondern auch und noch mehr für die Kirche, die sie von ihrem letzten Ziele abbringen will. Es kann nur eine einzige gültige göttliche Offenbarungswahrheit geben. Die Ekklesia darf sich um ihrer allgemeinen Heilsaufgabe und eschatologischen Bestimmung willen nicht von ihr trennen. Indem der „böse Feind" immer wieder das Unkraut unter den Weizen sät, sucht er die wahre Frucht zu überwuchern und zu ersticken. Erst am Ende der Tage kommt mit der großen Scheidung auch die siegreiche Herausstellung der Wahrheit. Bis dahin aber muß die Kirche sich immer wieder des Unkrauts erwehren, um ihre Kinder zu schützen. So gesehen, nennt auch Augustin die Häresien und ihre Urheber die „Ausscheidungen der Kirche" („quos partim digessit Ecclesia, tamquam stercora", Sermo V: Opera Omnia, Paris 1837, V, 42).

Aber nicht nur gegen synkretistische Glaubensverfälschungen von außen hatte die Kirche sich zur Wehr zu setzen, sondern ebensosehr auch gegen engherzige Glaubensverkürzungen, wie sie von seiten enkratitisch-rigoristischer Sektierer, wie Montanus und dem späteren Tertullian, gefordert wurden. Sie tat dies seit dem 2. Jh. durch genaue Umschreibung des apostolischen Traditionsprinzips, durch Festlegung des Kanons der Heiligen Schrift und schließlich durch gemeinsame Beratungen der Bischöfe. Gegen die montanistische Bewegung versammelten sich erstmals die Bischöfe Phrygiens zu einer Synode. Aus diesen Lokalsynoden wurden bald größere Zusammenkünfte; um die Mitte des 3. Jhs. entwickelten sich die Provinzialsynoden, zu denen die Bischöfe einer ganzen Provinz sich um ihren Metropoliten versammelten: in Karthago die Bischöfe Afrikas, in Alexandrien diejenigen Ägyptens, in Antiochien und Caesarea diejenigen Asiens und in Rom diejenigen Italiens. Als nach der Konstantinischen Wende sich erstmals Bischöfe des ganzen römischen Reiches, der „Ökumene", zusammenfinden konnten, um über allgemeine kirchliche Probleme zu beraten, trat unter Konstantins Leitung das erste „ökumenische Konzil" von Nizäa (325) zusammen, um über die arianische Irrlehre und die Schismen des Melitius (Ägypten) und des Donatus (Nordafrika) zu entscheiden.

## § 8

## DIE CHRISTENVERFOLGUNGEN IM RÖMISCHEN REICHE

### *1. Die Grundlagen der Verfolgungen*

Das römische Reich war ein Rechtsstaat. Wenn er gegen das Christentum gewaltsam vorging, so müssen wir annehmen, daß er Gründe dafür hatte. Leider besitzen wir nur sehr wenige amtliche Äußerungen, die uns Aufschluß über die Rechtsbasis der staatlichen Christenverfolgungen geben. Handelten die staatlichen Stellen auf Grund einer Ausnahmegesetzgebung gegen die Christen? Oder machten sie lediglich von einem staatspolizeilichen Aufsichtsrecht Gebrauch, weil sie das Christentum als „unerlaubte Religion" (religio illicita) betrachteten? Diese alte Streitfrage ist noch heute unentschieden. Wenn Tertullian gelegentlich von einem „institutum Neronianum" gesprochen hat (Ad nationes 1, 7, 14), so ist darunter keine Rechtsgrundlage im Sinne eines Gesetzes, das Nero etwa gegen die Christen erlassen hätte, zu verstehen, sondern einfach das Faktum, daß er die Verfolgungen eingeleitet hat. Derselbe Tertullian wirft nämlich dem römischen Staate vor, daß er ohne Rechtsbasis und völlig inkonsequent gegen die Christen verfahre.

Dieser Vorwurf der Inkonsequenz richtete sich vor allem gegen die Anordnung, die Trajan in seinem Reskript an Plinius getroffen hat: die Christen sollten zwar *als Christen* („propter nomen ipsum") bestraft werden, wenn sie angeklagt würden; nicht aber solle man nach ihnen von Staats wegen fahnden. Wenn sie Verbrecher sind, so fragt Tertullian, warum fahndet man dann nicht nach ihnen? Wenn sie keine Verbrecher sind und man ihnen nicht nachzuspüren braucht, warum verurteilt und bestraft man sie dann? Auch Hadrian hat an dieser inkonsequenten Haltung festgehalten (Reskript an

Minucius Fundanus, um 125). Erst Decius (249–251) hat Gesetze erlassen, die das Verfahren gegen die Christen auf eine rechtliche Basis stellten.

Die christlichen Quellen über die Verfolgungen geben uns einen tieferen Einblick in die Zusammenhänge. Drei Arten von solchen Berichten stehen uns zur Verfügung:

1. *echte Märtyrerakten*, die z. T. auf den amtlichen Gerichtsprotokollen, z. T. auf unmittelbaren Augenzeugenberichten beruhen, wie die Martyrien Polykarps, des Ptolomäus und des Lucius, der Märtyrer von Scillium, des Apollonius und der Perpetua und Felicitas. Ihr Wert ist sehr hoch einzuschätzen. Denn wenn sie auch vielfach für die erbauliche Lektüre in der Form überarbeitet worden sind, so ist ihr Inhalt echt überliefert worden; sie geben die Verhöre und die Verurteilung durch den Richter meist mit peinlicher Genauigkeit wieder;

2. „Passiones" oder „Martyria"; es handelt sich hierbei um Darstellungen, die von durchweg glaubwürdigen Zeitgenossen verfaßt wurden und z. T. auch auf Augenzeugenberichte zurückgehen, aber im allgemeinen aus zweiter Hand berichten;

3. Legenden und Erzählungen späterer Zeit, die historisch fast durchweg wertlos sind und oft nicht einmal den geschichtlichen Kern erkennen lassen, falls sie überhaupt einen solchen besitzen.

Die sonstigen literarischen Zeugnisse *christlicher* Herkunft sind sehr zahlreich. Alle christlichen Schriftsteller erwähnen und berichten über die Verfolgungen, zum größten Teil aus unmittelbarem Miterleben. Um so erstaunlicher ist das Schweigen der Heiden. Die ersten heidnischen literarischen Nachrichten verdanken wir Tacitus (Annales 15, 14ff) und Sueton (Vita Neronis 16, 2). Sie sind spärlich genug. Wichtig sind die das Christentum bekämpfenden Schriften. Der Heide Celsus verfaßte z. B. um 178 eine antichristliche Streitschrift, die von Origenes mit einer Gegenschrift beantwortet wurde; sie läßt am besten die Gründe und Motive der Gegner erkennen.

Die Verweigerung der Teilnahme am heidnischen Staatskult, die mit ihrem exklusiven Monotheismus notwendig verbunden war, ließ die Christen als „Atheisten" (= „götterlose", nicht gottlose) und zugleich als Staatsfeinde erscheinen. Die Absolutheit der Religion Christi, der als einziger Herr und Gott (= Kyrios) verehrt wurde, untersagte den Christen auch die Anerkennung des Kaiserkultes, der seit Domitian immer bizarrere Formen annahm. Dem „Kyrios Kaisar“ setzten sie bewußt den „Kyrios Christos“ entgegen, und je nachdrücklicher der Kaiserkult in religiöser Unterbauung direkt zum Prüfstein der Staatstreue gemacht wurde, desto mehr mußten die Christen als Staatsgegner dastehen. Der römische Staat beruhte auf religiöser Grundlage, und wenn er im allgemeinen auch gegen fremde Kulte duldsam war, so selbstverständlich verlangte er auch von diesen, daß sie dem Kaiser die gebührende Verehrung zollten und die Staatsgötter anerkannten. Dem Judentum gegenüber blieb er trotz seines Monotheismus duldsam, weil es sich bei ihm um eine kleine, lediglich auf eine bestimmte Volksgruppe begrenzte Zahl von Anhängern handelte. Das Christentum hingegen war seinem Wesen nach übervölkisch und universal ausgerichtet, und wenn es auch bis in die Mitte des 3. Jhs. nur eine verschwindend kleine Minderheit im römischen Reiche darstellte, so rüttelte doch eben dieser universale Anspruch ganz anders an die Grundlagen des universalen Reiches. Daher war der Konflikt unausbleiblich. Er wurde im 2. und 3. Jh. gerade von jenen Kaisern heraufbeschworen, die tüchtige Herrscher waren und sich um die staatliche Erneuerung und innere Festigung des Reiches auf religiöser Grundlage bemühten.

Die Christen erkannten ihrerseits den Staat als Ordnungsmacht an, hielten seine Gesetze mit peinlicher Genauigkeit und beteten *für* den Kaiser, nicht zu ihm. So war in normalen Zeiten kaum Anlaß zum Einschreiten gegen sie gegeben. In der Tat sind die Verfolgungen nur sporadisch und an Umfang und Dauer in den einzelnen Provinzen verschieden gewesen; sie glichen zumal im 2. Jh. oft mehr vulkanartigen Ausbrüchen angestauten Hasses als systematischen und von langer Hand vorbereiteten staatlichen Unternehmungen. Erst Decius ging nach klarem Konzept vor.

Hingegen hat sich von Anfang an der Pöbel an den Verfolgungen in starkem Maße aktiv beteiligt. Wie erklärt sich dieser bis in die Mitte des 3. Jhs. überall feststellbare Haß des Volkes gegen die Christen?

Zunächst und ganz besonders wohl durch die instinktive Abneigung, die primitive und ungebildete Menschen stets denen entgegenbringen, die anders sind und anders leben als die Masse, die sich absondern und religiös-moralisch höher stehen. Das zurückgezogene Leben der Christen erregte den Verdacht und weckte die Verleumdungssucht. Man munkelte von verbrecherischen Kulthandlungen bei ihren geheimen Zusammenkünften, von thyesteischen Mahlzeiten, bei denen die Teilnehmer (wie einst Thyestes in der griechischen Sage, dem man das Fleisch seiner eigenen geschlachteten Kinder zum Mahle vorsetzte) Menschenfleisch genossen (d. h. Christi Fleisch und Blut empfingen), und von blutschänderischer Unzucht, wozu die bei den Christen übliche Bezeichnung von „Brüdern" und „Schwestern" untereinander Anlaß geboten haben mag. Ihrer Weigerung, den Staatsgöttern zu opfern, schrieb man Naturkatastrophen, öffentliches Mißgeschick, Unglücksfälle und militärische Niederlagen zu. Man klagte sie insgesamt des Hasses gegen das Menschengeschlecht (odium humani generis) an. Gerade dieser Vorwurf scheint schon zur Zeit des Nero so weit verbreitet gewesen zu sein, daß dieser den auf ihn gefallenen Verdacht der Brandstiftung Roms mit dieser Begründung ohne Schwierigkeit auf die Christen als den „Abschaum des Menschengeschlechtes" ablenken konnte.

### *2. Der Verlauf der Verfolgungen*

Man kann deutlich drei Phasen unterscheiden:

*1. Periode:* bis etwa 100 wird das Christentum staatlicherseits geduldet oder ignoriert. Es gilt als jüdische Sekte und nimmt an der staatlichen Duldung der jüdischen Religion (als „religio licita") teil. Die erste große Verfolgung durch *Nero* (54–68) war die grauenhafte Gewalttat eines brutalen Tyrannen, der sie inszenierte, um die Schuld am Brande Roms im Juli 64 von sich auf die Christen abzuwälzen. Er ließ eine große Menge römischer Christen unter grausigen Martern hinrichten, indem er daraus eine Volksbelustigung in seinen Gärten machte. Unter den Opfern waren auch Petrus und Paulus. Diese Verfolgung war auf die Stadt beschränkt und entbehrte jeder Rechtsgrundlage. Verhängnisvoll war es, daß durch dieses Vorgehen Neros der Makel des „odium humani generis" den Christen angehängt wurde und für fast zweihundert Jahre die nicht rechtliche, aber faktische Basis war, oder besser gesagt, den Freibrief für das Vorgehen gegen sie abgab. Auch die verschiedenen Maßnahmen Domitians (81–96), denen in Rom im J. 95 der Konsul Flavius Clemens, ein Vetter des Kaisers, und seine Gattin Flavia Domitilla zum Opfer fielen – (ersterer wurde hingerichtet, letztere mit ihren Söhnen verbannt) –, waren Bluttaten eines Tyrannen. Nach ältester Tradition ist auch der Apostel Johannes unter Domitian nach Patmos verbannt worden und hat dort die Apokalypse geschrieben (Irenäus, Adv. haer. 2, 22, 5; 3, 1, 1).

*2. Periode:* Von 100 bis 250. Das Christentum gilt jetzt als eigene Religion, wird aber als staats- und menschenfeindliche religio illicita verfolgt. Die Grundlage bietet der Briefwechsel zwischen Plinius und Trajan (98–117), der zunächst zwar privat war, jedoch bald, durch Plinius verbreitet, als halbamtlich angesehen wurde und ein Gewohnheitsrecht bildete. Als neuer Statthalter von Bithynien hatte Plinius um 112 den Kaiser um Verhaltensregeln gebeten; denn, so schreibt er, „an Gerichtsverfahren gegen die Christen habe ich nie teilgenommen, daher weiß ich nicht, was und wie bestraft und untersucht zu werden pflegt. Auch bin ich durchaus nicht so gewiß, ob das Alter einen Unterschied in der Urteilsfällung begründet, ob man nämlich ganz junge Leute ebenso behandeln soll wie ältere, ob man bei Reue Begnadigung gewähren, ob dem, der einmal Christ gewesen ist, es nicht nützen soll, wenn er es jetzt nicht mehr ist; ob *der bloße Name*, auch wenn kein Verbrechen vorliegt, oder nur die an dem Namen haftenden Verbrechen geahndet werden sollen."

„Einstweilen", so fährt er fort, „habe ich es mit denen, die mir als Christen angegeben wurden, so gehalten: Ich fragte sie, ob sie Christen seien. Gestanden sie, so habe ich sie zum zweiten und zum dritten Male gefragt, indem ich ihnen die Todesstrafe androhte. Blieben sie hartnäckig, so ließ ich sie hinrichten. Denn ich zweifelte nicht, daß, was es auch immer mit ihrem Bekenntnis für eine Bewandtnis hat, jedenfalls ihre Hartnäckigkeit und ihr unbeugsamer Eigensinn bestraft werden müssen. Einige römische Bürger, die in den gleichen Wahn verstrickt waren, habe ich zur Überführung in die Hauptstadt vorgesehen.

Durch die Behandlung der Frage zog die Anklage bald weite Kreise, und es gelangten verschiedene Fälle zur Anzeige. Ein anonymer Denunziant sandte eine Liste ein, die die Namen vieler Personen enthielt. Die nun sagten, sie seien keine Christen, noch seien sie je Christen gewesen, glaubte ich freilassen zu dürfen, wenn sie nach der von mir vorgesprochenen Formel die Götter anriefen und Deinem Bilde, das ich zu diesem Zwecke mit den Götterbildern hatte herbeischaffen lassen, durch Weihrauch und Wein Anbetung zollten, zudem auch noch Christus lästerten, lauter Dinge, zu denen sich wirkliche Christen unter keinen Umständen zwingen lassen. Andere, von einem Denunzianten mit Namen genannt, gaben unumwunden zu, daß sie Christen seien, stellten es aber dann gleich wieder in Abrede: sie seien zwar Christen gewesen, seien es aber jetzt nicht mehr; bei einigen waren es drei, bei anderen vier, bei manchen sogar zwanzig Jahre her. Auch sie beteten alle Dein Bild und die der Götter an und lästerten Christus. Sie versicherten aber, ihr ganzes Vergehen oder ihr Irrtum habe darin bestanden, daß sie gewohnt gewesen seien, an einem bestimmten Tage vor Sonnenaufgang zusammenzukommen und Christus als einem Gott im Wechselgesang Lieder zu singen und sich durch einen Eid zu verpflichten, nicht etwa ein Verbrechen zu begehen, sondern eben gerade keinen Diebstahl, keinen Raub, keinen Ehebruch zu begehen, ihr gegebenes Wort nicht zu brechen und anvertrautes Gut bei der Rückforderung nicht abzuleugnen. Danach seien sie dann gewöhnlich auseinandergegangen und später wieder zusammengekommen, um Speisen zu genießen, jedoch ganz gewöhnliche und unschuldige. Aber nun nach meinem Erlaß, in dem ich Deinem Befehle gemäß Vereine verboten habe, hätten sie auch dieses nicht mehr getan.

Um so mehr hielt ich es für nötig, von zwei Sklavinnen, die Diakonissinnen genannt wurden, die Wahrheit selbst unter Anwendung der Folter zu erfahren. Ich habe nichts anderes gefunden als einen verschrobenen, maßlosen Aberglauben. Daher habe ich die Untersuchung vertagt und wende mich an Dich um Rat . . ." (es folgt die oben S. 30 zitierte Stelle).

Der Kaiser gab die Antwort. Sie lautete: „Du hast, lieber Sekundus, das richtige Verfahren eingeschlagen. Man kann keine feste Regel für die Behandlung aller Fälle aufstellen: Aufspüren soll man sie nicht; werden sie aber angezeigt und überführt, so sind sie zu bestrafen. Wer indes leugnet, Christ zu sein, und seine Behauptung dadurch beweist, daß er Gebete an unsere Götter richtet, soll um seiner Reue willen Verzeihung erhalten, auch wenn er wegen seiner Vergangenheit verdächtig ist. Anklagen ohne Namensunterschrift sollen bei keinem Gerichtsverfahren berücksichtigt werden: denn das wäre ein schlechtes Beispiel und wäre unserer Zeit nicht würdig."

Nach dieser Verfügung war also das Christsein selbst strafbar; es brauchten den Angeklagten keine weiteren Verbrechen nachgewiesen zu werden. Nur anonyme Anklagen sollten nicht mehr angenommen werden. Die Durchführung des Reskriptes, das kein Staatsgesetz war, wurde in die Hände der Provinzstatthalter gelegt. Tatsächlich kam es in der Folgezeit zu zahlreichen territorial begrenzten Verfolgungen, deren Urheber vielfach fanatisierte Volksmassen waren. Kaiser *Hadrian* (117–138) verbot zwar in einem ähnlichen Reskript an C. Minucius Fundanus, Statthalter von Asien, im J. 124/25, solchem Begehren des Pöbels und anonymen Anzeigen gegen die Christen nachzugeben, und die Christen empfanden dies als eine gewisse Erleichterung. Aber auch unter Antoninus Pius (138–161), Mark Aurel (161–180) und Commodus (180–192) sind zahlreiche Christen vereinzelt und in Gruppen hingerichtet worden. Unter Mark Aurel, dem Philosophenkaiser, ist sogar eine Steigerung der Christenfeindlichkeit festzustellen.

Berühmte Märtyrer des 2. Jhs. sind: Ignatius von Antiochien (um 107/110), Justin, der Philosoph, und 6 Gefährten (um 165/67), Polykarp von Smyrna (Zeitangabe schwankt von 155 bis 177, wahrscheinlich um 167), die Märtyrer von Lyon (177) und die Märtyrer von Scillium in Numidien (um 180).

*Septimius Severus* (193–211) duldete anfangs die Christen, setzte aber im J. 202 plötzlich den Übertritt zum Christentum unter Strafe und leitete damit eine wütende Christenverfolgung ein, die besonders in Nordafrika, Ägypten und im Orient sich austobte (Martyrien: Perpetua und Felicitas im J. 202 in Karthago; Leonidas, der Vater des Origenes, ebenfalls 202 in Alexandrien).

Unter *Caracalla* (211–217), *Elagabal* (218–222) und *Severus Alexander* (222–235) hatten die Christen im allgemeinen Ruhe; die Mutter des letzteren, Julia Mammäa, war ihnen sogar freundlich gesinnt; sie stand mit Origenes und Hippolyt von Rom in Briefwechsel. *Maximinus Thrax* (235–238) erließ ein christenfeindliches Edikt, das sich besonders gegen den Klerus richtete. Aber schon *Gordian* (238–244) und erst recht *Philippus Arabs* (244–249) waren wieder christenfreundlich; der letztere war vielleicht innerlich schon selbst Christ, wenn er es auch nach außen nicht zeigen konnte, da die Zeit für das Christentum noch nicht reif war. Denn eben jetzt trat wieder ein Rückfall in fanatische Christenfeindlichkeit ein. Militärische Niederlagen und Bedrohungen an den Grenzen, Teuerung und Hungersnot im Inneren des Reiches, dazu das im Zusammenhang mit der Tausendjahrfeier Roms im J. 248 mächtig aufflammende römische Nationalgefühl, das gleichzeitig eine Wiederbelebung der angestammten Religion im Gefolge hatte, machten sich bei der Bevölkerung in einem neuen Christenhaß Luft.

*3. Periode:* Von 250–311. Kaiser *Decius (249–251)* erstrebte eine innere Erneuerung des römischen Staates. Da er die religiöse Grundlage des Reiches durch die Christen, die den Staatskult verweigerten, bedroht sah, erließ er zum erstenmal allgemeine Staatsgesetze, deren Ziel die Ausrottung des Christentums und die Zurückführung aller Reichsbürger zur römischen Staatsreligion war. Bereits im Dezember 249 kam es zu einer ersten Verhaftungswelle. Am 20. 1. 250 starb Papst Fabian in Rom den Märtyrertod. Mitte des Jahres 250 ordnete ein Edikt an, daß sämtliche Bewohner des Reiches zur Abwehr einer Seuche den Göttern opfern müßten. Sonderkommissionen wurden eingesetzt, die den Opfervollzug überwachen und denen, die ihre Opferpflicht erfüllt hatten, Opferbescheinigungen ausstellen sollten. Auf diese Weise mußten die Christen als Opferverweigerer entdeckt werden; als diejenigen, die den Zorn der Götter erregt und damit das Unglück verschuldet hatten, wurden sie dem Tode überantwortet.

Die Zahl derer, die in der Verfolgung schwach wurden, war erschreckend groß. Zum Teil war die voraufgegangene lange Ruhepause daran schuld; man war die Gefahren nicht mehr gewöhnt. Es gab solche, die wirklich geopfert („sacrificati"), und solche, die den Götterbildern und dem Kaiserbild Weihrauch gestreut hatten. Zum Teil war auch wohl die Leichtigkeit, mit der man sich an den Opfern vorbeidrücken konnte, am „Versagen" vieler Christen schuld. Denn auch diejenigen, die sich durch Bestechung der Opferkommission Bescheinigungen verschafft hatten, ohne wirklich geopfert zu haben („libellatici"), und jene, die ihre Namen irgendwie in die Liste der Opferer hatten hineinschmuggeln lassen („acta facientes"), wurden von den aufrechten Christen schon als Abtrünnige und Christusverleugner betrachtet.

Über die Frage der kirchlichen Rekonziliation dieser Gefallenen („lapsi") entbrannte bald ein schwerer Streit in den Gemeinden. In Rom trat der Presbyter Novatian für unnachsichtige Strenge in der Behandlung der Abtrünnigen ein; es kam zum Konflikt mit Papst Cornelius (251–253), der Milde walten ließ. Novatian, als gelehrter Theologe hochangesehen, trieb die Angelegenheit bis zu einem Schisma in der römischen Kirche, indem er sich zum Gegenbischof weihen ließ und eine Gegenkirche gründete. Er berief sich auf das strenge Heiligkeitsideal, vertrat rigoristische Ansichten auch sonst in der gesamten Bußpraxis und warf der „katholischen" Kirche des Papstes Cornelius Laxheit und Verrat am Glauben vor. Seine Anhänger nannten sich schon bald die „Reinen" (griechisch „katharoi", daraus das deutsche Wort „Ketzer"); auf einer römischen Synode wurden sie 251 von 60 versammelten Bischöfen aus der kirchlichen Gemeinschaft ausgeschlossen. Sie hielten sich aber dennoch bis ins 4. Jh. Als „Kirche der Heiligen" schlossen sie in ihrem Rigorismus später alle Todsünder aus ihrer Gemeinschaft aus.

Auch in Karthago und Alexandrien kam es zu ähnlichen Spannungen. Die Bischöfe Cyprian und Dionysius bemühten sich sehr um eine vernünftige tolerante Lösung der Frage – Cyprian schrieb 251 seine Schrift De lapsis –; sie konnten aber nicht verhindern, daß sich unter Führung eines gewissen Novatus auch in Afrika eine rigoristische Gegenkirche bildete, die bald mit Novatian in Rom Fühlung aufnahm. Fanatischer Rigorismus ist seit jeher das Kennzeichen aller Häresien und Sekten gewesen. In der Abwehr derartiger verengenden Tendenzen, die durchweg unter der Parole besonderer Frömmigkeit und Heiligkeitsforderung auftraten, hat die Kirche sich ihre „Katholizität" wahren müssen, die darin besteht, daß sie nach dem Auftrage Christi allen Menschen (kat'holon) das Heil Gottes zu bringen hat und nicht nur für eine kleine Sekte (haeresis) von Auserwählten und Heiligen da ist.

Nach dem frühen Tode des Decius, der 251 im Kampf gegen die Goten fiel, setzten seine Nachfolger *Gallus* (251–253) und *Valerian* (253–260) die Verfolgung zunächst nur mäßig fort. Papst Cornelius wurde nach Centumcellae (Civitavecchia) verbannt, wo er schon bald starb; auch seinen Nachfolger Lucius (253–254) traf die Verbannung. Dann aber kam es unter dem anhaltenden Druck der bedrängten inneren und äußeren Lage des Reiches (Krieg an den Grenzen, Seuchen, Teuerung) im J. 257 zu einem erneuten Aufflammen des Christenhasses und der Verfolgung. Valerian ging ganz planmäßig vor. Ein erstes Edikt vom J. 257 traf zunächst den Klerus; alle Bischöfe, Presbyter und Diakone mußten den Göttern opfern. Wer von ihnen noch Gottesdienste oder heimliche

Versammlungen auf Friedhöfen oder in Katakomben hielt, wurde mit dem Tode bestraft. In Nordafrika und in Ägypten wurden die führenden Bischöfe Cyprian von Karthago und Dionysius von Alexandrien eingekerkert und viele Christen zu Zwangsarbeit in den Bergwerken verurteilt. Ein zweites Edikt ordnete 258 die sofortige Hinrichtung aller Kleriker, die das Opfer verweigerten, an. Christliche Senatoren und Angehörige des Ritterstandes wurden degradiert und verfielen bei hartnäckiger Opferverweigerung der Güterkonfiskation und schließlich der Hinrichtung. Christliche Hofangestellte und kaiserliche Bedienstete, die sog. Caesariani, wurden gefoltert und in die Zwangsarbeit geschickt oder hingerichtet. Alle christlichen Kirchen und Cömiterien sollten konfisziert und zerstört werden. Nun floß das Blut in Strömen. In Karthago erlitt Cyprian den Märtyrertod; über seinen Prozeß besitzen wir die staatlichen authentischen Akten. Das Urteil lautete: „Weil du seit langem das Leben eines Hochverräters geführt und mit zahlreichen anderen eine finstere Verschwörung angezettelt hast, weil du ein erklärter Feind der Götter und der Gesetze des römischen Staates bist und selbst die frommen und verehrungswürdigen Kaiser Valerian und Gallien und der allerhöchste Cäsar Valerian dich nicht dazu bringen konnten, wieder den Staatsgottheiten zu dienen, und weil du der eigentliche Urheber verabscheuungswürdiger Verbrechen bist und andere zu Schandtaten verführt hast, soll an dir ein Exempel statuiert werden zur Warnung für diejenigen, die du zu deinen Mitverschworenen gemacht hast. Um den Preis deines Blutes sollen Zucht und Sitte gewahrt werden. So geben wir den Befehl, daß Thascius Cyprian durch das Schwert hingerichtet werde“ (Acta proconsularia Cypriani, IV, 1–2).

In Rom starben damals Papst Sixtus II. mit seinen Diakonen, – unter ihnen Laurentius – und Priestern den Märtyrertod. Überall wurden Männer und Frauen, Kleriker und Laien in großer Zahl hingerichtet. Die unter Decius erfolgte Reinigung bewirkte, daß die Zahl der Abtrünnigen und Schwachen jetzt weit geringer war. Die christliche Kirche bot ein Bild geschlossener innerer Stärke wie nie zuvor. Vielleicht ist dies mit einer der Gründe, die nach Valerians Katastrophe im Perserkrieg und nach seinem Tode in persischer Gefangenschaft seinen Sohn und Nachfolger *Gallienus* (260–268) bestimmt haben, die Verfolgungsedikte zurückzunehmen.

Für die Christen trat nun eine vierzigjährige Ruhepause

ein. Es war die Stille vor dem letzten und schwersten Sturm.

*Diokletian* (284–305), der tüchtige und verdienstvolle Restaurator des Römischen Reiches, hatte lange Zeit das Christentum selbst in seiner engsten Umgebung geduldet; sogar seine Gattin Prisca und seine Tochter Valeria galten als Christinnen. Da setzte er im J. 303 ganz plötzlich zur blutigsten aller bisherigen Verfolgungen an. Sie wurde zum Entscheidungskampf zwischen Christentum und Römischem Reich und endete mit dem Sieg des Christentums durch Konstantin den Großen.

Die Verfolgung begann mit einem kaiserlichen Edikt vom 23. Februar 303, das die Zerstörung aller Kirchen anordnete, die Auslieferung und Verbrennung der heiligen Bücher verlangte und die gottesdienstlichen Versammlungen verbot. Alle christlichen Beamten wurden entlassen und die christlichen Angestellten am kaiserlichen Hof, die Caesariani, ohne Rücksicht auf Rang und Stand degradiert; bald darauf wurden die letzteren unter der Anklage der Brandstiftung im kaiserlichen Palast grausam gefoltert und schließlich hingerichtet. Die Priester und Diakone der kaiserlichen Residenzstadt Nikomedia wurden ebenfalls mit ihrem Bischof Anthimus hingerichtet. Zwei weitere Edikte dehnten die Verfolgung auf alle Kleriker des Reiches aus und ordneten ihre sofortige Verhaftung, Folterung und Hinrichtung an. Ein viertes Edikt vom Frühjahr 304 enthielt einen strengen allgemeinen Opferzwang für das ganze Reich und trug die Schrecken der Verfolgung in die gesamte christliche Bevölkerung. Es hatte eindeutig die völlige Ausrottung des Christentums zum Ziel. Sein Urheber war sehr wahrscheinlich der Cäsar Galerius.

Die Durchführung der im ganzen Reiche verkündeten Edikte war in den vier Reichsteilen verschieden. Im Abendlande wurden sie unter dem Augustus Maximian und dem Cäsar Konstantius Chlorus nicht besonders urgiert, ja die Verfolgung bereits 305 größtenteils überhaupt eingestellt, nachdem die Augusti Diokletian und Maximian von der Regierung zurückgetreten waren. Im Orient aber erreichte die Verfolgung unter dem nun zum Augustus nachgerückten Galerius und dessen neuen Cäsar Maximinus Daza in den Jahren 305–311 ihren Höhepunkt. Hier war nicht nur die Zahl der Märtyrer sehr groß, sondern auch die Grausamkeit bei der Durchführung der Hinrichtungen besonders brutal und unmenschlich.

Schließlich aber mußte Galerius die Nutzlosigkeit seines Kampfes erkennen. Durch eine schwere Krankheit erschüttert, stellte er die Verfolgung ein.

Im April 311 erließ er von seiner Residenz Sardica aus das berühmte Toleranz-Edikt, das dem Christentum endlich die Existenzberechtigung gab und in dem Satz gipfelte: „. . . so mögen sie von nun an Christen sein“ (ut denuo sint christiani). Zwar setzte Maximinus Daza im Osten die Christenverfolgung noch eine Zeitlang fort, aber die politischen Ereignisse der Folgezeit gingen über ihn hinweg und brachten mit den Siegen Konstantins auch den Sieg des Christentums im Römischen Reich.

# II. Epoche: 312–604
## Von Konstantin d. Gr. bis zu Gregor d. Gr.

### DIE KONSTANTINISCHE WENDE

Eine tiefgreifende Änderung kam durch Konstantins Hinwendung zum Christentum. Sie war ein welthistorisches Ereignis größten Ausmaßes und leitete nicht nur für den römischen Staat, sondern auch für die Kirche eine völlig neue Epoche ein.

1. *Konstantin*, der Sohn des Konstantius Chlorus und der Helena, war um 285 zu Naissus (Nisch in Serbien) geboren und hatte seine Jugendzeit am Hofe Diokletians in Nicomedia verbracht. Als dieser am 1. Mai 305 vor dem versammelten Heere seine Abdankung verkündete, stand Konstantin auf der Tribüne neben ihm. Nicht nur er selbst, sondern auch die Soldaten, die ihn liebten, erwarteten, daß der alte Kaiser ihn zum Cäsar und seinen Vater zum ersten Augustus ernennen würde. Jedoch Diokletian überging Konstantin ganz und erhob nicht Konstantius, sondern den jüngeren Galerius zum Oberkaiser, während Konstantius nur zweiter Augustus wurde; zu Cäsaren ernannte Diokletian den Maximinus Daza und den Severus, zwei Verwandte bzw. Günstlinge des Galerius. Unzufrieden über diese Regelung flüchtete Konstantin aus Nikomedia und begab sich zu seinem Vater nach Gallien. Als Konstantius Chlorus im nächsten Jahre starb, riefen die Truppen in Britannien Konstantin am 25. Juli 306 zum Kaiser aus. Im Ränkespiel der nächsten Jahre wußte dieser sich mit politischer Klugheit und militärischer Macht im Westen zu behaupten. Im Früjahr 312, nach dem Tode des Galerius, rückte Konstantin über die Alpen vor, um Maxentius aus Italien zu verdrängen und Rom zu erobern. Es war ein gewagtes Unternehmen. An der Milvischen Brücke bei Rom traf er auf den militärisch weit überlegenen Gegner. In der Not und Ungewißheit des Ausgangs der Schlacht wandte er sich an den Gott der Christen um Hilfe; ein nächtliches Traumgesicht, in dem er ein Kreuz mit der Umschrift „in diesem siege" am Himmel erblickte, bestärkte ihn darin. Als er dann am 28. 10. 312 seinen glänzenden Sieg über die Truppen des Maxentius errang, erschien ihm dieser Erfolg als ein Beweis für die

Macht Christi und für die Überlegenheit der christlichen Religion.

Man hat diese Art der „Bekehrung" Konstantins vielfach als rein politisches Manöver betrachtet, dem kein innerer Gesinnungswechsel entsprochen habe. Zum Beweise führte man an, daß er während seiner ganzen Regierungszeit (306 bis 337) keineswegs den Kampf gegen das Heidentum eröffnet, sondern ihm nach wie vor Duldung gewährt habe und daß er selbst die christliche Taufe erst auf dem Sterbebett empfangen hat. Die heutige Forschung (J. Vogt, H. Dörries, H. Kraft) beurteilt indes die Wandlung des Kaisers viel positiver; sie erkennt den Ereignissen des Jahres 312 zwar keine absolute Bedeutung zu, sieht in ihnen aber immerhin doch einen wirklichen, echten und inneren Wendepunkt im Leben Konstantins. So weist man darauf hin, daß er als Anhänger des monotheistischen Sonnenkultes, wie sein Vater, schon längst auf das Christentum vorbereitet gewesen sei: In seinem Siege habe er zunächst die Bestätigung für die Richtigkeit seiner Hinwendung zum Monotheismus erblickt, als dessen reinste Form ihm das Christentum erschien.

Konsequent hat er seit 312 sich persönlich zum Christentum bekannt und es in jeder Weise gefördert, auch wenn er den heidnischen Staatskult und die übrigen Kulte weiterhin unangetastet ließ. So hat er im J. 313 mit Licinius das *Mailänder Toleranzprogramm* entworfen und es in Form eines Reskriptes (nicht: Edikt!) den Statthaltern der orientalischen Provinzen zugesandt; darin wurde dem Christentum im ganzen Reiche volle Gleichberechtigung mit den übrigen Religionen zuerkannt. Ferner hat er sich schon unmittelbar nach seinem Siege über Maxentius entschlossen, seinem Heere eine Kreuzesfahne (Labarum) und den Soldaten das Christusmonogramm als Siegeszeichen auf ihren Schilden zu geben. Auch für die innerkirchlichen Fragen zeigte er großes Interesse. Als in Nordafrika im Jahr 311 die rigoristische Sekte des Donatismus – benannt nach ihrem Führer Donatus – eine Spaltung verursachte, suchte er zu vermitteln. Er beauftragte eine Synode zu Rom (313) mit der Untersuchung des Falles und berief für das nächste Jahr ein Konzil nach Arles (314) ein, auf dem zum erstenmal alle westlichen Provinzen durch ihre Bischöfe vertreten waren; da die Donatisten sich dem Urteilsspruch nicht beugen wollten, griff er sogar mit Truppengewalt ein, um die Einheit in Afrika wiederherzustellen.

Offen begünstigte Konstantin seit 312 das Christentum. Er gewährte den christlichen Klerikern die gleiche Befreiung von den öffentlichen Personallasten, die auch die heidnischen Kultdiener genossen (312/313), verfügte die Abschaffung der Kreuzesstrafe (315), erteilte der Kirche die Befugnis zur Annahme von Vermächtnissen (321) und ordnete im gleichen Jahre die Feier des Sonntags durch Reichsgesetz an. 319 bzw. 321 wurden die Haruspizien, d. h. die heidnische Opferschau zur Deutung des göttlichen Willens und der Zukunft, nebst einigen anderen unsittlichen Kulten verboten und die Gladiatorenkämpfe als Verbrecherstrafe abgeschafft. Daneben unterstrichen prachtvolle Kirchenbauten das öffentliche Bekenntnis des Kaisers zum Christentum: 313 schenkte er dem Papst den Lateranpalast und begann den Bau der Lateranbasilika; um 320 gründete er über dem Petrusgrab am Vatikanischen Hügel, inmitten einer heidnischen Nekropole an der Via Cornelia, die Peterskirche; bald folgte die Grundlegung der Basilika über dem heiligen Grab in Jerusalem; ferner der Geburtskirche in Bethlehem (durch die Mutter Helena), der Doppelkirche im kaiserlichen Palast zu Trier und anderer mehr. 330 gründete er Konstantinopel als seine neue christliche Residenz, weil ihm Rom wegen seines betont heidnischen Charakters nicht mehr behagte. Dies alles geschah, obwohl er nach wie vor Pontifex maximus des heidnischen Staatskultes blieb.

Bald nach 312 zog er auch christliche Bischöfe in seine Umgebung (Bischof Ossius von Cordoba, Eusebius von Cäsarea, den Kirchenhistoriker, u. a. m.). Er übertrug den Bischöfen seines Reiches richterliche Vollmachten und strebte durch Gesetze die Eingliederung der Kirche in den Staat an. Nach Besiegung seines Mitkaisers Licinius (324 bei Chrysopolis) legte er ohne Umschweife dem neuerworbenen östlichen Reichtsteil die Annahme des Christentums nahe. Er hatte diesen letzten Kampf um die Universalherrschaft bereits als einen Religionskrieg gegen Licinius, der das Christentum verfolgte, geführt. Das universale Christentum sollte die Grundlage für das universale Reich werden. Aus diesem Grunde lag ihm daran, die kirchliche Einheit, die eben jetzt durch tiefgreifende Spaltungen (Donatisten in Nordafrika, Melitianer und Arianer in Ägypten) bedroht war, wiederherzustellen. Er berief aus diesem Grunde 325 die Bischöfe des ganzen Reiches (= ökumene) zu einem allgemeinen Konzil nach Nizäa, dem ersten „ökumenischen" Konzil, das die Differenzen beseitigen sollte. Als

„Bischof im äußeren Bereiche“ (episkopos toon ektos) fühlte er sich in vollem Umfange mitverantwortlich für die Kirche; er beanspruchte sogar eine geistig-geistliche Führungsrolle, wie er sie als Pontifex maximus im heidnischen Kult besaß, auch in der christlichen Kirche; dabei griff er in die Besetzung der Bischofsstühle ein und bestimmte die Arbeit der Synoden.

Auch in seinem Privatleben machte er aus seiner christlichen Überzeugung keinen Hehl. Er ließ seine Söhne und Töchter christlich erziehen und führte ein christliches Familienleben. Er starb am Pfingstfeste 337. Kurz vorher hatte ihm der arianische Bischof Eusebius von Nikomedia die Taufe gespendet; danach wollte er den kaiserlichen Purpur nicht mehr anlegen, so schied er im weißen Taufkleide aus dem Leben. Im Osten verehrt man ihn als Heiligen, als den „Apostelgleichen“ und „dreizehnten Apostel“.

2. Was dieser Wandel in der höchsten weltlichen Führungsspitze *für die Kirche* bedeutete, läßt sich heute kaum noch richtig ermessen. Bisher war sie verboten, verfolgt und gequält; nun wurde sie plötzlich vom Staate begünstigt, bevorrechtigt und verwöhnt. Sie sah sich vor eine völlig neue Weltsituation gestellt. Konstantin, der das Heidentum überwand, das Christentum so konsequent in den staatlichen Raum hineinstellte und damit die Christianisierung des öffentlichen Lebens einleitete, erschien ihr als der Bahnbrecher einer neuen christlichen Welt. Das römische Reich erhielt unter dem neuen christlichen Kaiser eine andere Funktion. Schon die frühchristlichen Apologeten hatten gelegentlich den Gedanken geäußert, daß es Gott so gefügt habe, daß die christliche Kirche gerade in dem Augenblick mit der Verkündigung ihrer Heilsbotschaft hervortreten konnte, da die Welt durch das Imperium Romanum zu einer politischen, wirtschaftlichen und kulturellen Einheit zusammengewachsen war. Das römische Reich habe also die providentielle Aufgabe gehabt, dem Christentum die Wege zur Erfüllung seiner Heilsaufgabe zu bereiten. Tatsächlich hatte es ja die vielen einander bekriegenden Staaten überwunden und in der Pax Romana geeint; Rom hatte es fertiggebracht, die zahllosen nationalen Gottheiten und Kulte im universalen römischen Staatskult zusammenzufassen und dem universalen Monotheismus auf diese Weise vorzuarbeiten. Nun schien das Ziel erreicht: Im Reiche Konstantins waren die Voraussetzungen erfüllt, die zu einer Verchristlichung

der Welt führen konnten. Der „Heimholung der Welt" für Christus, von der man so lange geträumt hatte, schien nichts mehr im Wege zu stehen.

Der Kirchenhistoriker Eusebius wird nicht nur seine isolierte Einzelmeinung, sondern die Auffassung der Mehrheit seiner Mitbischöfe und christlichen Zeitgenossen zum Ausdruck gebracht haben, wenn er in seiner „Vita Constantini" (c. 46, deutsch in: Bibl. d. Kirchenväter$^2$ I, 173) den Kaiser als den idealen christlichen Herrscher darstellte und mit ihm eine neue Heilszeit für die Kirche angebrochen sah. Er hat uns ein prächtiges Stimmungsbild hinterlassen: Als Konstantin zum Abschluß des Konzils von Nizäa – er feierte gerade sein zwanzigjähriges Regierungsjubiläum – den versammelten Bischöfen am 25. Juli 325 ein Festbankett gab, da, so schreibt er, „fehlte kein Bischof an der Tafel des Kaisers", und er fährt begeistert fort: „Jeder Beschreibung spottet, was da geschah; denn Leibwächter und Trabanten wachten, die scharfen Schwerter gezückt, rings um den Vorhof des kaiserlichen Palastes; mitten zwischen ihnen aber konnten die Gottesmänner furchtlos einhergehen und bis ins Innerste des Palastes gelangen. Da lagen nun die einen auf demselben Polster zu Tisch wie der Kaiser, während die anderen auf Polstern zu beiden Seiten ruhten. Leicht *hätte man dies für ein Bild vom Reiche Christi* halten oder wähnen können, es sei alles nur ein Traum und nicht Wirklichkeit" (Vita Const. III, 15; BKV$^2$ I, 105).

Um wieviel leichter konnte die Kirche, von der kaiserlichen Sonne beschienen, nun ihre Aufgabe erfüllen. Die soeben erst in der grausamsten, letzten Verfolgung vom Staate in ihrer Existenz bedrohte Christenheit, die zahlenmäßig immer noch eine kleine Minderheit darstellte, sah sich durch das neue Bündnis mit dem Staate plötzlich in der Lage, öffentlich ihren Glauben zu predigen, ihren Kult zu entfalten und ihre Lebensgrundsätze geltend zu machen. Die Massen strömten in die Kirche ein. Ihre Erfassung und Betreuung bedingten ganz neue Organisationsformen und Seelsorgemethoden. Der innere und äußere Ausbau des Katechumenates, die neue Pflege der Predigt und der christlichen Unterweisung, die liturgische Entfaltung im Kult und die Auseinandersetzung mit dem noch bestehenden Heidentum gaben der christlichen Theologie wertvolle Anregungen. Es war ja nicht so, als ob die Menschen, die jetzt dem Christentum zustrebten, alle religiös desinteressiert gewesen wären und nur aus politischer Opportunität den Weg zur

Kirche gefunden hätten. Im Gegenteil: durch die Christenverfolgungen war die Religionsfrage für Heidentum und Christentum zu einer Entscheidung auf Sein oder Nichtsein geworden. Das religiöse Problem war in der Epoche Konstantins „die erregendste Frage des Zeitalters" (J. Vogt). So blieb es noch auf lange Sicht. Des Kaisers radikale Entscheidung für das Christentum löste leidenschaftliche Diskussionen aus und wurde in den Zentren des Heidentums, in Rom und Athen, nicht weniger heftig kritisiert, als von der christlichen Kirche begrüßt.

Wer kann es den Bischöfen in dieser religiös aufgewühlten Zeit verdenken, wenn sie sich gerne der Hilfe des Staates bedienten? Es konnte ihnen nur willkommen sein, wenn kirchliche Rechtssätze, die jetzt stärker herausgearbeitet wurden, auch staatliche Anerkennung fanden und, wenn nötig, bei ihrer Durchführung vom „weltlichen Arm" gestützt wurden. Bald wurden Konzilsdekrete als Reichsgesetze verkündet und damit dem politischen Leben eingeordnet. Konstantins Söhne führten seinen Kurs fort. *Konstantius (337–361)* bekämpfte schon 341 Aberglauben und heidnische Opfer; im Jahre 346 ordnete er mit seinem Bruder *Konstans (337–350)* vollends die Schließung der heidnischen Tempel an. Zwar erfolgte unter Kaiser *Julian* dem „Abtrünnigen" (361–363) der schwere Rückschlag; er brach mit dem Christentum und ließ das Heidentum wiederaufleben. Aber bereits sein Nachfolger Jovian (363/364) gab der Kirche die privilegierte Stellung im Reiche zurück. Kaiser *Gratian* (375–383) in der westlichen Reichshälfte und Kaiser *Theodosius d. Gr.* (379–394) im Osten (394/95 im ganzen Reich) erhoben schließlich das Christentum zur alleinberechtigten Religion im Römischen Reiche. Im Jahr 380 verlangte ein kaiserliches Edikt von allen Untertanen die Annahme jener Religion, „die der heilige Apostel Petrus den Römern überliefert hat und die Papst Damasus (in Rom) und Bischof Alexander (in Alexandrien) befolgen". Der Übertritt zum Heidentum wurde 381 unter Strafe gestellt und der römische Senat, bisher immer noch ein Hort des alten Staatskultes, mußte 382 dem Götterglauben feierlich abschwören. 392 erklärte ein kaiserlicher Erlaß die Teilnahme am heidnischen Opferdienst im Tempel zum Majestätsverbrechen. Seitdem verschwand das Heidentum rasch aus dem öffentlichen Leben. Das Christentum war zur Staatsreligion geworden und die Kirche zur Reichskirche. Das Blatt hatte sich gewendet.

3. War es recht, daß die Kirche sich auf diesen engen Bund mit dem Staate einließ? Mit dieser Frage wird eine uralte, bis zum heutigen Tage nicht zur Ruhe gekommene schwere Problematik angesprochen.

Schon die Zeitgenossen haben die Frage in verschiedenem Sinne beantwortet. Die einen betrachteten voll Dankbarkeit und Freude die Verchristlichung des Staates (Eusebius), die anderen fürchteten die „Verweltlichung“ der Kirche. In der Reformliteratur des Mittelalters erscheint die vorkonstantinische „Ecclesia primitiva“ als das Urbild schlechthin: Apostolische Einfachheit, Armutsideal und Distanz von der Welt sind ihre Kennzeichen; zu ihnen muß die Kirche zurückkehren, so lautete die Forderung im 11. und 12. Jh. Joachim von Fiore († 1202) und die Franziskaner-Spiritualen des 13. und 14. Jhs. sahen in der Kirche seit Konstantin nichts als einen fortgesetzten Niedergang. Luther machte bald das Papsttum für diesen Abfall allein verantwortlich. Von nun an wurde die sog. „Verfalltheorie“ in der protestantischen Geschichtsschreibung herrschend. Diese Grundauffassung blieb, auch wenn die Beurteilung in einzelnen Punkten sich änderte: so sah die Aufklärungsperiode den Grund allen Übels in den Herrschaftsgelüsten der Priesterschaft, die seit dem Aufhören der Verfolgungszeit sich in der kaiserlichen Gunst sonnte, dem Machtrausch verfiel und die Reinheit der evangelischen Lehre ihren eigenen egoistischen Interessen opferte; indem sich die nachkonstantinische Reichskirche willig in den staatlichen Machtapparat einfügen ließ, verriet sie ihre ursprüngliche Bestimmung und beging ein Unrecht am Evangelium Christi. Nur im zeitlichen Ansatz dieser Fehlentwicklung war man im 19. und 20. Jh. sich nicht einig: ob das Verderben bereits mit dem Ende der Apostolischen Zeit begonnen habe oder mit der „Hellenisierung“ des Christentums durch die frühchristlichen Apologeten, oder aber erst mit Konstantin. Auf jeden Fall erschien die spätere katholische Kirche als eine Fehlentwicklung, als eine Mißdeutung des Willens Christi und als eine Abweichung vom alleingültigen urchristlichen Ideal.

Die Hauptvorwürfe richteten sich stets gegen Konstantin. Es galt als ein zweifelhaftes Geschenk, das er dem Christentum mit der Befreiung von der Verfolgung und der Einordnung in den Staat gemacht habe. In der Tat kann man schlechterdings nicht leugnen, daß vieles an seiner Person und an der Rolle, die er gespielt hat, problematisch ist. Denn wenn er sich auch gerne als „Mitbischof“ bezeichnete und sich, wie beim Festbankett in Nizäa, herablassend zeigte, so blieb er doch der Kaiser. Schon sehr bald beherrschte er den Episkopat wie seine Beamtenschaft und verlangte unbedingten Gehorsam gegenüber den staatlichen Anordnungen, auch wenn diese in rein innerkirchliche Dinge eingriffen. Athanasius, den großen Bischof von Alexandrien und Bekämpfer des Arianismus, traf 335 der kaiserliche Bannstrahl, als er auf den Befehl Konstantins hin den Irrlehrer Arius und seine Anhänger in die kirchliche Gemeinschaft aufzunehmen sich weigerte. Konstantius griff später noch viel härter ins innerkirchliche Leben ein.

Problematisch ist bei Konstantin vor allem die theologische Tiefe und Begründung seines Christentums. Höchstwahrscheinlich ist ihm der letzte Sinn des christlichen Erlösungsmysteriums niemals recht aufgegangen. Zu Beginn der arianischen Wirren schrieb er im Jahre 324 an die beiden Exponenten, Arius und Bischof Alexander von Alexandrien, um sie zu versöhnen: „. . . Ich habe mir Ausbruch und Gegenstand eures Streites überlegt und bin zu der Überzeugung gekommen, daß es sich hierbei doch nur um eine Lappalie handelt. Auf keinen Fall rechtfertigt eure Sache solch ein Lamento!“

Daß es bei diesem Angriff des Arius auf die Gottheit Christi in Wirklichkeit um die Existenzfrage alles Christlichen ging und die Erlösungslehre selbst in Frage gestellt war, hat Konstantin nie begriffen. Er hat aber auch nicht einmal gespürt, daß es „in der geistigen Situation dieser Zeit kein Problem gab, das für die Christen erregender, für die Gebildeten unter den Heiden bedeutender hätte sein können“ als eben diese Frage nach dem ewigen Sein des menschgewordenen göttlichen Logos, der in diese Welt kam, um sie zu erlösen und wieder mit Gott zu verbinden. Durch die Einführung seines Demiurgen (Halbgott) hatte Arius das Wesen des Christentums geleugnet; er untergrub nicht nur den Monotheismus, sondern verfälschte die christliche Religion, indem er sie auf eine Ebene mit den heidnischen Götter- und Mysterienkulten rückte; eben jetzt „in einer Weltstunde, da die antike Philosophie im Neuplatonismus ihr letztes Wort gesprochen hatte“ und alle Sehnsucht auf die Erlösung durch den Gott-Logos Christus gerichtet war, der Mensch geworden, aber Gott geblieben war, bedeutete der Arianismus einen Rückfall ins Heidentum. Konstantin hat dies nicht geahnt. Und doch ist er es gewesen, der auf dem Konzil von Nizäa 325 die entscheidende Rolle gespielt und in einer so ungemein wichtigen Glaubensfrage mitzuentscheiden sich berufen gefühlt hat.

Konstantin war es, der dem Beschluß des Konzils, Arius und seine Anhänger zu exkommunizieren, erstmalig dadurch Nachdruck verliehen hat, daß er ihm den staatlichen Bann folgen ließ. Er schickte sie ins Exil. Wenige Jahre später freilich hat er mit derselben staatlichen Gewaltanwendung die Wiederaufnahme des Arius in die Kirche verlangt und diesmal Athanasius, der sich dem kaiserlichen Befehl nicht beugen wollte, nach Trier verbannt. Nur noch wenige Jahrzehnte sollte es dauern, bis die fortgesetzte staatliche Einmischung in religiöse Fragen, die nun anhob, zur ersten staatlichen Ketzerverbrennung führte. Im Januar 385 ließ in Trier der kaiserliche Usurpator Maximus (383–388) den vornehmen spanischen Laien Priszillian, den Begründer einer asketischen Bewegung in Spanien und Gallien, mit sechs Gefährten hinrichten. Politische Intrigen waren dabei im Spiel. Die führenden Vertreter der Kirche, die Bischöfe Martin von Tours, Ambrosius von Mailand und Papst Siricius in Rom haben diese grausige Tat schärfstens verurteilt. Vor allem der heilige Martin hat alles getan, um sie zu verhindern. Aber leider waren auch Bischöfe, allen voran der verfolgungssüchtige Ithacius, mit von der Partie. So hob eines der traurigsten Kapitel der Kirchengeschichte an, das seine Wurzeln in der Verquickung von Politik und Religion hat.

Problematisch war in dieser nun beginnenden Symbiose von Staat und Kirche vor allem die Stellung der letzteren. Das durch Konstantins Bekehrung so plötzlich hereingebrochene epochale Ereignis der ersten positiven Begegnung zwischen der Kirche und dem römischen Staate löste in vielen Christen die Vorstellung aus, die Kirche müsse sich nun auch willig dem Staate zur Verfügung stellen und an seinen Aufgaben positiv mitarbeiten. Der allgemeine Siegestaumel, der weite Kreise der Kirche erfaßt hatte, ließ die bisherige Distanz von der Welt nur allzu rasch in einen weltoffenen Kulturoptimismus umschlagen. Man sah den rechten gottgewollten Augenblick gekommen, im Sinne des Missionsauftrages Christi das ganze öffentliche Leben mit dem Geiste des Christentums zu durchdringen. Konstantin selbst lud dazu ein, indem er den Bischöfen und Priestern Rechte und Vollmachten übertrug und die Kirche mit Ehren überhäufte. Diesen aber fehlte noch jede Erfahrung im Umgange mit dem Staate. Sie hatten zwar in der Verfolgungszeit mit Erfolg dem feindlichen Staate Widerstand geleistet; dem freundlichen aber waren sie noch nicht begegnet; daß er unter Umständen gefährlicher sein konnte als der erstere, mußten sie erst noch erfahren.

Die Gefahren waren groß. Die Massen, die jetzt in die staatsbegünstigte Kirche einströmten, stellten diese vor völlig neue Aufgaben. Aus der Kirche der Elite, zu der bisher nur überzeugte, zum Martyrium bereite Gläubige Zugang gefunden hatten, wurde die Kirche der Masse, zu der sich auch politisch Ehrgeizige, religiös Uninteressierte und noch halb im Heidentum Verbliebene drängten. Damit drohten nicht nur Verflachung und heidnisch-abergläubische Durchsetzung, sondern auch Verweltlichung und Mißbrauch der Religion zu politischen Zwecken. Ist die Kirche diesen Gefahren erlegen?

Die Antwort kann nur mit großer Vorsicht und Differenzierung gegeben werden. Sie muß sich vor allem der ungemein komplexen Situation der Zeit bewußt bleiben. Mit billigen Schlagworten ist wenig gedient. Nur der oberflächliche Betrachter und voreingenommene Kritiker, dem jedes historische Verständnis abgeht, kann behaupten, die Kirche sei in dieser Epoche ihrer ursprünglichen Bestimmung untreu geworden; sie habe eine „Macht ohne Auftrag" ausgeübt; denn Christus habe ihr keine politisch weltliche Funktion in der Gesellschaft zugedacht, vielmehr schließe das Neue Testament „jede Indienstnahme der weltlichen Macht für die Durchsetzung der christlichen Botschaft aus" (Hernegger).

Wenn man die Inkarnation ernst nimmt und die Kirche als Fortsetzung des Lebens Jesu zur Erfüllung seines Erlösungswerkes an den Menschen aller Zeiten, Völker und Kulturen erkennt, kann man das Ideal nicht im starren Festhalten an ursprünglich gegebenen Formen finden, sondern muß einer wirklichen historischen Entwicklung Raum lassen. Der Kirche ist eine echte Geschichtlichkeit eigen; sie lebt nicht getrennt von der Zeit, gleichsam neben ihr her; sondern sie geht in die Zeit ein, d. h. sie verzeitlicht sich in ihr. Das tut sie auch wiederum nicht so, daß sie sich mit irgendeiner Zeit vermischen oder identifizieren würde. Bei keiner Zeit darf sie stehenbleiben, weder bei der des Urchristentums noch bei der der Verfolgungen, noch bei der der Konstantinschen Wende oder der griechisch-hellenistischen Kultur. An sich ist sie den einzelnen Kulturen gegenüber neutral; das aber bedeutet keine Indifferenz, sondern Aufgeschlossenheit und Nähe für jede. Soll sie doch Christus in jede Zeit und Kultur hineintragen und ihn Gestalt in ihr annehmen lassen.

Zwischen Weltflucht und Weltzugewandtheit muß die Kirche die rechte Mitte halten. Allein in der fortschreitenden Erfüllung des Auftrages, den ihr Christus im Anfange mit auf den Weg gegeben hat, verwirklicht sie sich. An ihm bemißt sich der evangelisch-christliche Gehalt einer Zeit. Dabei bietet die große Variationsbreite zwischen Weltnähe und Weltdistanz Raum für Heilige und Sünder, für Siege und Niederlagen im Schoße der Kirche. So unwissenschaftlich und untheologisch es wäre, die negativen Seiten einer Periode zu bestreiten oder zu übersehen, so unhistorisch und unwissenschaftlich ist es auch, das Positive an ihr zu leugnen. Nur voreingenommene Verblendung kann daher „zu der wissenschaftlich unmöglichen Globalverurteilung der nachkonstantinischen, besonders der mittelalterlichen ‚päpstlichen' Kirchengeschichte führen" (Lortz).

Der missionarische Drang der Zeit, die Leidenschaft, mit der religiöse Fragen verhandelt und theologische Probleme ausgetragen wurden, und besonders die Entwicklung des Mönchtums und die große Zahl der Heiligen verleihen der nachkonstantinischen Zeit trotz ihrer vielfachen Schwächen und Gefahren den Charakter einer großen Epoche der Kirchengeschichte voll Dynamik und echt christlichem Geist.

## § 10

## DIE DOGMATISCHEN KÄMPFE UND DIE ALLGEMEINEN KONZILIEN IM OSTEN

Eben in dem Zeitpunkt, in dem Konstantin sich entschloß, die universale christliche Kirche zur Grundlage seines universalen Reiches zu machen, mußte er feststellen, daß sie keineswegs so einheitlich geschlossen dastand, wie er geglaubt hatte. Sie war in schwere innere Kämpfe verwickelt und gerade jetzt heillos zerrissen. Der Donatismus in Nordafrika, das Schisma des Melitius in Ägypten und schließlich die Häresie des Arianismus spalteten die Christenheit. Weitere ungelöste Fragen und theologische Probleme standen an und verlangten nach einer Antwort. Sobald Konstantin Alleinherrscher geworden war (324) faßte er den Plan, auf einem Reichskonzil die Einheit wiederherzustellen und die Schwierigkeiten zu beheben.

Drei große Themenkreise standen theologisch zur Diskussion und beschäftigten von nun an die nächsten drei Jahrhunderte: die Trinitätslehre, die Christologie und die Rechtfertigungslehre. Die letztere beschäftigte hauptsächlich den Westen.

### *1. In der Trinitätslehre*

galt es, das innere Verhältnis des Vaters zum Sohn näher zu fassen und aus der Offenbarung zu durchleuchten. Die Heilige Schrift spricht lediglich unreflektiert über das trinitarische Geheimnis. Das dogmatische Problem, das darin bestand, daß man einerseits am strengen Monotheismus und der Einheit ( = monarchia) Gottes festhielt, andererseits aber auch Christus als Gott neben dem Vater anbetete, ist den ersten Zeiten kaum zum Bewußtsein gekommen. Erst den Apologeten und frühchristlichen Vätern wurde die christologische Frage zum Gegenstand der Reflektion. Die Logoslehre löste das Problem nicht; sie ließ es erst recht hervortreten. Den falschen Spekulationen der Gnostiker gegenüber, die mit ihrer Lehre von den Äonen und dem Demiurgen den Logos zum Geschöpf machten, mußte man darauf bedacht sein, die Gottheit Christi mit der Einheit Gottes in Einklang zu bringen. So entstanden die beiden „monarchianischen" Richtungen: der Adoptianismus und der Modalismus. Sie entwickelten sich Ende des 2. Jhs.

Die *Adoptianer* betrachteten Christus als reinen Menschen, der irgendwann, etwa bei der Taufe im Jordan, von einer göttlichen Kraft erfüllt, durch sie vergottet und auf diese Weise von Gott „adoptiert" worden sei. Wesenhafter, ursprünglicher Gott ist demnach allein der Vater. Christus ist angenommener Gott.

Die *Modalisten* erblickten in Christus nur eine Erscheinungsform (= modus) des einen und einzigen Gottes, der einmal als Vater, ein anderes Mal als Sohn und wieder ein anderes Mal als Heiliger Geist sich offenbare und wirke; man könne demnach sagen, daß in Wirklichkeit der Vater für uns gelitten habe („pater passus est", daher wurden sie von Tertullian mit dem Spottnamen „Patripassianer" belegt).

Beide Formen des Monarchianismus wurden von der Kirche zurückgewiesen. Die Entscheidungen fielen zuerst in Rom. Papst Viktor (189–198/199) exkommunizierte den Adoptianer

Theodotos, der um 190 seine Lehre in Rom zu verbreiten suchte; hingegen scheint er dem gleichzeitig in Rom (um 190) wirkenden Modalisten Praxeas gegenüber noch unschlüssig gewesen zu sein. Erst als um 215 Sabellius in Rom den Modalismus vertrat, wurde er mit seiner Lehre vom Papst Kallistos (217–222) zurückgewiesen und verurteilt. Einige Jahrzehnte später hat dann der römische Theologe Novatian in seinem Werk „De trinitate" (vor 250) die modalistische Häresie endgültig zurückgewiesen. (Nach 251 wurde Novatian selbst Begründer einer rigoristischen Sekte; er soll alter Überlieferung nach unter Valerian (253–260) gemartert worden sein.)

Unterdessen setzte sich die Logos-Christologie durch. Sie wurde besonders von Origines in der Alexandrinischen Schule durchdacht. Aber auch sie hatte ihre großen Schwierigkeiten in der innertrinitarischen Zuordnung. Wenn sie auch gemäß der Heiligen Schrift am göttlichen Wesen des Logos Christus festhielt, so ordnete sie ihn doch dem Vater unter (Subordination), so wie sie den Heiligen Geist wiederum dem Sohn unterordnete; folgerichtig kam dann dem Sohn und dem Heiligen Geist zwar dieselbe göttliche Natur zu, aber jeweils nur in abgeleiteter und minderer Weise, und es ergab sich ein pluralistischer Monotheismus, der in Wirklichkeit keiner war.

In diesem Sinne hat Origenes, „wohl der größte Gelehrte des christlichen Altertums" (Altaner) und einer der Begründer der Alexandrinischen Schule, das Verhältnis der drei Personen in Gott eindeutig subordinatianisch erklärt. Er betonte, daß der Sohn dem Vater gleichwesentlich (= homoúsios) und daß er von Ewigkeit her sei, fügte aber hinzu, daß nur der Vater „Selbstgott" (autótheos) und schlechthin der Gute (haplõs agathós) sei, während der Logos lediglich „Zweitgott" deúteros Theós) und Abbild seiner Güte (eikõn agathótetos), der Heilige Geist hinwiederum noch geringer als der Sohn sei. Indem der ewige Logos einen wahren Leib angenommen habe, sei er wirklich „Gottmensch" (Theánthropos, der Ausdruck stammt von Origenes) geworden; darum könne man auch Maria in Wahrheit als „Gottesgebärerin" (Theotókos, auch dieser Ausdruck stammt von ihm oder wenigstens aus der alexandrinischen Schule) bezeichnen.

Origines bot im weiteren Verlauf zwei ganz verschiedenen theologischen Richtungen Anknüpfungspunkte. Die eine betonte die Gleichwesentlichkeit des Sohnes mit dem Vater und die Einheit der göttlichen und der menschlichen Natur in

Christus; sie wurde in Alexandrien besonders weitergepflegt. Die andere hob die Unterschiede stärker hervor, legte den Nachdruck darauf, daß der Logos nur Zweitgott sei und trennte Göttliches und Geschöpfliches in Christus; diese Meinung wurde in der Schule von Antiochien fortentwickelt.

Diese Antiochenische Theologenschule verdankte ihre Entstehung in den 60ger Jahren des 3. Jhs. dem Presbyter Lukian († 312 als Märtyrer). Nüchtern und verstandesmäßig legte er die Schrift rein grammatisch-historisch aus; die allegorische und mystische Exegese der Alexandriner lehnte er ab. In der Christologie dachte er streng subordinatianisch. Aus dem Schülerkreis der „Syllukianisten", den er um sich scharte, gingen Arius und die meisten Häupter des Arianismus hervor. Sie standen in einem betonten Gegensatz zur Alexandrinischen Theologie.

Um 318 geriet *Arius* (um 260–336), seit 313 Seelsorgepriester an der Baukalis-Kirche zu Alexandrien, mit seinem Bischof Alexander von Alexandrien in Konflikt, weil er in seinen Predigten, aber auch in Briefen, Liedern und in seiner Schrift Thaleia (= Gastmahl) eine extrem subordinatianische Christologie vertrat. Als strenger Asket und hinreißender Prediger, mit einer guten Portion Selbstgefälligkeit und einem Stich ins Fanatische, genoß er großes Ansehen beim Volke; seine rationalistische, in bewußter Polemik gegen die Alexandriner Schule vorgetragene Meinung erregte bald Aufsehen. Er warf den alexandrinischen Theologen sabellianischen Modalismus vor und rückte selbst den Logos ganz von Gott ab. Der Logos sei nicht wahrer Gott; er sei vielmehr wesensmäßig ganz von ihm verschieden, weder ewig noch allmächtig, sondern zeitlich geschaffen, unvollkommen und leidensfähig. Zwar sei er das erste von allen Geschöpfen und den Menschen weit überlegen, darum könne man ihn einen Halbgott (Demiurg) nennen. Aber die Gottheit komme ihm nicht aus sich zu.

Mit dieser Leugnung der Gottheit Christi stellte sich Arius außerhalb des Christentums. Eine Synode zu Alexandrien verwarf seine Lehre als Häresie (318/19 oder 323) und schloß ihn aus der kirchlichen Gemeinschaft aus. Arius begab sich zu seinen Antiochenischen Freunden; er fand besondere Hilfe bei Bischof Eusebius von Nikomedia; auch der Kirchenhistoriker Eusebius von Caesarea gehörte diesem Kreise an. Als diese seine Rückkehr nach Alexandrien durchsetzten, kam es in der

Stadt bald zu heftigen Auseinandersetzungen, zu Straßenaufläufen und nächtlichen Zusammenkünften. Schließlich griff Konstantin ein und lud alle Bischöfe zu einer allgemeinen (ökumenischen) Synode nach Nizäa ein.

*Vom 20. Mai bis zum 25. Juli 325 tagte diese erste Reichssynode in Nizäa.* Der Kaiser hatte den Bischöfen des ganzen Imperiums kostenlos seine Post zur Verfügung gestellt. Die Angaben über die Teilnehmerzahl schwanken: 220 Namen sind in einer Liste erhalten geblieben; 318 sollen es gewesen sein, entsprechend den 318 Knechten Abrahams (Gen 14, 14), Eusebius spricht von etwa 250. Zumeist kamen sie aus der östlichen Reichshälfte. Aus dem Westen erschienen nur fünf Bischöfe. Papst Silvester war wegen seines Alters nicht gekommen; er ließ sich durch zwei Presbyter vertreten. Manche Bischöfe trugen noch die Wundmale von der letzten Verfolgung an ihrem Körper. „Wie ein Bote Gottes, strahlend im Glanze des Purpurs und des Goldes" (Eusebius) schritt der Kaiser selbst unter ihnen einher, sich liebevoll mit allen, besonders aber mit den Märtyrerbischöfen, unterhaltend. Er hielt eine lateinische Ansprache.

Arius verteidigte seine Lehre. 17 Bischöfe standen auf seiner Seite, darunter Bischof Eusebius von Nikomedia. Auch der junge Diakon Athanasius war in Begleitung seines Bischofs anwesend. Nach langen erregten Debatten siegte die rechtgläubige Partei. Im sog. nizänischen Glaubensbekenntnis wurde die rechte Lehre definiert: Christus ist „aus dem Wesen des Vaters gezeugt als der Eingeborene, Gott von Gott, Licht vom Lichte, wahrer Gott vom wahren Gott, gezeugt, nicht geschaffen, gleichwesentlich (homoúsios) mit dem Vater". Der Kaiser selbst teilte in einem Rundschreiben der ganzen Christenheit mit, daß Arius und seine Anhänger als die schlimmsten Feinde des wahren Glaubens aus der christlichen Kirche ausgestoßen und verbannt seien; er ordnete die Verbrennung ihrer Schriften an.

Noch andere Fragen wurden auf dem Konzil behandelt und in 20 kurzen Verordnungen (Kanones, von Kanon = Richtschnur für das Leben) niedergelegt. Auch über die Ehelosigkeit der Bischöfe, Priester und Diakone wurde gesprochen; der Zölibat war schon in manchen Gegenden verbreitet. Auf dringendes Abraten des Märtyrerbischofs Paphnutius, der davor warnte, dem Klerus pflichtmäßig ein zu hartes Joch aufzuerlegen, unterließ es die Synode, ein Zölibatsgesetz zu erlassen;

sie gestattete die Weiterführung der gültigen Ehe, verurteilte aber den Konkubinat.

Mit dem Ergebnis dieser „Großen und Heiligen Synode“ konnte man zufrieden sein, wenn es dabei geblieben wäre. Aber Konstantin änderte alsbald seine Meinung. 328 rief er den gebannten Bischof Eusebius nach Nikomedia zurück. Auch Arius durfte zurückkehren und wurde, nachdem er pro forma dem nizänischen Symbolum zugestimmt hatte, durch kaiserlichen Befehl wieder in Amt und Würden eingesetzt. Als Athanasius, der inzwischen 328 Bischof von Alexandrien geworden war, sich weigerte, Arius in seinen Klerus wiederaufzunehmen, traf ihn 335 der Zorn des Kaisers. Athanasius, der mutige Kämpfer für das nizänische Glaubensbekenntnis, wanderte zum erstenmal nach Trier in die Verbannung. Für die Kirche aber begann nun eine neue Leidenszeit. Sie ist am besten am Lebensschicksal des Athanasius abzulesen. Noch weitere viermal mußte er unter den arianisch gesinnten Söhnen und Nachfolgern Konstantins das bittere Los der Verbannung auf sich nehmen: im J. 340 flüchtete er vor Konstantius zu Papst Julius I. nach Rom, 356 verbarg er sich vor dem Kaiser bei den Mönchen und Einsiedlern in der Wüste. Kaum war er nach dem Tode des Konstantius (361) in seine Bischofsstadt zurückgekehrt, da wurde er 362 erneut vertrieben. Der rasche Tod Julians (363) ließ ihn abermals Mut schöpfen. Nur zwei Jahre weilte er bei seiner Gemeinde, da wurde er durch den ebenfalls arianisch gesinnten Kaiser Valens 365 zum fünften Male ins Exil geschickt; da in Alexandrien aber nun ein Volksaufstand drohte, ließ man ihn schon nach vier Monaten zurückkehren. Bis zu seinem Tode (373) blieb er in seiner Bischofsstadt als unentwegter Vorkämpfer für den rechten nizänischen Glauben.

Während dieser Jahrzehnte ging der Kampf um das nizänische „homoúsios“ unentwegt weiter. Vom strengen Arianismus spalteten die gemäßigten Semiarianer sich ab. Man suchte das „wesensgleich“ umzudeuten in „ähnlich“ (homöios) und verstand sich zu der Formel, der Sohn sei dem Vater „in allem ähnlich“; man wollte das „homoúsios“ um jeden Preis umgehen. Vom Kaiser angeordnete Reichssynoden in Rimini und Seleucia führten im J. 359 zu keiner Einigung. Unterdes war aber der innere Zerfall des Arianismus nicht aufzuhalten. Als mit Gratian (375–383) endlich wieder ein katholisch gesinnter Kaiser die Führung übernahm, trat Beruhigung ein.

Zur endgültigen Bereinigung der arianischen Wirren berief Theodosius (379–395), der von Gratian zum Kaiser des Ostens erhoben worden war, *381 das zweite allgemeine Konzil von Konstantinopel.*

Inzwischen hatten die Theologen die Begriffe „Person“ und „Natur“ in Gott klarer herausgearbeitet. Neben dem hl. Athanasius war diese Leistung besonders den drei „Großen Kappadoziern“ zu danken: Basilius (um 330–379), Gregor von Nazianz (329/30 – um 390) und Gregor von Nyssa (um 334–394). Den Unterschied in den drei göttlichen Personen sahen sie einzig und allein in den innergöttlichen Beziehungen (Relationen). Nach ihnen gibt es nur eine Wesenheit, aber drei Träger: Ein Gott in drei Personen. Auch die von den Arianern bestrittene Gottheit des Heiligen Geistes wurde von ihnen herausgestellt; seine Relation sei, daß er von den beiden anderen göttlichen Personen ausgehe. Das in Nizäa 325 gefaßte Glaubensbekenntnis erhielt den Zusatz: „Und an den Heiligen Geist, den Herrn und Lebenspender, *der vom Vater ausgeht* und mit dem Vater und dem Sohne zugleich angebetet und verherrlicht wird, der durch die Propheten gesprochen hat ...“. Als Nizäno-konstantinopolitanisches Glaubensbekenntnis ist es später in die Liturgie eingegangen. Im Altertum wurde es zunächst nur mit der Taufe verbunden, erst im 6. Jh. kam es in die heilige Messe und zwar zuerst in Byzanz durch Patriarch Timotheus († 517), dann in Spanien durch die 3. Synode von Toledo (589) und schließlich in Rom sogar erst 1014 auf Verlangen Kaiser Heinrichs II. Dabei entstanden Meinungsverschiedenheiten; der Osten verstand den Ausgang des Heiligen Geistes so: er gehe „*aus* dem Vater *durch* den Sohn“ hervor. Der Westen hingegen so: er gehe „*aus* dem Vater *und* dem Sohne“ hervor. Als man im Westen das „Filioque“ hinzufügte, betrachtete man dies nicht als eine Erweiterung, sondern lediglich als eine Interpretation. Der Osten hingegen nannte es eine Verfälschung des Glaubensbekenntnisses und beschuldigte den Westen der Häresie; so wurde das Filioque, ausgehend von der Unklarheit des 1. Konzils von Konstantinopel (381), mit ein Anlaß zur Spaltung 1054 und blieb einer der Differenzpunkte bis heute.

Nachdem 381 die Trinitätslehre so bis zu einem gewissen Grade zum Abschluß gebracht worden war, konnte man sich nun christologischen Fragen zuwenden.

war vor allem die nähere Beziehung der göttlichen Natur zur menschlichen in der Person Christi zu erklären. Die Heilige Schrift spricht auch hier wieder nur unreflektiert, indem sie Göttliches und Menschliches zugleich von Christus aussagt. In der Deutung dieser Stellen aber gingen die beiden berühmten Theologenschulen von Alexandrien und Antiochien auseinander. Die Alexandriner legten den Nachdruck stärker auf die göttliche Natur, die Antiochener mehr auf die menschliche.

Origenes hatte das Wort vom „Gottmenschen" Jesus Christus geprägt. Allegorische Schriftauslegung und eine von platonischen Gedankengängen beeinflußte theologische Spekulation führten ihn zu einer tiefen, innigen Logosmystik, die in dem Gedanken gipfelte, daß in Christus die Begegnung zwischen Gottheit und Menschheit in höchster Vollendung stattgefunden habe und von den Christen nachvollzogen werden müsse. Die Mönche knüpften später gerne an ihn an. Aber auch Athanasius, Basilius, Gregor von Nazianz und Gregor von Nyssa – die letzteren drei übrigens ebenfalls Mönche – führten den Gedanken fort; sie gehörten der alexandrinischen Schule an. Gregor von Nyssa hatte aber dabei schon deutlich darauf hingewiesen, daß die Einheit allein in der göttlichen Person, nicht jedoch in einer (ganz und gar unmöglichen) Verschmelzung der göttlichen und der menschlichen Natur zu suchen sei. Er lehrte, in Christus habe die *eine* göttliche Person des Logos zwei Naturen, die göttliche und die menschliche, mit sich verbunden; beide Naturen beständen jede für sich und unvermischt nebeneinander; dennoch aber seien sie nicht von einander getrennt, sondern aufeinander zugeordnet, so daß ihre Attribute wechselseitig austauschbar seien (Idiomenkommunikation); man könne infolgedessen mit Recht sagen, der Sohn Gottes sei geboren worden; das gelte zwar nicht von seiner göttlichen Natur, die ewig ist, wohl aber von seiner menschlichen.

Der Patriarch Cyrill von Alexandrien, seit 412 Bischof dieser Stadt, bemühte sich, die Verbindung beider Naturen als eine möglichst enge und wirklich reale herauszustellen. Er sprach von einer physischen Einigung und von der „*einen* Natur des fleischgewordenen Logos". Nach der Vereinigung beider Naturen in Christus könne man de facto nur noch von *einer* Natur, der gottmenschlichen, sprechen. Zwar lehnte er eine direkte Vermischung im Sinne des Irrlehrers Apollinarios von Laodizäa († nach 385) ab; aber er gebrauchte ein Bild: wie in der glühenden Kohle das Feuer und die Kohle ein einziges bildeten, so auch göttliche und menschliche Natur in Christus. Eutyches konnte später daran anknüpfen und seine häretische monophysitische Lehre daraus gewinnen.

Zur gleichen Zeit hatte auch die Antiochenische Theologie eine Fortbildung erfahren. Diodor von Tarsus († vor 394) hatte entsprechend der nüchternen, kritisch-exegetischen Methode der Antiochenischen Schule, an der er lange Zeit gelehrt hatte, das volle Menschsein Christi nachdrücklichst betont und so selbständig die menschliche Natur neben die göttliche gestellt, daß nur mehr eine recht äußerliche Verbindung zwischen beiden übrig blieb: Der göttliche Logos habe in dem Menschen Jesus Wohnung genommen wie in einem Tempel.

Der Patriarch *Nestorius* von Konstantinopel (seit 428), selbst Antiochener, schloß daraus, daß Maria nicht in Wahrheit „Gottesgebärerin" (Theotókos) genannt werden könne, sondern lediglich „Christusgebärerin" (Christotókos) gewesen sei, insofern sie ja nur einen Menschen, Jesus, geboren habe. Scharf polemisierte er gegen die Alexandriner.

Der Streit konzentrierte sich immer mehr auf den Titel der „Theotókos"; hinter ihm aber stand die christologische Frage. Zu dem Meinungsgegensatz der Schulen trat sofort auch die Rivalität der beiden Patriarchen von Alexandrien und Konstantinopel. Cyrill griff in Schreiben an die ägyptischen Bischöfe und Mönche zu Ostern 429 Nestorius heftig an, sicherte sich die Unterstützung des Papstes Cölestin I. (422–432) und verfaßte 12 Anathematismen, die er im Namen des Papstes dem Nestorius mit der strikten Aufforderung zum Widerruf zusandte. Dieser aber schrieb 12 Gegenanathematismen und gewann den byzantinischen Kaiser Theodosius II. (408–450) für sich, dann bestimmte er diesen, zusammen mit dem weströmischen Kaiser Valentinian II. (425–455) ein Konzil zu berufen.

*Das 3. Ökumenische Konzil von Ephesus 431* hatte einen bewegten Verlauf. In der Eröffnungssitzung vom 22. Juni fehlten Nestorius und seine Anhänger. Cyrill ließ ein Lehrschreiben verlesen, das er über die hypostatische Union der beiden Naturen in Christus angefertigt hatte. Dieses wurde von den anwesenden 198 Bischöfen gebilligt und das Urteil über Nestorius unterzeichnet. Damit war der Theotókos-Titel angenommen. Die draußen harrende Volksmenge stimmte jubelnd zu. Wenige Tage später aber trafen 43 antiochenische Bischöfe unter Führung ihres Patriarchen Johannes ein. Sie nahmen sofort für Nestorius Partei und konstituierten ein Gegenkonzil. Ein unerfreuliches Intrigenspiel voll gegenseitiger gehässiger Angriffe setzte ein. Der Kaiser mußte eingreifen. Die beiden Anführer, Nestorius und Cyrill, wurden verhaftet. Schließlich durfte Cyrill nach Alexandrien zurückkehren, Nestorius wurde in die Verbannung (nach Oberägypten) geschickt, wo er um 451 gestorben ist. In wieweit er wirklich häretisch gelehrt hat oder falschen Darstellungen und Mißverständnissen zum Opfer gefallen ist, bleibt bis heute unklar.

Seine Anhänger flüchteten nach Persien und gründeten dort die nestorianische Kirche, die bald ein blühendes Leben entfaltete. Ein lebendiges Mönchtum, eine bedeutende Theologie (Schulen von Seleukia und Nisibis) und eine imponierende Missionstätigkeit zeugen von ihrer Kraft. Ihre Missionare drangen bis Malabar, Indien (Thomaschristen) und Turkestan vor; unter dem nestorianischen Katholikos Timotheos I. gelangte das Christentum 780–823 über das chinesische Turkestan hinaus sogar nach Tibet und Zentralchina. Zu Beginn des 14.Jhs. zählte die nestorianische Kirche allein in Zentralasien 10 Metropolitansitze und verfügte über einen zahlreichen einheimischen Klerus; in der blutigen Verfolgung des Tamerlan (1380) wurde diese Mission leider vernichtet. Im 16. Jh. schlossen sich große Teile des Nestorianismus Rom an (Chaldäer und die Malabarchristen); heute zählt die nestorianische Kirche in Irak, Iran und Syrien noch rund 80000 Anhänger, 5000 in Indien und 25000 in Amerika.

In seiner Autobiographie, die er als „Buch des Heraklid“ (ediert 1910) bezeichnet hat, gibt Nestorius die Gründe an, die ihn veranlaßt haben, den theologischen Streit mit Cyrill auszufechten. Er hat in dessen Lehre von der „*einen* Natur des fleischgewordenen Logos“ die Gefahr der doketistischen und manichäistischen Verflüchtigung der menschlichen Natur Christi gesehen und ebenso in der apollinaristischen Verschmelzung der beiden Naturen eine große Gefährdung des rechten evangelischen Glaubens erblickt. Immer wieder betont er die Integrität jeder der beiden Naturen in Christus, und wenn er sich gegen den Theotókos-Titel Mariens gewandt hat, so ist dies nicht geschehen, um die Gottheit Christi zu leugnen, wie Arius getan hatte, sondern um zu betonen, daß Christus als wahrer Mensch mit Leib und Seele aus Maria geboren worden sei. Maria habe nicht die Gottheit geboren, sondern den mit der Gottheit verbundenen Menschen. Um die Integrität der Menschheit Jesu zu retten, trennte er sie allzu sehr von der Gottheit und kam so zu einem Dualismus der Naturen, ohne deren unlösbare Verbundenheit im Personkern (= Hypostase, daher hypostatische Union genannt) zu erkennen.

Daß seine Befürchtungen nicht unbegründete gewesen sind, zeigte sich sehr bald, als *Eutyches*, Abt eines Klosters bei Konstantinopel und heftiger Gegner des Nestorianismus, Cyrills Lehre von der *einen* Natur in Christus (mía physis = Monophysitismus) fortentwickelte und die beiden Naturen so innig miteinander verschmolz, daß die menschliche Natur von der göttlichen vollständig aufgesogen erschien, „so wie sich ein ins Meer fallender Honigtropfen darin auflöst". Die Integrität der menschlichen Natur in Christus war also aufgehoben; sie existierte faktisch nicht mehr; denn Christi Menschsein war von anderer Substanz als das unsrige. Damit entfiel die zentrale Voraussetzung für das Mysterium Christi und seiner Vermittler- und Erlösertätigkeit, von der die Heilige Schrift unaufhörlich spricht. Die ganze christliche Heilslehre war in Gefahr.

Patriarch Flavian von Konstantinopel zitierte Eutyches vor eine Synode und verurteilte ihn als Häretiker, da er nicht widerrufen wollte. Eutyches fand aber die Unterstützung des Patriarchen Dioskur von Alexandrien, der als Nachfolger des Cyrill die gleichen Gedankengänge vertrat. Auf Dioskurs Betreiben berief Kaiser Theodosius II. abermals ein „Reichskonzil". Es tagte unter Dioskurs Leitung in Ephesus (449) und rehabilitierte Eutyches, wurde indes von der übrigen Kirche nicht anerkannt. Papst Leo I. (440–461) bezeichnete sie als „Räubersynode". In seiner berühmten „Epistola dogmatica ad Flavianum" stellte er sich hinter den Patriarchen von Konstantinopel und legte autoritativ die rechte Lehre von der Vereinigung der zwei Naturen in der einen Person Christi (hypostatische Union) dar; man hat sie als die erste unfehlbare Ex-Cathedra-Entscheidung eines Papstes bezeichnet. Zugleich bat er den Kaiser um Einberufung eines neuen Konzils. Der Nachfolger des Theodosius, Kaiser Marcian (450–457), willfahrte der Bitte und berief das *4. Allgemeine Konzil von Chalcedon (451).*

Rund 350 Bischöfe kamen zu dieser größten ökumenischen Synode des Altertums zusammen. Die Vertreter Papst Leos d. Gr. standen ihr vor. Gleich in der ersten Sitzung wurde

Dioskur angeklagt (8. Okt. 451) und in der dritten Sitzung (13. Okt.) abgesetzt. Dem Lehrschreiben Leos gemäß (Ep. ad Flavianum) wies die Synode die monophysitische Lehre von der Natureinheit in Christus zurück und definierte in ihrer 6. Sitzung als Dogma: In Christus sind *zwei Naturen*, unvermischt und ungetrennt, in *einer Person* oder Hypostase verbunden. So hatte Leo I. auf Grund der abendländischen theologischen Klärung seit Tertullian die Personeinheit (hypostatische Union) erklärt. „Unvermischt" bleiben göttliche und menschliche Natur nebeneinander bestehen (gegen Cyrill und Eutyches); sie sind aber nicht getrennt voneinander, sondern in der Person des göttlichen Logos miteinander unlösbar (gegen Nestorius) verbunden. Auf dieser Verbundenheit beruht das ganze Heilswerk Christi. Die Aussagen über die Person Christi (Christologie) sind zugleich die Grundlage für die Erlösungslehre (Soteriologie) und deshalb von zentralster Bedeutung für den christlichen Glauben.

Für die abendländische Theologie war mit dieser begrifflichen und sprachlichen Klärung die solide Basis für die weitere theologische Entwicklung gegeben. Nicht aber für den Osten. Schon auf dem Konzil war es in der fünften Sitzung zu einer schweren Spannung zwischen östlicher und westlicher Theologie gekommen, die eine ernste Krise heraufbeschwor. Sie wurde verschärft durch den kirchlichen Gegensatz zwischen Rom und den östlichen Patriarchaten, insbesondere durch die seit langem herrschende Rivalität zwischen byzantinischen Patriarchen und dem Papst.

Das immer schon stark auf die Einheit ausgerichtete östliche Denken tendierte auch nach Chalcedon weiterhin zu monophysitischen Vorstellungen; sie beschränkten sich nicht auf den christologisch-theologischen Bereich, sondern erstreckten sich auch auf die politische Sphäre (vgl. die typisch byzantinische Reichstheologie) und sogar auf das persönliche christliche Leben des Gläubigen. Das Göttliche hatte so sehr den Vorrang, daß es den menschlichen Raum gewissermaßen aufsog. Religion und Politik gingen ineinander über, Kirche und Staat verschmolzen; aber auch das bürgerliche Privatleben ging ganz in dieser theologisch-religiösen Atmosphäre auf. Während das Abendland sich den in der christologischen Formel von Chalcedon grundgelegten *verbundenen Dualismus* zu eigen machte, nach dem Göttliches und Menschliches, Religion und Politik, „unvermischt", aber auch „ungetrennt", weil im

Personkern miteinander verbunden, in Christus wie im Leben des Christen ihre Eigenständigkeit und ihre Eigenwertigkeit behielten, drängte der Osten dem sog. „politischen Monophysitismus" zu.

Trotz der Verurteilung durch Chalcedon behauptete sich der Monophysitismus in Palästina, in Ägypten und in Syrien. Im J. 475 gewährte der monophysitisch eingestellte kaiserliche Usurpator Basiliskos durch das sog. Enkyklion (= Edikt) den Monophysiten offizielle Duldung. Kaiser Zenon erließ 476 eine vermittelnde Formel, die später Henotikon (482) genannt wurde. Da der Patriarch Akacius von Konstantinopel zugestimmt hatte, bannte ihn Papst Felix III. (483–492) und hob die Kirchengemeinschaft mit dem Osten auf; dieses sog. Akazianische Schisma zwischen Morgenland und Abendland währte 35 Jahre lang (484–519). Um 490 waren die drei Patriarchenstühle von Alexandrien, Jerusalem und Antiochien mit Monophysiten besetzt. Unter Kaiser Justinian I. (527–565) konnten die Monophysiten sich weiter ausbreiten. Sie missionierten in Nubien, Äthiopien und Armenien und errichteten unter ihren Bischöfen Jakobos Baradai und Theodor von Arabien eine eigene Hierarchie (Jakobiten; Kopten).

Um den Monophysiten entgegenzukommen und die bedrohte Reichseinheit wiederherzustellen, hatte Kaiser Justinian seit 543/44 die drei Häupter der Antiochenischen Schule, aus der Nestorius hervorgegangen war, verurteilt: 1. Theodor von Mopsuestia († 428), 2. Theodoret von Cyrus († um 458) und 3. Ibas von Edessa († 457). Der sog. Dreikapitelstreit, in dem es um Zustimmung oder Ablehnung des kaiserlichen Vorgehens ging, zog sich lange hin. Es gelang, auch Papst Vigilius für die Verurteilung zu gewinnen, freilich unter Wahrung des Chalcedonense; jedoch mußte Vigilius angesichts des stürmischen Protestes, den sein Nachgeben im Westen erregt hatte, seine Zustimmung bald zurücknehmen. Als der Kaiser 551 erneut gegen die Drei Kapitel vorging und Vigilius sich jetzt entschiedener weigerte zuzustimmen, wurde er durch kaiserliche Soldaten in einer Kirche schwer mißhandelt. Vigilius lehnte daraufhin die Teilnahme an dem Konzil, das Justinian berufen hatte, ab; dieses

*5. Allgemeine Konzil zu Konstantinopel 553* diente dem Kaiser dazu, seine geplante Verurteilung der „Dreikapitel" durchzusetzen. Der Papst war weder anwesend noch vertreten. Er wies das Vorgehen des Kaisers als unberechtigten Eingriff in die höchste kirchliche Lehrautorität zurück. Darauf ließ Justinian ihn vom Konzil exkommunizieren. Durch Drohung mit Verbannung und Verschleppung gelang es ihm schließlich, dem alten und schwachen Papst im Februar 554 nachträglich noch die Zustimmung zu den Konzilsbeschlüssen abzuringen. Es handelte sich um keine dogmatischen Bestimmungen.

Kirchenpolitisch waren die Folgen „erschreckend“: Die Einheit der Kirche erlitt schweren Schaden, die Gegensätze wurden im Osten wie im Westen vertieft, „das Ansehen des Papsttums sank enorm“ – „alles dies durch die Schuld eines von übersteigertem Selbstbewußtsein erfüllten, theologisch oberflächlichen Kaisers und eines wankelmütigen, seiner Aufgabe nicht gewachsenen Papstes“ (Baus). Das Konzil hat schließlich allgemeine Anerkennung gefunden, auch im Westen. Es gilt als ökumenisch.

Aber, die christologische Frage kam immer noch nicht zur Ruhe. Um die Monophysiten wieder mit der Reichskirche zu versöhnen, unternahm Patriarch Sergius von Konstantinopel (610–638) einen neuen Versuch, das Verhältnis der beiden Naturen in Christus zueinander zu erklären. Er setzte an die Stelle der von den Monophysiten angenommenen Naturen-Einheit die Willens-Einheit; die göttliche und die menschliche Natur seien so innig miteinander verbunden und aufeinander abgestimmt gewesen, daß in Wirklichkeit nur eine einzige natürliche gottmenschliche Energie und nur ein einziger Wille (= Monotheletismus) in Christus wirksam gewesen sei. Dadurch, daß er das Einheitsprinzip nicht in die Person, sondern in die Naturen verlegte, kennzeichnete sich sein System als monophysitisch. Jedoch war es nicht gleich durchschaubar. Es gelang Sergius, den Papst Honorius I. (625–638), der in der griechischen Theologie wenig bewandert war, seine These so darzustellen, daß dieser sie in einem allgemein gehaltenen, privaten Antwortschreiben für annehmbar hielt; Honorius hatte offensichtlich weniger eine Natur-Einheit als eine moralische Übereinstimmung des göttlichen und des menschlichen Willens in Christus im Auge. Immerhin, in seinen Privatmeinungen kann auch ein Papst sich irren; ein autoritatives Lehrschreiben „ex Cathedra“ ist der Honoriusbrief auf jeden Fall nicht gewesen. Er ist in späteren Jahrhunderten oft als Beweis gegen die „Unfehlbarkeit“ des Papsttums herangezogen worden; so in der Reformationszeit und auf dem I. Vatikanischen Konzil. Jedoch zu Unrecht.

Im Jahr 638 wurde der Monotheletismus durch Reichsgesetz allgemein eingeführt. Als sich Papst Martin I (649–655) auf einer Lateransynode dagegen wandte und ihn als häretischen Irrtum zurückwies, wurde er mißhandelt und auf die Krim verbannt, wo er an den Folgen starb. Erst Kaiser Konstantin IV. (668–685) brach den Kurs und berief das

*6. Allgemeine Konzil, das dritte von Konstantinopel*, das vom 7. November 680 bis zum 16. September 681 im Kuppelsaal (= trullus) des Kaiserpalastes tagte und daher den Namen „Trullanum" erhielt. Unter dem Vorsitz des Kaisers verurteilte es den Monotheletismus samt seinen Erfindern und Begünstigern, darunter auch Papst Honorius, „weil er in allem Sergius zu Willen gewesen ist und dessen gottlose Dogmen bestätigt hat". Papst Leo II. (682/83) hat die Beschlüsse des Konzils gebilligt und auch der Verurteilung des Honorius zugestimmt, „der diese Apostolische Kirche (Rom) nicht durch die apostolische Lehrtradition erleuchtet, sondern in schmählichem Verrat zugelassen hat, daß der reine Glaube befleckt wurde". Er hat seinen Vorgänger wenig später insofern in Schutz genommen, als er ihn nicht der direkten Teilhabe an der Häresie bezichtigte, sondern ihm lediglich vorwarf, „daß er das Feuer der häretischen Lehre nicht, wie es seiner apostolischen Autorität geziemt hätte, gleich im Anfang erstickt, sondern durch seine Nachlässigkeit begünstigt" habe. Er hat damit den Sachverhalt sehr viel richtiger getroffen.

Im übrigen hat das Konzil bestätigt, was das Chalcedonense gelehrt hatte: Entsprechend den zwei Naturen, die unvermischt und ungetrennt in der einen gottmenschlichen Person Christi verbunden seien, gebe es auch zwei Willen und zwei Energien, eine göttliche und eine menschliche, die unvermischt und untrennbar zum Heile des Menschengeschlechtes zusammenwirken.

Noch zwei weitere Konzilien haben während des 1. Jahrtausend im Osten stattgefunden und die allgemeine Anerkennung als „ökumenische" gefunden:

*787 das 7. Allgemeine Konzil, das zweite zu Nizäa*, – es befaßte sich mit der Bilderverehrung und stellte sie als erlaubt heraus, indem es sie klar von der *Anbetung*, die nur Gott zukommt, unterscheidet, – und

*869/70 das 8. Allgemeine Konzil, das 4. von Konstantinopel*, durch das das Schisma des Photius beendet und der Patriarch Ignatios in Konstantinopel rehabilitiert wurde.

Der Schwerpunkt der spekulativen Theologie lag während des ganzen ersten Jahrtausends im Osten. Das ist schon daraus zu ersehen, daß alle acht Konzilien im Osten stattgefunden haben.

## § 11

## DIE THEOLOGIE DES ABENDLANDES. AUGUSTIN UND DER KAMPF UM DIE RECHTFERTIGUNGS- UND GNADENLEHRE

Während im Osten um trinitarische und christologische Probleme gerungen wurde, beschäftigten vor allem soteriologische Fragen das Abendland. Hier ging es weniger um metaphysische Spekulationen, die den Griechen so sehr lagen, als um praktische, das Christenleben unmittelbar bedrängende, ganz persönliche Heilsprobleme: Menschliche Willensfreiheit und Sünde, Urstandsgnade und Erbschuld, Notwendigkeit und Wirkungsweise der Gnade im Rechtfertigungsprozeß eines jeden Einzelnen.

Der Zug ins Moralisch-Asketische begegnet schon früh in Nordafrika. Der Montanismus fand dort seine größte Verbreitung und durch Tertullian sogar noch eine Verschärfung. Dieser wandte sich in seinen Schriften mit Vorliebe religiös-sittlichen Themen zu. Sein Rigorismus wirkte um die Mitte des 3. Jhs. im Streit um die Wiederaufnahme der Gefallenen in die Kirche in Karthago noch fort, und auch Cyprian hatte im Ketzertaufstreit die harte Linie vertreten. Zu Beginn des 4. Jhs. verfocht der Donatismus in Nordafrika die gleichen rigoristisch-enthusiastischen Tendenzen. Trotz des Eingreifens Konstantins und der Verurteilung durch das Nizänische Konzil erhielt er sich und spaltete die nordafrikanische Kirche noch über ein Jahrhundert lang.

Auch in Rom haben wir die gleichen Kräfte am Werke gesehen (s. o. S. 60). Novatian und seine Anhänger, die „Reinen“ (katharoi), beschuldigten die Großkirche der Laxheit und Unheiligkeit. In Spanien rief Ende des 4. Jhs. Priszillian eine asketische Bewegung ins Leben, die weite Kreise zog und bald Anstoß erregte; sie blieb auch nach der grausamen Hinrichtung ihres Begründers (385, s. o. S. 73) bestehen und beschäftigte die spanische Kirche noch auf lange Zeit. Schließlich trat um 400 der britische Mönch *Pelagius*, ein sittenstrenger und gebildeter Mann, mit seiner allzusehr der menschlichen Willenskraft vertrauenden Ethik auf den Plan. Er lebte bis etwa 410/11 in Rom, ging dann nach Nordafrika und von dort nach dem Vorderen Orient. Seine Lehren zeugten von einem hohen ethischen Niveau; er hatte sie gegen den Manichäismus verfaßt, der das Sittlich Gute leugnete; sie waren rein pragmatisch, ohne dogmatische Tiefe; die Gnade spielte darin kaum eine Rolle; der Mensch bedürfe ihrer nicht, um gut zu handeln, sondern lediglich, um leichter gut handeln zu können. Alles sei schließlich nur Sache des guten Willens. Augustin trat gegen ihn auf den Plan.

Nachdem fast hundert Jahre lang kaum ein bedeutender Theologe seit Cyprian im Westen hervorgegangen war, sah die zweite Hälfte des 4. Jhs. in Ambrosius von Mailand, Hieronymus und vor allem Augustin ein Dreigestirn von höchstem Glanz, das sich würdig den griechischen Theologen der Zeit an die Seite stellen durfte. Später folgten ihnen Leo d. Gr. und Gregor d. Gr.

1. *Ambrosius* (339–397), als Sohn des Praefectus Praetorio für Gallien in Trier geboren, war Statthalter der Provinzen Liguria und Aemilia und selbst noch ungetauft, als er 374 unerwartet vom Volk zum Bischof von Mailand gewählt wurde. Von nun an stellte er sich ganz in den Dienst der Kirche und wurde der erste der vier großen abendländischen Kirchenlehrer. In seinen Predigten, Reden und Schriften bekämpfte er den Arianismus und half dem nizänischen Glaubensbekenntnis zum Siege. Ein Abendländer und Römer nach Herkunft und Tradition, ist sein Sinn stets auf das Praktische gerichtet. Seine Schriftauslegung und ganze Theologie bevorzugt die sittlichen und sozialen Aspekte. Die Fragen der Buße, Sünde und Gnade beschäftigten ihn. Er fördert die asketische Bewegung und wird so einer der Wegbereiter des abendländischen Mönchtums. Als Freund und Berater der Kaiser Gratian (375–383), Valentinian II. (375–392) und Theodosius I. (379–395) übt er entscheidenden Einfluß auf die Kirchenpolitik und wird so zur führenden Gestalt der abendländischen Kirche; auch darin ist er ein typischer Abendländer, daß er dem politischen Monophysitismus nach beiden Seiten entgegentritt: der politischen Gewalt wehrt er das Übergreifen in das kirchlich-religiöse Gebiet, der staatlichen Macht erkennt er ihre Eigenständigkeit und Ordnungsfunktion im bürgerlichen Leben zu. Damit distanziert er sich vom byzantinischen System, in dem der

Kaiser als Stellvertreter Gottes über beide Gebiete die alleinige Herrschaft beansprucht (Theokratie). Das abendländische Denken ist dualistisch, auch im politischen Bereiche. Papst Gelasius (492–496) hat das Verhältnis von Kirche und Staat später in seinem Brief an Kaiser Anastasios klar in seiner Zweigewaltenlehre formuliert, die nachdrücklich zwischen Imperium und Sacerdotium differenziert und damit der oströmischen Identifizierung entgegentritt. Ambrosius hat sie bereits praktiziert.

Er wagte es nämlich, in mehreren Konflikten mit dem kaiserlichen Hof das Staatskirchentum zurückzuweisen, und nötigte selbst einen Theodosius d. Gr. zur Kirchenbuße, als er 390 wegen einer grausamen Metzelei in Saloniki Blutschuld auf sich geladen hatte. Dabei blieb er stets Priester und Seelsorger, der nicht selbst auf Politik ausging, sondern allein die Seelsorge zum obersten Grundsatz hatte. „Auch der Kaiser steht in der Kirche, nicht über ihr", wenn es um Fragen des Glaubens und des Heiles geht. Seelsorge, Gottesdienst und Caritas erfüllten sein Leben so überzeugend, daß er mit innerer Kraft alle in seinen Bann zog, die mit ihm zu tun hatten. Augustinus wurde durch ihn bekehrt! In der Kirche lebt er auch als großer Hymnendichter fort.

2. *Augustinus* wurde am 13. November 354 zu Tagaste in Numidien als Sohn eines heidnischen Vaters, Patricius, und einer frommen christlichen Mutter Monika geboren. Er wurde christlich erzogen, jedoch nicht getauft. Später machte er wohl den Mangel der Gnade für die Verirrungen seiner Jugend verantwortlich. In seinen Studentenjahren kam er völlig vom christlichen Glauben ab. In den „Confesssiones" (geschrieben um 400) schildert er diese Irrwege in düsteren Farben. 372 wurde ihm ein unehelicher Sohn geboren; er nannte ihn Adeodatus († 389); erst um 385 trennte er sich von der Mutter seines Kindes. In diesen Jahren verschrieb er sich dem Manichäismus; ungefähr neun Jahre, etwa 374–383, verharrte er in dieser Sekte, die ihm mit ihrer dualistischen Auffassung von Gut und Böse, mit ihrer Kritik am Christentum und der Ablehnung jeder Glaubensautorität imponierte. In dieser Zeit brach er selbst mit seiner Mutter. Er ließ sich nach Abschluß seines Rhetorik-Studiums in Karthago kurze Zeit als Grammatiklehrer in Tagaste nieder, wirkte dann bis 383 als Lehrer der Rhetorik in Karthago; nach einjährigem Rom-Aufenthalt siedelte er im Herbst 384 nach Mailand über, um dort ein Lehr-

amt für Rhetorik zu übernehmen. Er lernte Ambrosius kennen, hörte seine Predigten und fand durch ihn den Weg zur Kirche zurück. Ostern 387 ließ er sich zusammen mit seinem Sohne Adeodatus von ihm taufen. 388 kehrte er nach Afrika zurück und führte in Tagaste ein zurückgezogenes Klosterleben mit einigen Freunden. Bei einem Besuch in Hippo wurde er Anfang 391 vom Bischof Valerius bestimmt, sich zum Priester weihen zu lassen. Als Lehrer der Taufkandidaten und Prediger erwarb er sich solche Verdienste, daß Valerius ihn 395 zu seinem Koadjutor bestimmte und zum Mitbischof weihte. 396 folgte er ihm auf dem bischöflichen Stuhl von Hippo, den er nun fast 35 Jahre hindurch innehatte. Er starb am 28. August 430, während die Vandalen seine Bischofsstadt belagerten.

Augustins Persönlichkeit und seine Bedeutung für die Geschichte sind gleichermaßen gewaltig. Er ist „der uns am besten bekannte Mensch des christlichen Altertums". In seinen *Confessiones* preist er die Führungen der Gnade Gottes, die ihn auf mannigfachen Umwegen doch zum rechten Ziel gebracht hat. Weil er die menschliche Schwäche und Armseligkeit am eigenen Leibe erfahren hat, kann und muß er dem willensstolzen Pelagianismus mit aller Kraft entgegentreten. Die Auseinandersetzung mit Pelagius, die 412 beginnt, wird mit einer Leidenschaft von ihm geführt, die deutlich den erlebnismäßigen Hintergrund erkennen läßt. 418 setzte er die Verurteilung des Pelagianismus durch; über den Tod des Pelagius († um 422) hinaus bekämpfte er die Irrlehre, oft mit einer Polemik, die bisweilen über das Ziel hinausschoß und in schroffen Formulierungen von der Allwirksamkeit der Gnade und von der absoluten Prädestination sprach. Dadurch ist er einerseits der „Lehrer der Gnade" geworden, hat aber auch andrerseits später Häretikern Anknüpfungspunkte für irrige Lehren gegeben. Auf ihn gehen Luther, Calvin und die Jansenisten zurück; indem sie nicht beachteten, daß die augustinischen Formulierungen als Antithesen zu einer Irrlehre, die dem Menschen die Fähigkeit zuschrieb, aus eigenen Kräften selig zu werden, gedacht waren, gelangten sie zu Folgerungen, die Augustin nicht gezogen hat.

Auch Augustinus war in erster Linie Seelsorger. Er verwaltete sein Bischofsamt in Predigt, Caritas und Gottesdienst mit unermüdlichem Eifer. Um des Seelenheiles der ihm Anvertrauten willen bekämpfte er die Irrlehren, den Pelagianismus, den Manichäismus und den Donatismus. Er mied die Auseinandersetzung mit der Umwelt nicht, obwohl er stets von geradezu mönchischer Lebenshaltung blieb und einer der Väter des abendländischen Mönchtums geworden ist (die Augustinusregel geht auf ihn zurück). Daneben aber war er ein höchst spekulativer Geist und vereinigte Gedankenschärfe mit schöpferischer Kraft. In seinem Wissen umfaßte er die gesamte antike Philosophie und Kultur und hat diese durch sein gewaltiges Schrifttum der Nachwelt überliefert. Er ist einer der großen Mitgestalter der abendländischen Kultur des Mittelalters geworden und wirkt in vielfacher Hinsicht bis heute fort. In der mittelalterlichen Theologie blieb er vorherrschend, bis er in Thomas von Aquin einen ebenbürtigen Partner erhielt. Er ist der größte unter den antiken Kirchenlehrern des Westens.

Und noch in einer anderen Hinsicht wurde er für die spätere Entwicklung bedeutungsvoll. Der Seelsorger Augustinus, dessen ganzes Sein um Gott und die Seelen kreiste und dessen Wirken nichts als Liebe atmete, bestimmte vielfach den späteren Kurs der Kirche gegenüber Ketzern und Häretikern. Er hatte in jungen Jahren an sich selbst erfahren, wie schwierig es ist, die Wahrheit zu suchen und zu finden. Er war gewillt, äußerste Nachsicht gegenüber allen Verirrten zu üben, als er das Bischofsamt antrat. Dann aber erlebte er das furchtbare Unheil der Spaltung. Die nordafrikanische Kirche war durch den Donatismus zerrissen. Die donatistische Gegenkirche, mit einer eigenen Hierarchie und gutfunktionierenden Organisation ausgestattet, betrachtete sich als die Kirche der „Reinen", der Frommen und der Heiligen; sie streute Mißtrauen, Feindschaft und Verachtung gegenüber den Anhängern der katholischen Kirche, besonders gegenüber ihren Bischöfen aus und trug den Geist einer niedrigen, gehässigen Polemik in jede Pfarrei hinein. Auch Augustin hatte neben sich in Hippo einen donatistischen Gegenbischof. So erlebte er tagtäglich, daß die Kirchenspaltung das schlimmste von allen Übeln ist, und er war doch machtlos, es zu beheben.

Augustin versuchte es im Guten. Er suchte brieflich und persönlich das Gespräch mit seinem donatistischen Amtsbruder; er verhandelte und ließ sich in literarische Auseinandersetzungen mit den Donatisten ein. Die Gegenseite verhielt sich abweisend. Längst waren die Fronten verhärtet. Religiös-radikale Schwärmer unter den Donatisten, Circumcellionen genannt, die sich als Heilige, Glaubenskämpfer und Soldaten Christi bezeichneten, zogen bettelnd oder auch in bewaffneten Horden durch das Land. Sie scheuten vor Gewalt und Terror nicht zurück und verlangten im bürgerlichen Leben soziale Gesetze (Abschaffung der Sklaverei, Armenfürsorge usw.) und im kirchlichen Bereich rigoristische Reformen im Sinne des Donatismus. Überall kämpften sie für die Ausbreitung des letzteren; Zerstörungen katholischer Kirchen und Mißhandlungen von Geistlichen und Gläubigen kamen immer wieder vor. Die staatliche Gewalt war gegen diese Fanatiker fast ein Jahrhundert lang machtlos. Erst die Vandalenherrschaft bereitete der Bewegung ein Ende (430).

Auch Augustinus mußte einsehen, daß gegen diesen Fanatismus, der von den donatistischen Bischöfen geschürt wurde, die Sprache der Vernunft und der Liebe ungehört verhallte. Auf einem Religionsgespräch, das er im Jahr 411 in Karthago veranstaltete und leitete, standen die anwesenden 286 katholischen Bischöfe einer eisernen Front von 279 Donatisten gegenüber. Selbst das äußerste Entgegenkommen fand nur taube Ohren. Um des höchsten Gutes der Einheit und des Friedens der christlichen Kirche willen scheuten Augustin und die Bischöfe sich nicht, ihren Rücktritt vom Amte anzubieten, wenn die Donatisten zur Glaubensgemeinschaft zurückkehren würden. Ihr Großmut begegnete höhnischer Ablehnung und neuer Gewaltandrohung, und die katholische Seite wußte nur zu gut, was es bedeutete, wenn religiöse Fanatiker, denen es als Martyrium angerechnet wurde, wenn sie im Kampf gegen die Katholiken fielen, zu neuem Terror ermuntert wurden.

In dieser Situation erkannte Augustinus „dem bitteren ‚Compelle intrare' sein Recht zu" (Lortz). Konnte es schließlich nicht zweifelhaft erscheinen, ob man der Wahrheit besser dienen werde, wenn man die Liebe dem Recht und der Gewaltanwendung, oder die Gewalt der Liebe unterordnete? So wurde Augustin aus der bitteren Erfahrung heraus der erste, der die Gewaltanwendung in Glaubensfragen biblisch rechtfertigte. Im Gleichnis vom großen Gastmahl hatte Christus, da die Geladenen sich weigerten, zum Mahle zu kommen, den Hausvater zum Knechte sprechen lassen: „. . . dann gehe an die Wege und Zäune und *nötige sie hereinzukommen* (compelle intrare), damit mein Haus ganz voll werde" (Lk 14, 23). In völliger Mißdeutung sah Augustinus darin die Aufforderung, widerstrebende Häretiker oder Heiden gegebenfalls mit Gewalt zum Eintritt in die Kirche zu zwingen (CSEL 53, 226f). Er konnte noch nicht ahnen, zu welch furchtbaren Konsequenzen seine falsche Interpretation führen werde. Bald wurde sie zu einem Rechtssatz formuliert: „Häretiker sind zu ihrem eigenen Heile auch gegen ihren Willen zu zwingen“ (Decr. Gratiani, c. 38 C. 23 q. 4) und wurde, auf seine Autorität gestützt, schließlich die Grundlage der mittelalterlichen Inquisition. Auch Luther berief sich in seinem unglücklichen Verhalten gegen die Bauern 1525 und einige Jahre später gegen die Wiedertäufer (1529) auf diesen Grundsatz, und Calvin begründete mit ihm seine blutigen Glaubensurteile in Genf. Im Neuen Testament freilich sucht man vergebens nach einer Rechtfertigung von Zwangsmaßnahmen im religiösen Bereiche. Die Heilige Schrift kennt den Glauben nur als freie Hingabe des Menschen an den Ruf Gottes. Es bleibt ein unerklärliches Geheimnis, daß ausgerechnet Augustin, der selbst nach langen Irrwegen die Bekehrung als Gnadenanruf an sich erlebt hat, für die spätere Fehlentwicklung verantwortlich zeichnen muß. Die Todesstrafe für Häretiker hat er freilich nie gutgeheißen. Sie ist das Produkt des Herübergreifens der staatlichen Gewalt – des „bracchium saeculare“, wie man im Mittelalter sagte – in diesen religiösen Bereiche, insofern man in der Häresie nicht nur eine Verletzung des Glaubens, sondern auch des Gemeinwohls, das auf der Glaubenseinheit gegründet schien, gegeben sah.

3. *Hieronymus* wurde um 347 in Stridon (Dalmatien) geboren, kam früh nach Rom (um 354) und erhielt dort eine ausgezeichnete Ausbildung. Auf einer Reise nach Gallien lernte er in Trier eine Mönchskolonie kennen und entschloß sich, ein monastisches Leben zu führen. In Aquileja lebte er eine Zeitlang im Kreise asketischer Freunde; dann machte er sich zu einer Reise nach Jerusalem auf, wurde unterwegs krank und widmete sich dann in Antiochien exegetischen Studien; er lernte Griechisch und Hebräisch. Von 375–378 führte er in der Wüste von Chalkis ein gottergebenes Einsiedlerleben. 379 ließ er sich in Antiochien zum Priester weihen und begab sich nach Konstantinopel (380/81), um Gregor von Nazianz zu hören; auch mit Gregor von Nyssa schloß er damals Freundschaft. Dann rief ihn Papst Damasus nach Rom. Er lebte von 382–385 am päpstlichen Hofe und arbeitete im Auftrage des Papstes an einer Revision des lateinischen Bibeltextes; die später sog. Vulgata wurde die Frucht dieser Studien. Er war der Vertrauensmann des Papstes und, so schien es, von diesem zum Nachfolger bestimmt. Nach dem Tode des Damasus (11. 12.

384) wurde er jedoch bei der Wahl übergangen. Er hatte sich durch seine aszetischen Anschauungen – er war in Rom Mittelpunkt eines Asketenkreises – und durch seine schonungslose Kritik an Mißständen im römischen Klerus unbeliebt gemacht. Er verließ Rom (385) und begab sich über Antiochien zu den verschiedenen Mönchskolonien Palästinas und Ägyptens. 386 ließ er sich für dauernd in Bethlehem nieder. Er starb dort am 30. September 419 oder 420.

Von Rom war ihm die fromme und reiche Paula gefolgt. Sie gab die Mittel zum Bau von drei Frauenklöstern und einem Männerkloster, das Hieronymus leitete, in Bethlehem. In 34jähriger ununterbrochener Tätigkeit schuf er hier ein literarisches Werk von gewaltigem Umfang und Inhalt. Er war „ohne Zweifel der gelehrteste aller lateinischen Kirchenväter, der größte Polyhistor seiner Zeit" (Altaner). Trotz gewisser Fehler und Schwächen, die hauptsächlich in seiner erregbaren, heißblütigen Natur und nervösen Reizbarkeit beruhten, war er ein edler, aufrechter, ganz vom mönchischen Frömmigskeitsideal erfüllter Streiter Christi.

4. *Papst Gregor I., der Große (590–604)* wird seit dem 8. Jh. als der vierte der vier Großen abendländischen Kirchenlehrer gezählt. Er wurde um 540 geboren und steht schon ganz an der Grenze vom Altertum zum Mittelalter. Senatorischem Hochadel entstammend, wurde er bereits 572/73 Stadtpräfekt von Rom. Nach dem Tode seines Vaters Gordian entsagte er einer glänzenden weltlichen Laufbahn (um 575) und schuf den elterlichen Palast in Rom zu einem Kloster um, das er dem heiligen Andreas weihte. Später stiftete er noch sechs weitere Klöster auf seinem ererbten Besitz in Sizilien und lebte selbst als strenger Asket in mönchischer Einsamkeit. Jedoch, schon 579 wurde er aus seiner Ruhe herausgerissen. Papst Pelagius II. sandte ihn als seinen Vertreter (Apokrisiar) nach Konstantinopel, wo er bis 585 ausharren mußte. Inmitten des höfischen Trubels am byzantinischen Kaiserhof lebte er wie ein Mönch, ganz dem Gebet und den theologischen Studien hingegeben. Nach seiner Heimkehr ging er in sein Kloster zurück, blieb aber der Ratgeber des Papstes und wurde nach dessen Tod im Jahre 590 trotz seines ehrlichen und energischen Widerstrebens zu seinem Nachfolger gewählt.

Die Geschichte hat ihm als Papst den Beinamen des „Großen" gegeben. Seine 14jährige Regierungszeit hat in der Tat weltgeschichtliche Bedeutung erlangt. Die erhaltenen 854 Briefe geben einen Einblick in die weitverzweigte innere und äußere Tätigkeit Gregors und lassen seine edle Persönlichkeit erkennen.

Zunächst suchte er die Kirche durch geschickte Organisation ihres Grundbesitzes (Patrimonium Petri) und durch Ertragssteigerung in den Stand zu versetzen, der durch die Germanen-Einfälle und die Nachwirkungen der Völkerwanderungszeit in größte Not geratenen Bevölkerung zu helfen. Hunger und Seuchen verwüsteten Italien. Aus seelsorglicher, priesterlicher und sozialer Verantwortung unternahm der Papst alles, um den verzweifelnden Menschen ihr Schicksal zu erleichtern: er ließ Getreide austeilen, schützte die Bauern auf den Latifundien Italiens und Siziliens vor Ausbeutung und übernahm auch, da Byzanz versagte, den politisch-militärischen Schutz der Stadt und des Landes. Als die Langobarden 592 und 593 Rom belagerten, gelang es ihm, sie durch friedliche Verhandlungen zum Abzug zu bewegen.

Epochemachend und zukunftsweisend war seine Westorientierung. Er brach mit der einseitigen Abhängigkeit Italiens und der römischen Kirche von Byzanz und trieb eigene Politik. Klar erkannte er die Bedeutung der germanischen Völker für die Zukunft. Zunächst stellte er gute Beziehungen zum fränkischen Königshause her; dann schaute er nach England hinüber und leitete die Christianisierung der Angelsachsen ein, indem er 596 den Prior seines römischen Andreasklosters, Augustin, mit etwa 40 Mönchen zur Mission aussandte. Im arianischen Westgotenreiche hatte sich mit dem Regierungsantritt König Rekkareds (586) eine Wandlung vollzogen. Gregor bemühte sich eifrig, die Abkehr vom Arianismus aufzufangen und die westgotische Kirche eng mit der römischen Kirche zu verbinden. Ebenso bahnte er mit Erfolg den Übertritt der Langobarden zum katholischen Bekenntnis an, wozu ihm die katholische Königin Theodelinde die Hand reichte. Da es ihm ebenso gelang, das seit dem Dreikapitalstreit immer noch bestehende Schisma zwischen der mailändischen und der römischen Kirche endlich zu beheben, legte er so die Fundamente zu einer neuen kirchlichen Entwicklung in Oberitalien. All dies verschaffte ihm und dem Papsttum eine bis dahin kaum gekannte Führerstellung im Westen.

Aber noch größer war seine innerkirchliche Bedeutung. Er reformierte den Klerus und schrieb zu diesem Zwecke gleich zu Beginn seiner Regierung den *Liber regulae pastoralis*, die große

Programmschrift für das priesterliche Leben und Wirken der Seelsorger. Im ganzen Mittelalter blieb dieses Werk die Grundlage für die Priesterbildung überhaupt. Seine Schrift *Moralia in Job* (595), ein moraltheologischer und praktisch-ausgerichteter Kommentar zum Buch Job, wurde das grundlegende Handbuch der Moraltheologie und Aszetik für das Mittelalter. In den vier Büchern *Dialogi* zeichnete er u. a. das Bild des großen abendländischen Mönchsvaters Benedikt von Nursia und machte diesen dadurch erst bekannt und zum eigentlichen „Vater des abendländischen Mönchtums". Im liturgischen Bereich hat Gregor die Meßfeier reformiert und den Kanon in seine jetzige Form gebracht (Sacramentarium Gregorianum). Wahrscheinlich hat er auch den liturgischen Gesang reformiert. Ob und inwieweit er freilich als Schöpfer des sog. Gregorianischen Chorals anzusehen ist, bleibt fraglich. Daß er neue Hymnen gedichtet und komponiert und sogar einen Musiktraktat geschrieben habe, ist eine unhaltbare spätere Zuweisung; sie geht vielleicht darauf zurück, daß er möglicherweise die römische Schola cantorum gegründet hat.

Neben Augustinus wurde Gregor d. Gr. der geistige Vater und Lehrer des Mittelalters. Zwar reicht er selbst nicht an die Größe Augustins heran; das hindert aber nicht, daß seine Wirkung als Mann der Zeitenwende und Bahnbrecher einer neuen Zukunft ungeheuer groß gewesen ist.

## § 12

### ASKESE UND MÖNCHTUM IN DER ALTEN KIRCHE

1. Zur Problemgeschichte: Das Mönchtum wurde durch die Reformation des 16. Jhs. nicht nur in seinem Bestand aufs tiefste erschüttert, sondern vor allem auch in seinem Ansehen aufs empfindlichste getroffen. Luther, selbst Mönch gewesen wie viele andere der Reformatoren, hat nach seinem Bruch mit dem Vergangenen dem Mönchtum einen leidenschaftlichen Kampf angesagt. Seitdem hat man es lange Zeit kaum mehr gewagt, sich ernsthaft mit der Geschichte des Mönchtums zu befassen. Als schließlich die aufblühende historische Wissenschaft des 19. Jhs. dem Thema sich wieder zuwandte, blieb die negative Wertung der Reformatoren das ungeschriebene Gesetz. Man faßte das Mönchtum als reine Weltverneinung und Daseinsflucht (Weingarten 1876) und glaubte, seine Ur-

sprünge in den „Reklusen" des heidnischen Serapis-Tempels zu Memphis gefunden zu haben. Die aufblühende vergleichende Religionsgeschichte brachte die Kunde von mönchsähnlichen Erscheinungen in anderen Religionen, und schon stand es fest, daß auch das christliche Mönchtum eine Entlehnung aus dem Heidentum und deshalb ein Fremdkörper im Christentum sei. Einige glaubten, das direkte Vorbild im buddhistischen Mönchtum entdeckt zu haben; auch jüdische Urbilder wurden herangezogen: die Essener, die Bruderschaft von Qumrân oder die „Therapeuten" Philos! Sogar das Motiv schien klar auf der Hand zu liegen: Gegen die infolge der konstantinischen Wende verweltlichte Kirche sei eine innerkirchliche Protestbewegung von rein geistig-geistlich eingestellten Christen entstanden. Zahlreiche Männer und Frauen seien mit der Vermassung und Verwässerung des evangelischen Christentums nicht einverstanden gewesen. Sie hätten dagegen protestiert und der amtlichen hierarchischen Priesterkirche bewußt den Rücken gewendet, weil diese der Versuchung der Reichskirche erlegen sei. Sogar auf Gottesdienst und Liturgie, selbst auf das eucharistische Opfer hätte sie verzichtet und seien in die Wüste hinausgestrebt, um „nur mit Gott allein zu sein".

Alle diese Vorstellungen klingen recht annehmbar; nur sind sie leider Phantasiegebilde und spiegeln den Geist derer wieder, die sie erdacht haben. In der historischen Wirklichkeit finden sie keinerlei Grundlagen, und die Quellen reden eine ganz andere Sprache.

Seit etwa vierzig Jahren hat ein neues Bemühen um ein tieferes Verständnis des Mönchtums eingesetzt. Nicht nur seine Ursprünge sind in der Forschung klarer hervorgetreten, sondern auch seine christliche Substanz. Dabei hat sich gezeigt, daß es viele kleine Rinnsale gewesen sind, aus denen schon in sehr früher Zeit der Strom der Bewegung heraus- und zusammengeflossen ist. Es spielt keine Rolle, wenn asketische Ideale ähnlicher oder gleicher Art auch außerhalb des Christentums festgestellt werden. Das Streben nach Einsamkeit, nach Stille und Verinnerlichung, nach sittlicher Vervollkommnung u. a. m. entspricht allgemein menschlichem Verlangen, von dem stets die Besten ergriffen worden sind. In dieses Sehnen der Menschheit ist auch das christliche Vollkommenheitsstreben nach seiner natürlichen Seite hin eingebettet. Analogien des Mönchtums in der nichtchristlichen Welt stören uns daher nicht mehr. Wichtiger ist es zu sehen, was im Christentum unter dem Einfluß der Offenbarung und der Gnade aus diesem „Menschlichen" geworden ist.

2. Christliches Mönchtum ist nur vom Wesen des Christentums und der Kirche her zu begreifen. In ihm findet sich ein Stück echter Selbstverwirklichung der Kirche. Seinen Ursprung verdankt es dem Evangelium. Es will die restlose Hingabe an Gott in der Christusnachfolge sein und diese durch die treue Befolgung der drei „evangelischen Räte" in die Tat umsetzen. „Will jemand mir nachfolgen, so verleugne er sich selbst, nehme sein Kreuz auf sich und folge mir. Denn wer sein Leben retten will, wird es verlieren; wer aber sein Leben um meinetwillen verliert, wird es finden. Was nützt es schließlich dem Menschen, wenn er die ganze Welt gewinnt, aber dabei sein Leben verliert?" (Mt 16, 24ff).

Allein für Gott dazusein und aus seinem heiligen Charisma (= Gnade) zu leben ist das Ziel dieser Nachfolge Christi. Um es zu erreichen und sich durch nichts anderes auf diesem Wege aufhalten zu lassen, entäußern sich die wahren Jünger Jesu ihres Besitzes (Armut), ihres Leibes und ihres Familienglücks (Zölibat, Ehelosigkeit um des Himmelreiches willen) und schließlich ihres eigenen Ich (Gehorsam, Unterwerfung unter andere). Die einen tun es mehr, die anderen weniger; ein absolutes Maß ist im Evangelium nicht festgesetzt. Nur dem, „der es fassen kann" (Mt 19, 12), ist die vollkommene Hingabe nahegelegt, als Rat nicht als Pflicht. Das Heil ist für alle da. Wo bliebe die Allgemeinheit, wenn die Erlösung nur von einigen wenigen erreicht werden könnte?

Die Kirche ist weit genug, für beide Platz zu haben, für die Asketen, die nach Vollkommenheit streben, und für die Schwachen und Kleinen, die auch das Heil erlangen sollen, weil Christus auch für sie gestorben ist. Wenn sie also auf der einen Seite das Vollkommenheitsstreben bejaht und fördert, so widerspricht dies keineswegs ihrer Pflicht, auch für die Masse der Menschen jederzeit und mit aller Liebe bereit zu sein. Hingegen bedeutet jede Art von Vereinseitigung eine Verleugnung ihres verpflichtenden Heilsauftrages: sie ist Häresie im strengen Sinne des Wortes. Nichts schadet der Kirche mehr, als alles das, was sie klein und eng macht.

Immer wieder hatte die Kirche in den ersten Jahrhunderten sich gegen diese Gefahr der Verengung zur Wehr zu setzen. Die Versuchung, ihr zu erliegen, war groß. Hat es doch immer etwas Bestrickendes, Menschen in voller Begeisterung und radikaler Hingabe auf dem Wege der Vollkommenheit dahinschreiten zu sehen. Ganz sicher waren es mitreißende, tief religiöse, „charismatische" Persönlichkeiten, die so vom Idealismus erfüllt waren. In der Urkirche begegnen uns solche Asketengestalten immer wieder. Sie standen im Dienste der Gemeinden, galten als Vorbilder und waren in Zeiten der Verfolgungen leuchtende Sterne. Paulus wendet sich im Korintherbrief bereits an eine solche Gruppe (1 Kor 7). Für ihn ist die Enkráteia, die Enthaltsamkeit um des Himmelreiches willen, eine besondere Gnadengabe, die angesichts des bald bevorstehenden Weltendes an Wichtigkeit gewinnt. Aber, er sagt auch ausdrücklich: „Ein jeder bleibe in dem Stande, in dem er berufen wurde" (1 Kor 7, 20).

Dort begann die „Häresie", wo der „evangelische Rat" zum verpflichtenden Gesetz für alle gemacht wurde. Im allgemeinen Enthusiasmus der Christenheit des 2. Jhs. traten immer wieder „Enkratiten" auf, die behaupteten, *alle* Christen *müßten* sich der Ehe enthalten; christlich leben bedeute schlechthin enkratitisch leben; wer dazu nicht gewillt oder in der Lage sei, gehöre nicht in die Kirche hinein. Sie zauberten das Ideal einer „Kirche der Heiligen", der „Reinen" (katharoi, Ketzer), der „Vollkommenen" hervor, aus der alle Schwachen und Sünder auszuschließen seien. Marcion, Tatian, Montanus, Tertullian und Donatus, kurzum alle Häretiker erhoben derartige Forderungen und schrieben Vollkommenheit, Heiligkeit und vertiefte Religiösität auf ihre Fahnen. Unter dieser Parole sollten auch im weiteren Verlauf der Geschichte alle Häresien bis heute ihren Kampf gegen die katholische Kirche führen, indem sie ihr Laxheit, Abfall und Verfälschung des Evangeliums vorwarfen.

Da ist es nun wichtig, darauf hinzuweisen, daß die Kirche in ihrem Inneren stets einen legitimen Platz für das berechtigte Vollkommenheitsstreben gehabt hat, ohne je einer einseitig-häretischen Verallgemeinerung zu verfallen. Askese und Mönchtum stellen sogar einen ganz wesentlichen Bestandteil im Leben der Kirche dar; sie sind nicht nur irgendeine beliebige Form christlicher Verwirklichung, sondern sie stellen durch ihre Berufung die Heiligkeit, das Charisma und das sehnsuchtsvolle Harren auf die Wiederkehr Christi in der Christenheit als solche dar. Die Kirche bedarf ihrer, sie lebt aus ihnen und empfängt von ihnen immer wieder die Kraft nicht unterzugehen in ihrer Arbeit an der Welt und in der Welt.

Bei aller Weltoffenheit und Zugewandtheit zu den Dingen der Schöpfung darf sie sich in keinem Augenblick so an sie verlieren. „Ungetrennt und unvermischt“ muß sie auch hier nach der Formel von Chalzedon in Fortsetzung der Inkarnation Christi ihr Leben in dieser Welt einrichten und ihre Aufgabe erfüllen.

Aufgabe des Mönchtums ist es, die allem Christlichen notwendige Distanz von der Welt darzustellen und vorzuleben. Darin ist weder Weltfeindlichkeit noch Flucht vor ihr zu erblicken, sondern einfach eine wesentliche Linie christlicher Selbstverwirklichung in der Kirche. Zu allen Zeiten hat das Mönchtum diese Aufgabe zu erfüllen, denn immer steht die Kirche in Gefahr, sich in der Welt zu verlieren. Aber zu gewissen Zeiten war und ist diese Versuchung größer als zu anderen. Vielleicht ist sie zu keiner Zeit so groß gewesen wie im 4. Jh.

Die „Konstantinische Wende“ hatte ungeheure Kräfte freigemacht; sie setzten sich zum großen Teil in einen gewaltigen missionarischen Drang zur Eroberung und Durchdringung der Welt mit christlichem Geiste um. Aktivisten mochten glauben, das Ziel mit oberflächlichen, politischen Mitteln erreichen zu können. Aber der christliche Glaube verträgt keine Verwässerung und Politisierung. Da entwickelte sich von innen her, als Antwort Gottes auf die Not der Zeit, das Mönchtum. Mit beispiellos elementarer Wucht trat es in der konstantinischen Epoche auf den Plan; es schwoll im 4. und 5. Jh. zu einer Bewegung an, von der alle Schichten des christlichen Volkes ergriffen wurden. Überhaupt zeigt die Zeit einen starken asketischen Zug; er rührte noch aus den Zeiten der letzten Verfolgungen her. Die Besten unter den Christen fühlten die Verpflichtung zur Selbstheiligung nach den Worten des Evangeliums in sich. In den christlichen Asketen und Mönchen lebte wieder etwas vom urchristlichen Charisma, vom Enthusiasmus und von der eschatologisch ausgerichteten Frömmigkeit der Frühzeit. Der Märtyrergeist setzte sich um in den Geist der letzten, vollen Hingabe an Gott und der asketischen Nachfolge Christi. Man suchte die Wüste auf, um Zeugnis für Christus abzulegen und sich ganz Gott zu schenken.

Wer die Viten des hl. Antonius und des hl. Pachomius, der beiden „Begründer“ des Mönchtums, liest oder in die Mönchsliteratur und Apophthegmen der späteren Zeit hineinschaut, ist immer wieder erstaunt, in diesen harten Asketengestalten so ungemein liebenswürdige, gegen ihre Mitmenschen nachsichtige und großzügige Persönlichkeiten voll tiefer Innerlichkeit und Aufgeschlossenheit zu finden. Diese Männer vertragen keine negative Deutung. Sie stehen mitten in Kirche und Welt und erfüllen eine positive Aufgabe in ihnen. Aus der religiösen Dynamik dieses Mönchtums empfingen die Kräfte, die nötig waren, den religiösen Auftrag an die Zeit zu erfüllen, ihren Antrieb und ihre Vertiefung. Alle die großen Heiligen und Kirchenväter der Zeit sind entweder selbst Mönche gewesen oder haben dem Mönchtum sehr nahegestanden.

3. Um die Mitte des 3. Jhs. vollzog sich, erstmals für uns bei ägyptischen Asketen erkennbar, der Wandel vom frühen gemeinde-verbundenen Charismatiker zum einsamen Anachoreten, der sich in abgelegene Gegenden und Wüsten zurückzog. *Antonius* hieß der erste uns historisch bekannte Einsiedler, dessen Leben Athanasius d. Gr. aus eigener Kenntnis beschrieben hat (Vita s. Antonii, 357). Um 251 in Kome (Mittelägypten) geboren, verkaufte und verschenkte er nach dem frühen Tode seiner Eltern gemäß Mt 19, 21 sein reiches Erbe, brachte seine kleine Schwester in ein christliches Jungfrauenhaus (Kloster) und zog sich etwa 271, also als Zwanzigjähriger, in die Einsamkeit zurück. Zuerst lebte er in der Nähe seines Heimatortes, dann begab er sich tiefer in die Wüste hinein und suchte zuletzt, da er auch hier vor dem Andrang der Besucher nicht sicher war, ein schwer zugängliches Steingebirge jenseits des Nils auf. Athanasius hat uns von seinem Ringen um Heiligkeit und von seinem Kampf mit den Dämonen berichtet (Grünewald hat auf dem Isenheimer Altarbild 1512/14 die Not des Einsiedlers illustriert). Er hat auch die gewaltige Anziehungskraft beschrieben, die Antonius auf Menschen aller Art ausgeübt hat. Junge Männer, die in seine Fußstapfen treten wollten, Hilfsbedürftige und Kranke, Bischöfe und Priester, die Seelenführung suchten, ja Kaiser Konstantin und seine Söhne wandten sich an ihn. Er scheute sich nicht, ins Leben einzugreifen, aber nicht als Politiker, sondern als Charismatiker und Künder eines höheren Willens, als Prophet Gottes. Als er 356 im Alter von 105 Jahren starb, hatte sich eine zahlreiche Einsiedlergemeinschaft um ihn geschart. Er ist der Begründer des Eremitentums geworden.

*Pachomius* (287–347) ist einen Schritt weitergegangen. Auch er hat als Einsiedler begonnen (um 308); er gründete dann aber gegen 320 das erste „Kloster“, indem er die nahe beieinander liegenden Zellen vereinigte und ihre Bewohner zu einem gemeinsamen Leben ( = koinós bíos, coenobium, Cönobitentum) zusammenführte. Das erste Kloster entstand in Tabennisi am Nil; es war ein von einer Mauer umgebenes Haus mit vielen Zellen. Pachomius schuf noch neun weitere Männer- und zwei Frauenklöster und vereinigte schließlich an die 9000 Mönche in seinem Klosterverband. Er gab der Gemeinschaft eine feste Regel für Gebet und Tagesarbeit und sorgte durch geschickte Organisation auch für den gemeinsamen Lebensunterhalt. Der Name „Mönch" (monachus = für sich allein lebend) paßte eigentlich auf die Lebensweise nicht mehr; er ging aber auf sie über, weil jeder einzelne in seiner Zelle durch Schweigen und stille Betrachtung ein Alleinleben führen sollte. Pachomius wurde der Vater des Cönobitentums.

Von Ägypten aus verbreiteten sich beide Arten des Mönchtums rasch über den ganzen Orient. Basilius d. Gr. († 379) gab dem cönobitischen Mönchtum eine Regel, die bald im ganzen östlichen Mönchtum herrschend wurde. Aber auch das Eremitentum hielt sich im Osten und lebte in manchen seltsam extremen Formen (Styliten = Säulensteher, Inklusen = Eingemauerte, usw.) weiter.

Der Westen lernte das Mönchtum durch Athanasius erstmals kennen; als er nach Trier verbannt wurde (335), begleiteten ihn zwei Mönche. Später hat das Bekanntwerden seiner Vita s. Antonii im Abendland für die Verbreitung der Idee gesorgt. Bischof Ambrosius von Mailand, Hieronymus, Augustinus, Martin von Tour waren eifrige Förderer des Mönchtums. Augustinus schrieb die erste abendländische Mönchsregel (388/89 und 391/93) für seine Klerikergemeinschaft in Tagaste, bzw. in Hippo. Sie hat nach zeitweiliger Zurückdrängung durch die Benediktregel im hohen Mittelalter wieder eine große Bedeutung gewonnen und lebt in der heutigen Augustinerregel fort. Später hat der Mönch Johannes Cassianus, der Ägypten besucht hatte und um 415 das Kloster St. Victor bei Marseille gründete, zwei wertvolle Betrachtungsbücher verfaßt, die als Regeln gelten konnten. Die rechte Form aber gab erst Benedikt von Nursia dem abendländischen Mönchtum.

*Benedikt* (480–547 ?) war von seinem Studium in Rom hinweg in die Einsamkeit geflohen. In Affile (Enfide) bei Rom hatte er zuerst einer Asketengemeinschaft angehört, sich dann in einer Höhle im Aniotal bei Subiaco drei Jahre lang als Einsiedler aufgehalten und schließlich als Vorsteher einer Eremitengemeinschaft böse Erfahrungen gemacht. Er sammelte daher die Mönche in Klöster, um ihre Leitung straffen zu können. 529 siedelte er nach Montecassino über und verfaßte dort seine ebenso von Weisheit und Mäßigung, wie von Ernst und Tiefe zeugende Klosterregel. Sie erlangte bald eine große Bedeutung.

## § 13

### ROM UND DIE PATRIARCHATE DES OSTENS. PRIMATSFRAGE

1. Die römische Gemeinde nahm von Anfang an einen hervorragenden Platz in der Gesamtkirche ein. Im Abendlande war sie stets die anerkannte Führerin, schon weil sie die älteste, größte und die einzige Apostelgemeinde des Westens war. Da man allgemein den Rang einer Gemeinde nach ihrem (apostolischen) Gründer bemaß, der Apostel Petrus aber seit jeher von der Tradition als Gründer der römischen Gemeinde genannt wurde, war deren Vorrang so unbestritten wie die Sonderstellung des hl. Petrus im Apostelkollegium. So ist es gekommen, daß Rom „schon früh auf fast allen Gebieten des kirchlichen Lebens die Führung hatte“ (H. E. Feine).

Trotz Verfolgung und Not aller Art nahm die römische Gemeinde an Zahl und Bedeutung im 2. Jh. rasch zu. Um die Mitte des 3. Jhs. läßt sich ihre Zahl auf mindestens 30000 Seelen schätzen; sie zählte allein 151 Kleriker und 1500 Witwen und Arme. Ihre Stellung in der Hauptstadt des Reiches brachte es mit sich, daß sie weitreichende Beziehungen besaß. Schon frühzeitig zählte sie auch hochgestellte und vermögende Männer und Frauen zu ihren Mitgliedern und konnte ihren Einfluß gelegentlich sogar am Kaiserhof geltend machen, um verfolgte und bedrängte Christen zu schützen. Ihre Liebestätigkeit und Fürsorge für Notleidende sind stets gerühmt worden. Mit ihr Gemeinschaft zu haben und zu halten, war für andere Gemeinden ein Bedürfnis und eine Notwendigkeit. Sie war ein Kristallisationspunkt christlicher Liebeseinheit.

Insbesondere nahm der Bischof dieser Stadt eine Sonderstellung ein. Sie beruhte darauf, daß er nach Ausweis der Bischofslisten seine apostolische Sukzession unmittelbar auf Petrus zurückführen konnte. Das aber bedeutete, daß bei ihm das von Christus und den Aposteln überlieferte Offenbarungsgut am zuverlässigsten und reinsten bewahrt wurde; denn die unmittelbare Kontinuität mit den Aposteln und der Urkirche war die beste Gewähr für den reinen Glauben. Der römische Bischof genoß schon früh eine Lehrautorität. Bereits im 2. und 3. Jh. pflegten Häretiker nach Rom zu gehen, um sich dort zu rechtfertigen; so hielten es Marcion im J. 139, Montanus und die Häupter der Gnostik. Auch die Verteidiger des rechten Glaubens suchten und fanden Schutz in Rom, wie Athanasius 339/340. Davon bleibt unberührt die Tatsache, daß der Schwerpunkt der theologischen Arbeit stets im Osten lag, wo auch die großen Konzilien stattfanden; denn die Denkleistung der Theologen ist nicht identisch mit dem Lehramt der Kirche, das allein darüber zu entscheiden hat, ob eine theologische Meinung in der Apostolischen Tradition enthalten ist und damit zum geoffenbarten Glaubensgut gehört.

Auch in Rechts- und Disziplinarfragen genoß der römische Bischof schon früh eine bestimmte Autorität. Ein erstes Aufleuchten ist bereits im ersten Klemensbrief festzustellen (um 96), in dem es um Schlichtung eines Streites in der Gemeinde von Korinth ging. Das Eingreifen des Papstes Viktor (189–199) in den Osterfeststreit und die Kontroverse des Papstes Stephan I. (254–257) mit Cyprian von Karthago im Ketzertaufstreit markieren weitere Entwicklungsstufen. Niemand wird darin schon einen Anspruch auf einen Jurisdiktionsprimat sehen wollen. Da aber dieser, wie alles Geschichtliche, einen langsamen historischen Werdegang bis zu seiner vollen Entfaltung gehabt hat, wird man die Vorstufen nicht übersehen dürfen.

2. Die Frage nach dem Primat des römischen Bischofs ist komplizierter, als sie oft dargestellt wird. Um das Problem zu verstehen, muß man genau unterscheiden zwischen seiner Stellung 1. als Bischof von Rom und Metropolit der römischen Kirchenprovinz, 2. als Patriarch der lateinischen Kirche des Westens, und 3. als Inhaber des Petrusamtes, das er als dessen Nachfolger und Erbe in Rom innehat. Es ist also jeweils zu untersuchen, ob seine Autorität geltend gemacht worden ist als Bischof, als Patriarch oder als Petrusnachfolger. Am schwierigsten ist es, Primat und Patriarchat voneinander zu trennen.

Die Entwicklung der kirchlichen Verfassung ist in großen Zügen so verlaufen: Die einzelnen Bischofskirchen als apostolische Gründungen stellten den Kern dar. Schon sehr früh schlossen sich mehrere von ihnen zu einem organisierten Verband zusammen. Meist wurde die politische Metropole auch zur kirchlichen Metropole für die Bischofsstädte der Provinz; für gewöhnlich wird die Provinzhauptstadt wohl Ausgangspunkt der Mission gewesen sein, so daß die Provinzstädte schon durch ein Tochterverhältnis zur Mutterkirche der Metropole verbunden waren. Die Metropoliten übten gewisse Aufsichtsrechte über ihre Provinz aus, so bei Bischofswahlen und in disziplinärer Hinsicht. Sie bestätigten und weihten die Gewählten, beriefen und leiteten die Provinzialsynoden und waren Appellationsinstanz für die bischöflichen Gerichte. Rom übte diese Rechte für Italien, Karthago für Nordafrika, Alexandrien für Ägypten, Antiochien für Syrien aus usw. Die Neuordnung des Reiches durch Kaiser Diokletian blieb nicht ohne Rückwirkung auf die kirchliche Organisation. Er teilte das Imperium in 100 Provinzen und diese wieder in 12 Diözesen ein. Schließlich löste er die Monarchie in eine Tetrarchie auf, indem er neben sich Maximian zum 2. Augustus bestellte und noch zwei Cäsaren, Galerius und Konstantius Chlorus, hinzunahm. Trotz der Vierteilung der Herrschaft blieb die Einheitlichkeit dadurch gewahrt, daß Diokletian für sich die höchste Autorität in Anspruch nahm; wenn auch jeder der Regenten in seinem Bereiche selbständig regierte, so blieb er doch auch im ganzen Reiche anerkannt, unterzeichnete die Reichsgesetze mit und war an der Münzprägung beteiligt.

Um diese Zeit entstanden in der Kirche die Obermetropolitanbezirke. Das Konzil von Nizäa (325) sanktionierte bereits die „alte Gewohnheit", daß Alexandrien, Antiochien und andere „Eparchien" dieselben Oberrechte wie Rom jeweils in ihren Bezirken ausüben sollten; Jerusalem sicherte es einen Ehrenvorrang zu. Die Patriarchatsordnung war damit als konziliares Recht bestätigt. Die Ausdrucksweise des Konzils zeigt, daß die patriarchalen Ansprüche Roms die älteren waren und auf die anderen übertragen wurden.

Eine neue Situation ergab sich, als Konstantin 330 seine Residenz von Alt-Rom nach Neu-Rom, dem alten Byzanz, das von nun an Konstantinopel hieß, verlegte. Das politische Schwergewicht verlagerte sich dadurch nach dem Osten, und in dem Maße, in dem Konstantinopels Machteinfluß zunahm, sank die politische Bedeutung Alt-Roms. Schon bald gewann der Bischof von Neu-Rom an Einfluß. Sein Aufstieg vollzog sich zunächst in der Auseinandersetzung mit den Patriarchaten des Ostens. Auf dem 2. Allgemeinen Konzil von Konstantinopel (381) wurde dem Sitz von Konstantinopel ausdrücklich ein Ehrenrang vor Alexandrien und Antiochien unmittelbar nach Alt-Rom zugebilligt. Roms Vorrang unter den Patriarchaten aber war noch anerkannt. Zudem beanspruchte Konstantinopel noch keinen Patriarchatsbezirk jurisdiktioneller Art.

Aber eine andere Entwicklung hatte sich angebahnt. In den dogmatischen Kämpfen des 4. Jhs. war es immer wieder zu Spannungen zwischen Ost und West gekommen. Mitten in den arianischen Auseinandersetzungen, in denen Rom stets unentwegt am nizänischen Bekenntnis festhielt, suchte Athanasius im Jahr 339 Schutz bei Papst Julius in Rom, während sein Bischofssitz von einem Arianer besetzt wurde. Von Rom aus kämpfte er für sein Recht. 341 richtete Papst Julius ein Schreiben an die orientalischen Bischöfe, in dem er für Athanasius eintrat. Er stieß auf heftigen Widerstand. Die Synode von Sardika (342/343), die Athanasius wieder in seine Rechte einsetzen sollte, machte den Spalt zwischen Ost und West zum erstenmal offenkundig. Die Orientalen verweigerten Athanasius die Anerkennung und verließen protestierend das Konzil; während die westlichen Bischöfe feierlich dem römischen Bischof das höchstrichterliche Entscheidungsrecht (für das Abendland) zusprachen, Athanasius restituierten und die (arianischen) Häupter des Ostens exkommunizierten, wiesen die Orientalen die Ansprüche des Westens zurück und exkommunizierten umgekehrt die westlichen Synodalen; so standen sich hier Ost- und Westkirche feindlich gegenüber, und wenn die Spaltung auch 381 wieder behoben wurde, so blieb die sichtbar gewordene Spannung als böses Erbe; der Spalt vergrößerte sich in den nächsten Jahrhunderten und führte schließlich zum endgültigen Bruch im J. 1054.

Im Westen bedeutete zwar der Weggang Konstantins eine Schwächung des politischen Einflusses, er sicherte dem römischen Bischof aber auch eine selbständige Entwicklung im kirchlichen Bereich. Da es nur einen Patriarchalsitz im Okzident gab, fiel hier die patriarchale Entwicklung mit der Herauskehrung des Primates zusammen. Die Päpste Damasus I. (366 bis 384), Siricius (384–399) und Innozenz I. (402–417) wußten ihn kräftig zur Geltung zu bringen. Vor allem betonten sie gegenüber dem politischen Anspruch Konstantinopels immer nachdrücklicher die religiöse Fundierung des Primates auf Petrus. Die Stelle Mt 16, 18 gewann zunehmend an Bedeutung („Du bist Petrus und auf diesen Felsen will ich meine Kirche bauen . . .“). Papst Leo I. d. Gr. (440–461) ließ keinen Zweifel daran, daß dem römischen Bischof die Primatgewalt auch über die Kirche des Ostens zustehe, und er machte diesen Anspruch nachdrücklich geltend. Auf dem 4. Allgemeinen Konzil von Chalkedon führten seine Legaten den Vorsitz.

Aber eben in Chalkedon haben auch die päpstlichen Gesandten nicht zu verhindern vermocht, daß im Kanon 28 dem Patriarchen von Konstantinopel die gleichen Rechte zugesprochen wurden, wie sie der römische Bischof besaß. Solange es sich lediglich um die Patriarchalrechte handelte, war nichts dagegen einzuwenden. Wenn es aber um die Primatialrechte ging, die in Rom mit dem Bischofsitz verbunden waren, mußte es gefährlich werden. Leo d. Gr. hat deshalb gegen den Kanon 28 protestiert.

3. In der Folgezeit wurde in Konstantinopel so gut wie in Rom die primatiale Position ausgebaut. Konstantinopel stützte sich dabei ausschließlich auf seine politische Stellung. Es geriet ohnehin immer mehr in den Bannkreis der byzantinischen Kaisermacht und je mehr im Osten Politik und Religion ineinanderflossen, desto unselbständiger wurde die Stellung des Patriarchen.

Im Westen lagen die Verhältnisse ganz anders. Die Schwäche des weströmischen Kaisertums führte von selbst zu einer Verselbständigung der kirchlichen Stellung. 410 erlebte Rom die Einnahme und Plünderung der Stadt durch Alarich, den Westgotenkönig; Kaiser Honorius (395–423) war machtlos. Im J. 451 rückten die Hunnen plündernd und mordend heran; der schwache Kaiser Valentinian III. (425–455) war nicht weniger hilflos. Rom sah sich einem furchtbaren Schicksal preisgegeben. Da ging Papst Leo d. Gr. dem Hunnenkönig Attila mutig entgegen und erreichte es, daß Rom verschont wurde (452); sein Ansehen in den Augen des Volkes wuchs gewaltig. 455 standen die Wandalen vor Rom; wieder richteten sich alle Blicke auf Leo d. Gr., und wenn er auch die Plünderung nicht abwenden konnte, so erreichte er wenigstens von Geiserich, daß Rom vor Brand und Mord bewahrt blieb. Die Stellung des Papsttums war durch Leo so gefestigt, daß es ohne Schwierigkeit den Untergang des Weströmischen Reiches (476) überstand.

Papst Gelasius I. (492–496) entwickelte auf dieser Basis seine *Zweigewaltenlehre:* die geistliche Gewalt ist von der weltlichen unabhängig, jede ist für ihren Bereich zuständig; das Schwergewicht ruht bei der geistlichen Gewalt, insofern auch die Könige vor Gott Rechenschaft abzulegen haben; umgekehrt aber müssen die Lenker der Kirche im Bereich der öffentlichen Ordnung den kaiserlichen Gesetzen gehorchen. So schrieb er an den oströmischen Kaiser Anastasius. Er formulierte damit den Dualismus, auf dem fortan die abendländische Entwicklung beruhte.

# II. ZEITRAUM

# DIE KIRCHE DES MITTELALTERS

## § 14

## EINTEILUNG UND GRUNDSTRUKTUR DES ABENDLÄNDISCHEN MITTELALTERS

### *1. Periodisierung und Bezeichnung*

Da die Geschichte in einem organischen Lebensstrome dahinfließt, der keine Unterbrechungen kennt, sind alle Periodisierungsversuche fragwürdig. Man kann mit ihnen stets nur einen Teilaspekt erfassen, nie das ganze Geschehen.

Schon die Bezeichnung „Mittelalter“ für den Zeitraum von etwa 500 bis 1500 ist unglücklich und inhaltsleer. Sie ist der Sprachwissenschaft entliehen und beruht auf einer Verkennung der wahren Werte dieser Zeit. Die Humanisten des 15. Jhs. waren bestrebt, ihre lateinischen Sprachkenntnisse an der klassischen Latinität wieder auszurichten; sie betrachteten alles, was nach der Antike gesprochen und geschrieben worden ist, als Entartung der Sprache und waren überzeugt, daß erst sie selbst eine neue Zeit edler Ausdrucksform heraufgeführt hätten. Die ganze dazwischenliegende Epoche kennzeichneten sie einfachhin als „barbarisches Mittelalter“.

Die Reformatoren des 16. Jhs. hatten bald ähnliche Vorstellungen. Für sie war die Urkirche die ein für allemal gültige Form, zu der alle kirchliche Reform zurückkehren müsse. Schon die Konstantinische Zeit sei entartet. Der Verfall des religiös-kirchlichen Lebens habe in den folgenden Jahrhunderten immer größere Ausmaße angenommen. Aber nun sollte mit ihnen eine neue Blüte der christlichen Religion beginnen. Die Reformationskirchen wollten wieder unmittelbar an das kirchliche Altertum anknüpfen und die mittlere Zeit, die Epoche der antichristlichen Papstkirche sollte überwunden werden. In diesem Sinne hat zuerst der Hallenser Professor Christoph Cellarius (1634–1707) die Einteilung in Altertum, Mittelalter und Neuzeit seinem Geschichtswerk zugrunde gelegt. Die Aufklärung hat dieses Bild später noch düsterer gestaltet.

Erst die Romantik des 19. Jhs. hat die großen Leistungen des Mittelalters, vor allem in Kunst und Literatur, wiederentdeckt. Nachdem dann die aufblühende Geschichtswissenschaft im Verein mit der Begeisterung für die vaterländische Vergangenheit durch die gewaltigen Quellenpublikationen, insbesondere der *Monumenta Germaniae historica*, die Zugänge eröffnet hatte, setzte eine intensive Beschäftigung mit der Zeit ein. Licht- und Schattenseiten traten in der Forschung immer deutlicher hervor. Insgesamt stehen wir heute dieser Epoche mit Bewunderung gegenüber, so daß nur Unwissenheit und Voreingenommenheit heute noch vom „finsteren Mittelalter" sprechen können.

Aber nach wie vor bleibt die zeitliche Abgrenzung des Zeitraumes ein Problem. Wenn man den Untergang des Weströmischen Reiches (476) und die Völkerwanderung als Scheide zwischen Altertum und Mittelalter nimmt, so läßt sich einwenden, daß beide Ereignisse zur Gestaltung des Neuen wenig beigetragen haben. Insbesondere sind die Germanenreiche der Wanderzeit kaum geschichtsmächtig geworden. Sie gehören noch ganz der Antike an und sind alle mit ihr untergegangen. Auch der Einbruch der Araber in den Mittelmeerraum kann nicht als entscheidend für die Neugestaltung Europas angesehen werden, wie es versucht worden ist (H. Pirenne). Er hat der antiken Mittelmeerkultur den Todesstoß gegeben, aber die neue mittelalterliche Kultur nicht begründet. Hingegen ist das Band zwischen Antike und Mittelalter einzig und allein die katholische Kirche gewesen. Erst in dem Augenblick, als der Bund zwischen dem katholischen Christentum und dem Germanentum geschlossen wurde, war eine der wesentlichsten Voraussetzungen für die Entstehung der abendländischen Völker- und Kulturgemeinschaft gegeben, die das Mittelalter kennzeichnet. Nicht die Arianisierung der Germanenstämme, sondern allein die katholische Taufe Chlodwechs (496) war epochemachend. Durch die Hinwendung der Franken zum katholischen Christentum wurde ihre kulturelle Verwurzelung und religiöse Verschmelzung mit der einheimischen romanischen Bevölkerung möglich, die durch den Arianismus der früheren Germanenstämme stets verhindert worden war.

Schwierig ist auch das Ende des Mittelalters zu bestimmen.

Weder die Renaissance noch etwa der Untergang Konstantinopels im Jahre 1453 können als so tiefgreifende Zäsuren betrachtet werden, daß durch sie eine neue Epoche heraufbeschworen worden sei. Viel eher kann man die Glaubensspaltung des 16. Jhs. als wesentlichen Einschnitt betrachten, weil sie die kirchliche Einheit endgültig zerrissen hat. Aber dennoch ist auch durch sie die gemeinsame christliche Grundlegung des Abendlandes nicht aufgehoben worden und die Völker Europas blieben über die Kirchentrennung hinweg durch Bande der Kultur, der Wissenschaft, der Kunst, der Technik und der Lebensformen eng miteinander verbunden. Selbst im inneren Leben der Kirche haben mittelalterliche Formen (Feudalordnung, Pfründenwesen, Frömmigkeit usw.) sich über die Reformation hinaus erhalten und sind z. T. erst durch die Französische Revolution, die Aufklärung und die Säkularisation beseitigt worden.

2. Auf dem Dreiklang: *Antike, Christentum und Germanentum* beruht die geschichtliche Entwicklung des Abendlandes im Mittelalter. Wesentlich ist, daß sich in dieser Zeit der Schauplatz der Kirchengeschichte vom Mittelmeerraum weg nach dem Norden verlagert. Besonders stark wirkte sich der Eintritt der jungen germanischen Völker in die Kirche aus. Es ist sicher falsch, sich die Germanen als „Wilde" oder „Halbwilde" vorzustellen. Den Römern erschienen sie zwar vielfach als „Barbaren", die auf ihren Kriegs- und Eroberungszügen die Kultur und Zivilisation ihres Reiches zerstörten. Aber es ist nicht zu leugnen, daß sie in friedlichen Zeiten die kulturellen und zivilisatorischen Leistungen des Imperium Romanum respektiert und bestaunt haben und daß sie dieser Kultur im ganzen offen und bildungsfähig gegenüberstanden.

Jedoch waren sie selbst Menschen einer anderen, primitiveren Kultur. Man kann Umfang und Bedeutung des Szenenwechsels zwischen dem christlichen Altertum und dem Mittelalter nur richtig erfassen, wenn man sich den ungeheuren Kontrast zwischen der hochentwickelten Stadtkultur des griechisch-römischen Raumes mit seiner hohen Geistigkeit und der bäuerlichen Umwelt dieser germanischen Stämme vor Augen hält. Der gewaltige Gegensatz konnte unmöglich ohne Rückwirkungen auf das Leben der Kirche und auf die ganze kulturelle Entwicklung des Mittelalters bleiben. Je inniger Germanentum und Christentum sich durchdrangen, desto stärker mußte die gegenseitige Beeinflussung werden.

In der *1. Epoche (500–700)* kam es nur zu einer höchst oberflächlichen Begegnung in der Mission. Auch nachdem Chlodwech 496 die Taufe empfangen hatte und das Volk ihm auf diesem Wege gefolgt war, hielten sich heidnische Bräuche, Sitten und Vorstellungen noch zwei Jahrhunderte lang und bestimmten das Leben der Franken. Gregor von Tours (538–594), der Geschichtsschreiber der Franken in dieser Zeit, weiß darüber manches zu erzählen. Die Massentaufen bewirkten noch lange keine innere Umkehr, und die mangelnde Vor- und Nachbereitung ließ in den Getauften die Auffassung entstehen, daß die Annahme des Christentums für sie keinen Bruch mit der alten Lebensordnung bedeute.

Erst in der *2. Epoche (700–1050)* kam es zu einer tieferen Durchdringung, nachdem die angelsächsischen Mönche in einer zweiten Missionierungswelle den Boden bereitet hatten. Bonifatius und Karl d. Gr. schufen die Voraussetzungen für die Entstehung des christlichen Abendlandes, indem sie den Bund zwischen der universalen römischen Kirche und dem Frankenreiche schließen halfen. Zunächst dominierte noch lange Zeit der physisch kräftigere germanische Naturfaktor. Vorchristlich-heidnische Vorstellungen wirkten nach: im Geisterglauben, im Beschwörungs- und Zauberwesen, in Gottesurteilen, Zweikämpfen, Wasserproben, Blutrache und anderem mehr. Sie konnten nur langsam durch eine vergeistigtere Auffassung verdrängt werden; zum Teil auch hielten sie sich im Unterbewußtsein noch lange.

Dazu blieben auch manche Grundstrukturen des germanischen Lebens erhalten. Sie wirkten sich in einer „Germanisierung der organisatorischen Formen des Christentums“ (W. Neuss) aus, und zwar in folgender Weise:

a) Die Germanen waren ein Bauernvolk. Die Kirche, die in der antiken Stadtstruktur großgeworden war, nahm unter germanischem Einfluß bald auch eine agrarische Struktur an (Pfründenwesen, Pfarreinteilungen auf dem Lande).

b) Die germanische Auffassung vom Recht des Eigentümers über Grund und Boden wirkte sich im Eigenkirchenwesen aus, nach dem die auf einem Grundstück erbaute Kirche mit allen weltlichen (Abgaben, Einkünfte aus Spenden) und geistlichen (Sakramentenspendung, Seelsorge usw.) Rechten dem Grundeigentümer gehörte und dem Bischof keinerlei Verfügungsgewalt über sie zustand. Dieses Eigenkirchenwesen hat bald das ganze Abendland erobert, auch die romanischen Länder.

Es hat sich umgestaltend auf die gesamte kirchliche Ordnung ausgewirkt und vor allem Seelsorge und geistliche Verwaltung tief beeinflußt.

c) Die in der germanischen Welt herrschende strenge Trennung der Stände in Fürsten, Adlige, Freie, Halbfreie und Hörige (Sklaven) ist ins christliche Mittelalter übergegangen und hat auch in die Kirche Einlaß gefunden; die scharfe Standestrennung zwischen hohem und niederem Klerus hat die Adelsherrschaft in der Kirche begünstigt.

d) Die Einstellung der Germanen zu Kampf und Krieg hat im mittelalterlichen Christentum zur Entstehung des christlichen Rittertums, zur Vorstellung vom geweihten Kämpfer für Gott und zum heiligen Krieg, zum Ordensrittertum und zu den Kreuzzügen geführt.

e) Das germanische Königtum war bereits in vorchristlicher Zeit mit einem sakralen, mystischen Glanz umkleidet; dieser lebte im christlichen Königtum, das durch die kirchliche Weihe erhöht war, fort. Die Salbung Pipins (751/754), die Krönung Karls d. Gr. (800) und Ottos d. Gr. Königs- und Kaiserkrönung (962) dienten der sakralen Begründung des Herrschergedankens. Im Ottonischen Kaisertum wurde er bald direkt zu einem christlichen Priesterkönig von hoher Würde ausgestaltet.

f) Diese sakrale Ausgestaltung des Königstums führte in allen germanischen Ländern frühzeitig zur Entstehung des Landeskirchentums, an dessen Spitze der König stand. Auch die Kaiser haben später ihre Stellung als eine kirchlich-religiöse betrachtet und so ausgebaut. Sie haben nicht nur Kirchengut vergeben und verschenkt, sondern auch Bischöfe ein- und abgesetzt und über das sog. „Reichskirchengut" frei verfügt.

g) Die Eingriffe in das kirchliche Stellenbesetzungsrecht, in denen selbst heilige und fromme Kaiser wie die Ottonen oder Heinrich II. und Heinrich III. nichts Anstößiges fanden, mußte die kirchliche Reaktion auf den Plan rufen. Der Kampf gegen die „Laieninvestitur" und Simonie wurde bald zum Schlachtruf der Reformer im 11. Jh. Das Ringen um die Befreiung der Kirche aus der Umklammerung durch den Staat und die weltlichen Großen wurde das große Thema des Investiturstreites. Damit sind wir in der

*3. Epoche (1050–1300)*, in der kirchlicherseits der Rückstoß erfolgte. Die Kirche tritt nun immer stärker in den Vordergrund. Die Kämpfe zwischen Papsttum und Kaisertum haben ihre Zeit in Atem gehalten. Heinrich IV. gegen Gregor VII., Barbarossa gegen Alexander III. und Friedrich II. gegen Innozenz IV. stellten die Höhepunkte dieser Auseinandersetzung dar. Unter Innozenz III. wird das Papsttum zur weltbeherrschenden Institution. Die christlich-abendländische Völkergemeinschaft ist unter der Führung der Kirche geeint. In den Kreuzzügen zieht die europäische Ritterschaft zum Kampfe für das Heilige Land aus. Das Ordensleben blüht. Auch das geistige Leben entwickelt sich zu einer bewundernswerten Höhe: Die Universitäten entstehen. Scholastik, Kanonistik, Mystik und Frömmigkeit entfalten ein intensives Leben. Aber auch Häresien wachsen, besonders im 12. Jh., auf. Alles in allem ist das Hochmittelalter eine bewegte, große Zeit, die in den herrlichen Werken der Kunst der Romanik und Gotik ihren erhabenen Ausdruck gefunden hat.

Um 1300 aber ist die Scheitelhöhe erreicht. Papst Bonifaz VIII. stellt in seiner Bulle „Unam Sanctam" die Herrschaftsansprüche der Kirche noch einmal zusammen. Er ist aber nicht mehr in der Lage, sie gegen das französische Königtum Philipps d. Schönen durchzusetzen. Seine Politik ist zum Scheitern verurteilt. Damit beginnt die

*4. Epoche (1300–1500)*, die Zeit der Auflösung der abendländischen Völkergemeinschaft. Mancherlei Kräfte sind am Werke, um diesen Prozeß zu beschleunigen:

a) Die aufkommenden Nationalstaaten, Frankreich an der Spitze, entziehen sich der einheitlichen Führung durch Kaiser und Papst.

b) Die früh- und hochmittelalterliche Einheitskultur differenziert sich und macht einem zunehmenden Individualismus Platz, der sich in Kunst, Wissenschaft und Politik ebenso äußert wie in der Theologie und in der Frömmigkeitshaltung (devotio moderna).

c) Das Laientum dringt vor und entzieht sich der Führung des Klerus. Die Territorialherren nehmen bischöfliche Rechte für sich in Anspruch und begründen ihre Landeskirchenhoheit.

d) Die Spannung zwischen päpstlichem Primat und Bischofskollegium, kurialem Zentralismus und Allgemeinkirche kommt im sog. „Konziliarismus" zum Ausdruck, der in seiner extremsten Form die hierarchische Struktur der Kirche durch die demokratische ersetzen will (Marsilius von Padua, Wilhelm Ockham).

e) Die ockhamistische Philosophie und Theologie (Nominalismus, „via moderna") erschüttert mit ihrem Skeptizismus das geschlossene mittelalterliche Weltbild des thomistischen Realismus (via antiqua).

f) Die gesamte Geisteshaltung der Renaissance und des Humanismus, besonders in Italien, ist geeignet, das mittelalterliche Einheitsbewußtsein zu sprengen.

Die Reformation zog schließlich den Schlußstrich unter diese Entwicklung. Mit der Kirchenspaltung des 16. Jhs. verlor das Abendland das geistige Band, das seine Völker zusammengehalten hatte. Die Einheit sank dahin.

3. *Zusammenfassend* lassen sich zur Charakteristik des Mittelalters folgende Wesensmerkmale herausheben:

a) Die abendländische Völkergemeinschaft basierte auf einer einheitlichen religiös-weltanschaulichen Grundhaltung, die von allen ohne Ausnahme geteilt wurde und letztlich auf der allgemeinen Anerkennung der religiös-metaphysischen Bindung des Menschen an Gott beruhte. Es gab nur eine einzige für alle Menschen verpflichtende Wahrheit, ein höchstes, von niemandem geleugnetes sittliches Gesetz und eine letztentscheidende, höchste moralische Autorität auf Erden, die Kirche, der alle sich beugten. Das Vorhandensein von Sündern und Häretikern spricht nicht gegen den alles beherrschenden Gemeinschaftsgedanken. Ihre Existenz konnte aus der Heiligen Schrift selbst als „notwendig" erwiesen werden (1 Kor 11, 19). Man war auf der Hut und sorgte dafür, daß sie die Einheit des Abendlandes nicht zu sprengen vermochten. Inquisition und Ketzerverfolgung dienten dem Ziel, die als unabdingbar nötig empfundene christliche Einheit gegenüber allen Spaltungsversuchen zu schützen.

b) Das innere Leben dieser Völkergemeinschaft war durch die Symbiose von Kirche und Staat bestimmt. Das Verhältnis beider Kräfte zueinander wurde dualistisch gesehen, bildlich dargestellt in der Form einer Ellipse, deren beide Brennpunkte Papsttum und Kaisertum waren. Zum Unterschied vom östlichen, byzantinischen Zentralismus (zentrale Stellung des byzantinischen Kaisertums) ist im Westen von Anfang an der Dualismus grundgelegt und für die Entwicklung des gesamten abendländischen Denkens entscheidend geworden. Zu Spannungen und Kämpfen zwischen Papsttum und Kaisertum kam es, sobald das Kräfteverhältnis gestört war. Der Untergang des staufischen Kaisertums zog notgedrungen den Niedergang auch des Papsttums nach sich. Da aber beide universalen Mächte das Abendland zusammengehalten hatten, war die Auflösung unausbleiblich. Universales Kaisertum und universales Papsttum bedingten einander.

c) Die ständische Gliederung des öffentlichen Lebens galt als gottgewollte Ordnung auf Erden, mit der die niederen Schichten sich deshalb um so leichter abfanden, weil der christliche Grundsatz von der inneren Würde und Gleichheit aller Menschen vor Gott ihr den Stachel nahm. Lehnswesen und Feudalordnung basierten auf dieser Ständeordnung. Sie fanden im kirchlichen Benefizialwesen ihre Entsprechung und wirkten sich in der Feudalisierung der mittelalterlichen Kirche aus; bis zur großen Säkularisation bestimmten sie das äußere Gesicht der Kirche und begründeten ein Adelsmonopol auf die Bischofssitze und reichsten Pfründen in der Kirche, die fast ganz in die Hände höherer Stände gerieten.

d) Die Kirche als stärkste Bildungsmacht besaß ein Bildungsmonopol, das bis ins 13. Jh. unangefochten blieb. Jeder geistig Tätige war Kleriker. „Geistliche" leiteten die Kanzleien an den Königs- und Fürstenhöfen. Auch die Universitäten entstanden um 1200 als kirchliche Gründungen mit päpstlichen Privilegien. Die Professoren waren mit Pfründen dotierte Kleriker. Erst langsam arbeitete sich das Laientum zu einer selbständigen Bildung durch; erst gegen Ende des Mittelalters kann man von einer gebildeten Laienschicht reden, die als Juristen, Ärzte oder Humanisten eigenes Gewicht erlangten.

Nach diesem Überblick wenden wir uns nun den einzelnen Epochen der Geschichte zu.

# I. Epoche: 500–700

## § 15

### DIE KIRCHE ALS WEGBEREITERIN DES WERDENDEN ABENDLANDES

Es war zunächst gar nicht so selbstverständlich und leicht für die Kirche, den Zugang zu den Germanen zu finden. Seit der Konstantinischen Wende hatte sie sich daran gewöhnt, als Reichskirche den römischen Staat mitzutragen. Die Mitverantwortung aber verknüpfte sie aufs innigste mit den politischen Schicksalen des Imperiums, und es bestand die Gefahr, daß sie sich mehr oder weniger mit ihm identifizierte oder auch von anderen, d. h. den Germanen, mit ihm identifiziert wurde. Das hinwiederum bedeutete gegenseitige Ablehnung.

Denn die germanischen Stämme traten als die Feinde und Zerstörer des Reiches auf den Plan, und Rom hatte schwer unter ihnen zu leiden. Um 375 begann die Tragödie, als die von Asien her in Osteuropa einbrechenden Hunnen die (östlichen) Grenzvölker bedrängten und zur Wanderung nach dem Süden und Westen trieben. Zuerst überschritten die Westgoten die Reichsgrenze. Der oströmische Kaiser Valens nahm sie als Föderaten auf und siedelte sie auf dem Reichsgebiet an (376); bald aber traten Schwierigkeiten auf; es kam zum Krieg; in der Schlacht bei Adrianopel (378) wurde Valens von dem Westgotenkönig Frithigern völlig geschlagen und getötet. Es gelang seinem Nachfolger Kaiser Theodosius d. Gr. (379–395), noch einmal der Lage Herr zu werden. Aber bald nach seinem Tode traten die Westgoten unter ihrem König Alarich erneut ihre Plünderungs- und Eroberungszüge an. Zuerst nach Griechenland (396), dann, von Byzanz geschickt abgeleitet, nach Italien ziehend (seit 401), standen sie bald vor Rom. Die Eroberung der „ewigen“ Stadt durch Alarich (410) erschütterte das ganze Imperium Romanum. Augustinus wurde durch sie angeregt, sein gewaltiges Werk „De Civitate Dei“ zu schreiben (413–426), in dem er die furchtbare Katastrophe christlich verständlich zu machen versuchte.

Von nun an war der Untergang des weströmischen Reiches nicht mehr aufzuhalten. Seit 425 verwüsteten die Wandalen Spanien. 429 setzten sie nach Nordafrika über und eroberten die „Kornkammer" Italiens. Bei der Belagerung von Hippo starb in der eingeschlossenen Stadt der große Bischof Augustinus (430). Die Hunnen setzten sich erneut in Bewegung. Sengend und raubend zogen sie die Donau hinauf bis nach Gallien vor. Auf den Katalaunischen Feldern wurden sie 451 von den vereinigten Römern (Aetius) und Westgoten zurückgeschlagen. 452 wandten sie sich nach Italien. Todesschrecken verbreiteten sich über die Halbinsel. Diesmal stand kein Heer zur Verteidigung des Landes bereit. Da trat ihnen Papst Leo d. Gr. bei Mantua entgegen und erreichte es, daß der gefürchtete König Attila sich bewegen ließ, Italien zu räumen. Kein Wunder, daß die Bevölkerung die Rettung aus der Not dem unmittelbaren Eingreifen Gottes durch den Hohenpriester Leo zuschrieb. 453 starb Attila. Aber schon zwei Jahre später lagerten die Wandalen, von Afrika kommend, vor Rom (455). Wieder richteten sich alle Augen auf den Nachfolger Petri, und Leo verhandelte mit dem Wandalenkönig Geiserich; er konnte aber diesmal lediglich erreichen, daß wenigstens das Leben der römischen Bürger geschont und die Stadt nicht völlig niedergebrannt wurde. Raub und Plünderung mußte er hinnehmen. 472 stand der germanische Heermeister Ricimer, Patricius des weströmischen Reiches, mit seinen germanischen Söldnertruppen zum Angriff auf die Stadt bereit und erstürmte sie. 546 und 549 bereiteten ihr die Ostgoten unter Totila das gleiche Schicksal. Es erging ihr auch nicht besser, als der byzantinische Feldherr Narses sie drei Jahre später (552) zurückeroberte.

Inzwischen hatten im Jahre 476 germanische Truppen den letzten weströmischen Kaiser Romulus Augustulus abgesetzt und den Skirenfürsten Odwakar auf den Thron erhoben. Von nun an stand der ganze Westen des Reiches unter germanischer Herrschaft. Von 493–526 errichtete Theoderich d. Gr. das Ostgotenreich in Italien, nachdem er Odwakar ermordet hatte. Erst der oströmische Kaiser Justinian (527–565) konnte nach einem erbitterten Vernichtungskrieg gegen die Goten (535–553) Italien wieder an sich bringen. Aber bereits 568 drangen die aus Skandinavien stammenden noch heidnischen Langobarden in Italien ein und begründeten dort ihre Herrschaft (568–774); von ihnen bedrängt und bedroht, von feindseligen arianischen Germanenreichen umgeben (Westgotenreich in Südfrankreich mit der Hauptstadt Toulouse 418–507 und in Spanien, das Wandalenreich in Afrika 429–534, das Burgunderreich an der Rhone) und von aller Hilfe aus Byzanz abgeschnitten, war die Lage Roms und der Kirche in Italien bedauernswert. Wohin sollte sie sich wenden? Ihr Blick ging unentwegt nach Osten, wo sie allein den Fortbestand des Römischen Reiches erblickte.

Die politischen Schwierigkeiten im Westen waren durch den religiös-kirchlichen Gegensatz zwischen Römern und Germanen noch vergrößert. Die kirchlich-politische Konstellation im Osten unter dem arianisch gesinnten Kaiser Konstantius hatte es so gefügt, daß der Halbgote Wulfila (um 311–382), als er in Konstantinopel weilte, das Christentum dort in der arianischen Form kennenlernte. Der Patriarch Eusebius von Nikomedien, der in Nizäa 325 der eifrigste Verteidiger des Arius gewesen und von Konstantin mit diesem zusammen verbannt worden war, war inzwischen Bischof von Konstantinopel geworden. Er weihte Wulfila zum arianischen „Bischof der Christen im Gotenlande" (um 341). So predigte Wulfila seinen Goten das arianische Christentum, auch als Konstantinopel unterdes schon längst wieder zum orthodox-katholischen Christentum zurückgekehrt war. Von den Goten ging der Arianismus mit der Zeit auf alle übrigen Germanenstämme über. Bei den Westgoten, Ostgoten, Wandalen, Gepiden, Rugiern, Herulern, Burgundern und Langobarden entstanden ebenso arianische Landeskirchen wie bei den Bayern, Sueben und Thüringern. Der Arianismus wurde geradezu als die germanische Nationalreligion angesehen und von den Germanen selbst in schroffem Gegensatz zum orthodox-katholischen Bekenntnis verfochten. Der religiöse Widerspruch brachte die Germanenreiche überall in feindselige Kampfstellung zur einheimischen Bevölkerung, die dem katholischen Glauben anhing. Kein Geringerer als der Ostgotenkönig Theoderich d. G. (489–526) faßte den Plan, alle arianischen Germanenstämme zu einer Einheitsfront gegen die katholischen Griechen und Römer zusammenzufassen und ein arianisch-germanisches Großreich auf römischem Boden zu gründen. Nach menschlichem Ermessen wäre es wohl um die katholische Kirche im Westen geschehen gewesen, wenn die Durchführung des Unternehmens gelungen wäre.

Sie scheiterte an dem jungen, aufstrebenden Frankenkönig Chlodwech, der sich nicht für den Plan Theoderichs gewinnen ließ. Er empfing Weihnachten 496 in Reims (um Jahreszahl und Ort, d. h. ob etwa 498/99 in Tours, geht noch die wissenschaftliche Diskussion) die Taufe von dem katholischen Bischof Remigius und durchkreuzte durch seine bewußte Hinwendung zum katholischen Bekenntnis die Absichten Theoderichs. Dieser Schritt war eine „staatsmännische Tat allergrößten Ranges" und „eines der folgenschwersten Ereignisse der Weltgeschichte". Durch sie wurde die Verschmelzung des Germanentums mit der christlich-antiken Kultur ermöglicht und die Voraussetzung für die Geburt des christlichen Abendlandes geschaffen.

Nur die katholische Kirche konnte den Germanen mit dem Christentum zugleich die Kulturtradition der Antike vermitteln. Der Arianismus war dazu außerstande, weil er weder über eine wirkliche religiöse Potenz verfügte, noch selbst in der Kulturwelt der Antike verankert war; er hatte längst den Kontakt mit dieser verloren und war ein Fremdkörper im orthodox-katholischen Mittelmeerraum; ihm hatten es die germanischen Völker großenteils zu verdanken, daß sie mit ihren Staatsgründungen isoliert geblieben waren. Rom aber übte immer noch seinen Zauber als Träger des alten Reichs- und Kulturgedankens, und die römische Kirche setzte dieses Erbe fort.

Dem Papst war längst schon eine weit über den streng kirchlichen Rahmen hinausreichende Funktion in Italien zugefallen. In dem totalen Zusammenbruch des weströmischen Reiches hatten Leo d. Gr. und seine Nachfolger die Führung übernommen. Das Volk hatte in den Kriegswirren und Hungersnöten zu ihnen als seinen einzigen Beschützern und Erhaltern aufschauen gelernt, und sie selbst hatten sich nicht gescheut, höchstpolitische Verhandlungen auf eigene Gefahr hin zu führen (Leo d. Gr. in Hunnen- und Wandalensturm); sie organisierten sogar aus kirchlichem Landbesitz Getreide und Nahrungsmittel für die hungernde Bevölkerung und haben damit eine alte Kaiseraufgabe wahrgenommen. Im Bewußtsein der einheimischen Bevölkerung verschmolzen in dieser Zeit Katholizismus und national-römisches Empfinden, und die römische Kirche wurde, wie es A. v. Harnack einmal ausgedrückt hat, geradezu „das ins Religiöse transponierte Weströmische Reich, ihr Bischof aber war der heimliche weströmische Kaiser".

Nun sah sich diese römische Kirche vor ihre größte, weltgeschichtlich entscheidende Aufgabe gestellt, mit der Missionierung der Franken zugleich die Kultivierung der germanischen

Völker auf breitester Basis in Angriff zu nehmen und auf den Trümmern der alten Welt eine neue Welt aufzubauen. Sosehr man auch eine gewisse natürliche Kontinuität kultureller, wirschaftlicher und politischer Art annehmen darf, so bleibt doch mit der neuesten Forschung zu betonen, daß dieser Strom allein bei weitem nicht ausgereicht hätte, die Zukunft zu gestalten. Es ist festzustellen, daß nicht nur die politische Macht des alten römischen Reiches dahingesunken, sondern auch der antike Kulturstrom weitgehend erstarrt war; „ohne Verwandlung durch Christentum und Germanentum hätte die Antike keine Zukunft gehabt" (Steinbach). Die Geburt des christlichen Abendlandes war ein Verdienst der römisch-katholischen Kirche, die beides, die christliche Religion und die antike Kultur, den Völkern des Nordens, denen die Zukunft gehörte, gebracht hat.

## § 16

### DIE ERSTE BEGEGNUNG DES GERMANENTUMS MIT DER KIRCHE

Der äußere Verlauf dieser Begegnung, die Missionierung, läßt sich verhältnismäßig leicht darstellen; um so schwieriger aber ist es, die innere Entfaltung des christlichen Lebens und die Tragweite dieses Prozesses richtig zu erfassen.

Erste Zentren der Mission waren die alten römischen Bischofsstädte. Sie haben größtenteils die germanische Eroberung überdauert und blieben die Kristallisationspunkte des kirchlichen Lebens auch unter den neuen Herrschern. Starke Bischofspersönlichkeiten nötigten den Eroberern vielfach Achtung ab und boten der einheimischen Bevölkerung Schutz und Sicherheit. So haben z. B. fast alle ca. 125 gallischen Bischofssitze den Germanensturm im 4. und 5. Jh. überstanden. Hervorragende Bischöfe waren Martin von Tours († 397), Liborius von Le Mans († 397), Severin von Köln († um 400), später Avitus von Vienne († 518), Remigius von Reims († um 533) und Cäsarius von Arles († 542). Ihnen ist es zu danken, daß sich die römische Bevölkerung noch lange in den Städten halten konnte, während das Land ringsum längst von Germanen besiedelt war. Um 400 standen die alten Römerstädte wie Oasen römischer Kultur und des Christentums inmitten eines von heidnisch-germanischen Siedlern besetzten Gebietes; die Germanen selbst mieden die Städte. Noch im 7. Jh. nimmt die Lex Ribuaria (633/34) der Franken auf die

„cives Romani“ in den Städten Rücksicht und läßt sie nach ihrem hergebrachten römischen Rechte leben. Im fränkischen Reiche blieb das römische Recht als persönliches Recht der romanischen Bevölkerung in Kraft.

Mit der romanischen Stadtbevölkerung lebte auch die Kirche nach römischem Recht („Ecclesia vivit lege Romana“). Bis ins 6. Jh. waren noch fast alle Bischofsstühle Galliens und Germaniens mit Bischöfen römischer Herkunft besetzt. Auf der Pariser Synode des Jahres 614 begegnen erstmalig germanische Namen in größerer Zahl. Ende des 7. Jh. sind dann die meisten Namen germanischen Ursprungs. Der Verschmelzungsprozeß zwischen Romanen und Germanen war abgeschlossen.

Avitus von Vienne wirkte mit allem Eifer für die Bekehrung der Burgunder; Remigius von Reims widmete sich der Bekehrung der Franken (Taufe Chlodwechs 496 oder 498/99) und gründete neue Bischofsitze (Arras, Laon, Thérouanne, Tournai, Cambrai). Die Katholisierung des fränkischen Volkes legte das Fundament für seine Verschmelzung mit der einheimischen Bevölkerung; sie war aber auch für die Gewinnung der übrigen Germanen zum katholischen Bekenntnis entscheidend. Denn mit der Niederwerfung der Alemannen (496) und ihrer Einverleibung ins Frankenreich (506), mit der Eroberung des Thüringerreiches (531) durch die Söhne Chlodwechs († 511) und mit der Eingliederung des Burgunderreiches (523–534) sowie der Provence, die den Ostgoten entrissen wurde (537), sind dem katholischen Christentum auch dorthin die Tore geöffnet worden.

Das katholische Bekenntnis gab diesem fränkischen Reiche, das bald das einheitlichste und mächtigste unter allen Germanenreichen war, Festigkeit nach innen und Ansehn nach außen. Zum Unterschied von den arianischen Germanenstaaten hatte nämlich Chlodwech nun auch die einheimische katholische Bevölkerung, vor allem den hochangesehenen katholischen Episkopat, auf seiner Seite und konnte sich sogar der Sympathien des oströmischen Kaisers erfreuen; ja, als Kaiser Anastasius (491–518) ihm schließlich – ihn gegen den arianischen Ostgotenkönig Theoderich den Großen ausspielend – noch die Würde eines römischen Ehrenkonsuls verlieh, erschien er in den Augen der römisch-gallischen Bevölkerung als legitimer Statthalter des Imperium Romanum. Er selbst aber fühlte sich verpflichtet, die oberste Auctoritas Romana in Gallien und Germanien zum Schutze der römisch-katholischen Urbevölkerung im ganzen Umkreis des fränkischen Machtbereiches auszuüben.

Die Franken gaben ihrer Freude über die neue Lage und über ihre christliche Aufgabe in naivem Stolz Ausdruck. Sie priesen ihren katholischen Glauben als die Quelle ihrer Macht und fühlten sich als die besonderen Schützlinge Christi, der ihnen Sieg und Herrschaft verliehen habe, seitdem sie sich zu ihm gewendet hatten. Die noch in den letzten Jahren Chlodwechs entstandene „*Lex salica*“ (um 510), die das alte salisch-fränkische Volksrecht aufzeichnete, begann mit den Worten:

> „Es lebe Christus, der die Franken liebt! Möge er ihr Reich behüten, ihre Lenker mit dem Lichte seiner Gnade erfüllen, ihr Heer beschützen, die Stützen des Glaubens gewähren, Friede, Freude und Glück verleihen, er, der Herr der Herrscher, Jesus Christus.“

Schon bahnte sich hier der Gedanke an, den später Karl d. Gr. mit solcher Hingabe verfocht: Die Franken seien das neue Reichsvolk, das nach dem Untergange Alt-Roms berufen sei, das Regnum Christi in der abendländischen Völkergemeinschaft darzustellen und zu tragen.

Leider entsprach dieses Idealbild nur wenig der rauhen Wirklichkeit. Bischof Gregor von Tours (538–594) hat uns in den 10 Büchern seiner Historia Francorum (591 vollendet) ein recht trauriges Bild von den religiös-sittlichen Zuständen im Frankenreiche seiner Zeit hinterlassen. Wie hätte es auch anders sein können! Das Volk war weniger durch eine überzeugende christliche Predigt, als durch das Beispiel seines Königs und durch die äußere Pracht des christlichen Gottesdienstes zum Christentum gelangt. Der Taufe war kaum eine christliche Glaubensunterweisung, kein altchristliches Katechumenat vorausgegangen. Die Massenbekehrungen ganzer Völker blieben oberflächlich, weil der am Anfang stehenden Taufe keine Nacherziehung folgte. So konnte sich das Christentum mit seinen hohen sittlichen Forderungen und seiner geistigen Gottesvorstellung nur sehr langsam und schwer durchsetzen. Das merovingische Königshaus selbst und der Adel boten ein schlechtes Beispiel. Mord und Bruderzwist in der königlichen Familie, Krieg und Raublust in den Kreisen der Großen, Tiefstand der Bildung und sittliche Entartung im Volke kennzeichnen das 6. und 7. Jh. fränkischer Geschichte.

Für die fränkische Kirche wurde es verhängnisvoll, daß

Königtum und Adel rücksichtslos in die kirchlichen Angelegenheiten eingriffen und ihre Wirksamkeit hemmten. Der König machte sich zum Herrn der Kirche, besetzte die Bischofsstühle, berief die Synoden und bestimmte das Leben. Während im Osten gerade zu dieser Zeit die subtilsten theologischen Probleme von Theologen und Konzilien erörtert wurden, hörte das theologische Denken im Frankenreiche völlig auf; auch nahm das kirchliche Leben rudimentäre, von vielen heidnischen Überbleibseln durchsetzte Formen an. Am schlimmsten wirkte es sich aus, daß die fränkische Kirche immer mehr zu einer in sich erstarrten, nach außen abgeschnürten isolierten Landeskirche entartete, die den Zusammenhang mit der universalen Kirche völlig einbüßte. Ihre Beziehungen zu Rom, dem Mittelpunkt der westlichen Kirche, erloschen ganz, wenn auch keine direkte Trennung bestand.

## § 17

### DIE IRO-SCHOTTISCHE KIRCHE UND IHRE FESTLANDSMISSION

1. Irland, bis ins 10. Jh. auch „Scotia maior" genannt (zum Unterschied von Scotia minor, dem heutigen Schottland), ist nie von den Römern erobert gewesen. Das erste Christentum scheint die Insel vor 400 bereits von Britannien aus erhalten zu haben; vielleicht aber waren es auch Mönche Martins von Tours, die den ersten Samen streuten. Im J. 431 sandte Papst Coelestin I. den Diakon Palladius als „ersten Bischof zu den Iren, die an Christus glaubten", wie Prosper von Aquitanien berichtet. Näher greifbar wird uns das irische Christentum aber erst in der historisch sicher bezeugten Persönlichkeit des Briten Patrick (ca. 385–461), der als der eigentliche Missionar Irlands bezeichnet werden kann.

Patrick war um 401 von plündernden Iren als Sklave nach Irland verschleppt worden und hatte das Land und seine Sprache kennengelernt, als er 407 seine britische Heimat wieder erreichte. Er trat später wahrscheinlich als Mönch ins berühmte Kloster Lérin (Südgallien) ein, wurde dann Kleriker in Auxerre und nahm 432 die Mission in Irland auf, wo er an Stelle des soeben verstorbenen Palladius als Missionsbischof wirkte. Als er im J. 461 starb, war die Insel nicht nur christianisiert, sondern auch kirchlich organisiert. Seit 444 war Armagk im Norden Metropolitansitz und kirchlicher Mittelpunkt.

Typisch für die städtelose Insel wurde der monastische Charakter des gesamten kirchlichen Lebens. Schon äußerlich schloß sich die Organisation an die zahlreichen Klöster an, mit denen die Insel sich alsbald bedeckte. Die großen klösterlichen Gemeinschaften stellten in jedem der zahlreichen Stämme das eigentliche kirchlich-religiöse Zentrum dar. Die großen heiligen Klostergründer (Finnian, Kolumban der Ältere von Hy, Comgall von Bangor, Brendan, Kevin, Kolumban d. J.) genossen höchstes Ansehen, und die Äbte, nicht die Bischöfe, waren die verantwortlichen Leiter der irischen Kirche. Sie waren auch Inhaber der kirchlichen Jurisdiktionsgewalt. Für die rein bischöflichen Weihefunktionen hielten sie sich einen Weihbischof, indem sie zumeist einen ihrer untergebenen Mönche zu diesem Zweck die Bischofsweihe erteilen ließen.

Im 6. Jh. war das Mönchtum außerordentlich populär. Der christliche Enthusiasmus, der das ganze Volk erfaßte, erzeugte einen monastischen Frühling ohnegleichen. Die Klöster wuchsen und blühten auf; sie waren hohe Schulen des Geisteslebens und der Frömmigkeit. Zahllose Heilige und Gelehrte gingen aus ihnen hervor. Man bezeichnete die Insel bald als die „Insula Sanctorum" und die „Insula Doctorum". Bis etwa 740 reichte dieses Goldene Zeitalter der irischen Kirche.

Der starke Einfluß des Mönchtums wirkte naturgemäß auf die Gestaltung des kirchlichen Lebens zurück. Das Stammeskloster sorgte für die geistliche Betreuung des Stammes (Clan); seine Mönche übten die Seelsorge, hielten Schule und feierten den Gottesdienst für das Volk. Sie mußten daher Priester sein. Der Mönchspriester wurde in Irland geradezu der Seelsorgepriester schlechthin. Mönchische Bräuche und klösterliche Formen prägten das Bild des Priesters. Mit der iroschottischen Festlandsmission übertrugen sich diese Eigenschaften vielfach auch auf den Kontinent. Zölibat und Stundengebet, die Grundlagen des klösterlichen Zusammenlebens, die zunächst nur diesen irischen Mönchspriestern eigen waren, wurden in immer stärkerem Maße im weiteren Verlauf der Geschichte auch für den gesamten Priesterstand des Westens zum verpflichtenden Leitbild.

Vor allem griffen die aszetischen Übungen des Mönchlebens in dieser Zeit stark auf den Priester- und Laienstand über, zunächst in Irland, dann auch auf dem Festland. Die strenge Bußdisziplin und Kasteiung der Mönche wurde nachgeahmt. Mönchspriester als Seelsorger und Seelenführer übertrugen die private, geheime und freiwillige Buße und die Privatbeichte, die in den Klöstern längst auch anderwärts schon in Übung waren, auf die Laienwelt. Enthusiastische Laien selbst mögen den Anstoß dazu gegeben und darum gebeten haben; denn die altchristliche Bußpraxis, die bisher für die Laien nur die öffentliche Kirchenbuße für die schweren Vergehen kannte, genügte ihnen nicht. Die individuelle Seelenführung, die der Mönch im Kloster erhielt und die sich auch auf die geheimen inneren Sünden erstreckte, entsprach einem verfeinerten aszetischen Streben nach Vollkommenheit, und Mönche, die in Seelenangelegenheiten gerne um Rat gefragt wurden, empfahlen sie den Laien.

Ein Bekenntnis der schweren Sünden, wenn diese geheim geblieben waren, hatte es auch im Rahmen der altchristlichen Bußpraxis gegeben. Der Bischof hatte dem Büßer, dem diese Möglichkeit ursprünglich nur einmal im Leben gewährt wurde, die Buße auferlegt und ihn erst nach Ablauf der Bußzeit wieder in die volle Kirchengemeinschaft aufgenommen. Mit dieser Rekonziliation war die endgültige Nachlassung der Sünde gegeben. Die neue Form der Privatbeichte mit dem Bekenntnis auch der geheimen, inneren Sünden schloß die Lossprechung sogleich mit ein. Sie vollzog sich in der Weise der „Ohrenbeichte" vor dem Priester und konnte jederzeit wiederholt werden. Als Instrument der Seelenführung wurde sie nun auch von der Laienwelt immer häufiger gefordert und geübt. Im 6. und 7. Jh. kam diese Praxis im ganzen Abendlande in Gebrauch und hat schließlich einen ungeheuren Einfluß auf das Frömmigkeitsleben der ganzen westlichen Kirche ausgeübt. Bald drängte man auf die regelmäßige Beichte vor der heiligen Kommunion. Um den Beichtvätern einen Leitfaden für die Erteilung der Buße an die Hand zu geben, entstanden zuerst in Irland die Bußbücher, die aus einem Sündenkatalog mit den beigefügten Bußauflagen bestanden. Solche Bußordnungen gehörten vom 7. Jh. an im ganzen Abendlande zu den amtlichen Büchern jedes Priesters, deren Besitz und Kenntnis zur rechten Handhabung der kirchlichen Bußdisziplin notwendig waren.

Die segensreichen Folgen der Einführung der Privatbeicht in der Laienwelt zeigten sich in Irland bald in einem Hochstand des gesamten religiös-sittlichen Lebens, der herrliche Blüten trug. Ein Vergleich der irischen Kirche mit der des Festlandes, besonders im merovingischen Frankenreiche, läßt den gewaltigen Unterschied klar zutage treten.

2. Das irische Mönchtum war trotz seines starken anachoretischen Charakters keineswegs weltflüchtig, sondern voll von enthusiastischem Aktionsgeist, der sich in einem starken Missionsgeist äußerte. Der Zug zur Einsamkeit und zur Absonderung trieb sie in die Ferne, ins „Elende". Um Christi willen heimatlos und doch überall beheimatet, durchzogen sie Gallien, Italien und Germanien bis hin nach Pannonien. Die heilige Pilgerschaft, das Peregrinari pro Christo, war ihr aszetisches Ideal. Die bärtigen rauhen Gestalten mit dem langen Wanderstab in der Hand, dem kahlgeschorenen, nur von einem schmalen Haarkranz umgebenen Vorderteil des Schädels, von dessen Hinterteil das lange Haar wallend herabfiel, boten einen seltsamen Anblick. Über die Schultern trugen sie an einem Riemen die Wasserflasche und einen Ledersack, in dem ihre Bücher verpackt waren; am Halse führten sie eine Reliquienkapsel und ein Gefäß zur Aufbewahrung der konsekrierten heiligen Hostien mit sich. Der aszetische Drang nach Selbstheiligung verließ sie nie; auch unterwegs beteten und studierten sie; dabei benutzten sie in rastlosem Missionseifer jede Gelegenheit, Seelen für Christus zu gewinnen.

In allen Ländern Europas haben diese eifernden irischen Wandermissionare durch ihr Beispiel und durch ihr Wort gewirkt. Meist blieben sie nicht lange am gleichen Orte, sondern drängten weiter. Ihre Mission konnte deshalb nicht sehr in die Tiefe gehen und erreichte in ihrem sporadischen Ansatz bei weitem nicht die Bedeutung und Wirkung der nachfolgenden systematischen Missionstätigkeit der angelsächsischen Missionare. Dennoch aber war sie nicht fruchtlos; die von ihnen gegründeten Klöster wurden Zentren christlichen Lebens in einer halb-heidnischen Umgebung, die noch erst der Christianisierung harrte.

*Kolumban der Jüngere (530–615)* war der bedeutendste und in seiner Wirkung nachhaltigste dieser iro-schottischen Wandermissionare und Klostergründer auf dem Festlande. Im J. 590 brach er mit 12 Gefährten, wie Christus mit seinen 12 Aposteln, zur heiligen Pilgerfahrt (peregrinatio religiosa pro Christo) nach dem Kontinent auf. In der Bretagne, in Gallien und in Burgund wirkte er mit Feuereifer für die Mission und für die religiös-kirchliche Erneuerung, besonders unter dem Adel und im Klerus. In den Vogesen ließ er sich schließlich nieder und gründete die Klöster Anegrey, Luxeuil und Fontaine, für die er eine strenge Regel schrieb. Seine aszetische, herbe Persönlichkeit machte nicht nur überall tiefen Eindruck auf die einheimische Bevölkerung, sondern führte ihm auch Scharen von jungen Männern zu, die er für das Mönchsideal begeisterte. Allein von Fontaine aus konnten später weitere 50 Klöster gegründet werden, die alle nach Kolumbans Regel lebten.

Als er sich um 610 furchtlos und energisch gegen das sittenlose Treiben am Hofe des Merovingerkönigs Theuderich II. und seiner gefürchteten Großmutter Brunhilde wandte, mußte er fluchtartig Luxeuil verlassen. Von Burgund begab er sich in das größtenteils noch heidnische Alamannien. Er wirkte eine Zeitlang am Bodensee, ließ sich in Bregenz nieder, zog dann aber 613 nach Oberitalien weiter, wo er die Abtei Bobbio gründete. Dort starb er im J. 615.

Kolumbans Einfluß auf das kirchliche Leben des Frankenreiches war sehr groß, besonders in der Buß- und Beichtpraxis. Seine zahlreichen Schüler, die nicht alle Iren waren, sondern auch der einheimischen Bevölkerung entstammten, trugen seinen Geist weiter. Nur eine ganz kleine Anzahl von ihnen ist uns dem Namen nach bekannt. Die meisten lebten als unbekannte Einsiedler irgendwo in der Wildnis; ihre Zellen und klösterlichen Ansiedlungen wurden Missionszentren für die umwohnende Bevölkerung. Sie wirkten als Sauerteig.

Besonders in Nordwestdeutschland, in Franken, Thüringen, aber auch in Alamannien, Schwaben und Bayern waren die irischen Mönche aktiv. Bekannt sind der hl. Kilian von Würzburg (689 mit seinen Gefährten Kolonat und Totnan gemartert), Pirmin († 753), der 724 das Kloster Reichenau gründete, Korbinian von Freising († 725, wohl ein Gallo-Romane), Fridolin von Säckingen (um 600), Trudpert vom Untermünstertal bei Freiburg i. Br. († 607 oder 643), Ruprecht von Worms, der Apostel der Bayern († um 718 in Salzburg), Emmeran von Regensburg († 715); dazu noch Findan von Rheinau († 878), Furseus († zw. 647/653) und seine Brüder Foillan († um 655) und Ultan († 686), ferner Eligius († um 660), Amandus, Lambert, Hubertus und viele andere, deren Herkunft zweifelhaft ist.

## § 18

### DAS CHRISTENTUM IN BRITANNIEN UND DIE ANGELSÄCHSISCHE FESTLANDSMISSION

Schon in römischer Zeit gab es eine kirchliche Organisation in Britannien. Die Bischöfe von York, London und Lincoln waren bereits auf dem Konzil von Arles (314) anwesend. Als die römischen Legionen im J. 407 aus Britannien abgerufen wurden, brachen die heidnischen Pikten vom Norden her und die Angeln, Sachsen und Jütländer über das Meer ins Land ein, vertrieben die christliche Bevölkerung in die Westgebiete (Wales) oder aufs Festland (Bretagne) und gründeten um 450 sieben Königreiche (die Angeln: Mercia, Ostangelien und Northumbrien; die Sachsen: Essex, Sussex und Wessex; die Jüten: Kent). Das Christentum ging hier völlig unter.

1. Ende des 6. Jh. setzte ziemlich gleichzeitig von Rom her und von der iro-schottischen Kirche aus die Missionierung der Angelsachsen ein. 596 sandte Papst Gregor d. Gr. (590–604) den Prior des römischen Andreaskloster, Augustinus, mit 40 Mönchen nach England aus. König Ethelbert von Kent nahm sie freundlich auf; Weihnachten 597 konnte Augustin ihn und an die 10000 Menschen taufen; in Canterbury nahm er seinen Sitz. Gregor sandte laufend Nachschub und nahm regsten Anteil an der Mission. Er war der erste Papst, der bewußt die Wendung zu den Germanen vollzog und sich auch in die Denkweise dieser primitiven Naturvölker hineinversetzen konnte. Der Brief, den er im J. 601 an Augustin und Mellitus nach England sandte, gibt Zeugnis von seinem Wirklichkeitssinn und seiner klugen Anpassungsgabe (Akkommodation). Er empfahl den Missionaren, soweit wie möglich an die bestehenden vorchristlichen religiösen Gebräuche anzuknüpfen und sie mit christlichem Geist und Inhalt zu erfüllen. Man solle ihnen auch ihre harmlosen Freuden lassen: „Denn wenn man den Menschen auf diese Weise die äußere Freude gönnt, werden sie auch leichter die innere Freude finden. Es ist ja doch nicht möglich, noch unaufgeschlossenen Herzen alles auf einmal wegzunehmen. Wer einen hohen Berg erklimmen will, tut das nicht in Sprüngen, sondern schrittweise und langsam" (MGH Ep. II, 1899, 331).

Der Erfolg war überraschend. Das Königreich Kent nahm zuerst den christlichen Glauben an; 624–633 folgten Wessex und Northumbrien; die nach dem Tode des Königs Edwin

(† 633) in dem letzteren einsetzende heidnische Reaktion ging rasch vorüber. Die Könige Oswald und Oswin nahmen die Missionierung von neuem auf. Oswald erbat sich zur Verstärkung irische Mönche vom Kloster Hy. Die dadurch zeitweilig auftretenden Spannungen zwischen den irischen und römischen Missionaren wurden auf der Synode von Streaneshalch 664 beigelegt. Die Christianisierung des ganzen angelsächsischen Volkes war bald abgeschlossen. 680–690 wurde auch Sussex erfaßt. Bischof Theodor von Tarsus (um 668–690), Erzbischof von Canterbury, leitete bereits eine unvergleichliche Blütezeit der angelsächsischen Kirche und der christlichen Kultur in England ein. Er vereinigte in sich eine hohe gelehrte Bildung, die er in Athen erworben hatte, mit ausgezeichneter Organisationskraft und unverbrüchlicher Treue zu Rom.

Die Verbindung von irischer Frömmigkeit und römischem Geist erwies sich bald als ungemein fruchtbar. Strenge Askese und irische Bußdisziplin schufen in den zahllosen neuen Klöstern das Fundament für ein blühendes geistliches Leben und wissenschaftliches Streben. Die angelsächsischen Klosterschulen, die der Frauenklöster mit eingeschlossen, entwickelten eine ebenso hohe geistige wie religiöse und theologische Kultur, deren Blütezeit bis ins 11. Jh. andauerte. 33 angelsächsische Könige und Königinnen haben ihr Leben im Kloster beschlossen; 23 Könige und 60 Königinnen werden als Heilige verehrt. Der angelsächsische Mönch und Kirchenlehrer Beda Venerabilis (672–735) hat uns in seiner berühmten Historia ecclesiastica gentis Anglorum zum erstenmal eindringlich gezeigt, wie die volle Eingliederung eines germanischen Volkes in die christliche Kultur- und Gedankenwelt vor sich ging und zu welchen herrlichen Erfolgen sie führte.

2. Von den Iren übernahmen die angelsächsischen Mönche auch den unwiderstehlichen Drang zur Peregrinatio pro Christo und den Missionseifer. Er wurde die Grundlage der bald mit höchster Aktivität einsetzenden Festlandsmission unter den stammverwandten Sachsen und Friesen. Aber gerade hier zeigt sich der Unterschied zur irischen Denkweise am deutlichsten. Waren die iro-schottischen Missionare unsystematisch und planlos vorgegangen, hatten sie sich an das einfache Volk gewandt und die einzelnen Seelen zu gewinnen versucht, so betrieben die Angelsachsen ihre Mission nach einer ganz anderen Methode. Sie ließen sich ihre Arbeit vom Papst sanktionieren und vom Frankenherrscher unterstützen. Dann

traten sie mit päpstlichen Sendbriefen und königlichen Schutzzusicherungen versehen vor die Großen und Führer des Volkes, die Stammesherzöge, hin und suchten zuerst diese zu gewinnen. Sie wußten sehr wohl, daß das Volk ihnen zu folgen bereit war. Autorität und kirchliche Organisation standen im Vordergrund ihres Vorgehens. Sie machten das römische Erbe aus. Die „Mission von oben" hatte nur Sinn, wenn ihr Erfolg durch nachfolgende Betreuung und organisatorische Erfassung gesichert wurde. Die Bindung an das universale Papsttum gab dem Unternehmen Weite und Eigenständigkeit; sie bewahrte es vor einem neuerlichen Rückfall in landeskirchliche Verengung.

Der erste bedeutendere angelsächsische Missionar war Wilfried, Bischof von York. Auf seiner Romfahrt, die der Verehrung des „Apostelfürsten und Himmelspförtners" Petrus, zugleich aber auch seinem Nachfolger, dem Papste, galt, holte er sich 678/679 die Autorisation zur Predigt unter den Friesen. 689 folgten ihm zwei seiner Schüler, Egbert und Wigbert, nach. Ein Jahr später (690) kam auch Willibrord mit 12 Gefährten nach Friesland, nachdem er sich ebenfalls zuvor in Rom die Autorisierung geholt hatte. Der fränkische Hausmeier Pippin (688–714) wies ihm die untere Schelde als Missionsgebiet an. Eine zweite Romreise (695) brachte ihm erneute päpstliche Sendung und Bischofsweihe; er wählte Utrecht zu seinem Bischofssitz und gründete 697 das Kloster Echternach als geistigen Rückhalt für die Mission; dort ist er 735 gestorben. Unter seiner erfahrenen Leitung hat auch Winfried Bonifatius seine Missionsarbeit begonnen.

## § 19

## WINFRIED BONIFATIUS UND DIE GRUNDLEGUNG DES CHRISTLICHEN ABENDLANDES

Er war der größte der angelsächsischen Festlandsmissionare, eine der bedeutenden abendländischen Schlüsselfiguren, der Wegbereiter der christlichen Völkergemeinschaft Europas. Seine Bedeutung liegt weniger in der Missionierung Deutschlands – der Ehrenname „Apostel Deutschlands" ist ihm erst im 16. Jh. gegeben worden – als vielmehr in seiner reformierenden und organisatorischen Tätigkeit und in der Konsequenz, mit der er die stagnierende fränkische Landeskirche zum gesamtkirchlichen Denken zurückführte, sie aus ihrer Isolierung befreite und mit Rom, dem Mittelpunkt der universalen Kirche, verband. Er hat dadurch den Bund zwischen dem Frankenreiche und dem Papsttum vorbereitet und die Entwicklung ermöglicht, die, von Karl d. Gr. fortgeführt, in der Kaiserkrönung des Jahres 800 und in der Wiederherstellung des abendländischen Kaisertums durch Otto d. Gr. 962 ihre Krönung fand. Ohne ihn wäre der universale Reichsgedanke des Mittelalters undenkbar.

Winfried-Bonifatius wurde zwischen 672 u. 675 im Königreich Wessex geboren. Als Oblate in den Klöstern Exeter und Nursling erzogen, in Nhutscelle mit dem gesamten Bildungsgut seiner Zeit vertraut gemacht, später selbst als Lehrer dort tätig, unternahm er 716 seinen ersten Missionsversuch unter Willibrord in Friesland. Die Ungunst der politischen Verhältnisse, vor allem der ausgebrochene Krieg zwischen dem Friesenherzog Radbod († 719) und dem fränkischen Hausmeier Karl Martell (714–741), ließen ihn alsbald nach England zurückkehren. 718 brach er aber erneut zum Festland auf. Bevor er seine Missionstätigkeit begann, zog er nach Rom, um sich von Papst Gregor II. (715–731) Auftrag und Sendung geben zu lassen. Hier erhielt er den Namen Bonifatius. *719–722* wirkte er nun als Missionar, zuerst als Mitarbeiter Willibrords in Friesland, dann selbständig in Oberhessen und Thüringen. Er gründete das Kloster Amöneburg als Stützpunkt. Das Land war nicht mehr ganz heidnisch. Iro-schottische und fränkische Wandermissionare wirkten hier und dort, hinderten aber mit ihrem unsteten Auftreten die Mission mehr, als daß sie nützten.

Bonifatius erkannte, daß er einer größeren Autorität bedurfte, um sich gegen sie und die einheimischen Großen durchzusetzen. Deshalb begab er sich 722 zum zweitenmal nach Rom, um sich vom Papste selbst die Bischofsweihe und Empfehlungsschreiben an Karl Martell geben zu lassen. Bei dieser Gelegenheit leistete er den sog. suburbikarischen Bischofseid, den die Inhaber der unmittelbar bei Rom liegenden sieben Bischofsitze (Albano, Ostia, Porto-Santa Rufina, Palestrina, Sabina-Poggio-Mirteto, Frascati [Tusculum] und Velletri) dem Papst zu leisten pflegten und der sie zu besonders enger Verbundenheit und Einheit mit Rom verpflichtete.

*723–732* begann er seine Missionstätigkeit in Hessen aufs neue, diesmal gestützt durch das Empfehlungsschreiben des Papstes und durch einen besonderen Schutzbrief Karl Martells. Bei Geismar fällte er die Donareiche. Seit 725 widmete er sich mehr der Organisation, Festigung und Vertiefung des Christentums und baute seine Positionen aus. Er blieb in ständigem brieflichem Kontakt mit seiner Heimat, aus der ihm stete Hilfe und Nachschub gesandt wurde, und mit dem Papste. Um ihm eine noch größere Autorität zum organisatorischen Aufbau zu verleihen, ernannte ihn Gregor III. (731–741) im J. 732 zum Erzbischof ohne festen Sitz und gab ihm das Recht, Bischöfe für die neu zu errichtenden Bistümer zu weihen. In dieser Zeit gründete Bonifatius eine Reihe neuer Klöster (Fritzlar, und die Frauenklöster Tauberbischofsheim unter der Äbtissin Lioba, sowie Kitzingen und Ochsenfurt unter Thekla). Bistümer zu gründen, hatte er noch keine Gelegenheit. Vermutlich verhinderte dies der fränkische Episkopat und Adel, die sich durch ihn, den Fremdling, in ihren Rechten bedroht sahen. Da also die erzbischöfliche Würde und Autorität noch nicht ausreichte, ging er 737/38 zum drittenmal nach Rom und ließ sich vom Papst zum Apostolischen Legaten für Bayern, Alamannien, Hessen und Thüringen bestellen, mit dem speziellen Auftrag, eine straffere kirchliche Organisation in diesen Ländern durchzuführen. In Rom gewann er neue Helfer für sein Werk: Lullus, Willibald und Wunibald, der soeben vom Kloster Monte Cassino herkam.

*738–747* widmete er sich ausschließlich der Organisation und Reform der Kirche im Frankenreiche. Zunächst gab er Bayern eine neue kirchliche Ordnung, indem er den Bistümern Passau, Salzburg, Freising und Regensburg, später (745?) auch Eichstätt neue festumschriebene Grenzen gab. Dann richtete er in Thüringen die Bistümer Würzburg, Buraburg und Erfurt ein (nach 741). Die neuen fränkischen Herrscher Karlmann in Austrasien und Pippin in Neustrien ebneten ihm den Weg zur Reform der Kirche im Frankenreiche. So konnte Bonifatius am 21. 4. 743 das „*Concilium Germanicum I.*" abhalten, das u. a. die Neuordnung der austrasischen Kirche durchführte. Wir wissen den Ort nicht, an dem es stattfand; Karlmann verkündete seine Beschlüsse als Reichsgesetze. 743/744 fanden weitere Synoden in Estinnes (Hennegau) für Austrasien, in Soissons für Neustrien statt. 745 konnte eine Gesamtfränkische Synode abgehalten werden.

Die Reformarbeit betrieb Bonifatius, seit 741 Legat für das ganze Frankenreich, nun im engsten Einvernehmen mit den Frankenherrschern. Diese machten sich nicht nur den Reformgedanken zu eigen, sondern auch die Romverbundenheit. 747 richteten die auf einer Synode anwesenden Bischöfe unter Bonifatius' Führung ein feierliches Treugelöbnis an den Papst. Der Bund war geschlossen. Pippin, der seit Karlmanns Eintritt ins Kloster Monte Cassino (747) die Alleinherrschaft führte, verhandelte bald direkt mit dem Papste. In Abt Fulrad von St-Dénis und Bischof Chrodegang von Metz hatte er eigene fränkische Berater in Fragen der Kirchenreform an seiner Seite, auf die er sich stützen konnte. Bonifatius' Werk hatte Früchte getragen.

Für Bonifatius selbst aber scheinen die letzten Lebensjahre reich an persönlichen Enttäuschungen gewesen zu sein. Pippin führte die begonnene Reform zwar tatkräftig weiter. Aber er gab der fränkischen Opposition gegen Bonifatius, den landfremden angelsächsischen Missionar, mehr und mehr nach und handelte ohne ihn. So kam es, daß Bonifatius sich zurückzog. Fränkische Große hatten ihm 745 die Übernahme des soeben vakanten Bistums Köln verwehrt. So erkor er 748 Mainz zu seinem Metropolitansitz. Dort und in seiner Lieblingsgründung Fulda, das er 744 geschaffen und Abt Sturmi unterstellt hatte, lebte er nun seiner seelsorglichen und oberhirtlichen Aufgabe. An den großen politischen Ereignissen scheint er keinen Anteil mehr genommen zu haben. So war er vermutlich an den Verhandlungen zwischen Pippin und Papst Zacharias (741–752) über die Entthronung der Merovingerdynastie im Frankenreiche ebensowenig beteiligt wie an der Königssalbung Pippins im J. 751 oder 752 (Th. Schieffer).

Als Papst Stephan II. (752–757) im J. 753/54 als Bittsteller im Frankenreiche erschien und bei dieser Gelegenheit Salbung und Krönung Pippins mit aller Feierlichkeit wiederholte, schickte sich Bonifatius eben an, seine letzte Missionsreise nach Friesland anzutreten. Dort wurde er am 5. Juni 754 mit 52 Gefährten bei Dokkum von heidnischen Friesen erschlagen. Sein Märtyrertod ließ das ganze Frankenreich noch einmal aufhorchen. In feierlichem Zuge wurde seine Leiche nach Fulda überführt. Im gleichen Jahre wurde der so bedeutungsvolle Bund zwischen Papsttum und Frankenreich geschlossen, dessen Fundamente er gelegt hatte.

## § 20

## DER BUND DES PAPSTTUMS MIT DEM FRANKENREICH

Um Sinn und Tragweite dieses Bündnisses zu verstehen, müssen wir die konkrete Situation beider Partner kurz ins Auge fassen.

### *1. Das Papsttum zwischen Ost und West*

Seit dem Untergang des Weströmischen Reiches (476) hatte Konstantinopel-Byzanz als „Neues Rom" (kainé Róme) den Anspruch auf die alleinige legitime Herrschaft im Römischen Reiche übernommen. Kaiser Justinian I. (527–565) vermochte nach der Besiegung der Wandalen und Ostgoten noch einmal Glanz und Würde des römischen Kaisertums wiederherzustellen. Aber bereits das folgende Jahrhundert brachte neue Gefahren. Slaven und Awaren bedrängten das Reich vom Balkan her; auch die alte Feindschaft mit den Persern lebte wieder auf. Letztere brachte Byzanz an den Rand des Untergangs, als die Sassaniden 605 bis zum Bosporus vorstießen, dann seit 615 die Mittelmeerprovinzen bis Ägypten eroberten und schließlich 619 Ägypten selbst besetzten. Kaiser Heraklius I. (610–641) gelang es zwar, in einem „Heiligen Krieg" die Perser im J. 627 bei Ninive vernichtend zu schlagen. Damals entriß er ihnen das heilige Kreuz Christi, das sie aus Jerusalem geraubt hatten. (Fest Kreuzerhöhung). Aber schon wenige Jahre später stellten neue, noch schwerere Bedrängnisse sich ein, die nicht mehr abzuwehren waren.

*Arabersturm* und *Islam* griffen entscheidend in die Welt des

Mittelmeerraumes ein; sie zerschlugen die alte hellenistisch-römische Kultureinheit und hatten ungeahnte politische und kulturelle Auswirkungen. Das Mittelmeer, seit Jahrtausenden das verbindende Element für die anliegenden Völker, wurde im Verlauf der arabischen Eroberungen Vorderasiens und Nordafrikas zur trennenden Barriere zwischen der islamischen Welt auf der einen und der christlich-abendländischen auf der anderen Seite. Byzanz aber fiel die Aufgabe zu, Vorposten christlichen Glaubens zu sein und Europa im Osten vor dem Eindringen des Islam zu beschützen. Immer mehr geriet es zwischen die beiden Fronten.

Aus unscheinbaren Anfängen hat Mohammed (571–632) eine religiös-politische Bewegung unter den Arabern geschaffen, die von ungeheurer Stoßkraft wurde. In Mekka geboren, schon als Kind von 6 Jahren Vollwaise, wuchs er bei seinem Oheim auf. Mit 25 Jahren heiratete er die Witwe eines reichen Kaufmanns und lernte nun auf seinen Handelsreisen in Syrien und Arabien die verschiedenen religiösen Bekenntnisse kennen, vor allem das Judentum und das Christentum. Als er mit etwa 40 Jahren unter seinen Landsleuten, die großenteils noch einem primitiven Polytheismus huldigten, als religiös-sozialer Reformator auftrat, hatte er eine religiöse Gedankenwelt entwickelt, die in gleicher Weise altarabische, jüdische, christliche und gnostische Ideen enthielt und vermengte. Ihr wesentlicher Inhalt war ein strenger Monotheismus. Als Prophet Allahs predigte er Ergebung in Gottes Willen (= „Islam“) und verkündete den „Moslim“ (= „Frommen“) zum Lohn das Paradies im Jenseits. Die einfachen klaren Lehren, die er in himmlischen Gesichten empfangen zu haben erklärte und die außer dem Monotheismus die Idee der Vorherbestimmung aller menschlichen Handlungen und Schicksale durch Gott (Kismet, Fatalismus) und der Vergeltung aller guten und bösen Taten am Tage des Gerichtes enthielten, sprachen mit ihren sinnlichen Vorstellungen vom paradiesischen Fortleben nach dem Tode für die Moslim und mit ihren religiösen Übungen (Waschungen, fünfmaliges tägliches Gebet, Fasten im Monat Ramadan und Wallfahrt nach Mekka) die Phantasie der Orientalen stark an. Zunächst mußte er sozial-religiöser Spannungen wegen aus Mekka flüchten (622, Anfang der neuen Zeitrechnung, „Hidschra“ genannt); er begab sich mit seinen Anhängern nach Jathrib, dem späteren Medina (= „Stadt des Propheten“). Von hier aus unterwarf und bekehrte er die arabischen Stämme. 630 kehrte er nach Mekka zurück, das sich ihm kampflos ergab. Er reinigte die Kaaba, das altarabische Heiligtum in Mekka, von Götzenbildern und machte seine neue Lehre zur national-arabischen Religion. Bald beherrschte er ganz Arabien.

Mohammeds früher Tod (632) drohte sein Werk auseinanderbrechen zu lassen. Aber sein erster Nachfolger („Kalif") Abu Bekr (632–634) brachte die uneinigen Stämme wieder zusammen und lenkte ihren Drang nach Kampf und Beute auf die Nachbarländer. Der Zusammenstoß mit den angrenzenden Großreichen Persien und Byzanz leitete die Zeit der gewaltigen arabischen Expansion ein. Der Kalif Omar (634–644) wurde der Begründer des arabischen Weltreiches. 635 eroberte er Damaskus und besiegte die persischen Sassaniden; 637 fiel Jerusalem in seine Hände; 640–644 besetzte er Persien, während sein Feldherr Amru gleichzeitig 639–641 Ägypten unterwarf. Bald wurde auch Nordafrika dem arabischen Reiche eingegliedert. So war die Mittelmeerküste von Syrien bis Gibraltar arabisch. Unter Omar und seinem Nachfolger Othman, dem Schwiegersohn Mohammeds, entstanden die 114 Suren (Abschnitte) des „Koran", die von Mohammed verkündete „Offenbarungen" enthielten. Von Othman stammt die Dynastie der Omaijaden-Kalifen ab, die von 661–750 ihre Residenz in Damaskus hatten.

Diesem gewaltigen arabischen Ausdehnungsdrang war das byzantinische Reich nicht gewachsen. Es mußte zusehen, wie weite Teile seiner Herrschaft verlorengingen. Nur Konstantinopel selbst konnte in jahrelangen, heldenhaften Kämpfen (674–678) erfolgreich verteidigt werden. Dadurch rettete die Stadt das Abendland vor der Überflutung durch die Araber. 717–718 erlitten die zu Wasser und zu Lande angreifenden Moslims erneut eine vernichtende Niederlage vor Konstantinopel.

Daß Byzanz in dieser Not nicht mehr in der Lage war, Rom und Italien vor den Langobarden zu schützen, ist verständlich. Seit 568 gründeten diese ein Reich in Oberitalien („Lombardei") mit der Hauptstadt Pavia, und dehnten ihre Herrschaft rasch nach Süden weiter aus; in Spoleto und Benevent entstanden zwei langobardische Herzogtümer in unmittelbarer Nähe Roms. Da bald die Araber auch Süditalien eroberten, schrumpfte der zu Byzanz gehörende Teil Italiens auf die Gebiete um Rom (Ducatus Romanus) und Ravenna (Exarchat von Ravenna, mit Sitz des byzantinischen Statthalters) zusammen. Als 592/93 die Langobarden auch Rom belagerten, konnte die Stadt keine Hilfe von Byzanz erwarten. Damals trat Papst Gregor d. Gr. (590–604), wie einst Leo d. Gr. den Hunnen und Vandalen, den Langobarden entgegen und erreichte von ihnen die Aufgabe der Belagerung und den Abzug von der Stadt. Bald konnte er mit Hilfe der katholischen Königin Theodelinde die Langobarden zum katholischen Christentum bekehren. Gregor wandte als erster Papst seine Interessen ganz besonders den Germanen zu.

Wenn die Langobarden auch bald den katholischen Glauben annahmen, so blieben die politischen Spannungen bestehen. Als König Liudprand (712–744) schließlich die alte Eroberungspolitik wieder aufnahm und ganz Italien sich zu unterwerfen trachtete, war Ostrom gerade von schwersten inneren und äußeren Krisen erschüttert. Vergeblich riefen die Päpste um Hilfe. Byzanz konnte ihnen keine Truppen senden. In die Langobardenkämpfe verwickelt und vom Kaiser verlassen, wandte sich schon damals Papst Gregor III. (731–741) 739/40 erstmalig an den fränkischen Hausmeier Karl Martell um Hilfe. Aber dieser stand eben im Bunde mit den Langobarden; er brauchte ihre Unterstützung gegen die Araber in Südfrankreich. Außerdem war das zwischen Rom und dem Frankenreich von Bonifatius angeknüpfte Band noch nicht wirkmächtig. So versagte Karl dem Papste seine Hilfe. Papst Zacharias (741–752) blieb nichts anderes übrig, als mit Liudprand einen zwanzigjährigen Frieden abzuschließen. Nach kurzer Ruhepause unter König Rachis (744–749), der als Mönch ins Kloster Monte Cassino eintrat, nahm Aistulf (749–756) die alten Eroberungspläne wieder auf. Diese neuerliche Bedrohung Roms veranlaßte Papst Stephan II. (752–757), noch einmal im Frankenreiche um Hilfe nachzusuchen. Diesmal konnte er mit größter Wahrscheinlichkeit auf Verständnis rechnen. Die Lage hatte sich inzwischen von Grund auf verändert. Und so schenkte ihm Pippin, Karl Martells tatkräftiger Sohn und Nachfolger, volles Gehör.

### *2. Das Frankenreich vor neuen Aufgaben*

Schon längst regierten die Hausmeier im Frankenreiche anstelle der merovingischen Schattenkönige. 743 war zwar

Childerich III., der letzte Merovinger, noch einmal als König eingesetzt worden, aber seine Bedeutung war völlig ausgehöhlt gegenüber einer Persönlichkeit wie Karl Martell (714–741), dem es gelungen war, die Araber 732 bei Tours und Poitiers vernichtend zu schlagen und seine Hausmeiermacht zur unbestrittenen Führerschaft im ganzen Frankenreiche auszubauen. In der Tat war Karl, der „Hammer", der Europa vor dem Islam gerettet und dem Siegeslauf der fanatischen Anhänger Mohammeds, die 711 über Gibraltar in Spanien eingefallen waren, das Westgotenreich in raschem Lauf zerstört und bereits Südfrankreich erobert hatten, ein endgültiges Ziel gesetzt hatte, der ungekrönte König des Abendlandes.

Auch seine Söhne Karlmann (741–747) und Pippin (741–768) regierten autokratisch. Als Karlmann der Herrschaft entsagte und Mönch in Monte Cassino wurde (747), war für den nunmehrigen Alleinherrscher Pippin der Zeitpunkt gekommen, durch Absetzung der unfähigen Merovingerdynastie sich den Weg zum Königtum frei zu machen. Bei der starken religiösen Verankerung des germanischen Königtums bedurfte er einer höheren Autorität, die das Unternehmen rechtfertigte und das fehlende Geblütsrecht des Hausmeiers durch geistliche Salbung ersetzte. Nach Lage der Dinge konnte diese nur der Papst sein, dessen Ansehen und Geltung seit Bonifatius eben gerade wieder so hoch im Kurs gestiegen war. So wandte sich Pippin an Zacharias (741–752) mit der entscheidenden Frage, ob er den großen Schritt wagen dürfe. Auf dessen Zustimmung gestützt und damit durch die höchste geistliche Autorität gedeckt, trat Pippin vor die Reichsversammlung in Soissons (751/52) hin und ließ sich von ihr zum König der Franken wählen. Der Papst beauftragte daraufhin einen fränkischen Metropoliten – vermutlich war es nicht, wie bisher vielfach angenommen wurde, Bonifatius –, die Salbung an Pippin vorzunehmen, die ihm sakrale Weihe verlieh.

Der durch die Reform des Bonifatius begonnenen und durch Pippin fortgesetzten Neuorientierung des Frankenreiches nach Rom hin entsprach die nun beginnende Hinwendung des Papsttums zum Frankenreiche. Byzantiner und Langobarden zwangen den Papst dazu, diesen Schritt zu vollziehen. Er bedeutete eine wahrhaft „epochale Wendung der europäischen Geschichte" (Th. Schieffer). Das Papsttum, das bisher trotz zahlreicher Spannungen immer noch nach Byzanz hin ausgerichtet war, löste sich von diesem und kehrte sich ganz dem abendländischen Westen zu, dessen Repräsentant das Frankenreich war.

Als im Sommer 753 der Langobardenkönig Aistulf wieder einmal Rom bedrohte und von Byzanz wieder keine Hilfe zu erwarten war, wandte sich Papst Stephan an den Frankenkönig. Er bat ihn, er möge ihn durch eine fränkische Gesandtschaft zu persönlichen Verhandlungen ins Frankenreich einladen und abholen lassen. Pippin ging sofort auf dieses Begehren ein. Es war für ihn nicht nur die Gelegenheit, eine hohe Dankesschuld an den Papst abzutragen, sondern zugleich eine Bewährungsprobe für das soeben empfangene christliche Königtum, mit dem er den religiös-sittlichen Auftrag verbunden wußte, die politisch-militärische Macht zum Schutze der Kirche einzusetzen. Wenn Stephan in seinem Dankschreiben daran erinnerte, daß Rom nicht nur die vornehmste Kirche des Abendlandes, sondern auch die Stiftung desselben heiligen Apostelfürsten Petrus sei, den auch die Franken sich zu ihrem Schutzpatron ausgesucht hatten, so konnte er gewiß sein, den ganzen fränkischen Adel und das Volk aufs lebhafteste anzusprechen. Seine Reise ins Frankenreich, die er im November 753 antrat, „symbolisiert die Lösung des Papsttums vom (byzantinisch-römischen) Imperium, den Übergang aus dem byzantinischen in den fränkischen Abschnitt seiner Geschichte" (Schieffer).

Am 7. Januar 754 wurde in Ponthion das Freundschaftsbündnis zwischen Papsttum und Frankenreich geschlossen. Pippin versprach dem Papst Hilfe gegen Aistulf und zugleich „Rückgabe" der von den Langobarden bisher eroberten Gebiete, besonders Ravennas. Bei dieser Rückgabe war nicht mehr vom byzantinischen Kaisertum, dem sie offiziell bislang noch zugehörten, die Rede, sondern vom heiligen Petrus; denn nicht für den byzantinischen Kaiser wollten die Franken zu Felde ziehen, so erklärten sie, sondern allein für St. Peter und seine Nachfolger.

Im April 754 faßte die fränkische Reichsversammlung zu Quierzy den Beschluß, den Papst gegen die Langobarden zu schützen. In einer berühmten, leider nicht mehr im Wortlaut erhaltenen Schenkungsurkunde sagte Pippin Stephan II. alle Gebiete Mittelitaliens zu, die man den Feinden entreißen werde; Tuszien, Ravenna, Venetien, Istrien und die Herzogtümer Spoleto und Benevent. Indem er die Landstriche dem heiligen Petrus schenkte, legte er den Grund zur Entstehung des späteren *Kirchenstaates*.

Aistulf hatte unterdessen Verhandlungen über eine friedliche Lösung des Konfliktes abgelehnt. Im Sommer 754 wurde er daraufhin von den Franken besiegt und zur Herausgabe dieser Gebiete gezwungen. Als er zwei Jahre später sich erneut erhob und sogar gegen Rom vorrückte, wurde er auf einer zweiten fränkischen Heerfahrt nochmals besiegt und nun endgültig niedergeworfen. Aber nun erhoben sich bei der Verwirklichung des Schenkungsversprechens Schwierigkeiten. Nicht alle Gebiete wurden dem Papst ausgeliefert. Scheute man vor den Ansprüchen des byzantinischen Kaisers zurück? Die Gründe für die Zurückhaltung sind nicht mehr recht durchschaubar.

Auf jeden Fall bedurfte der neue Kirchenstaat erst noch der rechtlichen Fundierung. Es galt vor allem, die alten, aus der Nachfolge des antiken römischen Reiches von Kaiser Konstantin d. Gr. hergeleiteten Rechtsansprüche der Byzantiner abzufangen. Diese beanspruchten nicht nur Rom und Ravenna, sondern grundsätzlich ganz Italien und den Westen als römisches Reichsgebiet. Das Bündnis des Papstes mit den Franken betrachteten sie als Verrat; die territorialen Abmachungen erkannten sie nicht an.

In diese Zeit, vermutlich zwischen 750 und 760, scheint die Entstehung der sog. *Konstantinischen Schenkung* zu fallen. Sie stellt eine frühmittelalterliche Fälschung in Form einer Urkunde dar, nach welcher Konstantin d. Gr. dem Papst Silvester (314–335) und dem römischen Stuhl die Herrschaft über die ganze westliche Reichshälfte überlassen haben soll, als er um 330 seine Residenz von Rom nach Byzanz verlegte. Ihr liegt die ältere, aus dem 5. Jh. stammende Silvesterlegende zugrunde, die in phantastischer, rein erfundener Erzählung vom Aussatz Kaiser Konstantins, von seiner wunderbaren Heilung durch Papst Silvester und von der aus Dankbarkeit von ihm vorgenommenen Übertragung der Herrschaft über Rom und die westlichen Länder an den römischen Stuhl zu berichten wußte. Wenn schon dieser Silvesterlegende möglicherweise die Tendenz zugrunde lag, das Papsttum vor der Bevormundung durch Ostrom zu schützen und seine kirchliche wie politische Eigenständigkeit im Westen zu sichern, so ist nach dem Zusammenbruch des Weströmischen Reiches (476) und in der Auseinandersetzung mit dem oströmischen Kaisertum im 6. bis 8. Jh. das Verlangen erkennbar, dem Papsttum in Italien die ihm de facto längst zukommende und von der einheimischen Bevölkerung zugebilligte politische Führung in der Nachfolge des römischen Reiches zuzusprechen. Die Fälschung sollte diesen Anspruch urkundlich und rechtlich unterbauen, und zwar eben in dem Augenblicke, in dem es galt, oströmische Rechte auf Ravenna, Rom und Italien zurückzuweisen.

Man hat deshalb vermutet, sie sei zu diesem Zweck in den Kanzleien entweder Stephans II. (752–757) oder Pauls I. (757–767) fabriziert worden. Letzte Klarheit über Zeit und Ort ihrer Entstehung ist indes leider nicht zu erreichen. Ihre Wirkung im Mittelalter war gewaltig. Nachdem sie, mindestens seit der Mitte des 11. Jhs., im guten Glauben allgemein für echt angesehen wurde, diente sie nicht nur der rechtlichen Begründung des Kirchenstaates, sondern auch des Primates und der päpstlichen Weltherrschaft von Gregor VII. bis Innozenz III. und Bonifaz VIII. Erst Nikolaus von Kues, Laurentius Valla und die Humanisten des 15. Jh. haben ihre Echtheit in Zweifel gezogen und sie als Fälschung erkannt.

Wenn Papst Stephan am 28. Juli 754 demonstrativ in St-Denis die Königssalbung Pippins und seiner Söhne Karl und Karlmann wiederholt und ihnen bei dieser Gelegenheit den Titel „Patricius Romanorum“ verliehen hat, den sonst nur der byzantinische Kaiser vergeben konnte, so scheint er, gestützt auf die Konstantinische Schenkungserzählung, bereits kaiserliche Rechte für sich in Anspruch genommen zu haben. Für die Franken freilich bedeutete die Ehrung die Übernahme einer neuen Aufgabe: Schutzmacht der abendländischen Kirche zu sein. Es war im Todesjahre des hl. Bonifatius.

## § 21

### KARL D. GR. UND DIE BEGRÜNDUNG DES ABENDLÄNDISCHEN KAISERTUMS

Karl d. Gr. (768–814), der gewaltigste Herrscher des Mittelalters, hat das von Bonifatius begonnene und von Pippin fortgeführte Werk der Verbindung des Frankenreiches mit Rom vollendet und auf der so gelegten Grundlage das abendländische Universalreich geschaffen.

1. Schon als zwölfjähriger Knabe hatte er 754 an der Begegnung seines Vaters Pippin mit Papst Stephan II. in Ponthion teilgenommen, die Verträge mitunterzeichnet und die kirch-

liche Salbung erhalten. 768 hatte er die Herrschaft zunächst mit seinem Bruder Karlmann teilen müssen; nach dessen frühem Tode († 771) aber war er Alleinherrscher geworden und konnte nun in erfolgreichen Heereszügen sein Reich über fast ganz Europa ausdehnen und nach innen und außen festigen.

Obwohl er auf Betreiben seiner Mutter Berthrada im Geiste bewußter Versöhnungspolitik Desideria, die Tochter des Langobardenkönigs Desiderius, geheiratet hatte, lebten die alten Spannungen zwischen Franken und Langobarden wieder auf. Als Karl aus unbekannten Gründen schließlich Desideria verstieß und zu ihrem Vater zurücksandte, war der Krieg unausbleiblich. Desiderius suchte ein Bündnis gegen Karl zustande zu bringen und Papst Hadrian (772–795) dafür zu gewinnen. Als dieser sich weigerte, rückte er mit Heeresmacht auf Rom zu. Hadrian aber rief Karl zu Hilfe, der alsbald mit einem starken Heere in Italien erschien und das Langobardenreich besiegte (773/774). Als er Ostern 774, noch während der Belagerung Pavias, Rom besuchte, schworen Papst und Frankenkönig am Grabe des hl. Petrus sich gegenseitig ewige Treue. Karl übernahm als „Patricius Romanorum“ den militärischen Schutz Roms. Fortan gehörte die „Defensio ecclesiae Romanae“ zur vornehmsten Aufgabe des Frankenreiches. Von ihm ging das Schützeramt bald auf das abendländische Kaisertum als solches über.

Ostern 774 erneuerte Karl dem Papste gegenüber das Schenkungsversprechen seines Vaters Pippin. Aber nach dem errungenen Sieg über Desiderius, nachdem er inzwischen selbst König der Langobarden geworden war und nun eigene Interessen in Italien zu vertreten hatte, zögerte er mit der Ausführung. Bis 781 zogen die Verhandlungen sich hin. Erst in diesem Jahre erkannte er dem Papst den Dukat von Rom und den Exarchat von Ravenna, die Pentapolis und die Sabina sowie das südliche Tuszien und einige anderen kleinen Gebiete als selbständigen Herrschaftsbereich zu. Damit war nun der *Kirchenstaat* endgültig ins Dasein getreten, der bis 1870 bestanden hat und unter sehr wechselvollen Geschicken der römischen Kirche Selbständigkeit verlieh, aber auch oftmals zur Belastung geworden ist. Istrien und Venezien wurden ihm nicht zugeschlagen. Auch die langobardischen Herzogtümer Benevent und Spoleto gehörten ihm nicht an. Diese Gebiete behielt Karl vielmehr für sich, nachdem er sie 787 erobert hatte. Sie sollten Karls Herrschaft über Italien sichern.

Die ersten Jahrzehnte dienten dem Aufbau und der Grenzsicherung des Frankenreiches. Nachdem Karls kirchlich-religiöse Stellung durch sein Bündnis mit dem Papsttum und der römischen Kirche gefestigt war, konnte er mit um so größerem Nachdruck seine Eroberungen zugleich auch im Namen der Religion und der Kirche, deren autorisierter Schutzherr er nun war, durchführen. Richteten sich seine kriegerischen Unternehmungen doch durchweg gegen Heiden und Ungläubige, die rundum die Grenzen des Reiches bedrängten. Alle seine Heerfahrten hatten daher gleichermaßen kirchlich-religiösen wie militärisch-politischen Charakter, ob er nun gegen die Mohammedaner in Spanien oder gegen die heidnischen Sachsen, Awaren, Slaven und Böhmen im Norden und Osten seines Reiches kämpfte. Politik und Religion wurden eins: Mit der Unterwerfung wurde die Christianisierung verbunden, und Christianisierung dieser Völker bedeutete für sie zugleich Unterwerfung unter die Oberhoheit des Frankenreiches.

Es ist kein Zweifel, daß Karl aus echter Verantwortung handelte und daß ihm die Ausbreitung christlichen Glaubens und christlicher Gesittung ebensosehr am Herzen lag wie die Ausweitung seiner politischen Macht. Was im einzelnen überwog, läßt sich begreiflicherweise nicht mehr feststellen. Schon die Fragestellung ist angesichts der alles bestimmenden politischen Religiosität der Zeit anachronistisch. 778 kämpfte er gegen die Araber in Spanien; zum Schutze der zurückeroberten Gebiete Nordspaniens gründete er 795 die Spanische Mark. 789 zog er gegen die Slaven, 791, 795 und 797 gegen die Awaren, 805/06 gegen die Böhmen, 808–811 gegen die Dänen; am längsten und erbittertsten waren die Sachsenkriege (772 bis 804).

Die Bezwingung der Sachsen war für die Schaffung des fränkischen Einheitsstaates lebensnotwendig. Daß gerade hier die Christianisierung mit der Politik aufs engste verknüpft erschien, war der Mission nicht günstig. Seit 772 entwickelte sich aus anfänglichen Strafexpeditionen für sächsische Grenzüberfälle ein erbittertes Ringen, das bis 804 sich hinzog und Jahr für Jahr neue fränkische Expeditionen nach Sachsen führte. 777 hielt Karl inmitten des Sachsenlandes zu Paderborn einen Reichstag, auf dem er allen Sachsen die Annahme des Christentums befahl und das Land in Missionsbezirke einteilte. In der Tat nahmen zahlreiche adelige Sachsen die Taufe, und das Christentum machte rasche Fortschritte. Bald aber kam der Rückschlag. Unter Widukinds Führung brach ein großer Aufstand (782–785) los, während Karl soeben in Spanien weilte. Die Aufständischen überfielen eine fränkische Heeresabteilung am Berge Süntel und vernichteten sie. Sofort eilte Karl herbei und nahm blutige Rache. Er schlug die Rebellen und ließ 4500 von ihnen bei Verden a. d. Aller von seinen Truppen hinmetzeln. Das Blutbad weckte neuen Haß. Widukind, der nach Dänemark entkommen war, schürte den Aufstand, bis dieser endlich 785 zusammenbrach und Widukind selbst in Attigny die Taufe nahm.

Noch mehrfach flammten in Sachsen Aufstände auf. Erst die gewaltsame Verpflanzung von Tausenden von Sachsen ins fränkische Stammland und von fränkischen Ansiedlern nach Sachsen führte Anfang des 9. Jh. zur Befriedung des Landes. Neue Bistümer wurden gegründet (Münster, Osnabrück, Paderborn, Minden, Bremen, Verden/Aller, Hildesheim und Halberstadt), und Klöster entstanden; sie wurden den rheinischen Bistümern Köln und Mainz unterstellt, die dadurch wieder Erzbistümer wurden; *Köln* erhielt als Suffraganbistümer außer seinen bisherigen Suffraganen Lüttich (ehemals Tongern) und Utrecht die sächsischen Bistümer Münster, Minden, Bremen und Osnabrück; *Mainz* bekam zu Speyer, Worms, Straßburg, Augsburg, Konstanz, Chur, Eichstätt und Würzburg noch neu hinzu die sächsischen Diözesen Paderborn, Verden, Halberstadt und Hildesheim. Im Zuge der Bistumsorganisation entstand so eine Verklammerung Sachsens mit dem Frankenlande, die sich bald als sehr fruchtbar erwies. Überraschend schnell hat das Christentum nach dem Ende der Kriege in Sachsen Fuß gefaßt. Die Klöster blühten auf (822 Korvey, Werden um 800, Essen). Um die Mitte des 9. Jh. entstand hier von einem unbekannten Dichter das herrliche „Heliand-Lied", das die Heilsgeschichte so schilderte, als ob sie sich im Sachsenlande abgespielt hätte und Christus ein sächsischer Herzog gewesen sei, dem das Sachsenvolk Gefolgschaftstreue geschworen habe. Im 10. Jh. stellte dieses gleiche Sachsenvolk in dem Kaisergeschlecht der Ottonen bereits herrliche Leuchten tief christlicher Gesinnung und die Träger der christlich-deutschen Reichsidee, die das Mittelalter geprägt hat. Ohne die Einfügung der Sachsen in das Frankenreich wäre es wohl kaum zur Bildung des christlich-abendländischen Universalreiches gekommen, so darf man kühn behaupten.

2. Karl faßte seine königliche Führungsaufgabe ganz im christlichen Geiste auf. Als Ideal schwebte ihm die Verwirklichung des augustinischen „Gottesstaates“ vor Augen, aus dem er sich bei Tisch vorlesen ließ. Mit großer Liebe und Sorgfalt widmete er sich der religiös-kirchlichen und kulturellen Hebung seiner Völker. Wollte er sie zur Einheit zusammenschweißen und ein starkes, in sich geschlossenes christliches Reichsvolk aus ihnen machen, so mußte er sie zuerst erziehen und bilden. Machtvoll hielt er alle Fäden nicht nur des politischen, sondern auch des geistigen Lebens in seinem ungeheuren Reiche, das bald ganz Europa umfaßte, in seiner Hand.

Der Schwerpunkt des Reiches verschob sich von der Seine an den Rhein. 786 begann er mit dem Bau der Pfalz zu *Aachen*. Seit Beginn der neunziger Jahre wurde sie sein Lieblingsaufenthalt, in der er Residenz zu halten pflegte. Sein Hof wurde der Sammelpunkt unzähliger Menschen, die hierher kamen, um Recht zu suchen, Hilfe zu erbitten oder auch geistige Bildung zu empfangen. Karl verstand es, geistig hochstehende Männer an sich heranzuziehen. Die Aachener Hofakademie entwickelte sich bald zu einem Geisteszentrum ersten Ranges für das ganze Frankenreich. Unter der großen Zahl von Hof- und Reichsbeamten, die sich in Aachen aufhielten, befanden sich zahlreiche Geistliche. Seit 789 wurden häufig kirchliche Synoden dort abgehalten.

Die Aachener Pfalzkapelle, die 795 nach byzantinischem Vorbild (S. Vitale in Ravenna, Hagia Sophia in Konstantinopel) einen „kaiserlichen“ Kuppelbau erhielt und wahrscheinlich am 17. Juli 800 eingeweiht wurde, sollte später das Symbol der christlich-abendländischen Reichs- und Kaiseridee schlechthin werden. Auf dem altehrwürdigen Kaiserstuhl Karls im Aachener Dom empfing 936 Otto d. Gr. die Zeichen seiner Königswürde; bis 1531 fanden 30 weitere Krönungen deutscher Herrscher an dieser Stelle statt. Der Aachener Domschatz, die Aufbewahrungsstätte der karolingischen Reliquien und seit den Ottonen auch der Reichskleinodien, ist noch heute einer der reichsten des Abendlandes (Lotharkreuz, Evangeliare, Palla d’Oro, goldener Ambo u. a. m.).

Neben der königlichen Hofschule blühten auch in berühmten Klöstern und in zahlreichen Kathedralschulen unter Karls fördernder Fürsorge Wissenschaft und Kunst auf. Noch bewegten sie sich größtenteils in den Bahnen des überkommenen antiken Bildungsgutes. Bewußt knüpfte Karl an die christlich-antike Tradition an. Am Vorbild der Antike sollte das junge Frankenvolk geistig heranwachsen, um dann später zu eigenschöpferischen Denk- und Kunstformen durchzufinden.

Dem Sammeleifer, mit dem Karl und seine Gelehrten die Schriften der klassischen Antike von überallher zusammengetragen, gepflegt und von Fehlern gereinigt haben, verdanken wir die Erhaltung der meisten Klassikertexte, die wir besitzen. Beim Abschreiben dieser Schriften befleißigte man sich einer neuen, schöneren Schriftform, der sog. „karolingischen Minuskel", die in einem System von vier Linien Groß- und Kleinbuchstaben übersichtlich zu klaren Wortformen zusammenfügte; sie ist die Grundform der mittelalterlichen Schrift geblieben; noch heute bedienen wir uns ihrer in unserer sog. „lateinischen" Schrift. In den berühmten Schulen zu Aachen, Trier, Tours u. a. m. entwickelte sich eine einzigartige Buchkunst mit wundervollen Miniaturen, die zumeist noch antike Vorbilder nachahmten, mit kostbaren Bucheinbänden, Buchdeckeln aus Elfenbeinschnitzereien und besonders schöner Schrift (Wiener Evangeliar, Godescalc-Evangeliar, Ada-Handschrift in Trier usw.).

Begreiflicherweise wandte man der Heiligen Schrift und den liturgischen Büchern eine besondere Sorgfalt zu. Der gelehrte Angelsachse Alkuin († 804) und der Westgote Theodulf von Orléans († 821), die Karl an sich gezogen hatte, bemühten sich auch um eine Verbesserung des Bibeltextes. Zur Erneuerung der Liturgie im Frankenreiche ließ Karl sich von Rom ein Exemplar des Sacramentarium Gregorianum schicken; zwischen der römischen und der fränkischen Kirche fand in karolingischer Zeit ein fruchtbarer gegenseitiger liturgischer Austausch statt. Überhaupt erstrebte Karl den inneren geistig-religiösen Anschluß an Rom; was Bonifatius einst begonnen hatte, setzte er mit klarer Zielsetzung fort und vollendete es. So erbat er sich von Papst Hadrian die erweiterte und in Rom gültige Rechtssammlung des Dionysius Exiguus, um sie auch der fränkischen Kirche als Rechtsgrundlage zu geben. Für die notwendige Klosterreform im Frankenreiche beschaffte er sich von Monte Cassino eine Abschrift der Benediktregel. Auf einer Heerfahrt nach Süditalien hatte er 787 das benediktinische Mutterkloster besucht und dort das (vermeintliche) Urexemplar der Regel Benedikts gesehen. Sein ausgeprägter Ordnungssinn hatte sogleich den Wert der ursprünglichen Fassung mit ihrer ausgewogenen, nüchternen Sprache und der besonnenen

Lebensordnung erkannt. Die auf den Aachener Synoden von 802, 816, 817 und 822 beschlossene Reform, mit deren Durchführung Abt Benedikt von Aniane († 821) betraut worden war, hatte ihr Zentrum in dem neugegründeten Kloster Kornelimünster bei Aachen. Die Benediktregel wurde für alle fränkischen Klöster verbindlich.

Kräftig führte Karl die von Bonifatius begonnene Kirchenreform fort. Dabei nahm er mehr und mehr die Leitung nicht nur der äußeren, sondern auch der inneren Belange der Kirche für sich in Anspruch. Er erließ Reichsgesetze zur Erneuerung des kirchlichen Lebens, veranstaltete Reichssynoden und ließ durch seine Königsboten (Missi dominici) nicht nur das staatliche, sondern ebensosehr auch das kirchliche Leben dauernd beaufsichtigen. Wenn er auch mit Recht als der Vollender der Bonifatianischen Reform bezeichnet werden kann, so ist doch nicht zu übersehen, daß er dieser Erneuerungsarbeit sehr bald sein eigenes, von seinem persönlichen Herrscherideal geprägtes Aussehen gegeben hat, das keineswegs mehr ganz den Vorstellungen des Bonifatius entsprach.

3. Karls Herrscherauffassung war theokratisch geprägt. Alttestamentliche Vorstellungen übten starken Einfluß auf sein Denken. Im Kreise seiner Vertrauten ließ er sich gerne als König David anreden. Als von Gott gesandter und berufener Lenker und Beschirmer des neuen Gottesvolkes, der Christenheit, waltete er seines Amtes. Schon auf der Frankfurter Synode 794 ließ er sich „Rex et Sacerdos" nennen, und 796 faßte er seine Königsaufgabe in einem Briefe an Papst Leo III. folgendermaßen zusammen: „*Unsere* Aufgabe ist es, die heilige Kirche Christi überall nach außen hin vor dem Ansturm der Heiden und vor der Verwüstung durch die Ungläubigen mit den Waffen zu schützen und nach innen durch die allgemeine Anerkennung des katholischen Glaubens sie zu sichern. *Eure* Aufgabe ist es, wie Moses mit zu Gott erhobenen Händen unseren Kriegsdienst zu unterstützen, damit das christliche Volk auf Eure Fürbitte hin stets überall den Sieg über seine Feinde davontrage."

In Karls Vorstellung verwischten sich die Unterschiede zwischen Weltlichem und Geistlichem immer mehr, zumal seit seinem Bekanntwerden mit der byzantinischen Kaiseridee. Wie der Basileus von Konstantinopel sich als Hüter der Orthodoxie fühlte und deshalb das Recht für sich in Anspruch nahm, Konzilien zu berufen und in Disziplin und Lehre der Kirche einzugreifen, so auch Karl. Er betrachtete sich als den obersten Herrn der fränkischen Kirche, verfügte über Kirchengut wie über weltliches Königsgut und besetzte Bistümer und Klöster mit Männern seiner Wahl. Indem er Bischöfe und Äbte erhöhte und zu geistlichen „Großen" machte, spannte er sie zugleich in die Aufgaben des Staates mit ein. Diese waren bald nicht mehr in erster Linie Hirten und Seelsorger, sondern wurden als geistliche Staatsbeamte angesehen; sie gewöhnten sich daran, staatliche Weisungen zu empfangen, und verließen sich gerne bei der Durchführung ihrer geistlichen Aufgabe auf die Unterstützung des Staates („brachium saeculare"). Im kaiserlichen Heerbann traf man nun wieder Bischöfe und Äbte an der Spitze bewaffneter Truppen. Was einst Bonifatius so leidenschaftlich bekämpft hatte, wurde bald wieder Gewohnheit.

Eine Gefahr lag auch in der überstarken Betonung der kulturellen Aufgaben der Kirche, die leicht zur Verdunkelung ihrer zuerst religiösen Bestimmung führen konnte. Solange Karl selbst die Zügel in der Hand hatte, mochte es hingehen. Unter seinen schwachen Nachfolgern aber nahm später die Verweltlichung hier wieder ihren Anfang.

4. Von Byzanz übernahm Karl auch die Anregung zur Entwicklung seiner eigenen Kaiser- und Reichsidee. Als „Herrscher Europas" hatte er bis etwa 800 die politische Einheit des Abendlandes hergestellt. Sein ungeheures Reich konnte sich würdig dem Großreich der Araber und dem byzantinischen Reiche an die Seite stellen. Es war die dritte Großmacht der mediterran-abendländischen Welt. Mit Harun al Raschid, dem Kalifen von Bagdad, unterhielt er Beziehungen, und mit Ostrom maß er seine Kräfte.

Karls Stellung zu Konstantinopel war einerseits politisch-militärisch, andrerseits ideell bestimmt. Durch seine italienischen Eroberungen, in Ravenna, dann aber vor allem in Istrien und in Süditalien, war er in kriegerische Auseinandersetzungen mit Byzanz geraten. Er hatte sie zwar bei der Schwäche des oströmischen Reiches nicht ernsthaft zu fürchten brauchen. Aber sie hatten ihn um so mehr in eine geistige Auseinandersetzung mit dem religiös begründeten Weltherrschaftsanspruch des byzantinischen Kaiserreiches gebracht. Ostrom leitete seinen unbedingten und alleinigen Führungsanspruch innerhalb der christlichen Völkerfamilie von Konstantin d. Gr. und dem durch ihn überkommenen christlichen Imperium

Romanum ab. Es umgab den Kaisertitel mit dem Schimmer des Einzigartigen und Religiösen. Da das Römische Reich mit der Christenheit völlig gleichgesetzt wurde, bedeutete die Verchristlichung eines Volkes für Ostrom zugleich die Unterwerfung oder wenigstens ideelle Anerkennung der byzantinischen Vorherrschaft. Damit aber konnte und wollte Karl sich nicht abfinden. Sein politischer Ehrgeiz und die Macht und Größe des Frankenreiches, das sich mit jeder anderen Macht auf Erden messen konnte, vertrug sich mit einer solchen Unterwerfung nicht.

So wurde das byzantinische Problem und die Kaiserfrage zum Hauptproblem Karls in diesen Jahren. Es war mehr als ein Spiel mit Worten. Man hat den Kampf um das römische Kaisertum und den Kaisertitel als die mittelalterliche Form des Problems der Weltgeltung bezeichnet (W. Ohnsorge). Wie etwa heute die Anerkennung als „Atommacht" Großmachtrang unter den Völkern der Erde verleiht, war im ganzen Mittelalter der Besitz des Kaisertums von höchster politischer Bedeutung, und die Kaiserpolitik der deutschen Könige erhält von hier aus ihr Gewicht. Auch für Karl war das Streben nach dem Kaisertum eine höchst politische Angelegenheit. Dabei dachte er zunächst nicht daran, Ostrom den Kaisertitel zu entreißen; er wünschte lediglich, als gleichrangig anerkannt zu werden.

Diesem Ziele diente zunächst die Heiratspolitik, zu der die Kaiserin-Mutter Irene, die für ihren unmündigen Sohn Konstantin VI. (780–797) in Konstantinopel regierte, selbst die Hand bot. Als sie 781 um Karls Tochter Rotrud für ihren Sohn anhielt, ging der Frankenkönig bereitwillig darauf ein. Er erblickte darin die Anerkennung der Gleichberechtigung des Frankenreiches mit dem oströmischen Kaiserreich, während Irene von dieser Staatsheirat lediglich die Rückgabe Istriens und Süditaliens und Schutz vor weiteren Eroberungsgelüsten der Franken erhoffte. Das Heiratsprojekt zerschlug sich, als Karl sich in seiner Erwartung getäuscht sah und er feststellen mußte, daß man ihn in Ostrom, diesmal auf einem ganz anderen Gebiete als auf dem politischen, nicht für voll gleichberechtigt ansah.

Den Anlaß hierzu bot eine dogmatische Frage, die den Osten schon lange Zeit erschütterte: der *Bilderstreit*. Wegen seiner hohen kirchlichen und politischen Bedeutung müssen wir auf ihn eingehen.

Um das Volk Israel vor dem Rückfall in Götzendienst zu bewahren und das geistige Wesen Gottes scharf herauszustellen, war ihm im Alten Testament befohlen worden; „Du sollst dir kein geschnitztes Bild machen . . .“ (Ex 20, 4; Lev 26, 1; Dt 4, 16). Nachdem aber Gott selbst Mensch geworden war und in Jesus Christus sichtbare Gestalt angenommen hatte, konnte im Neuen Testament das Bilderverbot nicht mehr die gleiche Bedeutung haben wie im Alten Testament. Trotzdem zeigt die Urkirche lange Zeit große Zurückhaltung. Sie bediente sich lieber der Zeichen und Symbole als bildlicher Darstellung Christi. Die älteste Kruzifix-Darstellung ist uns aus dem 4. Jh. erhalten (S. Sabina in Rom). Wenn man auch um der vielen Christen willen, die nicht lesen konnten, der bildhaften Darstellung biblischer Szenen und der Heiligen nicht ganz entraten konnte, so blieb man doch über Sinn und Bedeutung der Bilder Christi geteilter Meinung. Die christologischen Streitigkeiten spielten hinein. Dabei ging es um die Frage, ob es überhaupt möglich und erlaubt sei, die menschliche Natur Christi darzustellen. Die strengen Doketen wie auch die Monophysiten lehnten die Christusdarstellungen ab, weil sie nicht an die volle und wahre Menschennatur Christi glaubten. Auch die gemäßigt Eingestellten hielten es zumindest für unzweckmäßig, die menschliche Natur darzustellen, da sie ihr keine heilsökonomische Bedeutung beimaßen. Wenn man schon den Gottmenschen darstellen wolle, müsse man seine Doppelnatur berücksichtigen. Da man aber das Göttliche nun einmal nicht im Bilde festhalten könne, komme jede nur menschliche Darstellung einer gefährlichen Häresie, dem Nestorianismus, entgegen, wenn man nicht gar mit den Arianern überhaupt die Göttlichkeit Christi leugne. Darum, so argumentierten sie, sei jede bildliche Darstellung Christi häresieverdächtig und gefährlich. Es komme hinzu, daß das Volk dazu neige, alle Bilder abergläubisch zu verehren, auch die der Heiligen, insbesondere Marias. Es sei daher besser, Bilder und Bilderverehrung ganz zu unterdrücken.

Nach dem Einfall der Araber in Syrien und Ägypten und unter dem Eindruck ihrer bilderfeindlichen religiösen Propaganda gingen viele Bischöfe dazu über, auch ihrerseits die im christlichen Volke weitverbreitete und beliebte Bilderverehrung zu bekämpfen. Trotzdem sprach sich das Concilium „Trullanum II.“ von Konstantinopel 692 noch für die bildhafte Darstellung Christi aus. Aber die bilderfeindliche Bewegung griff weiter um sich, und als schließlich Kaiser Leo III. (717–741) im J. 730 ein Verbot der Bilderverehrung für das ganze Reich erließ, entbrannte der Streit. Das Volk war gespalten. Die Mehrheit setzte sich unter Anführung der Mönche erbittert für die Beibehaltung der Bilder ein. Politische Gegensätze spielten in manchen Gegenden eine starke Rolle, besonders in Unteritalien, und als Papst Gregor III. (731–741) sich auf einer römischen Synode gegen die kaiserliche Maßnahme aussprach, kam es zu einer empfindlichen Verschärfung des Gegensatzes zwischen Ost- und Westkirche.

Unter Kaiser Konstantin V. (741–775) erreichte der Bildersturm seinen Höhepunkt. Ein Konzil von Hiereia ordnete 754 die Vernichtung sämtlicher Bilder religiösen Inhalts an. Blutige Aufstände, Verfolgungen, Hinrichtungen, besonders von Mönchen, die in manchen Gegenden fast ausgerottet wurden, erschütterten das oströmische Reich, bis schließlich Kaiserin Irene einlenkte und im J. *787 das 7. Ökumenische Konzil in Nicäa*, das zweite von Nicäa, versammelte und auf ihm die Bilderverehrung wiederherstellte. Die Anwesenheit von zwei päpstlichen Legaten und die Anerkennung durch den Papst machte dieses Konzil zum letzten Allgemeinen Konzil, auf dem Ost- und Westkirche vereint waren. Es klärte den Streit, indem es unterschied zwischen Anbetung und Verehrung. Anbetung kommt Gott allein zu (= Latreia), Verehrung (Proskynesis) kann auch Geschöpfen gegeben werden, denn, so erklärte das Konzil, auf Johannes Damaszenus († um 754) und Basilius d. Gr. († 379) gestützt, „die Ehre des Bildes geht auf die Ehre des Urbildes zurück". Der Wert des heiligen Bildes, der Ikone, ruht nicht in ihm selbst, sondern in seinem Hinweis auf den dargestellten Heiligen bzw. auf Christus: „Wer ein Bild verehrt, ehrt damit den Gemalten."

War somit alles in Ordnung, so hatte man doch in Byzanz Karl. d. Gr. ganz übergangen. Karl erblickte in dem selbstherrlichen Vorgehen der Kaiserin, die ein Allgemeines Konzil berufen und eine Glaubensfrage entschieden hatte, ohne ihn dazu zu hören, eine so massive Verletzung der Gleichberechtigung des Frankenreiches mit dem Osten, daß er sogleich mit großer Heftigkeit darauf reagierte und das Heiratsprojekt kurzerhand aufkündigte. Dann veranlaßte er die Abfassung einer großen Staatsschrift, der sog. *Libri Carolini* (790), die sich gegen das Nicaenum II. und gegen die Bilderverehrung aussprach. Ihre Verfasser, Alkuin oder eher noch Theodulf von

Orléans, sind dabei freilich einem verhängnisvollen Mißverständnis unterlegen. Da sie kein Griechisch konnten, die lateinische Übersetzung aber für „Proskynesis" und „Latreia" lediglich das eine Wort „adoratio" zur Verfügung hatte, erfaßten sie die Unterscheidung zwischen „Verehrung" und „Anbetung" nicht und polemisierten zu Unrecht gegen die angebliche „Anbetung" der Bilder im Osten. Die ganze Schrift war einem unverkennbar anti-byzantinischem Affekt entsprungen. Sie muß verstanden werden als „Protest des Frankenreiches gegen Ostroms Führungsanspruch auf dogmatischem, kirchlichem und politischem Gebiet" (G. Haendler).

Nicht anders muß auch Karls Gegenaktion verstanden werden: die Frankfurter Synode von 794, die er als ein Allgemeines Konzil betrachtet wissen wollte. Wenn sie auch niemals „ökumenische" Anerkennung gefunden hat, so ist sie doch mehr gewesen als eine gewöhnliche fränkische Reichssynode. In ihren Beratungsgegenständen befaßte sie sich mit der adoptianischen Irrlehre zweier spanischer Bischöfe, des Elipandus von Toledo und des Felix von Urgel; ferner mit der Frage der Bilderverehrung, die sie abermals ablehnte, und mit Reformmaßnahmen für Klerus, Mönchtum und Volk. Karl ging es darum, es in diesen Dingen dem byzantinischen Kaisertum gleichzutun.

5. Die Kaiserkrönung und ihre Probleme. Karls Streben nach kaiserlicher Geltung ging nicht auf Beseitigung des byzantinischen Kaisertums aus, sondern auf Anerkennung seiner Gleichberechtigung. Wie es im 4. und 5. Jh. ein doppeltes Kaisertum, eins im Osten und eins im Westen, gegeben hatte, so sollte jetzt das abendländische Kaisertum, das 476 erloschen war, wiedererstehen, und die Franken sollten das neue Reichsvolk im Westen sein. Seit 795 gab sich Karl bewußt kaiserlich. Nachdem er dem Frankenreiche durch seine militärischen Erfolge Einheit und Macht verliehen hatte, bemühte er sich, den Bildungsrückstand seiner Völker aufzuholen und durch Schaffung einer Einheitskultur die Entstehung eines neuen fränkischen Reichsvolkes zu fördern.

Da wurden seine Pläne in doppelter Weise durchkreuzt, einmal von Byzanz und ein andermal von Rom.

In Konstantinopel waren zwischen der Kaiserin und ihrem unterdes erwachsenen Sohn Zwistigkeiten ausgebrochen. Als Konstantin neue Verbindungen mit Karl aufnahm, bemächtigte Irene, die um ihre Herrschaft fürchtete, sich seiner, setzte ihn gefangen und ließ ihn 797 schließlich sogar blenden, um ihn ein für allemal auszuschalten. Dann führte sie als Kaiserin die Alleinherrschaft, indem sie Kaisertitel und Macht im oströmischen Reich für sich in Anspruch nahm. Karl aber suchte sie durch eine Gesandtschaft zu beschwichtigen.

Eine Frau als Inhaberin des römischen Kaiserstuhles war eine unerhörte, nie dagewesene Neuheit, die rechtlich ebenso zweifelhaft war wie historisch bedenklich. In Westrom zog man daraus sofort die Konsequenzen und betrachtete das byzantinische Kaisertum als erloschen. Papst Leo III. (795–816) strich den Namen des byzantinischen Kaisers aus den liturgischen Gebeten und setzte den Namen Karls dafür ein. Der Gedanke lag nahe, in diesem Augenblick das Kaisertum als solches von Byzanz nach Westrom zurückzuholen und Karl d. Gr. zu übertragen. Die *Translatio Imperii* schien durch die Situation geradezu gefordert zu sein. Schon 796 scheint man in Rom daran gedacht zu haben, als Leo III. Karl einlud, nach Rom zu kommen und die Huldigung der Römer entgegenzunehmen.

799 erschien Papst Leo persönlich vor Karl in Paderborn. Er war durch einen Aufstand aus Rom vertrieben worden. Karl versprach ihm Hilfe und kam im nächsten Jahre selbst nach Rom, um seine Sache gegen seine Gegner zu untersuchen. Zwei Tage vor Weihnachten 800 wurde Leo, nachdem er sich vor einer Synode durch einen Reinigungseid von den gegen ihn erhobenen Anschuldigungen befreit hatte, in seine vollen Papstrechte wieder eingesetzt. Am Weihnachtstage selbst sollte Leo auf Karls Wunsch dessen Sohn in St. Peter zum König salben.

Da überraschte der Papst den König in der Weihnachtsmette des Js. 800 damit, daß er ihm selbst eine Krone aufs Haupt setzte und ihn unter der begeisterten Zustimmung der Römer zum Kaiser ausrief.

Wenn wir Karls Biographen Einhard Glauben schenken dürfen, war Karl von dieser Überraschung nicht entzückt. Ihm hatte ein fränkisch-abendländisches Kaisertum vor Augen gestanden, das neben das oströmische treten sollte. Die von Leo und den Römern vertretene Theorie, daß es sich um die Kaiserwürde des Imperium Romanum handle, die infolge der Translatio an Westrom zurückgefallen sei und deshalb von *ihnen* neu an Karl verliehen werden könne, war ihm offensichtlich unsympathisch. Er hat anderthalb Jahre gebraucht, um sich mit dem römischen Kaisertitel abzufinden Erst im Sommer 801 führte er ihn offiziell. Ob die mit Irene gerade in dieser Zeit wieder angeknüpften Heiratsverhandlungen daran schuld waren, ist nicht ersichtlich. In Ostrom hat man nach dem Sturz Irenes (802) sich erst 812 dazu herbeigelassen, Karls Kaisertum wenigstens in der Form anzuerkennen, daß man ihm wenigstens ein Zweitkaisertum im Westen zubilligte.

Das abendländische Kaisertum aber war damit wieder ins Leben getreten. Die Reichsidee hat den ungeheuren Zusammenbruch überdauert, der das Karolingerreich unter Karls Nachfolgern politisch und kulturell völlig zugrunde richtete, und hat der abendländischen Geschichte in den folgenden Jahrhunderten Inhalt und Richtung gegeben.

Karl d. Gr. starb 814 in Aachen und wurde in einem antiken Sarge in seiner Pfalzkapelle beigesetzt. Den Beinamen „der Große" hat ihm die Nachwelt mit Recht gegeben. Zum „Heiligen" ist er erst 1165 auf Betreiben Friedrich Barbarossas von dem Gegenpapst Paschalis III. proklamiert worden. Wenn auch Rom diese Kanonisierung nicht übernommen hat, so hat es doch Karls Verehrung bis heute gestattet.

## § 22

## DER VERFALL DES KAROLINGERREICHES UND DAS „SAECULUM OBSCURUM" DER RÖMISCHEN KIRCHE

### *1. Das Reich*

Ludwig dem Frommen (814–840), dem Sohn und Nachfolger Karls, gebrach es nicht an geistigen Kräften, das Werk seines Vaters fortzusetzen; es fehlte ihm aber an politischem Weitblick und an zupackender Entschlossenheit, die eben erworbene Reichseinheit zu schützen.

Neue Quellenfunde und Forschungsarbeiten lassen Ludwigs innere Tätigkeit in einem hellen Lichte erscheinen. Er hat eine großartige, tief im Christlichen verankerte und auf kultureller Basis aufbauende Vorstellung vom Imperium Christianum und von der Kaiseraufgabe gehabt. Das große Reformprogramm seines Vaters hat er zur Durchführung gebracht. Dadurch wurde zunächst noch eine einzigartige Blüte und Nachblüte des gesamten Geisteslebens garantiert. Neuestens hat man die ersten Regierungsjahre Ludwigs d. Fr. sogar als den „absoluten Höhepunkt des Karolingerreiches" bezeichnet (Th. Schieffer).

Vor allem erfuhr das kirchliche Leben die nachdrückliche Förderung Ludwigs. Eine umfassende Reformgesetzgebung befaßte sich mit den Kanonikern, den Weltgeistlichen und den Mönchen. 816 erließ er die *Institutio Canonicorum*, die im Anschluß an die Regel Chrodegangs von Metz das Leben der Geistlichen an den Stiftskirchen auf der Basis der vita communis neu regelte. 817 folgte das *Capitulare Monasticum*, das allen Klöstern die Beobachtung der Benediktregel vorschrieb, Benedikt von Aniane († 821) zum Klosterkommissar für das ganze Reich bestellte und Kornelimünster zum Musterkloster machte. 819 wurde das *Capitulare Ecclesiasticum* erlassen; es griff vor allem durch seine Bestimmungen über das Eigenwesen tief ins kirchliche Leben ein, indem es Schutzbestimmungen für den Geistlichen an solchen Kirchen traf. So wurde angeordnet, daß kein Unfreier mehr zum Priester geweiht werden durfte; wenn ein Grundherr einen seiner Hörigen zum Geistlichen an seiner Eigenkirche weihen lassen wollte, mußte er ihn zuvor freilassen, ihm einen ausreichenden Lebensunterhalt in Form eines zinsfreien Grundkapitals von einer Hufe (mansus) zur Verfügung stellen und ihn aus seinem Abhängigkeitsverhältnis lösen. Außerdem durften auch an Eigenkirchen künftig die Geistlichen nur noch mit Zustimmung des Bischofs ein- oder abgesetzt werden. Die Eigenkirche selbst wurde samt ihrem Geistlichen der Visitation und Aufsicht des Diözesanbischofs unterstellt. Dadurch wurde zugleich die zentrale Stellung des Oberhirten neu unterstrichen, die durch die Eigenmächtigkeiten der Grund- und Eigenkirchenherren stark durchlöchert worden war.

Die Erfolge dieser Gesetzgebung zeigten sich auf allen Gebieten des geistigen und kirchlichen Lebens. Der Bildungsstand hob sich. Dom- und Klosterschulen blüten auf. Die ersten Regungen einer eigenständigen Theologie im germanischen Raum traten hervor. In Fulda wirkte Rhabanus Maurus († 856) als Abt und Lehrer; 847 wurde er Erzbischof von Mainz. Im Kloster Reichenau schrieb Walafrid Strabo († 849) seine berühmte „Glossa ordinaria" zur Heiligen Schrift, die im ganzen Mittelalter hohes Ansehen behielt. In St. Gallen verfaßte Notger der Stammler († 912) seine Sequenzen. Religiöse Dichtungen in der Volkssprache, wie der Heliand, das sog. Wessobrunner Gebet und die Evangelienharmonie des Otfried von Weissenburg (870), entstanden. Die theologische Kontroverse über die Eucharistielehre, die im Kloster Corbie von dem

Abt Paschasius Radbertus († 859) und seinem Mönch Rathramnus († 868) ausgetragen wurde, gibt vom regen geistigen Leben ebenso Zeugnis wie die Diskussion über die Prädestinationslehre, die von dem Mönch Gottschalk angeregt wurde. Dieser, ein sächsischer Grafensohn, war bereits im Kindesalter dem Kloster Fulda als Oblate übergeben worden. Die strenge Rechtsauffassung der Zeit gestattete ihm später den ersehnten Austritt aus dem Mönchsstande nicht. Er fand die Deutung seines eigenen tragischen Schicksals in einer allzu strengen, an Augustinus orientierten Prädestinationslehre. Dafür ließ sein früherer Abt Rhabanus Maurus, der inzwischen Metropolit von Mainz geworden war, ihn auf einer Mainzer Synode als Häretiker verurteilen (848). Er wurde an den gewaltigen Reimser Erzbischof Hinkmar ausgeliefert, der ihn erneut als Häretiker entlarvte (Synode von Quierzy 849) und bis zum Tode in Klosterhaft hielt.

Unter Ludwig d. Frommen wurde auch die Missionierung des Nordens durch den hl. Ansgar vorangetrieben, der 826 den Dänenkönig Harald heimbegleitete und sich ganz der Christianisierung Dänemarks und Schwedens widmete. Er gründete 831 in Hamburg ein Missionserzbistum, das aber nach seiner Zerstörung durch die Normannen 845 nach Bremen verlegt werden mußte und schließlich 864 mit Bremen vereinigt wurde. Ansgar starb 865 als Bischof von Bremen.

Im Südosten Europas wirkten seit 864 die Brüder *Methodius* († 885) und *Cyrill* (ursprünglich Konstantin, † 869 in Rom) unter den Slaven; sie übersetzten die Heilige Schrift in die slavische Sprache und schufen eine eigene slavische Liturgie. Leider wurden ihre Erfolge durch den Einbruch der Ungarn (906) wieder zunichte gemacht.

Eine gesunde Entwicklung des geistigen und geistlichen Lebens setzt stets eine geordnete äußere Existenzbasis voraus. Der Zerfall der politischen Ordnung im 9. Jh mußte daher bald auch das eben erst aufblühende geistige und religiös-kirchliche Leben in Mitleidenschaft ziehen.

Ludwig hatte von seiner Gattin Irmingard († 818) drei Söhne, unter die er bereits 817 das Reich aufteilte: Lothar, der älteste, erhielt die Kaiserwürde und die Oberherrschaft zugesprochen und dazu das Mittelstück des Reiches, von Italien bis zum Atlantik (nach Lothar II. „Lotharingien" genannt, woran das heutige Lothringen noch erinnert). Pippin bekam den Westen des Frankenreiches mit Aquitanien als Zentrum; Ludwig, später der „Deutsche" genannt, erhielt den Osten, mit Bayern als Herzstück. Als dem Kaiser 823 von seiner zweiten Gattin Judith noch ein vierter Sohn geboren wurde, Karl der Kahle genannt, änderte er auf Drängen Judiths 829 die Reichsteilung dahingehend ab, daß für den Jüngsten Alamannien als Erbteil heraussprang. Gegen diese neue Abmachung empörten sich die Söhne aus erster Ehe; damit nahmen die traurigen Bruderkämpfe ihren Anfang, die zum Zerfall des Reiches führten.

Im Vertrag von Verdun (843) wurde das Reich endgültig in drei Teile aufgeteilt und die Einheit der abendländischen Völkergemeinschaft wieder aufgegeben. Zwar konnte Karl der Dicke (876–887) für kurze Zeit (885–887) durch Erbschaft das ganze Reich in seiner Hand vereinigen. Aber die innere Auflösung des Reiches und die durch die Plünderungszüge der Normannen, die um 880/81 ihren Höhepunkt erreichten, heraufbeschworene Not führten zur Absetzung Karls. Mit Arnulf von Kärnten (887–889) erlosch das karolingische Kaisertum völlig. Die Kaiserwürde geriet in die Hände italienischer Großer, bis Otto d. Gr. sie 962 dem Reiche zurückgewann.

Die Weltgeschichte duldet keine leeren Räume. Der Zerfall der zentralen Reichsgewalt gab das ehedem so mächtige Reich Karls des Großen den Feinden von außen preis. Im Süden plünderten und raubten die Sarazenen in Italien und an den Mittelmeerküsten; Papst Leo IV. (847–855) mußte den Vatikan durch eine Mauer gegen sie abschirmen. Im Osten bedrängten die Ungarn durch fortgesetzte Einfälle das Reichsgebiet. Im Norden und Westen richteten die Normannen, die weit ins Innere eindrangen, unendlichen Schaden an; 845 verbrannten sie Hamburg, 846 überfielen sie Paris; 881–883 verwüsteten sie systematisch, den Rhein hinauffahrend, das Rheinland; Köln, Neuß, Bonn, Aachen, Lüttich, ja Cambrai, Arras und Amiens, auch Koblenz, Trier und Reims wurden von ihnen geplündert und zerstört. Um Paris zu retten, bot Karl d. Dicke ihnen 883 Gold und Silber und gestattete ihnen, Burgund zu plündern. Er war unfähig, das Reich gegen sie zu verteidigen. Erst Arnulf von Kärnten gelang es, sie bei Löwen 891 entscheidend zu schlagen, so daß sie fortan vom Reiche abließen und sich nach England wandten. Der politische Zusammenbruch zog den totalen Verfall der abendländischen Kultur und der Kirche nach sich.

Die römische Kirche erlebte unter Leo IV. (847–855) und besonders unter Nikolaus I. (858–867) einen kurzen Aufstieg, um dann ebenfalls einem fürchterlichen Tiefstand, dem „saeculum obscurum“ zu verfallen.

Den Zeitgenossen erschien Nikolaus wie ein zweiter Elias, der furchtlos und machtvoll die Rechte der Kirche und die Religion verteidigte. Er scheute sich nicht, König Lothar II. (855–869) entgegenzutreten, als er (862ff) seine rechtmäßige Gattin Theutberga verstieß, um eine Geliebte, Waldrada, zu heiraten. Die Erzbischöfe Gunthar von Köln und Thietgaud von Trier, die sich dem Kaiser willfährig erwiesen hatten, setzte er kurzerhand ab und exkommunizierte sie. Gegen den mächtigen Erzbischof Hinkmar von Reims (845–882), der eigenmächtig seinen Suffraganbischof Rothad von Soissons abgesetzt hatte (863), setzte er sich ebenso durch wie gegen Erzbischof Johannes von Ravenna, der 861 seine Jurisdiktion ungebührlich ausgedehnt hatte. Sein Eingreifen in die byzantinischen Streitigkeiten zwischen den Patriarchen Ignatius und Photius beruhte auf Unkenntnis der Verhältnisse und auf Irreführung des Papstes durch den Abt Theognostus, der ein erbitterter Gegner des Photius war und einen entstellten Bericht über die Lage in Konstantinopel gab. Nikolaus exkommunizierte Photius 863 und setzte Ignatius in seine Patriarchatsrechte wieder ein. Photius exkommunizierte daraufhin seinerseits den Papst (Photianisches Schisma) auf einer östlichen Synode in Konstantinopel (867). Der Vorfall gehört mit zu den vielen tragischen Mißverständnissen, die das Verhältnis zwischen Ost- und Westkirche fortschreitend verschlechtert und das Große Schisma von 1054 vorbereitet haben. Die antiphotianische Synode von Konstantinopel 869/70, die nur im Westen als das *8. Ökumenische Konzil* gezählt wird, bestätigte die Exkommunikation des Photius, der inzwischen einem Herrscherwechsel zum Opfer gefallen war. Photius wurde bald darauf rehabilitiert und auch von Papst Johann VIII. (872–882) wieder anerkannt. Er ist wahrscheinlich 891 im Frieden mit Rom gestorben.

Nikolaus I. war der erste große Vertreter des mittelalterlichen Papsttums, auf den die kirchenpolitischen Konzeptionen Gregors VII. und Innozenz' III. zurückgehen. Sein Ziel war die Wahrung der kirchlichen Unabhängigkeit und Freiheit gegenüber staatlichen Eingriffen in die geistlichen Angelegenheiten. Ihm selbst noch lag es völlig fern, sich umgekehrt in die weltlichen Angelegenheiten des Staates einzumischen. Aber als geistliches Oberhaupt der Kirche und als Wahrer der religiösen und moralischen Ordnung fühlte er sich doch berechtigt, über das sittliche Leben auch der Herrscher zu wachen. Daß damit leicht eine gewisse Direktive verbunden sein konnte, ist verständlich. Eine Handhabe boten ihm dazu die zwischen 847 und 852 wahrscheinlich in der Kirchenprovinz Reims entstandenen *Pseudo-Isidorischen Dekretalen*, eine großangelegte Sammlung zumeist gefälschter oder verfälschter Papstbriefe und -erlasse, die zunächst gegen den Metropoliten Hinkmar von Reims die Eigenständigkeit der Suffraganbischöfe sicherstellen sollte. Die Verfasser rekurrierten dabei an die Macht des Papstes, dem allein es zukomme, über die Bischöfe zu richten. Sie wandten sich auch gegen Übergriffe der weltlichen Gewalt und setzten ihr ebenso die höchste päpstliche Vollgewalt entgegen, die sie mit der gefälschten sog. Konstantinischen Schenkungsurkunde stützten; die letztere ist hier zum erstenmal überliefert. Zunächst nicht beabsichtigt, kam diese Heraushebung der Papstgewalt aber hauptsächlich einer gewaltigen Steigerung der päpstlichen Stellung zugute. Die Päpste sind an der Herstellung der Fälschung gewiß unbeteiligt gewesen, haben sie aber, in gutem Glauben an ihre Echtheit, bald gerne benutzt, so schon Nikolaus I. Zweifel an der Echtheit wurde erst im 15. Jh. laut (Nikolaus von Kues, Torquemada u. a.). Jedoch hat sie eine ungeheure Wirkung auf das mittelalterliche staatliche und kirchliche Denken gehabt. Auf ihr beruhen weithin die Machtansprüche des Papsttums im Mittelalter in politischen Dingen.

Trat somit das Papsttum durch Nikolaus I. „einen kurzen Augenblick als höchste Autorität in die Lücke, welche die seit 843 verkümmernde Kaisergewalt ließ“ (Schieffer), so wurde das Papsttum doch bald nach seinem Tode in den Strudel des allgemeinen Verfalls mit hineingerissen. Seines Rückhaltes durch das universale Kaisertum beraubt, versank es schnell in die Parteiinteressen verkommener römischer Adelsgeschlechter, büßte seine universale Bedeutung ein und wurde ein Spielball lokaler Gewalten.

Schon Cäsar Baronius († 1607) hat für die Zeit von 880–1046, d. h. vom Ende des Karolingerreiches bis zum Beginn der Gregorianischen Reform, die Bezeichnung „saeculum obscurum“, „finsteres Zeitalter“, geprägt. Von den 48 Päpsten dieser ganzen Epoche waren bei weitem nicht alle schlecht. Einige waren sogar persönlich sehr würdige Männer, wie Benedikt IV. (900–903) und eine Anzahl von Päpsten der Ottonenzeit nach 962. Aber insgesamt war das Bild, das der römische Bischofsstuhl bot, der universalen Bedeutung des Papsttums ganz und gar nicht angemessen. Es war zum gewöhnlichen Territorialbistum herabgesunken und, wie so viele andere Bistümer der damaligen Zeit, Objekt der politischen Interessenkämpfe des wilden und herrschsüchtigen Adels geworden. Diesen allein trifft die Schuld an den traurigen Verhältnissen; denn ihm war das Papsttum schutzlos ausgeliefert, seitdem es keinen Kaiser mehr gab.

Die Legende von der „Päpstin Johanna" spielt noch vor dieser Zeit. Sie taucht erst im 13. Jh. auf und wurde hauptsächlich in der Erzählung des Martin von Troppau († 1278) verbreitet. Danach soll ein Mainzer Mädchen, als junger Mann gekleidet, in Athen studiert, dann Rom besucht haben und dort nach Leos IV. Tode 855 zum Papst gewählt worden sein. Der Betrug sei erst bemerkt worden, als sie nach einer Regierung von über zwei Jahren bei einer Prozession zum Lateran plötzlich unterwegs ein Kind geboren habe und dann auf der Stelle gestorben sei. Die Unhaltbarkeit dieser Klatsch-Erzählung ist wissenschaftlich schon dadurch erwiesen, daß auf Leo IV. im Jahre 855 unmittelbar Benedikt III. gefolgt und auch sonst in der uns bekannten Papstreihe kein Raum für eine solche Geschichte ist.

Wahrheit ist jedoch das schaurige Leichengericht, das zu Beginn dieser Epoche über Papst Formosus (891–896) verhängt wurde. Weil dieser im Jahre 893 gegen die herrschende Spoletanische Partei den deutschen König Arnulf zu Hilfe gerufen hatte, verhängte sein Nachfolger Stephan VI. (896/97), eine Kreatur der Spoletaner, über den Toten ein Gericht: Formosus' Leiche wurde nach 9 Monaten wieder ausgegraben, in Papstgewänder gekleidet, verurteilt, verstümmelt und schließlich in den Tiber geworfen. Das über diesen Leichenfrevel empörte römische Volk hat indes darauf Stephan selbst ergriffen, in den Kerker geworfen und erdrosselt.

Mit Sergius III. (904–911) kam in Rom die Tuskulaner Partei unter ihrem Haupte Theophylakt zur Herrschaft. Für mehrere Jahrzehnte beherrschte nun Theophylakts gewissenlose herrschsüchtige Gattin Theodora zusammen mit ihren ebenso gearteten Töchtern Marozia und Theodora d.

Jüngeren Rom und das Papsttum. Wüste Parteikämpfe, entsetzliche sittliche Verrohung und brutale Machtgier waren an der Tagesordnung. Päpste wurden ein- und abgesetzt, vertrieben, gefangengesetzt und ermordet. Von einer „Pornokratie" zu sprechen geht indes zu weit. Marozia, die nach dem Tode ihres Vaters die Macht an sich riß, heiratete den Markgrafen Alberich von Spoleto, nach dessen Tode Wido von Spoleto und Tuszien und schließlich in dritter Ehe 929 den ehrgeizigen Hugo von der Provence, der von ihrer Hand die Kaiserkrone erwartete. Sie wurde die Stamm-Mutter der Grafen von Tuskulum, von denen 6 Päpste abstammten.

Von 932–954 herrschte Marozias Sohn Alberich über Rom und das Papsttum, das nun völlig zu einer stadtrömischen Institution herabsank. Ihren Tiefstand erreichte diese Epoche, als Alberichs 17jähriger Sohn Oktavian, ein unbeherrschter Wüstling wie einst Nero, den Papstthron bestieg. Er nannte sich Johannes XII. (955–964) und war der erste Papst, der seinen Namen wechselte. Vor ihm hatte bereits Mereurius seinen Namen (heidnischer Göttername!) in Johann II. (533 bis 535) geändert; später hat Johann XIV. (983/84) und von Gregor V. (996–999) *haben alle Päpste die Namensänderung vorgenommen.* Vieles freilich, was von ihm erzählt und überliefert wurde, klingt so unglaublich, daß von der Sache her Zweifel an der Wahrheit aufkommen; so wenn er im Pferdestall einen Bischof und einen Diakon geweiht haben soll. Aber es zeigt immerhin, daß man ihm alles zutraute, sogar die Verhöhnung des Heiligen, das ihm anvertraut war.

Wenn Gott auch Papsttum und römische Kirche noch so tief in Schmach und Menschenschuld versinken ließ, so zeigte er doch seine Allmacht und Sorge um die Heiligkeit der Kirche, die auch das Böse zum Guten zu benutzen weiß. Der gleiche Johannes XII. wurde ungewollt der Urheber der Besserung, indem er den deutschen König Otto d. Gr. nach Rom rief, als er seiner Hilfe bedurfte. 962 kam Otto mit einem starken Heere herbei und befreite die Kirche von ihrem schlimmsten Feinde, dem unwürdigen Papst Johannes XII.

## § 23

## OTTO D. GR. UND DIE ERNEUERUNG DES ABENDLÄNDISCHEN KAISERTUMS

Zuerst erholte sich das ostfränkische Reich unter Otto d. Gr. (936–973) aus dem allgemeinen Zusammenbruch. Durch den

Ausbau einer starken Königsmacht schuf er die Grundlage zu einer inneren Erneuerung, von der ganz besonders das kirchliche Leben erfaßt wurde. Er gab dem abendländischen Kaisertum durch sein Hinübergreifen nach Italien und Rom neue Form und Inhalt; seine universale Bedeutung wurde wieder erkennbar. Wenigstens vorübergehend gelang es ihm auch das Papsttum dem römischen Parteienzwist zu entreißen und auf seine universal-kirchliche und christliche Aufgabe hinzuweisen.

### *1. Ottos Reichs- und Kirchenpolitik*

Entscheidend war die Wiederherstellung von Ordnung und Sicherheit im Innern des Reiches. Von seinem Vater Heinrich I. (919–936), dem Sachsen, übernahm er gute Voraussetzungen. Aber noch waren schwere Probleme zu lösen. Im Innern mußte der Eigennutz der Stämme gebrochen und die Verwaltung des Reiches auf eine solide, feste Basis gestellt werden. Im Äußeren galt es, die Einfälle der Slaven und besonders der Ungarn ins Reichsgebiet zu verhindern.

Nach harten Kämpfen gelang es Otto, die rebellischen Stammesherzöge von Lothringen und Franken, von Schwaben und Bayern niederzuwerfen. Er ersetzte sie durch seine eigenen Familienangehörigen: Bayern vertraute er seinem Bruder Heinrich an; seinem ältesten Sohne Liudolf gab er das Herzogtum Schwaben; sein Schwiegersohn Konrad der Rote erhielt Lothringen; Franken behielt er selbst, und Sachsen übertrug er seinem getreuen Hermann Billung. Ein allgemeiner Familienaufstand aber ließ ihn die bittere Erfahrung machen, daß auch auf die Verwandten kein Verlaß war. 953 empörte sich Liudolf gegen ihn; er drängte zur eigenen Herrschaft. Konrad der Rote schloß sich ihm an, und bald trat auch Heinrich zu den Aufständischen über. Sie scheuten sich nicht, mit den soeben wieder ins Reich einbrechenden Ungarn gemeinsame Sache zu machen. Mühsam vermochte Otto der Lage Herr zu werden. Nach dem Sieg über die Ungarn 955 konnte er erst wieder neu disponieren.

Durch die bösen Erlebnisse belehrt, unternahm er einen völlig neuartigen Versuch, das Reich zu ordnen, indem er sich in den Reichsbischöfen eine zuverlässige Stütze für seine königliche Zentralgewalt schuf. Seit Karl d. Gr. hatte sich der Episkopat stets als entschiedener Verfechter der Reichseinheit erwiesen. Er bedurfte einer starken Zentralgewalt, die das Kirchengut gegen den Zugriff des stets begierigen Adels schützte. Umgekehrt hatte der König von den im Zölibat lebenden Bischöfen und Priestern keine dynastischen Tendenzen zu befürchten, da Erbfolge und Hausmachtbildung ausschieden. So begegneten sich kaiserliche und kirchliche Interessen. Zudem stammten die meisten kirchlichen Besitzungen aus kaiserlichen Schenkungen, und es lag der Gedanke nahe, Bistümer und Abteien als königliche Eigenkirchen und Reichsland zu betrachten und entsprechend zu behandeln.

So ging Otto bewußt daran, den kirchlichen Grundbesitz zu vermehren und die Stellung der Bischöfe durch Verleihung fürstlicher Privilegien und königlicher Rechte auszubauen. Er übertrug ihnen Grafenrechte aller Art, Gerichtsbarkeit, Zoll-, Münz- und Marktrecht, Immunitäten und weitere Regalien. Damit legte er den Grund zur Entstehung der geistlichen Fürstengewalt und der mittelalterlichen Feudalkirche, die das Gesicht Deutschlands bis zur großen Säkularisation im J. 1803 entscheidend geprägt hat.

Otto hat durch diese Maßnahme nicht etwa die Kirche verstaatlicht, wie es einst Karl Martell getan hatte, als er rücksichtslos ins Kirchengut eingriff und die Kirche den Staatsinteressen unterwarf; er hat umgekehrt viel eher den Staat verkirchlicht. In seiner politischen Konzeption, in der christlicher Staat und Kirche eins waren, deckten sich staatliche und kirchliche Interessen so sehr, daß sie miteinander verschmolzen. Und er ist gut dabei gefahren. Denn die neue Reichskirche, die in ihrer Blütezeit (13. Jh.) 93 Erzbistümer, Bistümer, Stifte und Abteien mit eigenen Territorien umfaßte, erwies sich in der Folge stets als die zuverlässigste Stütze des deutschen Königtums. Selbst im Investiturstreit und in den Kämpfen zwischen Sacerdotium und Imperium z. Zt. Barbarossas stand sie durchweg auf der Seite des Königs. Mit ihr haben die deutschen Herrscher das Reich regiert, oft genug gegen die Laienfürsten, die eigenen Interessen nachgingen.

Aber auch die Kirche gewann durch dieses Bündnis ungeahnte neue Möglichkeiten. Sie konnte ihren Einfluß auf allen Gebieten des öffentlichen Lebens ungehindert zur Geltung bringen und dadurch jene religiös-politische Einheitskultur schaffen, die das folgende Jahrhundert bestimmt hat. Dabei hatte Deutschland das Glück, gerade damals eine große Zahl herrlicher Bischofsgestalten zu besitzen, die ihre politische Aufgabe mit ihrer religiös-kirchlichen Hirtenpflicht in hervorragender Weise zu verbinden wußten. Zu keiner anderen Epoche hat es so viele heilige Bischöfe gegeben wie zur Ottonenzeit: Erzbischof Bruno von Köln († 965), der Bruder des Kaisers und seine treueste Stütze während des Familienaufstandes, von ihm zugleich zum Herzog von Lothringen bestellt; sodann Bischof Ulrich von Augsburg († 973), der tapfere Verteidiger Augsburgs gegen die Ungarn 955; die Bischöfe Konrad und Gebhard von Konstanz († 975 bzw. 995); Bischof Wolfgang von Regensburg († 994); Bischof Adalbert von Prag († 997); Erzbischof Willigis von Mainz († 1011); die Bischöfe Bernward und Godehard von Hildesheim († 1022 bzw 1038), Burchard von Worms († 1025), Heribert von Köln († 1021) und viele andere.

Auch in den Klöstern erlebten christliche Kunst und Kultur eine neue Blüte (Ottonische Renaissance); Kirchenbau und Buchkunst, gipfelnd in der eindrucks- und ausdrucksvollen Reichenauer Symbolkunst, erreichten einen Höhepunkt. Um 1000 begann der neue Stil der Romanik, der bald mit dem herrlichen Bauwerk von St. Michael in Hildesheim und mit vielen anderen Basiliken hervortrat.

Dennoch trug Ottos Kirchenpolitik den Keim späterer Verwicklungen in sich, und es hat damals nicht an Leuten gefehlt, die auf die Gefährlichkeit des Experimentes hinwiesen. Erzbischof Friedrich von Mainz, ein Vertreter des kirchlichen Reformgedankens, sprach sich entschieden gegen diese Neuerung aus, weil sie für die Kirche die Gefahr der Verweltlichung in sich barg. In der Tat: Dem gesteigerten königlichen Interesse am Episkopat entsprach es, daß er auf die Zusammensetzung des Episkopates Einfluß nahm und das Recht der Verleihung von Bischofsstühlen und Abteien für sich beanspruchte. Die kanonische Wahl wurde unter ihm zu einer bloßen Formsache. Der König bestimmte den Kandidaten, überreichte ihm zum Zeichen der Übertragung des Bistums den Bischofsstab und seit Heinrich III. auch den Ring und empfing dafür den Lehnseid. Im 10. Jh. nahm noch kaum jemand an diesem Verfahren ernsthaften Anstoß. Aber mit dem Wiedererwachen des kirchlichen Geistes, der hauptsächlich von der cluniazensischen Reformbewegung ausging, wurden die königlichen Eingriffe als Beschränkung der kirchlichen Freiheit empfunden. Im Kampf um die Libertas Ecclesiae sollte die Verurteilung der Laieninvestitur bald einen Hauptangriffspunkt bilden und das erste gewaltige Ringen zwischen Papsttum und Kaisertum entzünden.

Im Reiche war Ottos Macht durch seinen gewaltigen Sieg über die Ungarn auf dem Lechfelde bei Augsburg (10. 8. 955) mächtig gewachsen. Damit hatte er nicht nur Deutschland für immer von der furchtbaren Ungarnplage befreit, sondern auch sich selbst den Weg zu Höherem, zur Erlangung der Kaiserwürde, frei gemacht. Seit 955 stand Otto die Wiederherstellung des von Karl d. Gr. begründeten abendländischen Kaisertums als Ziel vor Augen.

## *2. Die Erneuerung des Kaisertums im Jahre 962*

Schon bei seiner Krönung zu Aachen im J. 936 hatte Otto bewußt an die karolingische Tradition angeknüpft. Daß der Gedanke an das Kaisertum allezeit in ihm präsent war, zeigte er auch 951, als er auf den Hilferuf Adelheids, der Tochter Rudolfs II. von Burgund und Witwe Lothars, der Anspruch auf das italienische Königtum erhoben hatte, nach Italien zog und dann die aus der Haft ihres Gegners Berengar Befreite heiratete. Von Pavia aus beabsichtigte Otto 951 nach Rom zu ziehen und sich die Kaiserwürde zu holen. Jedoch gestatteten es damals die Verhältnisse in Rom nicht.

Nun rief ihn Ende 960 der nichtsnutzige Papst Johann XII. selbst nach Rom zu Hilfe. Otto trat im August 961 mit einem gutausgerüsteten starken Heere den Zug nach Italien an. Am 31. Januar 962 lagerte er auf dem Monte Mario vor Rom. Am 2. Februar wurde er von Johannes feierlich eingeholt und mit seiner Gattin Adelheid in St. Peter zum Kaiser geweiht und gekrönt. Er war am Ziel seiner Wünsche. Aber kaum hatte er Rom verlassen, da intrigierte Johannes gegen ihn und nahm hinter seinem Rücken Verbindung mit Byzanz und sogar mit den Sarazenen auf. Im November 963 kehrte Otto daher eilends nach Rom zurück und ließ den flüchtigen Johannes auf einer Synode in St. Peter absetzen (4. 12. 963). Dann ließ er einen neuen Papst wählen, Leo VIII. (963–965). Die Römer mußten ihm schwören, in Zukunft ohne seine kaiserliche Zustimmung keinen Papst mehr zu wählen.

Ottos theokratische, von Karl dem Großen übernommene Reichs- und Kaiserauffassung leitete eine neue Epoche deutscher Geschichte ein. Er, der Besieger der Ungarn, Slaven und Dänen, der Herr Roms und Italiens, der Schützer der abendländischen Christenheit dachte wieder in universalen Kategorien. Kaisersalbung und Krönung waren für ihn nicht Mittel zum Zweck, sondern eine heilige Weihe, die ihm quasi-sakramentale Teilhabe am Priestertum der Kirche verliehen. Sooft er die Kaiserkrone aufs Haupt setzte, fastete er einen Tag zuvor. Die Kirche war der Quellgrund seines religiös-politischen Reichsbegriff, in dem Christenheit und staatlich geeintes Abendland sich deckten.

Dabei hielt er an der Doppelspitze von Papsttum und Kaisertum fest. Er fühlte sich für das Papsttum verantwortlich. Solange bei ihm und seinen Nachfolgern das mächtige Kaisertum ein alles überragendes Übergewicht hatte, trat das Papsttum als eigenständige Potenz zurück. Sobald jedoch das Papsttum selbst zu seiner universalen Bedeutung zurückgefunden hatte, mußte es zu Spannungen zwischen Regnum und Sacerdotium kommen. So geschah es in der folgenden Epoche.

## § 24

### SACRUM IMPERIUM. DAS REICH DER OTTONEN UND SALIER BIS 1046

*Otto II. (973–983)* wurde auf seinem Huldigungsritt durch das Reich überall freudig begrüßt. Er mußte sich anfangs aber gegen Dänen und Böhmen wehren und den mit ihnen verbündeten Bayernherzog Heinrich den „Zänker" zähmen. Als dann auch die Kämpfe mit den Polen (979) und mit König Lothar von Frankreich (978) erfolgreich beendet waren, konnte er 980 seinen Italienzug antreten. In Rom waren nach Ottos I. Tode die unheilvollen Parteikämpfe wieder ausgebrochen. Das Geschlecht der Crescentier beherrschte nun das Feld. Bonifaz VII. (974) war ihre üble Kreatur. Unter kaiserlichem Schutze wurde nach seiner Vertreibung Benedikt VII. (974–983) gewählt; er war ein würdiger und reformeifriger Papst, der treu zu Otto stand.

Seit 972 war dieser mit der byzantinischen Prinzessin Theophanu verheiratet. Mit ihr und seinem Söhnchen, dem späteren Otto III., traf er Ostern 981 in Rom ein; er war gewillt, die Kaiserpolitik seines Vaters wieder aufzunehmen. Von 982 an nannte er sich „Romanorum Imperator Augustus" und suchte Italien eng mit Deutschland zu verbinden. Um die Sarazenen aus Süditalien zu vertreiben, rüstete er eine große Heerfahrt, die nach anfänglichen sicheren Erfolgen mit einer furchtbaren Niederlage des deutschen Heeres bei Cotrone (982) endete. Nur mit Mühe und in abenteuerlicher Flucht entging der Kaiser selbst dem Verderben. Sein Unglück gab den Reichsfeinden das Zeichen zum Aufstand. Dänen und Slaven erhoben sich, und in Oberitalien sammelte sich die Opposition. Da starb er mitten in der Vorbereitung zu einem neuen Feldzug an der Malaria in Rom (7. 12. 983), erst 28 Jahre alt. Er hinterließ einen dreijährigen Sohn als Nachfolger, den er kurz zuvor in Verona von den deutschen und italienischen Großen zum König hatte wählen lassen.

*Otto III. (983–1002)* verdankte seine Herrschaft der Geistlichkeit, an ihrer Spitze Erzbischof Willigis von Mainz, der machtvoll das Reichsregiment für ihn führte und alle Versuche Heinrichs des „Zänkers", die Krone an sich zu reißen, abwies. Hier bewährte sich erstmals das Reichskirchensystem, das Otto I. grundgelegt hatte. Kaum volljährig geworden, zog der junge König 996 nach Italien. Er träumte von der Renovatio Imperii Romani und hatte große Weltherrschaftspläne. Da der päpstliche Stuhl soeben vakant war, gab er den Römern, die ihn darum baten, einen neuen Papst in seinem jungen Vetter Bruno von Kärnten, der als erster deutscher Papst unter dem Namen Gregor V. (996–999) regierte. Die Römer jubelten ihm zu, als er am Himmelfahrtstage 996 in St. Peter Weihe und Krone empfing. Papst und Kaiser vereint feierten eine Synode und waren von Eifer erfüllt, kirchliche Reformen im Sinne der Cluniazenser Reform durchzuführen. Doch kaum hatte Otto den Heimweg angetreten, da riß Crescentius die Macht in Rom wieder an sich, vertrieb Gregor und ernannte einen Gegenpapst. Im Februar 998 traf Otto abermals in Rom ein, hielt strenges Gericht – Crescentius wurde enthauptet – und blieb nun in Italien. Als Gregor im Februar 999 starb, bestimmte Otto den gelehrten Franzosen Gerbert, Erzbischof von Ravenna, zum Papst, der sich Silvester II. (999–1003) nannte.

Unterdessen schlug er auf dem Aventin seine Residenz auf und beabsichtigte, Rom zum Mittelpunkt seiner universalen

Herrschaft zu machen. Dabei umgab er sich mit dem Hofzeremoniell des byzantinischen Kaisers und übernahm die Gedankenwelt der byzantinischen Theokratie. Mit dem Papst gemeinsam wollte er, als „servus apostolorum", die christlich-abendländische Welt regieren. Die Berührung mit den tief religiösen Strömungen der Zeit, vertreten durch die Eremitenbewegungen des hl. Nilus von Rossano (Süditalien) und des hl. Romuald von Ravenna und Camaldoli (Camaldulensermönche) sowie durch die immer stärker durchdringenden Reformgedanken des Klosters Cluny, gab seiner Regierung einen sakralen Glanz und Ernst. Leider vernachlässigte er die Macht. Ein neuer Aufstand der Römer zwang ihn, die Stadt zu verlassen. Mit Papst Silvester wollte er in Paterno den Anmarsch deutscher Hilfe abwarten, da warf ihn die Malaria aufs Krankenbett. Erst 22 Jahre alt, starb er am 23. 1. 1002 in Paterno und wurde in Aachen bestattet.

*Heinrich II. (1002–1024)*, der Heilige, hatte alle Mühe, das auseinanderbrechende Reich zusammenzuhalten und zu festigen. Er war ein Enkel Ottos d. Gr. und ein Sohn Heinrichs des „Zänkers", Herzog von Bayern, der letzte aus dem sächsischen Kaisergeschlecht. Es zeugt von seiner nüchternen Tatkraft, daß es ihm in kurzem gelang, aller Gefahren Herr zu werden und Macht und Ansehen des Kaisertums wiederherzustellen. Seine ersten Regierungsjahre waren von harten Kämpfen erfüllt. Endlich im J. 1014 konnte er sich mit seiner Gemahlin, der hl. Kunigunde, von Papst Benedikt VIII. (1012–1024) in Rom zum Kaiser weihen und krönen lassen.

Die Symbiose von Kirche und Staat hatte nun zu einer innigen Verschmelzung von Religion und Politik in Deutschland geführt. Das gesamte Leben war religiös durchtränkt und hatte eine politisch-religiöse Einheitskultur erzeugt, die von imponierender Größe und Geschlossenheit war. Das heilige Kaiserpaar regierte das sakrale Reich. Der Kaiser selbst war durch seine Weihe eine sakrale Person geworden. Da auch das Königtum aller christlichen Länder in einem kirchlich-liturgischen Akt von größter Feierlichkeit, der dem Ritus der Bischofsweihe nachgebildet war (Salbung mit Chrisam), auf eine neue Weise sakral geworden war, so bildeten jetzt die Könige zusammen mit dem sakralen Kaiser eine Art von politischer Hierarchie, die der geheiligten Ordnung der Bischöfe mit dem Papst an der Spitze glich.

Schutz der Kirche nach innen und außen, Mission und Ausbreitung waren in diesem System nicht mehr Fremdaufgaben, sondern wurden als ureigene Aufgaben des Staates betrachtet. So kann es nicht wundern, daß Heinrich II. in seiner Innenpolitik noch konsequenter als seine Vorgänger das ganze Reichskirchensystem ausgebaut hat. Er machte ja lediglich von seinem sakralen Königsrecht Gebrauch, wie er glaubte, wenn er die deutschen Bischofsstühle ausnahmslos selbst vergab und mit Männern seines Vertrauens besetzte. Diese Geistlichen waren die starken Stützen seiner Macht und seine zuverlässigsten Helfer in der Regierung des Reiches. Dabei ist er sehr selbstherrlich mit dem Kirchengut umgegangen; er hat reichen Kirchen ihren Besitz z. T. entzogen und armen Diözesen zugeteilt, 1004 das Bistum Merseburg wiederhergestellt und 1007 Bamberg gegründet. Letzteres war als Missionsbistum gedacht und sollte zugleich Zentrum seiner kaiserlichen Macht sein.

Seine Ehe mit Kunigunde blieb kinderlos, aber nicht, weil er eine Josefsehe hätte führen wollen, wie die spätere Legende erzählte, sondern weil ihm die Natur aus Krankheitsgründen Kinder versagt hat. So ging die Herrschaft nach seinem Tode (13. 7. 1024, begraben in Bamberg) auf ein neues Geschlecht, das der fränkischen oder „salischen“ Kaiser (1024–1125) über.

*Konrad II. (1024–1039)* war ebenfalls ein Urenkel Ottos d. Gr., entstammte aber einer weiblichen Seitenlinie. Er wurde auf Betreiben des Erzbischofs Aribo von Mainz gewählt und zu Ostern 1027 mit seiner Gemahlin Gisela in Rom glanzvoll zum Kaiser gekrönt. Seine ganze Persönlichkeit trägt nicht weniger sakrale und kirchliche Züge als die seines Vorgängers. Auch hat er die kirchlich-politische Linie Heinrichs konsequent und ohne schroffe Härte fortgesetzt. Das Kloster Limburg a. d. Hardt und der Speyerer Dom sind seine Gründungen gewesen. Ihn wegen seines Eingreifens in die Besetzung der Bistümer und Abteien und wegen seiner Reichskirchenpolitik zum Simonisten und „antiklerikalen Laien“ stempeln zu wollen, ist abwegig. Er hat der Klosterreform nachdrücklich zum Ziele verholfen.

*Heinrich III. (1039–1056*) übernahm ein starkes und gefestigtes Reich von seinem Vater und hat es durch seine herrschgewaltige Persönlickeit zur Scheitelhöhe mittelalterlicher Weltgeltung geführt. Als vicarius Christi und Gesalbter des Herrn bestimmte er die religiös-politische Einheitskultur des frühen Mittelalters. Er hat die Reichsbischöfe eingesetzt und ihnen mit Ring und Stab die Investitur erteilt; die monastische Erneuerung hat er nach Kräften gefördert, die Idee des allgemeinen

Gottesfriedens, der Treuga Dei, durch ein kaiserliches Gesetz durchgesetzt und die Kirchenreform nachdrücklichst unterstützt. Seinem Sohne Heinrich IV. gab er 1051 den Abt Hugo von Cluny zum Taufpaten. Als tief religiöse Persönlichkeit ist er von der Notwendigkeit der Kirchenreform durchdrungen gewesen. Sein energisches Eingreifen in die verworrenen römischen Verhältnisse führte dort die Reform zum Siege und wurde somit von weltgeschichtlicher Bedeutung.

In Rom war unterdessen das schändliche Spiel der Adelsgeschlechter der Crescentier und Tuskulaner, mit gelegentlichen Unterbrechungen, weitergegangen. In dem jugendlichen Benedikt IX. (1032–1044) hatten die Tuskulaner einen höchst fragwürdigen Mann auf den Stuhl Petri gebracht. Zwar scheint sein Bild durch die späteren Verleumdungen der Gegenpartei stark verzeichnet zu sein. Die neueste Forschung beurteilt ihn zurückhaltender. Vor allem ist „an seine Erhebung zur Papstwürde im Alter von 12 Jahren und an seine Verworfenheit nicht mehr zu glauben" (Gebhard, Hdb. d. dtsch. Gesch. 1960, 233), und daß er „ein Ausbund moralischer Verworfenheit gewesen sei, ist spätere Erfindung" (Schieffer). Die Partei der Crescentier setzte ihm 1045 einen Gegenpapst, Silvester III., entgegen. Der nun aus Rom vertriebene Benedikt trat seine Papstwürde gegen eine hohe Geldzahlung an den römischen Archipresbyter Johannes Gratianus ab: diesen trieb lediglich die edle Absicht, die Kirche von Benedikt zu befreien, zu diesem Handel; er nannte sich Gregor VI. (1045/46). Da Benedikt aber trotzdem bald nach Rom zurückkehrte, hatte man jetzt drei Päpste, die um die höchste Würde kämpften.

Da trat, von den Reformfreunden gerufen, Heinrich seinen ersten Romzug (1046–1047) an. Nachdem er zuvor in Oberitalien dringende Reichsangelegenheiten geordnet hatte, hielt er im Dezember 1046 die *Synoden zu Sutri* und Rom ab, auf denen er kurzerhand alle drei Päpste absetzte und den Römern als neuen Papst den Bischof Suidger von Bamberg nominierte, den sie willig wählten. Er nannte sich Klemens II. (1046–1047). Auch die folgenden Päpste benannte er den Römern zur „Wahl". Es waren die deutschen Bischöfe Poppo von Brixen (Damasus II., 1048), Bruno von Toul (Leo IX., 1049–1054) und Gebhard von Eichstätt (Viktor II., 1055–1057). Nichts zeigt die Machtstellung des Kaisers besser als dieses Eingreifen in die Papstwahlen. Er war der Herr der Kirche.

# III. Epoche: 1050–1300
# Die Blüte der Kirche im Hochmittelalter

Die Synode von Sutri bedeutete Höhepunkt und zugleich Wende der kaiserlichen Macht in der Kirche. Der abendländische Dualismus hatte sich in der zweiten Epoche allzusehr und einseitig zugunsten der kaiserlichen Position verschoben. Das Spannungsfeld der doppelpoligen Ellipse war gestört. Sollte es auf die Dauer nicht zu einer gefährlichen Bedrohung der *Libertas ecclesiae*, ihrer grundsätzlichen Eigenständigkeit, und zu einer Unterordnung des religiös-geistigen Lebens unter die staatliche Macht und Bevormundung kommen, so mußte nicht nur das bestehende Verhältnis zwischen Kaiser und Papst neu geregelt, sondern das gesamte Verhalten der Kirche zur Welt neu durchdacht werden.

Dies ist der Sinn des nun bald ausbrechenden gewaltigen Ringens der beiden großen Mächte miteinander. Es entsprang einer kirchlichen Reformbewegung, die ihren Ursprung in einer zunächst rein monastischen, klösterlichen Selbstbesinnung hatte. Indem diese Reformbewegung bald auf alle Gebiete des religiös-sittlichen Lebens übergriff und nicht nur einzelne Neuerungen intendierte, sondern eine grundsätzlich neue Einstellung zu den religiösen, politischen und kulturellen Fragen zum Ziele hatte, wurde sie auch nach außen hin wirksam. Sie zwang dazu, das Verhältnis von Staat und Kirche neu zu bestimmen und den beiden höchsten Gewalten ihren ihnen zukommenden Platz zuzuweisen. Im Investiturstreit bekam dieses Bemühen einen kirchenpolitischen Akzent, der in erster Linie von den Zielsetzungen der gregorianischen Reformpartei in der Kirche geprägt war. In ihren Auswirkungen blieb die Bewegung aber keineswegs auf diese Auseinandersetzung zwischen Staat und Kirche beschränkt, sondern ergriff das gesamte geistige Leben, indem es überall zu neuen, differenzierteren Formen führte.

## § 25
## CLUNY UND DIE MONASTISCHE REFORMBEWEGUNG

Die bedeutendste monastische Reformbewegung des Mittelalters nahm von Cluny ihren Ausgang.

Um 908/910 gründete Herzog Wilhelm von Aquitanien das Kloster Cluny in Burgund. In der richtigen Erkenntnis, daß eine Hauptursache des kirchlichen Niedergangs im 9. Jh. die Schutzlosigkeit und Unfreiheit bzw. Abhängigkeit der Klöster von den weltlichen und geistlichen Großen war, sicherte der Herzog seiner Gründung Freiheit in ihren eigenen Angelegenheiten nach innen und außen zu. Freie Abtwahl und Exemtion von der Jurisdiktion des Diözesanbischofs wurden durch die Gründungsurkunde und durch besondere päpstliche Schutzprivilegien garantiert. Strenge Beobachtung der Benediktregel, harte Askese, in der die Gehorsamsverpflichtung gegenüber dem Abt an erster Stelle stand, und besondere Pflege des liturgischen Gottesdienstes kennzeichneten den Geist des Klosters, das unter seinen großen Äbten Berno (909–927), Odo (927–942), Aymard (seit 942 oder 948; als er 954 erblindete, nahm er Majolus als Koadjutor an), Majolus (954–994), Odilo (994–1048), Hugo (1049–1109) und Petrus Venerabilis (1122–1156) zur stärksten religiösen Potenz in der Kirche wurde.

Inmitten der Verweltlichung der spätkarolingischen Epoche, aber auch als Gegengewicht zu der so unbekümmerten Welt- und Kulturfreudigkeit der Ottonenzeit fiel dem Mönchtum die Aufgabe zu, die christliche Distanz zur Welt darzustellen und der Gefahr der Säkularisierung entgegenzuwirken. Durch seine religiöse Dynamik hat das Mönchtum zu allen Zeiten die Kraft gehabt, die Reform der Kirche von innen heraus zu betreiben und ihr die zur Erfüllung ihrer wesentlich religiösen Aufgabe notwendige Innerlichkeit und geistliche Freiheit zu sichern. Dabei war das abendländische Mönchtum, zum Unterschied vom mystisch ausgerichteten östlichen Mönchtum, immer stärker auf die Mitverantwortung für die ganze Christenheit ausgerichtet. So ist es erklärlich, daß auch die cluniazensische Bewegung keine rein monastische Erscheinung geblieben ist, sondern die abendländische Geschichte bald entscheidend mitgeprägt hat.

Cluny verdankte seinen glänzenden Aufstieg und ganz überragenden Einfluß vom 10.–12. Jh. seiner inneren Festigkeit und Dynamik. Ungestört vom äußeren Getriebe konnte sich das klösterliche Leben tief und echt in seinen Mauern entfalten. Die schweigenden, in sich gekehrten und ganz dem Gottesdienste lebenden Mönche waren die großen Beter in der abendländischen Gemeinschaft. Gebetsverbrüderungen mit anderen Klöstern und die starke Gemeinschaftsbezogenheit auf die ganze Christenheit hin, die der Grundzug der Liturgie ist, bewahrten das Reformkloster vor aller Egozentrik. Nicht in pessimistischer Lebensverachtung wurzelte seine Kraft, sondern in der stillen Übernahme einer geistlich-geistigen Aufgabe, des Gebetes für die Christenheit. Die neuere Forschung (G. Tellenbach, K. Hallinger) hat gezeigt, daß die Cluniazenser bei allem Ernst des Reformgeistes eine gewisse Weltoffenheit bewahrt haben; sie pflegten die Wissenschaft, waren an den politischen Entwicklungen interessiert und unterhielten Kontakte mit Kaisern und Königen. Abt Majolus stand bei Otto I. in hohem Ansehen; Odilo war mit Heinrich II. befreundet; Hugo übernahm die Patenschaft bei Heinrichs IV. Taufe und vermittelte später zwischen ihm und den Päpsten.

Schon unter dem zweiten Abt, Odo, begann die Ausdehnung der Reform. Immer mehr Klöster schlossen sich an Cluny an oder wurden nach seinen Statuten neu gegründet. So entstand ein großer Klosterverband, der eng mit dem Mutterkloster verbunden blieb, von ihm seine Direktiven erhielt und geistig befruchtet wurde. Seinen Höhepunkt erlebte das Cluniazensertum im 11. Jh.; im 12. Jh. gehörten etwa 3000 Kommunitäten seinem Klosterverband an. In Frankreich, Burgund, Italien, Spanien, England und vereinzelt in Deutschland breitete es sich aus; überall beeinflußte es das geistige Leben aufs tiefste. Cluny war das religiöse Herz des Abendlandes.

Bald wirkten neben Cluny noch andere Reformbewegungen im Geiste der Verinnerlichung und Vertiefung des christlichen Lebens. Das Kloster Gorze in Lothringen, 933 von Johannes von Vendière gegründet, strahlte besonders nach Deutschland aus, wo es über 150 Klöster um sich vereinte. Auch Brogne, Hirsau, Siegburg und Einsiedeln wurden Mittelpunkte von Reformbewegungen, die in ihrer eigenständigen Bedeutung erst durch die neuere Forschung richtig erkannt worden sind. Die deutschen Klöster hielten sich dabei stärker als die cluniazensischen im Rahmen der herrschenden feudal-aristokratischen Richtung. Die bedeutenden alten Reichsklöster standen der zentral gelenkten, antifeudalen Klosterreform von Cluny reserviert oder sogar ablehnend gegenüber. Sie fühlten sich der ottonischen Reichskirche verpflichtet und standen im späteren Kampf zwischen Kaiser und Papst zumeist auf seiten des ersteren.

Die Frage nach dem historischen Verhältnis der cluniazensischen Reform zur sog. „Gregorianischen Reform" ist in der jüngsten Forschung neu gestellt worden (G. Tellenbach u. seine Schule). Die Untersuchungen haben ergeben, daß von einer direkten Beeinflussung kaum die Rede sein kann. Cluny hat den Investiturstreit nicht entfesselt. Es hat auch in den umstrittenen Reformpunkten (Investitur, Priesterehe usw.) keinen extremen Standort vertreten und zunächst gar keine politische Wirkung beabsichtigt. Die Durchsetzung des päpstlichen Führungsanspruches lag ihm ebenso fern wie etwa die Entwicklung der Kreuzzugsidee oder die Ausbreitung der christlichen Mission. Es war eine monastische und kirchliche Reformbewegung.

Aber es hat zu einer Vertiefung des christlichen Lebens geführt und dabei notwendig die Gedanken auf die Bedeutung der Religion im öffentlichen Leben, auf die Stellung der Kirche und ihres Oberhauptes, des Papstes, in der Welt, auf die bestehenden kirchlichen Mißstände und auf die großen kirchlichen Aufgaben hingewiesen So hat es indirekt den Boden für die kommende Entwicklung bereitet und ist geschichtsmächtig geworden.

## § 26
## GREGORIANISCHE REFORM UND INVESTITURSTREIT

1. Von der monastisch-cluniazensischen Reform unterscheidet sich die gregorianische durch ihre kirchenpolitische Ausrichtung. Beide sind vom Begriff der Libertas ecclesiae ausgegangen. Aber wenn Cluny diese Freiheit zunächst als ein Frei-sein von äußerem Druck und Beeinträchtigung seines inneren Lebens durch Fürsten und Bischöfe betrachtet hatte, so weitete sich dieser Begriff bald aus und bekam auch einen positiven Inhalt. Denn „Libertas" bedeutete in der mittelalterlichen, germanischen Vorstellung zugleich den Inbegriff dessen, was der einzelne positiv tun oder lassen konnte. Man sprach von Libertates oder den „Freiheiten" als der Summe der Rechte und Pflichten, die der einzelne auf Grund der Rechtsordnung oder auf besondere Privilegien hin für sich in Anspruch nehmen durfte. Waren diese durch irgend jemanden verletzt worden, so kämpfte er für ihre Wiederherstellung.

Die „Libertas ecclesiae", die das Ziel der gregorianischen Reform wurde, hatte ebenfalls zunächst die Befreiung der

Kirche von den Eingriffen der weltlichen Großen zum Inhalt. Die Bewegung, die von Gregor VII. ihren Namen und ihre Ausprägung erhielt, bekämpfte die Art, wie Bistümer und Abteien durch Könige, Fürsten und Adelige vergeben wurden (Laieninvestitur) und in oft schamloser Weise finanziell ausgebeutet wurden (Simonie). Sie verlangte Wiederherstellung des freien kirchlichen Wahlrechtes, um die Eigenständigkeit der religiös-kirchlichen Aufgabenbereiche zu sichern. Dabei forderte sie selbstverständlich zugleich, daß der Kirche die ihr zukommenden positiven Rechte zur ungehinderten Ausübung zugestanden würden. Da aber noch keine allgemeingültigen Rechtsnormen darüber existierten, war es Aufgabe der Bewegung, diese zu umreißen und für ihre Durchsetzung einzutreten. Darüber kam es zum Streit mit den politischen Gewalten.

Inzwischen war aber durch die cluniazensische Reform das Bewußtsein von der Würde und Eigenständigkeit der Kirche und des geistlichen Lebens neu erwacht. Man erkannte, daß durch das Übergewicht des politischen Faktors die rechte Ordnung in den letzten Jahrhunderten im Grunde verkehrt worden sei. Wie die Seele über dem Leibe, so stehe die Kirche über dem Staat, argumentierten die Gregorianer. So wuchs aus der monastischen Reform die kirchenpolitische heraus. Dabei waren es die deutschen Kaiser selbst, die den neuen Geist nach Rom brachten. Mit den von Heinrich III. eingesetzten deutschen Päpsten griff der Reformgedanke auf das Papsttum über. Vor allem war Leo IX. (1049–1054) für die Reform wirksam. Er hat dem Papsttum seine universale Geltung zurückgebracht und seine primatialen Rechte mit Nachdruck verfochten. Wenn dann Nikolaus II. im J. 1059 durch das Papstwahldekret diesen wichtigsten Akt in der hierarchischen Kirche dem Einfluß der Laien entzog und in der Hauptsache den Kardinalbischöfen übertrug, so richtete sich diese Bestimmung zwar zunächst und direkt gegen die Machenschaften der römischen Adelsparteien; sie traf aber ebenso auch den deutschen König und Kaiser, dessen Eingreifen 1046 in Sutri noch von Abt Odilo von Cluny und von Petrus Damiani, dem eifrigsten Verfechter der Reform, begeistert begrüßt worden war, jetzt aber vom Standpunkte eines gereinigten Kirchengedankens aus als untragbar erschien. Zwar hat Nikolaus II. (1058–1061) dem deutschen König Heinrich IV. (1056–1106) in einer unbestimmten Klausel noch ein gewisses Ehrenrecht bei der Papstwahl zugestanden; aber dieses Privileg war nicht genauer fixiert, und so konnte es gerade deswegen zu späteren Auseinandersetzungen kommen.

Das Papstwahldekret wurde noch mehrmals erweitert. Nachdem schon um 1100 alle Kardinäle an der Wahl beteiligt wurden, bestimmte das 3. Laterankonzil 1179, daß eine 2/3 Mehrheit erforderlich sei. Papst Gregor X. führte 1274 das Konklave ein, in dem die wählenden Kardinäle bis zur Vollendung der Wahl von der Außenwelt abgeschlossen wurden. Zuletzt fand es seine Kodifizierung im Codex Juris Canonici von 1918 und einige Ergänzungen durch Pius XII. im J. 1945.

2. Mit Heinrich IV. (1056–1106) und Gregor VII. (1073–85) betraten die Männer die historische Bühne, die als Exponenten zweier entgegengesetzter Anschauungen den Kampf zum Austrag brachten.

Der junge König lebte noch ganz in der von der ottonisch-salischen „Reichstheologie“ geformten Vorstellung eines sakralen, fast klerikalen Königtums, dessen Platz innerhalb der hierarchischen Kirche, ja an ihrer Spitze war. Er fühlte sich als Rex et Sacerdos.

Gregor VII. hatte als junger Diakon Hildebrand im J. 1046 den abgesetzten Gregor VI. nach Köln in die Verbannung begleitet und war nach dessen Tod in Cluny Mönch geworden. Leo IX. hatte ihn 1050 nach Rom zurückgeholt; seitdem war er für die Reform tätig und wurde nach dem Tode des Kardinal Humbert († 1061) das unbestrittene Haupt der Reformpartei an der Kurie. Der Kampf gegen die Priesterehe und die Simonie, ganz besonders aber gegen die Laieninvestitur war Hauptpunkt seines Programms. Dabei bedeutete ihm der König nichts als ein Laie wie jeder andere Laie in der Kirche; er war der Kirche als Christ untertan und zum Gehorsam verpflichtet. Im Geiste der Zeit lief dies auf eine Entsakralisierung des Königtums hinaus. Kaum war Gregor Papst geworden, da formulierte er in seinem *Dictatus Papae* (1075) seine Grundsätze: Der Papst ist das höchste Haupt der Christenheit. Er kann nicht nur in die Rechte der Bischöfe eingreifen, sondern ist auf Grund seiner geistlichen Obergewalt auch über Könige und Kaiser gesetzt, die er sogar absetzen kann, wenn es aus religiös-sittlichen Gründen notwendig erscheint. Mögen diese Prinzipien zunächst wohl auch nur kirchlich-religiös gemeint gewesen sein, so lag ihre politische Tragweite doch auf der Hand.

Bald gab der Investiturstreit Anlaß und Gelegenheit, diese

Papstwahl

prinzipiellen Gegensätze zwischen Papsttum und Kaisertum zum Austrag zu bringen. Soeben hatte der junge König Heinrich IV. sein königliches Verfügungsrecht in der Mailänder Bischofswahl (1072) entgegen dem päpstlichen Verbot geltend gemacht. Auf der römischen Fastensynode 1075 verschärfte Gregor das Verbot der Laieninvestitur und kündigte unter Bannandrohung an, daß er dem König *jedes* Recht bei der Bistumsbesetzung entziehen werde. Das aber bedeutete den Umsturz des ottonischen Reichskirchensystems, auf dem die Ordnung des Reiches beruhte. Heinrich kümmerte sich nicht um den päpstlichen Erlaß. Auf der Synode (Reichstag) zu Worms kam es im Januar 1076 zu dramatischen Szenen. Heinrich wußte die über die umstürzenden Forderungen Gregors aufgebrachten Reichsbischöfe gegen den Papst aufzuhetzen. Gregor VII. wurde für abgesetzt erklärt.

Gregor antwortete sofort mit der Exkommunikation Heinrichs und löste seine Untertanen vom Treueid gegen ihn. Die Bannung, die den König außerhalb der Kirchengemeinschaft stellte, machte die Entsakralisierung des Königtums offenkundig. Die Welt hielt den Atem an. Aber rasch schmolz dann Heinrichs Anhang zusammen. Im Oktober 1076 stellten die in Tribur versammelten Fürsten dem König ein Ultimatum: innerhalb eines Jahres müsse er sich vom Papst die Lösung vom Banne erbeten haben, andernfalls werde er des Thrones verlustig erklärt und ein neuer König gewählt werden.

So trat Heinrich im Winter 1076/77 den Bußgang nach Canossa an. Von Frau und Kind und nur geringem Gefolge begleitet, zog er unter großen Gefahren über die Alpen. Der Papst war inzwischen auch von Rom aufgebrochen, um nach Deutschland zu reisen. Er befand sich gerade in der festen Burg der Markgräfin Mathilde, als Heinrich hier in Canossa, am Nordhang des Apennin, erschien und im Büßergewande drei Tage lang vor den Mauern auf Einlaß wartete (26.–28. Januar 1077). Auf Fürsprache seines Paten, des Abtes Hugo von Cluny, und der Markgräfin erhielt er die Absolution von Gregor, unter der Bedingung, daß er in seinem Streite mit den deutschen Fürsten sich dem päpstlichen Schiedsspruche fügen werde.

Für den Augenblick hatte Heinrich gesiegt; er war wieder Herr der Lage. Aufs Ganze gesehen aber bedeutete Canossa einen schweren Schlag für das deutsche Königtum, von dem es sich nie wieder erholt hat. Die Führung des Abendlandes ging vom Kaiser auf den Papst über. Gregor hatte sich als der mächtigere erwiesen.

Im Reiche wählten die deutschen Fürsten trotz der päpstlichen Absolution Heinrichs schon im März 1077 Rudolf von Schwaben zum Gegenkönig († 1080). Heinrich mußte um seine Krone kämpfen. Der Bürgerkrieg erschütterte Deutschland. Heinrichs Verhältnis zum Papste verschlechterte sich bald wieder. Im März 1080 wurde er zum zweitenmal gebannt und abgesetzt. Nun stellte er seinerseits einen Gegenpapst auf, Wibert von Ravenna, der sich Klemens III. (1084–1100) nannte. Er rückte gegen Rom vor. Gregor VII. flüchtete zu den Normannen nach Süditalien. Er starb am 25. Mai 1085 zu Salerno, äußerlich geschlagen, in Wirklichkeit aber als Sieger.

Das Ringen ging auch nach Gregors Tode weiter. So schnell war das grundsätzliche Problem des Verhältnisses von Kirche und Staat nicht zu lösen. Es war eine die gesamte Struktur des Reiches und der Gesellschaft aufs tiefste berührende Frage. Eine umfangreiche Literatur entstand über das, was man denn an die Stelle der bisherigen im Sakralkönigtum gipfelnden religiös-politischen Einheit von Staat und Kirche setzen könne. Eine Trennung von Kirche und Staat war unmöglich. Das zeigte sich, als Paschalis II. (1099–1118) im Konkordat zu Sutri (Februar 1111) mit Heinrich V. (1106–1125) übereinkam, die Feudalisierung der Kirche und damit ihre innere Verknüpfung mit dem Reich insgesamt rückgängig zu machen. Die deutsche Reichskirche sollte ihren gesamten Besitz an Gütern und Rechten dem König zurückgeben, dann wollte der König seinerseits auf jede Investitur, die ja dann ohnehin überflüssig war, verzichten. Der geschlossene stürmische Widerspruch der deutschen Fürsten und Bischöfe gegen diesen als völlig weltfremd und undurchführbar angesehenen Lösungsversuch zeigte, wie unmöglich es war, altchristliche Verhältnisse wiederherzustellen. Das Rad der Geschichte ließ sich nicht zurückdrehen. So wurde der Vorschlag verworfen.

Es blieb nur die Möglichkeit eines Kompromisses. In den langen Diskussionen hatte man inzwischen gelernt, das geistliche Amt von äußeren, weltlichen Verwaltungsaufgaben, den Temporalien, zu unterscheiden, ohne sie sachlich auseinanderzureißen. Im *Wormser Konkordat* 1122 suchte man das Investiturproblem dadurch zu lösen, daß man eine Doppelinvestitur vorsah: Dem König verblieb die weltliche Investitur mit Übertragung der weltlichen Güter und Rechte (Regalien bzw. Temporalien) – sie wurde symbolisiert durch die Überreichung des Zepters –, und er verzichtete seinerseits auf die geistliche Investitur; diese überließ er der Kirche; er respektierte das kanonische Wahlrecht, das dem Klerus und dem Adel der Bischofskirche, seit dem 13. Jh. ausschließlich den Domkapiteln reserviert blieb. Erst nach voraufgegangener kanonischer Wahl und geistlicher Investitur (durch Ring und Bischofsstab) erteilte der König die weltliche Investitur, und zwar in Deutschland noch vor der Bischofsweihe, in Italien und Burgund hingegen nach der Bischofsweihe.

3. Eine wirkliche Lösung des Zentralproblems von Staat und Kirche war damit nicht gefunden. Die Feudalbindung der Reichskirche an den Staat blieb durch das ganze Mittelalter hindurch, ja bis zur Französischen Revolution und großen Säkularisation (1803) erhalten, und damit blieben auch die Berührungspunkte und die Reibungsflächen, an denen immer wieder die Auseinandersetzung und der Kampf sich entzünden konnten.

In ihren Anfängen hatte die cluniazensische Reform nur die Freiheit und Eigenständigkeit der Kirche im Staate erstrebt. Die gregorianische Reform folgerte bereits die Gleichstellung beider daraus. Gregor VII., Mönch und Herrscher zugleich, der geborene Imperator, entwickelte den Gedanken weiter. Aus der Erhabenheit des Geistlichen über das Leibliche schlechthin leitete er die Überordnung der Kirche über den Staat ab. In seinem berühmten „*Dictatus Papae*“ (1075) legte er in 27 Leitsätzen das kirchenpolitische Programm der Päpste für die Zukunft fest. Gestützt auf die für echt angesehene Konstantinische Schenkungsurkunde begründete er den Anspruch des Papsttums auf die Weltherrschaft. Der Machtgedanke beherrschte von nun an zunehmend die Auseinandersetzung zwischen Staat und Kirche. War er auch bei Gregor VII. selbst noch ohne niederen Egoismus, vielmehr zutiefst religiös fundiert und ordnete selbst Innozenz III. (1198–1216) seine Verwirklichung der päpstlichen Weltherrschaft noch ganz dem religiösen Ziele unter, so lag doch die Gefahr des Mißbrauches der Macht nahe. Die Kirche ist ihr nicht immer entgangen.

Als Kaiser Friedrich I. Barbarossa (1152–1190) die Idee der kaiserlichen Weltherrschaft machtvoll wieder zur Geltung bringen wollte, kam es zu einem erneuten Ringen zwischen Imperium und Sacerdotium. In Alexander III. (1159–1181) fand er seinen Gegenspieler. 20 Jahre zog der erbitterte Kampf sich hin: vom Reichstag zu Besançon 1157 bis zum Frieden von Venedig 1177. Vier kaiserliche Gegenpäpste, Kriege und Blutvergießen kennzeichneten diese unglückselige Auseinandersetzung, die viel Leid über die Christenheit gebracht hat, bis endlich der Friede wiederhergestellt und der Kaiser vom Banne, den Alexander schon 1160 über ihn verhängt hatte, gelöst wurde.

Uns Heutigen bleibt vieles an diesen Machtkämpfen unverständlich; es muß aus dem Denken der Zeit heraus verstanden werden. Für sie war Christus allein der Herr der Christenheit. Aus Lk 22, 38 schloß man, daß er zwei Mächte, symbolisiert durch zwei Schwerter („Zwei-Schwerter-Theorie"), zur Regierung der Welt bestimmt habe; das eine, weltliche, Schwert ruhe in der Hand des Kaisers, das andere, geistliche, in der Hand des Papstes. Die Kanonisten und Theologen der Gregorianischen Zeit deuteten diese Theorie hingegen ganz auf den Papst allein um: beide Schwerter seien einzig und allein für die Kirche da; das geistliche führe sie, das weltliche leihe sie dem Kaiser, damit er es für sie und in ihrem Namen führe. Als das geistliche Schwert betrachtete man den Kirchenbann.

Von dieser einseitig kirchlichen Vorstellung bis zu dem Versuch, die Weltordnung des christlichen Abendlandes zu einer förmlichen Oberlehnsherrschaft der Päpste über alle Staaten Europas umzugestalten, war nur ein kurzer Schritt. Er führte freilich notwendig zum Konflikt mit der Kaisermacht. Nachdem Friedrich Barbarossa, der den alten Reichsgedanken wieder aufleben ließ, sich noch mit Erfolg gegen die päpstliche Vorherrschaft gewehrt hatte, gelang es dem gewaltigen Papst Innozenz III. (1198–1216), eine Art von päpstlicher Weltherrschaft auf der Basis eines päpstlichen Lehnstaatensystems über ganz Europa aufzubauen. Das staufische Kaisertum unterlag in diesem Ringen. Aber nicht lange nach dem Untergang der Staufer brach auch das päpstliche Weltreich zusammen. Rückschauend können wir sagen, daß es der Kirche und ihrer geistlichen Aufgabe nicht zum Segen gereicht hat.

4. Als unmittelbare Wirkung der Gregorianischen Reform für das innerkirchliche Leben können wir ein gewaltiges Anwachsen der primatialen Stellung des Papstes in der Kirche feststellen. Seit Leo IX. ergriffen die Päpste immer fester die

Zügel der Kirchenregierung. Durch Reformsynoden in und außerhalb Roms setzten sie ihren Einfluß und Willen durch. Der Ausbau des Legatenwesens sorgte für die Durchführung der Reformen und machte zugleich die päpstliche Autorität überall präsent. Die Appellationen an den Heiligen Stuhl häuften sich, besonders bei strittigen Bischofswahlen, und gaben dem Papst Gelegenheit zum direkten Eingreifen in die Diözesen. Wenn die Wähler sich nicht einigen konnten, nahm der Papst kurzerhand das Besetzungsrecht auf Grund der „Devolution" (Übergang) für sich in Anspruch. Gegen fehlerhafte Bischöfe ging die Kurie mit Strafen und Absetzungen vor. Die Metropoliten mußten sich ihr Pallium seit dem 11. Jh. persönlich in Rom abholen, seit dem 12. Jh. einen besonderen Gehorsamseid leisten und periodisch (alle 4 Jahre) zur „Visitatio liminum Apostolorum" in Rom erscheinen. Zudem hatte die Entsakralisierung des Politischen die Folge, daß die Scheidelinie zwischen Priestern und Laien schärfer gezogen wurde. Der dem unmittelbaren Herrschaftsbereich der Könige und Fürsten entzogene Klerus wurde zu einer Art übernationaler Korporation zusammengeschlossen, die direkt der universalen Kirche unterstand. In den weltweiten Bettelorden entstanden dem Papsttum im 13 Jh. wichtige Stützen seiner Macht. Aber auch der übrige Klerus wuchs über die nationalen Grenzen hinaus. Die universale Kirche gab dem christlichen Abendland ein neues Gemeinschaftsbewußtsein.

## § 27
## DAS GROSSE MORGENLÄNDISCHE SCHISMA 1054

Schon längst hatten sich das griechisch-orientalische und das lateinisch-abendländische Denken auseinanderentwickelt. Die Gegensätze waren liturgischer, disziplinärer, kirchenpolitischer und dogmatischer Art. Die Errichtung des abendländischen Kaisertums unter Karl d. Gr. und Otto d. Gr., der Bilderstreit, territoriale Ansprüche der Byzantiner in Italien (Ravenna, Unteritalien) und fränkische Ausdehnung in Italien erhöhten die Spannungen. Schließlich trug auch das durch die Reform zu neuem Selbstgefühl erwachte westliche Kirchenbewußtsein zur Verschärfung der Lage bei.

Als der deutsche Papst Leo IX. (1049–1054) politisch nach Süditalien ausgriff, das die Normannen soeben den Byzantinern zu entreißen begannen, ergaben sich erneut Berührungspunkte und Differenzen. Der byzantinische Kaiser Konstantin IX. und sein süditalienischer Statthalter Argyros waren geneigt, ein Bündnis mit dem Papste zu schließen und gemeinsam gegen die Normannen zu kämpfen. Patriarch Michael Kerullarios von Konstantinopel (1043–1058) aber befürchtete ein Übergreifen des Papstes in seinen Jurisdiktionsbereich und verhinderte die Annäherung, indem er gewaltsam die kirchlichen Gegensätze hochspielte. Schließung der lateinischen Kirchen und Klöster in Konstantinopel, scharfe Verurteilung der lateinischen Gebräuche des ungesäuerten Brotes bei der Feier des Meßopfers sowie des Zölibates, d. h. der Ehelosigkeit der Priester, der Aufnahme des Filioque in das Glaubensbekenntnis und anderes mehr waren seine Kampfmittel. Um einerseits die Bündnisverhandlungen zu betreiben, andrerseits die Angriffe des Patriarchen zurückzuweisen, sandte Papst Leo als seine Gesandten Kard. Humbert von Silva Candida, seinen Kanzler Friedrich von Lothringen und den Erzbischof Petrus von Amalfi nach Konstantinopel. Besonders die beiden ersteren waren eifrige Verfechter der Reform, von Geburt lothringische Adelige.

Die Verhandlungen in Konstantinopel verliefen von Anfang an unglücklich. Die Gesandten traten sehr selbstbewußt dem Patriarchen gegenüber. Gestützt auf die Konstantinische Schenkungsurkunde – die übrigens damals selbst in Konstantinopel als echt betrachtet und nicht als Fälschung erkannt wurde – und auf die von der Petrusnachfolge abgeleitete absolute Primatstellung des Papstes, forderten sie Anerkennung des römischen Jurisdiktionsprimates und der abendländischen Bräuche, die sie als die einzig gültigen und traditionsgemäßen bezeichneten. Der Patriarch, ehrgeizig, hochmütig und berechnend, läßt alle Verhandlungen scheitern und weigert sich schließlich, die Gesandten zu empfangen. Da schleuderte Humbert ihm seine leidenschaftliche Kampfschrift entgegen und fertigte die Exkommunikationsbulle aus, die er am 16. Juli 1054 unter lautem Protest vor den Augen des zum Hauptgottesdienst gerüsteten Klerus und Volkes auf den Hauptaltar der Hagia Sophia niederlegte: „Videat Deus et judicet", so rief er aus.

Die von Humbert verfaßte Bannbulle „zeigt deutlich, wie sehr sich die westliche Kirche in eine neue, eigene Richtung entwickelt hatte und wie wenig die Reformer die Mentalität der griechischen Kirche verstanden" (Dvornik). Für uns ist dieser ganze Vorfall um so bestürzender, als wir feststellen müssen, daß es sich zum größten Teil um tragische Mißverständnisse, um menschliches Versagen und um Fragen disziplinärer Art – der Streit um das Filioque war nicht zentral – gehandelt hat. Es ist bis heute strittig, ob Kardinal Humbert zu so weitgehenden Schritten bevollmächtigt gewesen ist. Papst Leo war bereits am 19. April 1054 gestorben und sein Nachfolger Victor II. (1055–1057) wurde erst am 13. April 1055 gewählt, so daß der päpstliche Stuhl vakant war. So kam es, daß Kerullarius seinerseits weder den Papst noch die römische Kirche, sondern nur die Gesandten exkommunizierte. Dennoch aber ist der Bruch nie wieder geheilt worden. Trotz oft erneuerter Einigungsversuche ist das Schisma bis heute geblieben.

## § 28.
### DER NEUE GEIST DES ABENDLANDES

Die mächtig anschwellende religiöse Bewegung, die von Cluny und dem Mönchtum ihren Ausgang genommen hatte, ergriff bald das gesamte Leben des christlichen Abendlandes. Es ist nicht leicht, den wirklich christlichen Charakter einer Zeit zu erfassen. Er äußert sich in mannigfachen Formen der Frömmigkeit und der Nächstenliebe, in der Opferwilligkeit der Gläubigen für kirchliche und karitative Zwecke, im Kunstschaffen und in der Literatur, in der Beteiligung an den großen Gemeinschaftsaufgaben. Aber er bemißt sich nicht nach den sichtbaren Leistungen einer Epoche, sondern viel mehr nach dem Grade der Innerlichkeit und Tiefe, mit dem die Nachfolge Christi gelebt und die Botschaft des Evangeliums aufgenommen wird.

1. Stets ist der Stand des *Ordenslebens* und des *Vollkommenheitsstrebens* der sicherste Gradmesser für die Intensität des religiös-kirchlichen Lebens einer Epoche. Wenn das Hochmittelalter eine solche Fülle neuer Formen des Mönchtums und des aszetischen Lebens in Klerus und Laienwelt hervorgebracht hat, so ist darin nicht nur der religiöse Zug zu erkennen, sondern auch das Verlangen nach individuellerer und persönlicherer Gestaltung des geistlichen Lebens. In großer Zahl wandten sich religiös ergriffene Männer und Frauen aller Stände dem Mönchtum zu. Nicht alle fanden in der

benediktinischen Einheitsform des früh-mittelalterlichen Ordenswesens ihre Erfüllung. Viele lebten als Einsiedler in den Einöden, sei es einzeln, sei es in Kolonien. Andere zogen büßend und predigend umher. Die vita apostolica in Armut und freiwilliger Entsagung war ihr Lebensideal.

a) In Italien wirkte der *hl. Romuald* (951–1027), ein religiöser Feuergeist und Charismatiker altchristlichen Formates. Sein Biograph weiß von ihm zu melden, daß er am liebsten die ganze Welt mit seinem Bußgeist ergriffen und „in eine einzige Einsiedelei umgewandelt" hätte. Mitten aus stürmischer Jugend heraus war er um 972 in das Kloster S. Apollinare in Classe bei Ravenna, seiner Vaterstadt, eingetreten, um eine schwere Blutschuld zu sühnen, die sein Vater auf sich geladen hatte. Der Geist des Hauses und die Benediktinerregel genügten ihm nicht. Er begab sich in die harte Schule des Einsiedlers Marinus im Waldgebiet bei Venedig. Von dort zog er in das cluniazensische Reformkloster Cuxá in den Pyrenäen und kehrte schließlich in die Heimat zurück, um sein eigenes Ideal nach der Art der alten Wüstenväter zu finden: In den todbringenden Sümpfen bei Ravenna und in den Klüften des Apennin suchte er die Einsamkeit zum Gebete. Wenn er dann von Zeit zu Zeit, von heiligem Eifer für Gott und die Seelen erfüllt, um Buße zu predigen, wieder hervortrat, schlug er mit seiner verzehrenden Hingabe an Gott und mit dem Ernst seiner Worte die Menschen in seinen Bann. Kaiser Otto III., Adalbert von Prag und Bruno von Querfurt wurden von ihm angezogen und ergriffen. Zahlreiche junge Menschen folgten ihm. Für sie gründete er Fonte Avellana, Camaldoli und andere Niederlassungen; sie stellten eine eigenartige Verbindung von Eremiten- und Cönobitentum dar; nur die Anfänger lebten nach der Benediktregel in der Gemeinschaft; die Fortgeschrittenen siedelten sich rund um das Hauptkloster herum in Einsiedeleien an. Aus seinen Klöstern gingen später die strengsten Eiferer für die Kirchenreform hervor. Petrus Damiani (1007–72), seit 1057 Kardinal und Haupt der römischen Reformpartei, war „Camaldolenser".

In Unteritalien wirkte um diese Zeit mit nicht geringerem Eifer der hl. Nilus († 1005), der das Basilianerkloster Grottaferrata bei Rom gründete; in der Toskana schuf der hl. Johannes Gualbertus (1073) in Vallombrosa bei Florenz ein Zentrum geistlicher Erneuerung.

Auch nördlich der Alpen begegnen wir ernsten Reformern.

Als Wanderprediger durchzogen Robert von Abrissel († 1117), Vitalis von Tierceville († 1122) und viele andere Frankreich und Deutschland, lebten die „vita apostolica“ vor und predigten Buße und religiöse Erneuerung.

b) Der *hl. Bruno von Köln* (1030/35–1101) wurde der Gründer des Kartäuserordens (1084). Nach einer glänzenden Karriere im Bistum Reims, wo der spätere Papst Urban II. (1088–1099) sein Schüler war, zog er sich aus dem öffentlichen Leben ganz zurück und gründete in der Grande Chartreuse, einem wilden Felsengebirge bei Grenoble, mit sechs Gefährten die erste „Cartusia“. Er richtete später in Unteritalien, wohin er gegen seinen Willen dem Papste Urban II. folgen mußte, noch weitere Klöster ein, La Torre in Kalabrien und S. Stefano in Bosco, wo er 1101 starb. Die schweigsamen „Kartäusermönche“, deren Zahl nie sehr groß wurde, wahrten sich in Gebet und innerer Sammlung stets den Geist echter Religiosität und innerer Kraft. Auch das späte Mittelalter und die Reformation überstanden sie ohne Abfall; „Cartusia numquam reformata, quia numquam deformata“, hieß es von ihnen.

c) Aber gehört nicht eben das immer neu sich regende Verlangen nach Reform geradezu zum Wesen der pilgernden Kirche und ihrer Einrichtungen?

Die Cluniazenser haben es zu spüren bekommen. Noch in dem gleichen Jahrhundert, in dem ihr alles durchdringender Reformgeist die abendländische Kirche erneuerte, erhob sich in ihren eigenen Reihen der Ruf nach Reform des benediktinischen Mönchtums. Der *Zisterzienserorden* ist ein Reformzweig des Benediktinertums.

Abt Robert von Molesme († 1111), unter dem auch Bruno von Köln begonnen hatte, gründete 1098 mit 20 Gefährten in der Einöde von Cîteaux ein strenges benediktinisches Reformkloster. Seine Nachfolger, die Äbte Alberich (1099–1109) und Stephan Harding (1109–1133), entwarfen die Satzungen (Charta caritatis). In ihnen wurden besonders die apostolische Armut, die Einsamkeit zum Gebete und die regelmäßige feste Handarbeit betont. Die herkömmliche Feudalordnung lehnten sie im klösterlichen Bereiche wegen der mit ihr so leicht verbundenen Gefahr des Reichtums ab. Der Mann, der diesem neuen Ideal zum Durchbruch verhalf, war der junge burgundische Adelige Bernhard von Clairvaux (1090/91–1153).

Bernhard ist eine jener großen zwingenden Persönlichkeiten gewesen, denen man nicht widerstehen kann. Als er im April

1112 an die Pforte von Cîteaux anklopfte, brachte er gleich dreißig Genossen mit. Er gab dem Kloster erst Auftrieb und dem neuen Ideal eine ungeahnte Expansionskraft. Bereits 1115 zog er mit 12 Mönchen zu einer neuen Gründung nach Clairvaux aus. Bis zum Ende seines Lebens rief er noch 68 weitere Klöster ins Dasein. In seinem Todesjahre 1153 war der Orden bereits auf 350 Klöster angewachsen; um 1200 zählte er 530 Klöster, um 1500 sogar 700 Männer- und 900 Frauenklöster. Weibliche Gemeinschaften nahm der Orden Ende des 12. Jhs. in seinen Verband auf, obwohl damals schon längst einzelne Frauenklöster (Tart 1132) nach seinen Satzungen lebten. Die Betonung der Handarbeit und die Beschäftigung mit der Bodenkultur und der Landwirtschaft verliehen dem Orden eine hohe zivilisatorische Bedeutung, vor allem bei der Erschließung und Missionierung des Ostens.

Bernhards eigentliche Aufgabe lag aber auf dem geistlichen Gebiete. Heiligung und Verinnerlichung des benediktinischen Mönchtums und religiöse Erneuerung der ganzen Kirche waren seine Ziele. Er wurde von allen Seiten um Rat und Hilfe angegangen und stand mit Päpsten, Kaisern und Fürsten in ständiger Verbindung. Den Templern schrieb er die Ordensregel; im Papstschisma des Jahres 1130 war sein Wort entscheidend; der Kreuzzug des Jahres 1147 verdankte seiner Predigt großenteils sein Zustandekommen – allerdings sparte man auch nach seinem Scheitern nicht mit Vorwürfen gegen ihn. Man hat Bernhard das Orakel und das religiöse Genie seines Jahrhunderts genannt. Er war ein großer Reformer und Theologe. In erster Linie aber ist er stets Mönch, Heiliger und Mystiker gewesen.

2. Der *Weltklerus* blieb von der Reform nicht ausgenommen. Erst die jüngste Forschung hat deutlich gemacht, wie stark die Kanoniker-Reformbewegung des 11./12. Jhs. gewesen ist und wie sehr sie eine wahrhaft christliche Erneuerung des priesterlichen Geistes für alle Weltgeistlichen zum Ziel gehabt hat.

Zunächst wurden die Mitglieder der Dom- und Stiftskapitel von ihr ergriffen. In einer Zeit, in der es erst wenige selbständige Außenpfarreien gab und die Mehrzahl der Kleriker noch an der Bischofskirche oder an den zentralen Kirchen der Urpfarreien konzentriert war, um dort den Chordienst zu versehen, war es um so wichtiger, eine gute Lebensordnung für diese Stiftskanoniker zu finden. Schon der hl. Augustinus hatte als Bischof von Hippo den mit ihm zusammenlebenden Klerikern eine feste Regel gegeben (Kanon = Regel). Später nannte man diese Lebensweise den „Ordo canonicus" (= Kanonikerstand), entsprechend dem „Ordo monasticus" (= Mönchsstand). Das urchristliche Ideal der „vita communis" in der Nachfolge der Apostel schwebte dabei vor Augen. Den Kanonikern war der Privatbesitz nicht verboten, wie etwa den Mönchen. Sie legten überhaupt keine Mönchsgelübde ab. Aber das Gemeinschaftsleben forderte weitgehende Einordnung und Gehorsam gegen die Leitung. Nur so konnte die Aufgabe, eine besonders feierliche Gestaltung des Gottesdienstes in der Dom- oder Stiftskirche, gewährleistet werden.

Da die etwas freieren Klerikergemeinschaften leicht der Auflösung verfielen, bedurfte es immer wieder neuer Reformbestrebungen. Bonifatius und Karl d. Gr. bemühten sich um sie. Im Jahr 768 schrieb Bischof Chrodegang von Metz eine neue Kanonikerregel. Ein Capitulare von 805 verlangte, daß der ganze Klerus des Frankenreiches entweder „monastice", d. h. im Mönchtum, oder aber „canonice", d. h. in einer Stiftsgemeinschaft, leben müsse. Ludwig d. Fromme erließ 816 von Aachen aus eine eigene Regel (Institutio canonica). Leider hielt die Reform nicht lange an; sie ging alsbald im Strudel der Auflösung des Karolingerreiches unter. Im 9. und 10. Jh. wurde das gemeinsame Vermögen der Dom- und Stiftskirchen in Einzelpfründen aufgespalten und die vita communis verlassen.

Die Gregorianische Reform griff die alten Forderungen erneut wieder auf. Eine römische Synode von 1059, unter dem Vorsitz Hildebrands, des späteren Papstes Gregor VII., verlangte von allen Dom- und Stiftsgeistlichen Verzicht auf Privatbesitz und Einhaltung einer festen Regel. Die Kanoniker, die sich dazu bereit fanden, nannte man „Regularkanoniker" oder auch „regulierte Chorherren". Die übrigen bezeichnete man als „Säkularkanoniker". Das Bestreben der Reformer war es, alle Stiftsherren zur Annahme der Augustinus-Regel zu bewegen. Erst neuerdings wissen wir, wie wirksam die Bewegung gewesen ist: Etwa 4500 solcher Regularkanonikerstifte lassen sich im Mittelalter nachweisen. Zentren waren die Chorherren vom Lateran, die Augustiner-Chorherren vom Gr. St. Bernhard, die Kongregation von St. Viktor in Paris, die Chorherren vom Heiligen Grabe in Jerusalem, die Kreuzherren und viele andere. Sie alle verfolgten das Ziel, den Klerus näher an die apostolischen Ideale der Zeit heranzuführen. Heiligung des Weltklerus hatte die Gregorianische Reform auf ihre Fahnen geschrieben. Ihre neue Betonung des sakramentalen Priestertums und seiner Stellung in der Kirche setzte die innere Erneuerung der Weltgeistlichen voraus. Apostolische Armut und Zölibat, Gehorsam gegen die geistliche Obrigkeit und hierarchisches Kirchenbewußtsein, theologische Bildung und ein untadeliges, persönliches Leben sollten den neuen Seelsorgepriester zieren.

Papst Urban II. (1088–99), selbst Cluniazensermönch, sah die Kleriker-Reform für wichtiger und dringlicher an als die Ordensreform. Erzbischof Konrad I. von Salzburg verlangte um 1140 von seinem gesamten Klerus, soweit er nicht dem ordo monasticus angehörte, daß er „reguliert" lebe. Auch Gerhoh von Reichersberg († 1169), der eifrige Reformer, wollte die Augustiner-Chorherrn-Regel für alle Weltkleriker obligatorisch machen. Eine Zeitlang schien es, als ob die Bewegung den ganzen Klerus ergreifen werde.

Die größte und bedeutungsvollste dieser Kanonikergemeinschaften war der *Prämonstratenserorden*, der von dem niederrheinischen Stiftsherrn *Norbert von Xanten* (1082–1134) gegründet wurde.

Als junger Adeliger, dem sich im Dienste Kaiser Heinrichs V. große Aussichten boten, schlug er 1113 das ihm angetragene Bistum Cambrai aus. 1115 beschloß er plötzlich, sein ganzes Leben zu ändern. Auf der Suche nach einer neuen Lebensform kam er über das benediktinische Reformkloster Siegburg und über einen Aufenthalt bei einem Einsiedler, der ihn auf die Dringlichkeit der Klerikerreform hinwies, zu der Erkenntnis, daß er sich dieser Aufgabe widmen müsse. Als Buß- und Wanderprediger zog er einige Jahre durch Frankreich; dabei erkannte er, daß er gegen die um sich greifenden Irrlehren im Volke nur Boden gewinnen könne, wenn er ihm in der Armut Christi begegne. 1120 gründete er bei Laon das Kloster Prémontré, das nicht eigentlich eine Mönchs- als vielmehr eine Kanonikergemeinschaft nach der Regel des hl. Augustinus sein sollte. Als besondere Aufgaben wies er ihm die Heiligung des Klerus und die Seelsorge und Predigt im Volke zu. Ein gründliches Studium sollte die Voraussetzungen dazu schaffen. 1156 zählte der neue Orden der „Prämonstratenser" bereits über 100 Gemeinschaften. Norbert selbst, persönlich ganz dem tätigen Leben zugewandt, wurde 1125 Erzbischof von Magdeburg. Er führte seine Kanoniker alsbald in seinem Erzbistum ein und gab ihnen damit zugleich im Osten ein neues Aufgabengebiet. Zusammen mit den Zisterziensern haben die Prämonstratenser in der Folge viel zur Missionierung und Kultivierung der Länder jenseits der Elbe beigetragen.

3. Vom neuen Geiste der Reform wurden auch die Laien in der Kirche ergriffen. Der gewaltige religiöse Auftrieb fand einerseits in der Kreuzzugsbewegung, andrerseits in der Armutsbewegung seinen Ausdruck. Beiden wollen wir uns im folgenden zuwenden.

## § 29

### DIE KREUZZUGSBEWEGUNG

Der religiöse Kern der Kreuzzugsbewegung ist unbestreitbar. Er entsprang dem neuen christlichen Gemeinschaftsbewußtsein des Abendlands, das durch die Gregorianische Reform geweckt worden war. Daneben aber war eine starke Dosis ritterlichen Betätigungsdranges in den Kreuzzügen wirksam, die sich bisweilen im recht unchristlichen Blutrausch austobte und die Züge zu den grausamsten Ereignissen des Mittelalters gemacht haben. Beides ist nüchtern nebeneinander zu sehen, ohne daß der innere Ausgleich immer vollzogen werden könnte.

1. Die abendländische Ritterschaft hat den Gedanken der Rückeroberung des Heiligen Landes und des Kampfes gegen den Islam zuerst und zutiefst christlich und missionarisch aufgefaßt. Die Eroberung Jerusalems durch die Türken (1071) und die bewegten Klagen der Pilger über die mannigfachen Behinderungen durch die neuen Herren im Heiligen Lande wirkten wie ein Appell an das allgemein-christliche Gewissen. Als dazu noch der feindliche Druck auf Konstantinopel bedrohlich wurde und Kaiser Alexius I. (1081–1118) einen eindringlichen Hilferuf an die abendländische Kirche nach Rom sandte, da zündete der Aufruf, den Papst Urban II. (1088–1099) auf den Synoden zu Piacenza und Clermont im Jahre 1095 an die lateinische Christenheit richtete, und weckte ungeheure Energien. Über alle nationalen Schranken hinweg vermochte die große religiöse Idee, den orientalischen Christen zu Hilfe zu kommen und das Land, in dem Christus gewandelt und uns das Heil erworben hat, den Mohammedanern zu entreißen, die Völker des christlichen Abendlandes zu einen. Mit dem flam-

menden Ruf „Gott will es" riß der Papst die Massen mit sich fort und stellte sich selbst an die Spitze der Bewegung. Es war gerade in dem Augenblick, als Kaiser Heinrich IV. ebenso wie der französische König Philipp I. als Gebannte außerhalb der christlichen Gemeinschaft standen. So fiel dem Papsttum die Führung dieser gesamt-abendländischen Bewegung zu, kaum 50 Jahre nach der Synode von Sutri (1046), auf der Kaiser Heinrich III. dasselbe Papsttum aus seinem Niedergang herausgerissen und erneut auf seine universale Bedeutung hingelenkt hatte. Der päpstliche Aufruf fand einen ungeahnten Widerhall. Er löste eine religiöse Massenbewegung aus, die trotz vieler Rückschläge jahrhundertelang lebendig geblieben ist und erst mit der Auflösung der abendländischen Einheit am Ende des Hochmittelalters seine zündende Kraft verloren hat.

*1. Kreuzzug: 1096–1099;* dem eigentlichen Kreuzzuge ging ein Aufbruch unorganisierter und unerleuchteter Bauernscharen voraus. Auf ihrem Durchzug durch das Rheinland lösten sie in ihrer Erregung blutige Judenpogrome aus. Auch auf ihrem weiteren Wege durch den Balkan ließen sich die führungslosen Haufen manche Exzesse an den einheimischen Bevölkerungen zuschulden kommen, so daß der byzantinische Kaiser sich weigerte, sie in die Stadt einzulassen. Die meisten von ihnen kamen unterwegs um. Ein Teil erreichte unter Führung des Einsiedlers Peter von Amiens, der den Kreuzzug gepredigt hatte, Kleinasien. Er wurde beim ersten Ansturm der Seldschuken völlig aufgerieben und vernichtet.

Das Hauptheer der Ritterschaft, fast ausschließlich aus den romanischen Ländern, gelangte auf verschiedenen Wegen nach Konstantinopel. Die Fürsten Raimund von Toulouse, Gottfried von Bouillon mit seinen Brüdern Balduin und Eustachius, der Normanne Bohemund von Tarent sind ihre Anführer gewesen. Nach gewaltigen Strapazen und vielen erbitterten, blutigen Kämpfen konnten sie im Juli 1099 Jerusalem erobern. Aber ein furchtbares Blutbad, das sie anrichteten, belastete ihre heldenhaften Anstrengungen aufs schwerste. Die zeitgenössischen Quellen lassen erkennen, wie es zu diesen Ausschreitungen, bei denen weder Frauen noch Kinder, noch Greise geschont wurden, gekommen ist: Die übermäßigen Anstrengungen beim Zuge durch die sonnenverbrannten Steinwüsten und die ständigen Überfälle aus dem Hinterhalt hatten den Rittern übermäßig hohe Verluste und einen gewaltigen Blutzoll abverlangt; die angestaute Verbitterung und

Überreizung machte sich beim Sturm auf die Heilige Stadt in einem ganz und gar unchristlichen Blutrausch gegen die „Ungläubigen“ Luft. Vom Standpunkte des Evangeliums sind sie gewiß nicht zu entschuldigen. Solche aus menschlicher Unzulänglichkeit geborenen Ausschreitungen haben auch später das Kreuzzugsgeschehen immer wieder schwer getroffen. Aber wer kann schon beurteilen, was in diesen harten und zugleich geistig kaum gebildeten Kriegern vor sich gegangen ist, wenn religiöse Inbrunst mit der Verbitterung des Kampfes auf Leben und Tod sich mischte?

Das Ergebnis des 1. Kreuzzuges war die Gründung des christlichen Königreiches Jerusalem, das nach französischem Vorbild als Lehnstaat mit den kleineren Kreuzfahrerstaaten, dem Fürstentum Antiochien und den Grafschaften Edessa und Tripolis, eingerichtet wurde. Gottfried von Bouillon wurde zum ersten „Beschützer des Heiligen Grabes“ gewählt. Er besiegte 1099 den ägyptischen Sultan bei Askalon. Ihm folgte sein Bruder Balduin I. (1100–1118), der den Titel eines christlichen Königs von Jerusalem annahm. Unter Fulco von Anjou (1131 bis 1143) gewann das Königreich seine größte Ausdehnung.

*2. Kreuzzug: 1147–1149;* Bernhard von Clairvaux hatte sich besonders für sein Zustandekommen eingesetzt und die Könige von Frankreich und Deutschland (Konrad III.) dafür gewonnen. Er endete mit einer furchtbaren Katastrophe des deutsch-französischen Heeres, das in mehreren Schlachten von den Türken aufgerieben wurde. Im Jahre 1187 ging Jerusalem wieder verloren.

*3. Kreuzzug: 1189–1192;* um die Heilige Stadt zurückzuerobern, brach ein gewaltiges, gut organisiertes und ausgerüstetes Kreuzfahrerheer unter Führung Kaiser Friedrich Barbarossas nach dem Orient auf. Bei Ikonium errang es einen glänzenden Sieg über die Türken. Als aber der greise Kaiser 1190 im Saleph ertrank, konnte das führungslose Heer keine weiteren Erfolge erkämpfen. Der englische König Richard Löwenherz und der französische König Philipp II. vermochten Jerusalem nicht zurückzuerobern; sie schlossen jedoch 1192 mit Sultan Saladin einen Waffenstillstand, durch den der friedliche Besuch Jerusalems durch christliche Pilger gewährleistet wurde.

*4. Kreuzzug: 1202–1204;* Papst Innozenz III. hatte zu ihm aufgerufen; zum letzten Male vereinigte sich die ganze abendländische Christenheit zu dem Unternehmen. Ganz gegen den Willen des Papstes wurde der Zug durch die Venediger Kaufleute aus eigensüchtigen Handelsinteressen nach Konstantinopel abgeleitet und griff in die innenpolitischen Wirren von Byzanz ein. Als die nach der ersten Eroberung der Stadt (17. 7. 1203) vereinbarte Wiedervereinigung der griechischen Kirche mit der lateinischen nicht gehalten wurde, kam es zu einer zweiten Eroberung (13. 4. 1204), bei der die Stadt furchtbar geplündert und verwüstet und ein sog. lateinisches Kaisertum in ihr errichtet wurde, das bis 1261 bestand. Dieses rohe und unverantwortliche Vorgehen hat den Spalt zwischen Ost- und Westkirche nur noch vertieft und unheilbar gemacht. Die Union ist nicht zustande gekommen.

Die Ergebnislosigkeit und Sinnlosigkeit dieses Unternehmens hat im Abendlande Zweifel an der Fortführung der bewaffneten Kreuzzüge der Männer aufkommen lassen. Der Gedanke brach sich Bahn, Gott werde sich eher der wehrlosen Jungfrauen und Kinder bedienen als der blutrünstigen Krieger. So kam es zu dem uns heute so unerklärlichen *Kinderkreuzzug von 1212*, bei dem Tausende von Knaben und Mädchen aus Frankreich und Deutschland unter Führung zweier Kinder, des französischen Hirtenknaben Stephan und des 10jährigen Nikolaus aus Köln, ins Heilige Land aufbrachen. Wie nicht anders zu erwarten, endete das schwärmerische Unternehmen mit einer furchtbaren Tragödie. Schon in Italien zerstreute sich der Zug. Viele kamen nicht mehr weiter. Die Mädchen wurden von Betrügern grausam mißbraucht. Die Reste, die sich in Marseille und Brindisi zur Überfahrt sammelten, wurden von gewissenlosen Reedern in Alexandrien als Sklaven verkauft; „ein schauerliches Bild, das wie eine böswillige Karikatur" des Kreuzzugsgedankens anmutet, aber „aus der Geisteshaltung der Zeit, zusammen mit der Verschiebung der Kreuzzugsbegeisterung in andere soziale Schichten und Altersstufen, wohl zu verstehen ist" (Waas). Der hl. Franz von Assisi hat den gesunden Kern des Gedankens, nämlich die friedliche Missionierung an die Stelle der gewaltsamen Niederwerfung und Eroberung zu setzen, später aufgegriffen. Bei Damiette suchte er den Sultan persönlich auf, um ihm die Botschaft des Evangeliums zu bringen. Wenn auch seine Predigt erfolglos war und die feindlichen Heere sich weiterhin blutig zerfleischten – bei der Einnahme von Damiette 1219 richteten die Christen ein furchtbares Morden in der Stadt an; später gerieten sie geschlossen in die Gefangenschaft, wurden aber großmütig vom Sultan behandelt und geschont –, so nahm doch die friedliche Franziskanermission im Heiligen Lande von hier aus ihren Anfang.

*5. Kreuzzug: 1228/29;* er war ein privates Unternehmen Kaiser Friedrichs II., der sich zudem im Banne befand. Durch Verhandlungen mit dem ägyptischen Sultan erlangte er die Rückgabe Jerusalems an die Christen. 1244 ging die Heilige Stadt aber endgültig verloren.

*6. Kreuzzug: 1248–1254;* König Ludwig IX., der Heilige, von Frankreich wollte zuerst Ägypten bezwingen und dann das Heilige Land erobern. Im April 1250 wurde das französische Heer bei Kairo völlig besiegt und mitsamt dem König gefangengenommen. 1270 hat Ludwig nochmals einen Kreuzzug unternommen. Aber auch dieser scheiterte. Die große Zeit war vorbei. 1291 gingen Akkon und die letzten Reste der Kreuzfahrerstaaten endgültig den Christen verloren.

2. *Die Ritterorden.* Die tiefe religiöse Dynamik, aus der die Kreuzzugsbewegung hervorgegangen ist, hat eine der eigentümlichsten Erscheinungen des Mittelalters geboren, den Mönchsritter. Die drei großen Ritterorden verdanken ihre Entstehung dem unmittelbaren Kreuzzugserlebnis im Heiligen Lande. Neben den drei üblichen Mönchsgelübden der Armut, der Keuschheit und des Gehorsams nahmen sie die Verpflichtung zum Dienst an den erschöpften und erkrankten Pilgern und zum Schutz der Heiligen Stätten gegen die Ungläubigen in ihre Statuten auf.

a) Der *Johanniterorden* wurde 1099 als Bruderschaft am Johanneshospital zu Jerusalem gegründet und 1120 zum Orden umgebildet (Tracht: Schwarzer Mantel mit weißem Kreuz). 1291 wurde der Ordenssitz nach Cypern, dann nach Rhodos (1309) und schließlich (1530) nach Malta verlegt, von wo er den Namen „Malteserorden“ erhielt.

b) Der *Templerorden* wurde um 1118 beim Tempel Salomons (daher „Templer“ genannt) von acht französischen Rittern gegründet (Tracht: Weißer Mantel, rotes Kreuz). 1291 ebenfalls nach Cypern verlegt, fiel er 1311/12 den Intrigen des französischen Königs Philipp des Schönen zum Opfer und wurde auf dem Konzil von Vienne aufgehoben.

c) Der *Deutsche Orden* wurde 1189/90 von Bremer und Lübecker Bürgern als Spitalbruderschaft gestiftet und 1198 zum Ritterorden umgewandelt. Unter dem Hochmeister Hermann von Salza (1210–1239) verlegte er sein Betätigungsfeld und bald auch seinen Sitz nach Preußen (Marienburg, seit 1309).

Ausbreitung des Christentums im Baltikum und Gründung des Ordensstaates waren fortan seine Aufgaben (Tracht: Weißer Mantel, schwarzes Kreuz). 1525 riß der Hochmeister Albrecht von Brandenburg das Land an sich und gestaltete es zu einem weltlichen protestantischen Herzogtum um.

3. Die Bedeutung der Kreuzzugsbewegung als ganze ist umstritten. Mag auch der militärische Erfolg angesichts der ungeheuren Opfer an Blut und Kraft nur gering gewesen sein, so darf ihr ideeller Gewinn doch nicht außer acht gelassen werden. Die Züge haben das abendländische Gemeinschaftsbewußtsein gewaltig gestärkt, den europäischen Gesichtskreis erweitert und durch die Begegnung mit der byzantinischen und orientalischen, insbesondere islamischen Kultur die Wissenschaft gefördert. Ein lebhafter Austausch aller Art von Zivilisations- und Wirtschaftsgütern setzte ein; der glänzende Aufstieg der abendländischen Philosophie und Theologie in der Scholastik ist ohne diese Begegnung mit dem Orient nicht denkbar.

Am tiefsten und nachhaltigsten hat sie das abendländische Frömmigkeitsleben geprägt. Die ausziehenden und heimkehrenden Kreuzfahrer, die um Christi willen das Kreuz nahmen, unendliche Gefahren und Strapazen durchstanden und in der peregrinatio religiosa das arme Leben des kreuztragenden Erlösers auf sich nahmen, brachten den Gedanken der Nachfolge Christi in Armut und Bußgesinnung auch in der Heimat zur Geltung. Eine ganz persönliche Frömmigkeit trat an die Stelle des frühmittelalterlichen religiösen Gemeinschaftserlebens. Man las die Heilige Schrift mit neuen Augen. Die Armutsbewegung erwachte.

## § 30

## ARMUTSBEWEGUNG, HÄRESIEN UND INQUISITION

1. Schon die Mönchsreformen des 10./11. Jhs. hatten die Rückkehr zur apostolischen Armut der Urkirche gefordert. Die vita apostolica war mit dem Ideal, ein armes Wanderpredigerleben nach dem Vorbilde Christi und seiner Apostel zu führen, eng verknüpft. Unter dem Eindruck der Kreuzzüge entwickelte sich das Verlangen nach ihr geradezu zu einer Volksbewegung, die das ganze Abendland ergriff. Nicht nur den Heimkehrern aus dem Heiligen Lande, sondern auch den

Zurückgebliebenen stand das Bild des armen Heilandes lebhaft vor Augen und feuerte sie zur Nachfolge Christi an. Man interessierte sich für das Evangelium. Mönche und Kleriker widmeten sich der Schriftlesung; aber auch einfache Laien schlossen sich in kleinen Kreisen zusammen und ließen sich vorlesen und erklären. Sie wollten unmittelbar aus der Schrift das Leben Christi und der Apostel kennenlernen. Das christliche Volk hungerte förmlich nach dem Worte Gottes. Um große Prediger wie Bernhard von Clairvaux oder Norbert zu hören, strömte es von weither zusammen.

Freilich konnte sich aus dem Vergleich des armen Lebens Jesu mit den bestehenden Verhältnissen leicht ein Gegensatz zur institutionellen Kirche entwickeln. Die mittelalterliche Feudalkirche war reich, nicht nur in Deutschland, wo die Bischöfe Fürsten waren, sondern auch in Frankreich, England, und Italien. Überall befanden sich die Bistümer und Abteien in den Händen der Adeligen und Mächtigen. Der Klerus bestimmte das geistige Leben. Er war mit den Feudalherren aufs engste verbunden. Nun aber wuchs in den aufblühenden Städten ein selbstbewußtes Bürgertum heran, das sich nicht mehr rückhaltlos der geistlichen Führung überließ. Der Laie erwachte in der Kirche und wollte sich selbst ein Urteil in den religiösen Fragen bilden. So griff er zur Bibel. Solange sein Suchen in den kirchlichen Raum eingebettet und einer ernsten inneren Reform dienstbar war, konnte es sich segensreich auswirken. Es bestand aber auch die Gefahr, daß es sich mit häretischen und antikirchlichen Gedanken verknüpfte und zum Unsegen ausschlug. Die Frage war also, ob die Kirche die Bewegung aufzufangen vermöchte, oder ob diese sich gegen sie wenden würde.

Der eifernde niederländische Reformer *Tanchelm*, der sich gegen jeden Besitz der Kleriker wandte und das weltliche Leben der Geistlichen aufs heftigste tadelte, endete in einer spiritualistischen Bekämpfung der Hierarchie und der sakramentalen Kirche. Er lehnte auch die Eucharistie ab. 1115 wurde er vom Volke erschlagen. Aber seine Irrlehren wirkten weiter. 1124 predigte Norbert bei Antwerpen gegen sie. Auch der radikale italienische Bußprediger *Arnold von Brescia* forderte eine besitzlose, arme Kirche und übte heftige Kritik am Papsttum. Als er sich in die stadtrömischen politischen Umtriebe einspannen ließ, geriet er in das Räderwerk der hohen Politik. Kaiser Friedrich Barbarossa ließ ihn 1155 hinrichten. Seine

Anhänger, die „Arnoldisten“, gingen später vielfach zu den Waldensern und Katharern über.

Die *Waldenser* gehen auf den reichen Kaufmann Petrus Waldes von Lyon zurück. Um 1173/76 entdeckte er bei der Lektüre von Mt 10, 5ff das Armutsideal. Er verschenkte sein Vermögen, um von nun an ein strenges Apostolat der Armut und der Bußpredigt auf sich zu nehmen. Seine Anhänger nannten sich „pauperes Christi“ oder „Arme von Lyon“. Ihre gewiß gutgemeinte Predigt, die sich von Übertreibungen und harter Kritik am Bestehenden nicht freihielt, barg Gefahren für den Glauben in sich. Der Bischof von Lyon verbot sie, weil sie als Laien nicht qualifiziert seien, über Glaubensfragen zu sprechen. Waldes wandte sich an den Papst. Er erschien auf dem 3. Laterankonzil 1179, und Alexander III., der sein Armutsideal lobte, gestattete ihm die reine Bußpredigt, wenn er sich nur von aller Glaubensverkündigung fernhalte. Diese Bedingung war dehnbar und unbestimmt. Unter dem Vorwurf, sie nicht eingehalten zu haben, verbot der Bischof sie ein zweites Mal. Wieder wandte sich Waldes nach Rom. Aber diesmal reagierte Lucius III. scharf. 1184 verbot er ihm jegliche Predigttätigkeit und tadelte seine ganze Bewegung, die inzwischen radikale Formen angenommen hatte.

Nun widersetzte sich Waldes. Er bezog sich auf seine innere Berufung und persönliche Sendung durch Christus. Überhaupt habe nur derjenige ein Recht, Christus zu verkündigen, der selbst alles hingegeben habe und in völliger Armut lebe. Der Papst antwortete mit Exkommunikation und Verfolgung. Die in den Untergrund gedrängte Bewegung glitt in immer stärkere Kirchenfeindlichkeit ab und nahm häretische Glaubenslehren in sich auf. Waldes starb um 1217. Die Reste seiner Bewegung und der Name gingen später auf die italienischen Protestanten über.

Um 1170 traten erstmals auch die *Beginen* in Belgien und in den Niederlanden auf, fromme Frauen, die sich mit Gebet und Schriftlesung befaßten, der Handarbeit, der Krankenpflege und dem religiösen Mädchenunterricht oblagen und ohne eigentliche Ordensgelübde in den sog. Beginenhöfen zusammenlebten. Sie waren ganz der tätigen Nächstenliebe um Christi willen hingegeben. In der Mailänder Gegend schlossen sich die Tuchweber zu ähnlichen religiösen Gemeinschaften zusammen, die *Humiliaten*. In Nachahmung der urchristlichen Liebesgemeinde (Apg 2, 44) bildeten sie Produktionsgemeinschaften, die jedes Privateigentum ablehnten. Als sich auch hier allmählich radikalere Tendenzen bemerkbar machten, gelang es 1201 Innozenz III., die Bewegung kirchlich aufzufangen und unter geistliche Führung zu bringen. Ein Teil schloß sich zu klösterlichen Gemeinschaften zusammen, die nach der Augustinus-Regel lebten; ein anderer Teil blieb in der Welt, nahm aber an den religiösen Übungen dieser Klöster teil und war in Gebetsgemeinschaft mit ihnen verbunden; sie waren die Vorläufer der „Dritten Orden". 1216 zählte die Mailänder Diözese 150 solcher Humiliatenklöster. Der Orden hat bis 1571 bestanden.

2. Während allen diesen Gruppen die christliche Grundlage gemeinsam war, entsprang die *Katharerbewegung* einer genuin unchristlichen, manichäisch-dualistischen Wurzel. Armenische Paulicianer, die im 9. Jh. durch Byzanz auf den Balkan umgesiedelt worden waren, hatten altgnostische Vorstellungen mitgebracht, die der Dorfpriester Bogomil in Mazedonien in der 1. Hälfte des 10. Jh. zusammenfaßte: Die Welt sei vom Teufel, d. h. vom bösen Gott des Alten Testamentes, erschaffen und werde von ihm beherrscht; dabei seien auch die reinen Seelen der Menschen in die böse Materie verbannt worden. Der gute Gott des Neuen Testamentes habe einen seiner Engel, Jesus Christus, gesandt, um die Menschen zu lehren, wie sie sich befreien und als die „Reinen" (katharoi = Katharer, „Ketzer") in ihre wirkliche Heimat, den Himmel, eingehen könnten. Askese und völlige Weltenthaltung seien dazu nötig. Jede Berührung mit der bösen Materie mache unrein, die ganze Schöpfung sei in sich sündhaft. Die „Vollkommenen" müßten neben Ehe, Geschlechtsverkehr und Fleischgenuß auch jede Art von Handarbeit, materiellen Besitz und Reichtum aufs sorgfältigste meiden.

Durch wandernde Händler und heimkehrende Kreuzfahrer drangen diese Ideen im 12. Jh. ins Abendland ein und verbreiteten sich rasch über Deutschland (Köln 1143), England, Frankreich und Italien. Sie wurden mit einzelnen christlichen Gedanken verknüpft. Ihre Anhänger organisierten sich nach Art der katholischen Kirche, gaben sich eine Hierarchie und Bistumseinteilung. 1167 fand bei Toulouse ein großes Katharerkonzil statt. Der reichen, mit dem sündhaften Besitz behafteten katholischen Kirche stellten sie ihre eigene arme und jeden Besitz verwerfende Kirche gegenüber. Sie trafen damit nur allzusehr die Vorstellungen vieler radikaler Reformer, die von der „evangelisch-armen“ Kirche träumten, und es gelang ihnen, in den Augen des einfachen Volkes ihre eigene unchristlich-dualistische Weltverachtung als das Idealbild christlicher Askese hinzustellen. Überhaupt bezeichneten sie sich als die idealen Christen, die ein vorbildlich asketisches Leben führten, während sie die katholische Kirche als Synagoge Satans bezeichneten, die Priester als scheinheilige Sünder brandmarkten und die Sakramente als Teufelswerk erklärten.

Mit der gleichen Unbedingtheit bekämpften sie übrigens auch den Staat, nannten den Kaiser den Statthalter Satans und die Fürsten seine Handlanger. Ihre starke Verbreitung im Süden Frankreichs, besonders im Gebiete von Albi (daher „Albigenser“), führte sie bald mit den Baronen zusammen, die sich soeben zum Kampfe gegen das französische Königtum rüsteten. In dem blutigen, halbreligiösen und halbpolitischen Albigenserkriege (1209–1229) kam die Spannung zum Ausbruch.

3. Unter diesem doppelten Aspekt muß auch die gegen sie eingesetzte „Ketzerbekämpfung“ und die *Inquisition* gesehen werden. Weil die Katharer ebensosehr die politisch-sozialen wie die religiösen Grundlagen der christlichen Gesellschaft angriffen, wirkten Staat und Kirche bei ihrer Bekämpfung zusammen. Schon 1197 erklärte König Peter II. von Aragon die Katharer offiziell zu Staatsfeinden und befahl ihre Verbrennung. König Ludwig VII. von Frankreich und König Heinrich II. von England drängten 1179 das 3. Laterankonzil zu harten Beschlüssen gegen die Häretiker, die mit Güterkonfiskation und Freiheitsberaubung bestraft und notfalls mit Waffengewalt niedergeworfen werden sollten. Lucius III. schloß daraufhin mit Kaiser Friedrich Barbarossa 1183 ein Abkommen, nach dem unmittelbar nach der kirchlichen Exkommunikation über die Häretiker von Reichs wegen die Reichsacht über sie ausgesprochen werden sollte; Ketzer sollten von Amts wegen aufgespürt und dem weltlichen Gericht zur Bestrafung übergeben werden. Wieweit dabei religiöse oder politische Momente den Ausschlag gaben, danach zu fragen ist müßig; eine Welt, die sich selbst ganz als eine religiös-politische Einheit verstand, konnte nur gemeinsam handeln, sobald sie ihre einheitlich-christliche Grundlage angegriffen sah.

Nachdem Bekehrungsversuche unter den Albigensern gescheitert und der päpstliche Legat 1208 ermordet worden war, rief Innozenz III. 1209 zum Kreuzzug gegen sie auf. Zwanzig Jahre lang währte das unchristliche Morden, das auf beiden Seiten unendlich viel Blut forderte. Ganze Städte wurden entvölkert und weite Landstriche verwüstet. Die provençalische Kultur wurde dabei vernichtet. Äußerlich konnte die Häresie als ausgerottet gelten. Aber noch viele Jahrzehnte hatte die Inquisition zu tun, um wirklich der Lage Herr zu werden. Den Nutzen hatte die französische Monarchie. Sie ging als Siegerin aus dem Kampfe hervor; denn unter dem Schutze der Religion waren großenteils politisch-dynastische Interessen ausgetragen worden.

Unter Innozenz III. ist das Inquisitionsverfahren im kirchlichen Prozeßrecht ausgebildet worden; danach mußte die Obrigkeit in gewissen Fällen von Amts wegen gegen einen Sünder und Verbrecher vorgehen; sie durfte also nicht warten, bis er angeklagt wurde (Akkusationsprozeß), sondern mußte von sich aus, ex officio (Offizialprinzip), ihn aufspüren und vor Gericht ziehen. Die Anwendung dieses Verfahrens gegen die Ketzer führte 1231 zur Bestellung eigener päpstlicher Inquisitoren, die den Häresieverdächtigen nachgehen mußten. Schon 1224 war von Gregor IX. und Kaiser Friedrich II. gemeinsam ein Ketzergesetz für die Lombardei erlassen worden, nach dem die weltliche Obrigkeit einen vom Bischof überführten Ketzer gefangennehmen und, falls er hartnäckig blieb, hinrichten mußte. Die Auslieferung an den weltlichen Arm zog also zwangsläufig die Bestrafung nach sich. Wenn bei der Übergabe die Bitte geäußert wurde, die weltliche Macht möge das Leben des Verurteilten schonen, so war dies nichts als ein „grauenvoller Formalismus und reine Fiktion". Verweigerte das weltliche Gericht die Vollstreckung, so verfiel es selbst der Anklage auf Häresieverdacht. Innozenz IV. ermächtigte 1252 die Inquisitoren, ein Geständnis gegebenenfalls durch die Folter erzwingen zu lassen.

Damit begann eines der traurigsten Kapitel der Kirchengeschichte. Den unmenschlichen Praktiken brutaler Folterknechte waren keine Grenzen mehr gesetzt. Viel unschuldiges Blut wurde vergossen und ein Übermaß an Grausamkeit und Leid auf die Menschheit herabgezogen. Als man diese „fürchterliche Einrichtung" später auch noch in den Dienst eines ausgesprochenen Wahns, des unsinnigen Hexenglaubens, stellte, war der Tiefpunkt erreicht. Unendliches Leid ist durch blinde Fanatiker im Namen Jesu, des barmherzigen Herrn der

Bergpredigt und der Frohen Botschaft von der Erlösung, über die Menschheit gebracht worden. Wir können es nur mit tiefer Scham und Bestürzung feststellen; fassen können wir es nicht.

Wenn wir dennoch fragen, wie es dazu kommen konnte, so ist manches zu bedenken. Dem mittelalterlichen Menschen war der religiöse Ketzer zugleich der politische Revolutionär, der durch seinen Angriff auf die Grundlagen der christlich-abendländischen Gesellschaft Kirche und Staat zugleich in ihrer Existenz bedrohte. Zwar haben die Theologen, vor allem Thomas von Aquin, den unmittelbaren Glaubenszwang durchweg abgelehnt. Aber bei der großen Hochachtung vor der Wahrheit im allgemeinen und der Glaubenswahrheit im besonderen, die allein christlich gesehen wurde, mußte sich die Frage, was mit ihren Leugnern und Bestreitern zu geschehen habe, ganz anders als heute stellen. Es gibt nur eine einzige objektive Wahrheit. Dient man ihr besser durch Härte oder durch nachsichtige Liebe? Der mittelalterliche Gläubige war vom ersteren überzeugt. Noch die Reformatoren, Luther, Melanchthon und vor allem Calvin, dachten und handelten ebenso. Ketzerprozesse und Hexenverfolgungen gab es bis weit in die Neuzeit hinein in Wittenberg und Genf ebenso zahlreich und hart wie in Köln und Paris. Erst die Aufklärung hat sie im 18. Jh. abgeschafft.

Daß es jedoch auch einen anderen Weg gab, die Glaubensgefahren zu überwinden und das Evangelium zu verkünden, haben schon Franz von Assisi und Dominikus ihrer Epoche gezeigt.

## § 31
## DIE GROSSEN BETTELORDEN

Große Heilige sind stets eine Antwort Gottes auf die besonderen Nöte und Schwierigkeiten einer Zeit. Franz von Assisi und Dominikus haben aus innerer Berufung und Gnade den Weg aus dem großen Dilemma gewiesen, in dem Kirche und Gesellschaft sich befanden: Eine reich und mächtig gewordene Kirche und eine in wirtschaftlichem Reichtum aufblühende christliche Gesellschaft standen in Gefahr, ihrem Besitz zu erliegen und den Kontakt mit den besitzlosen Bevölkerungsschichten zu verlieren, Nicht Macht und Gewalt konnten die

Einheit retten, sondern die innere Überwindung der Spannung durch den Geist des Evangeliums. Indem sie selbst das Armutsideal in der vollkommenen Nachfolge Christi bis zum Äußersten vorlebten, ohne aber gleichzeitig blindwütend gegen den Reichtum der anderen zu schelten oder gar den Besitz selbst als in sich „böse“ zu bezeichnen, lehrten sie zugleich verzichten und besitzen, wie Paulus sagt: „als trauernd und doch stets freudig, als arm und doch viele bereichernd, als Habenichtse und doch alles besitzend“ (2 Kor 6, 10).

1. *Franz* wurde 1181/82 in Assisi geboren. Nach sorgloser Jugend, voll von hochstrebenden Plänen, erfaßte ihn im Frühjahr 1205 der Armutsgedanke, als er eben zu einem Kriegszug nach Apulien unterwegs war, wo er sich den Ritterschlag verdienen wollte. Von nun an lebte er ganz der Entsagung in Werken der Buße und Nächstenliebe. Als ihn sein Vater 1206 aus dem Hause stieß, zog er fröhlich singend und bettelnd durch das Land. Im Portiunkula-Kirchlein bei Assisi wurde ihm aus Mt 10, 5ff im Frühjahr 1208/09 sein Lebensweg vorgezeichnet: allen Menschen und der ganzen Schöpfung die frohe Botschaft von der barmherzigen Liebe des Erlösers zu predigen und sie zur Umkehr und Hinkehr zu Gott zu führen. Einige Jünger schlossen sich ihm an; mit ihnen zog er 1209/10 nach Rom, um sich von Innozenz III. die Bestätigung seiner Lebensweise und die Predigtbeauftragung zu erbitten. Der Papst gewährte beides (Legende von seinem Traumgesicht). Franz scheint jetzt die Diakonatsweihe empfangen zu haben. Dann begann er seine Wirksamkeit. Mit beispielloser Geschwindigkeit breitete sich seine Idee aus. Buße und Gottes Liebe verkündend, durchzog er Italien, Südfrankreich und Spanien (1214/15). Er wollte die Katharer und die Mauren bekehren, aber nicht mit Waffengewalt und Macht, sondern als ganz geringer Bruder – fratres minores wollte er sich und seine Genossen genannt wissen – mit Liebe, Demut und Freude. Eine Erkrankung hinderte ihn daran, nach Marokko hinüberzugehen. So kehrte er 1215 nach Assisi zurück.

Früh setzte der Aufschwung seines Ordens ein. Sein Erscheinen löste überall eine tiefe Volksbewegung aus, die alle Schichten umfaßte. Die Jugend strömte ihm zu. Er besaß das Vertrauen der einfachen Bevölkerung ebensosehr wie das des Papstes und der Bischöfe. Eine eigentümliche Anziehungskraft ging von Franz aus. Als er 1219 das Kreuzfahrerheer nach Ägypten begleitete, konnte er es wagen, mitten durch die vor

Damiette Kämpfenden hindurch zum Sultan vorzudringen und ihm von der Liebe des Erlösers zu erzählen; er wies damit der Mission des Kreuzes einen neuen Weg; statt mit Waffen zu besiegen, sollte sie durch Liebe bezwingen.

Im Jahr 1221 gab Franz seinem Orden eine Regel, die ganz aus seinem Geiste und dem Evangelium geboren war. Da sie den gewaltigen organisatorischen Aufgaben einer schon über halb Europa ausgebreiteten Brüderschaft nicht gewachsen schien, wurde sie in Zusammenarbeit mit Kardinal Hugolin, dem späteren Papst Gregor IX., überarbeitet und 1223 bestätigt. Franz selbst zog sich von der Leitung zurück, um ganz seinem Ideal leben zu können. Seit 1224 litt er an einem schweren Magen- und Augenleiden. Im September 1224 empfing er auf dem Monte Alverno, während er in mystischer Christusverbundenheit zum Kreuze aufschaute, die Wundmale des Herrn an seinem Leibe. So wurde er, der christus-ähnlichste Christ, auch in der Passion dem Gekreuzigten verbunden. Mitten in seinem Leiden dichtete er den herrlichen Sonnengesang, der überfließt von Liebe und Dank an Gott, den die ganze Schöpfung preist. Auf dem Boden liegend, arm und nackt, aber mit dem Tedeum auf den Lippen, das seine Brüder singen mußten, starb er am 3. Oktober 1226.

Seine Volksverbundenheit ging auf seine Ordenssöhne über; sie blieben die Volksmissionare des Mittelalters. Eng mit ihnen verbunden war der Orden der hl. Klara, die sich 1212 unter die geistige Führung des Heiligen gestellt hatte und von ihm in S. Damiano bei Assisi angesiedelt worden war. 1221 kam der sog. Dritte Orden (Tertiaren) hinzu; in ihm konnten auch solche, die in der Welt verblieben, an den Idealen und Kräften des Franziskanertums teilnehmen. Franz hat der Kirche die Liebe zur Armut wieder aufgeprägt und sie in den Augen derer, die an ihrem Reichtum Anstoß nahmen, glaubwürdig gemacht. Seine Jünger hielten in ihrer gelebten Armut, ohne weltfremd und weltverachtend zu sein, das Armutsideal aufrecht bis auf den heutigen Tag.

2. *Dominikus*, um 1170 in Kastilien geboren, war in seinem Wesen so ganz verschieden von Franz, aber dennoch in seinem Wollen mit ihm verwandt. Als regulierter Kanoniker lernte er auf einer Romreise 1204 die verderblichen Auswirkungen der Katharerbewegung in Südfrankreich kennen und entschloß sich, als Wanderprediger in apostolischer Armut sich ihrer Bekehrung zu widmen. Er übernahm von Franz die

strenge Armutsregel. Aber er fügte noch etwas hinzu: Zu einer soliden Glaubenspredigt bedurfte es auch einer guten theologischen Ausbildung. Auf sie legte Dominikus besonderen Wert. Als er 1215 um Bestätigung seines neuen „Priesterordens" in Rom nachsuchte, verlangte Innozenz III. von ihm die Annahme der Augustinerregel. Honorius III. erteilte dem neuen Orden 1216 die Bestätigung. Bereits 1217 gab es in Prouille am Fuße der Pyrenäen auch das erste Dominikanerinnenkloster; es ist aus jener Vereinigung frommer Frauen hervorgegangen, die sich zur Unterstützung der Albigensermission des hl. Dominikus gebildet hatte. Später schloß sich ein Dritt-Orden für Weltleute, ähnlich dem der Franziskaner an.

Das unbedingte Armutsideal wurde noch von zwei weiteren Orden aufgegriffen, von den *Augustiner-Eremiten*, die 1256 die päpstliche Bestätigung erhielten, und von den *Karmeliten*, die 1228 aus dem Heiligen Lande nach Europa übergesiedelt waren und sich 1247 ebenfalls als Bettelorden konstituierten. Den letzteren schloß sich 1452 auch ein weiblicher Zweig an, die Karmelitinnen.

Die vier Bettelorden gewannen eine große Bedeutung für das kirchliche Leben. Sie stellten nicht nur die beliebtesten Volksseelsorger, sondern auch die bedeutendsten Theologen des hohen Mittelalters.

## § 32

### DIE THEOLOGISCHE WISSENSCHAFT UND DIE UNIVERSITÄTEN

Hatte sich das Frühmittelalter damit begnügt, die Schrifttheologie im Geiste der altchristlichen Patristik zu tradieren und weiterzupflegen, so führte die Intensivierung des kirchlichen Lebens im 11. Jahrhundert zu einer stärkeren Differenzierung des theologischen Denkens im 12. und 13. Jh. Je mehr das christliche Abendland unter päpstlicher Führung zu einer Einheit zusammenwuchs, desto lebhafter wurde der geistige Verkehr der Völker untereinander. Der Austausch der Gedanken regte zu vielseitigerer Beschäftigung mit dem Überkommenen an. Die Erweiterung des Weltbildes durch die Kreuzzüge brachte neue Aspekte. Von den Klöstern ging das Schwergewicht der wissenschaftlichen Arbeit auf die neu entstehenden Universitäten über.

1. Der Benediktiner Ruprecht von Deutz († 1135) stand noch ganz in der alten Tradition. Aber Berengar von Tours († 1088) ging bereits eigene Wege. In der Abendmahlslehre bestritt er die reale Gegenwart des Leibes Christi. Brot und Wein seien nur Symbole; sie würden in der Konsekration nicht verwandelt, sondern erhielten lediglich eine übernatürliche Kraft. Als seine Lehre 1079 in Rom zurückgewiesen wurde, unterwarf er sich. Das 4. Laterankonzil entschied 1215, daß die Konsekration in der heiligen Messe eine wirkliche Wesensverwandlung bewirke, und prägte dafür den Ausdruck „Transsubstantiation".

Als „Vater der Scholastik" wird Anselm von Canterbury († 1109) bezeichnet. Er versuchte, unter Benutzung der traditionellen Gedanken das ganze Glaubensgut neu mit dem Verstande zu durchdringen und neu zu erarbeiten. Der Glaube *könne* vom Intellekt gestützt werden; ja er verlange geradezu danach: fides quaerens intellectum. Das Dasein Gottes z. B. sei nicht nur aus der Offenbarung durch die Heilige Schrift zu erweisen, sondern könne auch durch den Verstand aus der Schöpfung erkannt werden; er führte den sog. ontologischen Gottesbeweis ein. Schon leuchtete das Problem „Glaube und Vernunft", „Offenbarung und natürliche Erkenntnis" auf. Auch in der Christologie und Erlösungslehre ist er eigene Wege gegangen (Satisfaktionslehre). Der bedeutendste Theologe der Frühscholastik war der scharfsinnige, aber unausgeglichene Petrus Abaelard (1079–1142). Mit seiner dialektisch-kritischen Methode des „Sic et non" (Ja und Nein) suchte er in alle Tiefen einzudringen; dabei verwischte er gelegentlich die Grenzen zwischen Glauben und Wissen; Bernhard von Clairvaux trat ihm entgegen; auf der Synode von Sens (1141) wurden mehrere seiner Sätze verworfen.

Um 1140 versuchte der Kamaldolensermönch Gratian († 1158), Magister in Bologna, die verstreuten Rechtsnormen (= canones) der Kirche zu sammeln und zu sichten. Seine „Concordantia discordantium canonum", später einfach Decretum Gratiani genannt, wurde der Grundstock des *Corpus Juris Canonici*, das bis 1918 das maßgebliche Rechtsbuch der Kirche geblieben ist. Ihm wurden im Laufe des Mittelalters mehrere Sammlungen hinzugefügt: der *Liber extra decretum* Gregors IX. (1234), der *Liber sextus decretalium* Bonifaz' VIII. (1298), die *Constitutiones Clementinae* (1317) und die sog. *Extravagantes*, d. h. die Erlasse der Päpste aus späterer Zeit. Gratian wird der „Vater der Kanonistik" genannt.

Das sichtende und zusammenfassende dogmatische Lehrbuch schrieb der Pariser Magister und spätere Bischof Petrus Lombardus († 1160). Seine „Sentenzen" (Sententiarum libri IV) blieben im ganzen Mittelalter im Gebrauch.

Den absoluten Höhepunkt erreichte die theologische Entwicklung jedoch erst in der sog. „Hochscholastik" des 13. Jh. Auf dem Umwege über arabische und jüdische Denker (Avicenna, † 1037 im Orient; Averroes, † 1198 in Spanien, Maimonides, † 1204, ein Jude) wurde das Abendland mit dem griechischen Philosophen Aristoteles († 322 v. Chr.) näher als bisher bekannt. Seine Art, die Welt und die Probleme des Geistes zu sehen, wurde, vom heidnischen Inhalt gereinigt und christlich „getauft", zum Vorbild für die theologische Durcharbeitung der christlichen Glaubenswelt genommen. Seine Begriffssprache schien sich vorzüglich dazu zu eignen. So entstand eine „moderne", philosophisch-theologische Methode, die alsbald besonders in den jungen Bettelorden großen Anklang fand. Mit Albertus Magnus († 1280), Thomas von Aquin († 1274) und Meister Eckhard († 1328) stellten die Dominikaner, mit Alexander von Hales († 1245), Bonaventura († 1274) und Duns Scotus († 1308) die Franziskaner die bedeutendsten Vertreter der Hochscholastik.

*Albert*, ein Schwabe, der 1223 in den Dominikanerorden eingetreten war, ein Gelehrter von universalem Wissen (doctor universalis, der „Große" benannt), hat in Köln und Paris gelehrt; in Paris (1243–47) wurde Thomas von Aquin sein Schüler, der ihn dann auch nach Köln begleitete (1248–52), als er 1248 zur Gründung einer neuen Ordenshochschule (studium generale) dorthin zurückgesandt wurde. Albert hat wohl als erster die aristotelische, d. h. die philosophisch-theologische Methode systematisch auf die christliche Theologie angewandt. Er wurde darin bei weitem von seinem großen Schüler *Thomas* von Aquin übertroffen, der 1226/27 in Roccasicca bei Neapel geboren wurde, 1244 gegen den heftigen Widerstand seiner Familie in den Dominikanerorden eintrat, von 1245–1252 Alberts Vorlesungen hörte und von ihm befruchtet wurde. Thomas selbst lehrte in Paris (1252–1259, seit 1256 als Univ.-Professor), in Rom (1259–1269), wieder in Paris (1269–72) und in Neapel (1272–74). Außer seiner klassischen „Summa theologica", der unübertroffenen Gesamtdarstellung der christlichen Religion auf der philosophisch-theologischen Basis des christlichen Aristotelismus, verfaßte er zahlreiche andere Werke, so die Summa contra gentiles (1264), Quaestiones quodlibetales, Quaestiones disputatae, Kommentare zur Heiligen Schrift, zu Aristoteles u. a. m. Er war der genialste Theologe des Mittelalters; dazu aber auch ein großer Mystiker und Heiliger (doctor angelicus).

Der Franziskaner *Bonaventura*, 1217/18 bei Viterbo geboren und 1243 in den Orden eingetreten, studierte und lehrte zusammen mit Thomas von Aquin in Paris (1253 bzw. 1257–74). Seine Theologie ist stark mystisch geprägt (Doctor Seraphicus) und an Augustin und Platon orientiert, so vor allem sein kurzer Grundriß der Dogmatik (Breviloquium, 1257) und sein vielgelesenes, mystisch-erbauliches „Itinerarium mentis ad Deum" (1259). Während Thomas mehr mit dem Intellekt arbeitete, orientierte sich Bonaventura stärker am Willen; war für den ersteren das Ziel die Erkenntnis Gottes, so für den letzteren die Liebe zu Gott. Er hat diesen Geist der Ordenstheologie aufgeprägt. Als Ordensgeneral (1257–74) hat er, neben seiner Lehrtätigkeit in Paris, stets Sinn für praktische Seelsorgeaufgaben gehabt. Zur Überwindung der Spannung zwischen den Konventualen und den Spiritualen im Orden verfaßte er die Vita maior S. Francisci. Sein Ordensbruder *Duns Scotus* setzte seine theologische Linie fort: um 1265 in Schottland geboren, hat er in seiner kurzen, aber sehr fruchtbaren Lehrtätigkeit in Paris (1305–1307) und Köln (1307/08), wo er starb, durch seine scharfsinnige, kritische Methode und durch seine christozentrische und marianische Spekulation (Unbefleckte Empfängnis Mariens als Vorerlösung durch Christus) der Theologie starke Impulse gegeben. Auch er betont den Primat des Willens, der Freiheit und der Liebe. Man hat ihn als „die letzte große Gestalt der Hochscholastik" bezeichnet (Grabmann).

2. Zentren der theologischen Studien und der Wissenschaft schlechthin waren in dieser Zeit die neugegründeten *Universitäten*. Um 1200 schlossen sich die Magistri der verschiedenen Schulen in Paris zu einer eigenen Körperschaft, der „Universitas magistrorum", zusammen, die bald kirchliche und staatliche Anerkennung als selbständige Korporation erhielt. Gregor IX. machte sie 1231 auch vom Bischof unabhängig und verlieh ihr zahlreiche Privilegien. In Bologna entwickelte sich um diese Zeit ebenfalls eine solche „Universitas"; aber hier waren die Studenten die Hauptträger (universitas scholarium) des Zusammenschlusses. In der Folgezeit erstanden derartige

Zusammenschlüsse an vielen Orten. Sie wurden kurzweg „Universitäten" genannt. In Italien waren bald Padua (1222), Neapel (1224), in Frankreich Montpellier u. a. neben Bologna und Paris, in England Oxford und Cambridge, in Spanien Palencia und Salamanca (1220) berühmte wissenschaftliche Zentren. Deutschland folgte erst um die Mitte des 14. Jh. nach, Prag 1348, Wien 1365, Heidelberg 1386, Köln 1388. Das größte Ansehen und den stärksten Besuch hatte Paris, die „Mutter der Wissenschaften". Um 1258 stiftete hier Robert de Sorbon ein Kollegienhaus für arme Theologiestudenten. Wenn auch zahlreiche weitere Stiftungen hinzukamen, so ist doch der Name „Sorbonne" auf die ganze Pariser Universität übergegangen. Vor allem hatten Philosophie und Theologie in Paris ihre Pflegestätte. In Bologna dominierte die Rechtswissenschaft. Alle Studenten, die z. T. noch recht jung waren, durchliefen zunächst die philosophische Fakultät (facultas artium), dann erst wählten sie eine der drei höheren Fakultäten, die theologische, die juristische oder die medizinische, zu ihrem Fachstudium.

Zum Unterschied von Lokalschulen (studium particulare) waren die Universitäten dadurch ausgezeichnet, daß sie Schüler und Magister von überallher aufnahmen und daß ihre Grade überall im christlichen Abendlande Gültigkeit hatten (studium universale). In ihnen leuchtete etwas von der Universalität des einheitlichen abendländischen Geistes auf. Neben Sacerdotium und Imperium rechnete man das Studium als eigenständiges, drittes „Weltamt". Der Kölner Kanoniker Alexander von Roes schrieb in seiner geistreichen Parabeldichtung des „Pavo" im Jahre 1284 den Italienern das Sacerdotium, den Deutschen das Imperium und den Franzosen das Studium als besondere Aufgabe im Dienste der abendländischen Völkergemeinschaft zu. Die Promotion zum Doktor an einer dieser Universitäten bedeutete die Gleichstellung mit dem Adel. Wissenschaft adelte!

## § 33

## DAS PAPSTTUM VON INNOZENZ III. BIS BONIFAZ VIII.

Die Entwicklung, die mit Gregor VII. begonnen hatte, führte das Papsttum unter Innozenz III. auf den Gipfel seiner Weltgeltung. In ihm „kulminierte das Papsttum auf einer schwindelerregenden und unhaltbaren Höhe“ (Gregorovius). Nicht mehr der Kaiser, sondern eindeutig der Papst war jetzt das anerkannte Oberhaupt der abendländischen Christenheit.

Es war ein jäher Szenenwechsel, als 1197 Kaiser Heinrich VI. mitten aus dem Aufbau eines gewaltigen Reiches, erst 32-jährig, abberufen wurde und einen zweijährigen Sohn, Friedrich II., als Erben zurückließ, während wenige Monate später in Rom dem altersschwachen Cölestin III. (1191–98) der tatkräftige 37jährige Innozenz III. (1198–1216), der machtvollste Papst des Mittelalters, folgte. In Deutschland brachen Kämpfe um die Thronnachfolge aus, die den Zusammenbruch des Imperiums zur Folge hatten. In der Kirche aber konnte gerade jetzt das Papsttum seine primatiale Stellung über die ganze abendländische Kirche voll ausbauen und gleichzeitig in der europäischen Staatenwelt eine zentrale, beherrschende und alles leitende Autorität ausüben.

1. Was immer die Gregorianische Reform erstrebt und Gregor VII. in seinem Dictatus Papae (1075) gefordert hatte, fand unter Innozenz III. seine Verwirklichung. Er besaß als oberster Gesetzgeber, Richter und Verwalter die „plenitudo potestatis“ und übte diese höchste Machtfülle mit souveräner Sicherheit über die ganze Kirche aus. Da aber diese Kirche mit der abendländischen Christenheit zusammenfiel, konnten auch die politischen Geschicke der Völker davon nicht unberührt bleiben. Der augustinische Gottesstaatgedanke, untermauert durch die jetzt allgemein für echt angesehene Konstantinische Schenkungsurkunde, ließ sie als das wahre Imperium Romanum erscheinen und die Idee der päpstlichen Weltherrschaft entstehen. Diese war im religiös-politischen Denken der Zeit tief verwurzelt und entsprang der christlichen Verantwortung, die das reformierte Papsttum für die abendländische Christenheit empfand. Der „populus christianus“ des Abendlandes war die übernatürliche und deshalb auch übernationale Gemeinschaft des ganzen Kirchenvolkes. Der Papst als „caput christianitatis“ wurde somit von selbst zum Haupt und Leiter der aus vielen Völkern bestehenden, aber in demselben Glauben geeinten abendländischen Welt.

Das Bild, das die neuere Forschung von Innozenz III. entworfen hat, zeigt ihn als einen tief religiösen, innerlich-frommen und aszetisch-strengen Mann, der, obwohl er der geborene Herrscher und Imperator war, doch stets in erster Linie Priester und Seelsorger blieb. Als „Vicarius Christi“ führte er sein

Amt ganz in der Verantwortung vor Gott. Seit ihm gehört dieser Titel übrigens zum festen Bestand der päpstlichen Selbstbezeichnung.

Lothar von Segni war 1160 aus einem alten Grafengeschlechte geboren. Er hatte in Paris und Bologna Theologie und kanonisches Recht studiert und war unter seinem Onkel Klemens III. (1187–91) ins Kardinalskollegium gekommen. Klein und zierlich von Gestalt und von zarter Gesundheit, verband er mit einem umfangreichen Wissen eine überragende Geisteskraft, Scharfblick, Klugheit und Mäßigung und vor allem eine hohe geistliche Auffassung vom Amte des universalen Papsttums. Weit davon entfernt, ein kirchlicher Fanatiker oder ein „rein politischer Papst" (Heussi) zu sein, zeigte er vielmehr eine große Aufgeschlossenheit für alle Probleme einer Zeit, die voll von Spannungen und Gegensätzen auf kulturellem, politischem, sozialem und religiösem Gebiet war. Mit innerer Konsequenz und Macht zwang er die widerstrebenden Tendenzen unter ein einheitliches Ordnungsprinzip, das nach Lage der Dinge damals nur das Papsttum sein konnte.

Wenn Innozenz in weltliche Angelegenheiten eingriff, so geschah es aus der Verantwortung und Überzeugung, daß auch die Dinge dieser Welt der allein von Gott gesetzten Ordnung sich einfügen müßten und daß auch Könige und Fürsten dem Gerichte Gottes unterständen. Die Welt erschien ihm als eine Hierarchia, d. h. als eine „heilige Ordnung". Dabei war die feine Unterscheidung zwischen dem rein Politischen und dem rein Geistlichen, zwischen Kirche und Staat, noch nicht so weit ausgebildet, daß Überschneidungen und „Übergriffe" vermeidbar gewesen wären. „Ratione peccati", fühlte sich der Papst stets berechtigt und auch verpflichtet einzugreifen, wo diese Ordnung durch moralische Schuld oder objektives Unrecht gestört wurde. Als „caput christianitatis" war er zugleich auch „arbiter mundi" in allen schwebenden Streitfragen.

So griff er nach der Doppelwahl des Jahres 1198 in den deutschen Thronstreit ein. Er beanspruchte nicht die Approbation der Wahl selbst für sich, sondern lediglich das Urteil über die moralischen Qualitäten der aus ihr hervorgegangenen Kandidaten. Den Staufer Philipp von Schwaben lehnte er zunächst ab, weil er ihn für gewalttätig hielt und das staufische Konzept, Unteritalien und Sizilien mit dem Reiche zu vereinigen, in sich als verwerflich, als gefährlich und auch unrechtmäßig ansah. Als Philipp nach seinem Siege über den Gegenkandidaten

Otto IV. sich maßvoll zeigte und entsprechende Zusicherungen bezüglich der Sizilienpolitik gab, war Innozenz sofort bereit, mit ihm Frieden zu schließen. Als aber nach Philipps Ermordung (1208) Otto IV. im Reiche Anerkennung errang und sich ebenso zu Zugeständnissen bereit fand, zögerte Innozenz nicht, nun ihn zum Kaiser zu krönen (1209). Um so tiefer war er enttäuscht, als Otto sein Wort nicht hielt und 1210 in die staufische Sizilienpolitik einlenkte. Er sprach ihm wegen dieses „Unrechts" das Recht auf die Krone ab und stellte ihm den inzwischen herangewachsenen Friedrich II. entgegen; er hatte sich zuvor von diesem die eidliche Versicherung geben lassen, daß er nie den Versuch machen werde, Sizilien mit der deutschen Krone zu verbinden.

Was veranlaßte ihn, der unteritalienischen Politik der deutschen Kaiser eine solche Wertung beizulegen? Das Problem war kein rein territoriales, sondern ein die ganze Kirche berührendes und deshalb universales. Die Vereinigung Siziliens mit dem deutschen Reiche hätte den Papst zum untergeordneten Reichsbischof machen müssen und ihm sein eigenständiges Gewicht gegenüber dem universalen Kaisertum genommen. Der typisch abendländische Dualismus wäre verlorengegangen. Innozenz glaubte, daß das Papsttum seiner universalen Aufgabe nur nachkommen könne, wenn die Unabhängigkeit und Souveränität des Kirchenstaates ihm die nötige Freiheit lasse.

Aber er hatte auch sein eigenes Konzept vom Aufbau der europäischen Staatenwelt. Dem Vorrang des Geistlichen vor dem Weltlichen entsprechend sollte sie sich zu einer höheren Ordnung unter der päpstlichen Führung zusammenschließen. Dem mittelalterlichen Feudaldenken entsprach die Idee von der päpstlichen Oberlehnsherrschaft über die christlichen Völker des Abendlandes. Es ging nicht um die Errichtung einer Hierokratie. Die Christianitas, deren Haupt der Papst war, sollte kein Staat sein; sie war „überhaupt keine eigentliche societas, sondern der zeitbedingte Bezug des Papsttums zur damaligen christlichen Welt" (F. Kempf). Sie schloß daher die Souveränität der weltlichen Herrscher in dieser Ordnungseinheit keineswegs aus, insofern der päpstliche Führungsanspruchs nur indirekten Charakter trug. Er verlangte lediglich die Anerkennung der obersten Normen des christlichen Glaubens und der moralischen Autorität des Papsttums. Der Dualismus blieb also gewahrt.

Systematisch hat Innozenz am Ausbau der päpstlichen Oberlehnsherrschaft gearbeitet. Den Anfang machte das umstrittene Sizilien. Bereits 1198 erkannte Kaiserin Konstanze die päpstliche Lehnshoheit an. Auch die Könige von England, Aragonien, Portugal, Dänemark, Polen, Böhmen, Ungarn, Dalmatien und anderen kleineren Territorien nahmen in der Folge ihre Länder vom Papst zu Lehen. Die Wahrung des Rechts und des Friedens, die alten Kaiseraufgaben, gingen damit auf das Papsttum über, und es entstand ein päpstliches Gefolgschaftswesen, das ganz auf dessen starke moralische Autorität aufgebaut war.

Im Inneren der Kirche hat Innozenz den Primat konsequent zur Geltung gebracht, indem er energisch in unkanonische Bischofswahlen eingriff und die sog. „causae maiores" an die Kurie nach Rom zog. Reformen der päpstlichen Verwaltungsbehörden, des Mönchtums und des Klerus sorgten für Ordnung. Kraft päpstlichen Amtes, d. h. „ex officio", ging der Papst gegen unwürdige Prälaten und Bischöfe vor, indem er sie vor sein Inquisitionsgericht zog. Gegen die Ketzer verhielt er sich zunächst milde und nachsichtig. Erst als seine friedlichen Bekehrungsversuche scheiterten und sein Legat, der Zisterzienser Peter von Castelnau, von Katharern in Südfrankreich ermordet wurde (Januar 1208), organisierte er den Kreuzzug von 1209. Für den furchtbaren, so beschämenden blutigen Verlauf des Unternehmens ist nicht er, sondern in erster Linie der Fanatismus des päpstlichen Legaten Arnaldus Amalrici und des Grafen Simon von Montfort verantwortlich.

Ein Ruhmesblatt Innozenz' bleibt es, daß er mit sicherem Blick das Anliegen und die Bedeutung der Armutsbewegung in der Kirche erkannte. Er nahm sich mit besonderer Liebe der lombardischen Humiliaten an (1201) und gründete die Vereinigung der „Katholischen Armen" (1208). Vor allem aber nahm er Franz von Assisi freundlich auf, als dieser 1209/10 nach Rom kam, um die päpstliche Bestätigung für seine kleine Gemeinschaft zu erbitten. Die Bettelorden wurden bald die stärkste Stütze der Kirche. Bei aller Machtentfaltung hatte Innozenz im tiefsten Inneren etwas mit ihnen gemein: die innere Distanz von Reichtum und Prunk, denen er selbst nie verfallen ist.

Den Höhepunkt seines Pontifikates stellte das 4. Laterankonzil dar, das er mit etwa 500 Bischöfen und 800 Äbten im November 1215 eröffnen konnte. Es war nicht nur eine imposante Heerschau des gesamten christlichen Abendlandes, sondern auch ein unübertroffener Höhepunkt kirchlichen Lebens auf der Scheitelhöhe des Mittelalters. Die Reformbestimmungen haben viel zur inneren Erneuerung und Festigung der Kirche beigetragen und in Provinzialkonzilien und Diözesansynoden noch lange nachgewirkt. Die Definition der Transsubstantiationslehre und die Anordnungen über die jährliche Osterbeicht und Osterkommunion waren von bleibender Dauer.

2. Leider bedeutete dieser Höhepunkt zugleich die Wende. Innozenz starb bald nach Beendigung des Konzils (16. 7. 1216). Seine Nachfolger vermochten die Stellung, die das Papsttum durch ihn errungen hatte, nicht zu halten, vor allem auch deshalb nicht, weil sie zugleich mit einer so schweren politischen Hypothek beladen war. Die Weltherrschaft kann eben doch niemals die Aufgabe der Kirche sein, auch wenn sie noch so sehr darum besorgt sein muß, daß das Leben der Völker von religiösen und moralischen Prinzipien des Christentums gelenkt wird. Die Religion leidet, wenn sie mit der Politik verquickt wird. Das hohepriesterliche Amt büßt an Ansehen ein, wenn es nicht nur für geistliche, sondern auch für weltliche Ziele eingesetzt wird. Bei den Nachfolgern Innozenz' III. traten die hohen, universalkirchlichen Ideen mehr und mehr zurück, bis schließlich die territorialpolitischen Probleme und die Erhaltung und Vergrößerung des Kirchenstaates im Spätmittelalter, in der Renaissancezeit und im Reformationszeitalter oft genug die allgemeinkirchlichen überwogen.

In dem unmittelbar anschließenden letzten großen Entscheidungskampf zwischen Regnum und Sacerdotium, zwischen Kaiser Friedrich II. und den Päpsten, ging es zunächst freilich noch um die große Frage, welche von den beiden universalen Mächten den Vorrang habe. Als der junge Kaiser die staufische Sizilienpolitik wieder erneuerte und sich, anstatt den versprochenen Kreuzzug zu unternehmen, ganz in die unteritalienischen Pläne, die stets auf eine Bedrohung des Kirchenstaates hinausliefen, verbiß, bannte Gregor IX. ihn 1228. Als Gebannter unternahm Friedrich den Kreuzzug (1228/29), der auch insofern ein Erfolg wurde, als er durch Verträge mit Sultan Al Kamil die Abtretung des Heiligen Landes an die Christen erlangte. Er wurde 1230 vom Banne gelöst. Aber schon bald traten die eigentlichen Differenzen, die um die kaiserliche Politik der Vereinigung Siziliens mit dem Reiche und somit um die Einkreisung des Kirchenstaates durch den Kaiser entstanden, erneut auf. Friedrich wurde abermals gebannt (1239); er rückte von Neapel aus gegen Rom vor (1241). Sein Ziel war, die Stadt zu erobern und zur Residenz seines universalen Kaiserreiches zu machen. Das aber wäre der endgültigen Liquidierung des universalen Papsttums gleichgekommen, das zu einem gewöhnlichen Reichsbistum herabgedrückt worden wäre. Es ging also um Sein oder Nichtsein für das Papsttum.

Innozenz IV. (1243–54) erkannte die Gefahr. Mit letzter Erbitterung wurde in den nächsten Jahren auf beiden Seiten gekämpft. Auf dem 1. Konzil von Lyon (1245) wurde Friedrich erneut gebannt. Eine Flut von Streitschriften unterstützte den Krieg. Immer deutlicher sah man, daß es um die grundsätzliche Frage der Ordnung der abendländischen Welt ging. Um ein für allemal der Gefahr der staufischen Einkreisung zu entgehen, übertrug Innozenz Unteritalien, Sizilien und Neapel als päpstliches Lehen an Karl von Anjou. Wieder einmal war das Kaisertum nach Friedrichs II. Tode (1250) in eine furchtbare Krise geraten. In Deutschland erschütterten Doppelwahlen die Ruhe. In Italien rang Konrad IV. (1250–54) um die Erhaltung seines staufischen Erbes. Als er, 26jährig, starb, bemühte sich sein Halbbruder Manfred, seinem Neffen, dem erst zweijährigen „letzten Staufer“ Konradin, die italische Herrschaft zu erhalten. Nach Manfreds Tod (1266) zog der jugendliche Konradin selbst im Herbst 1267 wagemutig aus, sein unteritalisches Reich zurückzuerobern. Bei Tagliacozzo wurde er von Karl geschlagen und mit 12 Getreuen am 29. Oktober 1268 in Neapel enthauptet. Damit nahm das staufische Geschlecht ein tragisches Ende, die Kaisermacht war grausam zerstört.

Aber auch das Papsttum war aufs schwerste getroffen. Es hatte einen Pyrrhussieg errungen und konnte seine universale Stellung nicht länger behaupten. Gegen die aufstrebenden Nationalstaaten mit ihren Sonderinteressen fand es jetzt keinen Halt mehr. Die Auflösung der abendländischen Gemeinschaft machte rasche Fortschritte. Frankreich war nun die stärkste Macht Europas. Der Zeitpunkt war nicht mehr fern, da das Papsttum seine soeben errungene Vormachtstellung an das national-französische Königtum abtreten mußte; es geriet in schmähliche Abhängigkeit von Frankreich.

3. Wie ein seltsamer Anachronismus nimmt sich der Ver-

such Papst Bonifaz' VIII. (1294–1303) aus, in einer völlig veränderten Welt den päpstlichen Führungsanspruch noch einmal hervorzukehren. Eine Herrschernatur von übersteigertem Machtbewußtsein, aber ohne religiöse Tiefe und ohne Blick für die Realitäten des Lebens, träumte er von der Errichtung eines theokratischen abendländischen Universalstaates unter päpstlicher Führung. Er übersah dabei, welch ungemein großen Schaden das Ansehen des Papsttums in den Jahren der politischen Machtkämpfe mit dem Kaisertum genommen hatte. Als er Philipp dem Schönen von Frankreich (1285–1314) gegenüber, der selbst Pläne zur Gründung einer französischen Weltherrschaft verfolgte, die geistlich-politische Vormachtstellung des Papsttums zur Geltung bringen wollte und in der Bulle „Unam Sanctam" (1302) unter Berufung auf die „Zweischwerterlehre" – (nach der Christus in Lk 22, 38 beide Gewalten, die geistliche und die weltliche, allein der Kirche anvertraut habe) – den Gehorsam gegen den Papst in jedem Falle für heilsnotwendig erklärte, kam es zu einem folgenschweren Kampf. Philipp beantwortete den päpstlichen Bann mit der Appellation an ein Konzil gegen ihn und ließ ihn im September 1303 durch eine Handvoll Soldaten im päpstlichen Schloß zu Anagni gefangennehmen. Wenn auch die Bürger von Anagni den Papst schon nach zwei Tagen wieder befreiten, so offenbarte der Gewaltakt doch zur Genüge die völlige Machtlosigkeit und politische Bedeutungslosigkeit des Papsttums. Der Papst war ohnmächtig, sich zu wehren. Er hat den Zusammenbruch seiner Weltherrschaftsträume nicht lange überlebt. Schon wenige Wochen später starb er in Rom. Mit ihm ging die universale mittelalterliche Vormachtstellung des Papsttums ein für allemal zu Ende.

# IV. Epoche: 1300–1500
# Die Kirche in der Zeit der Auflösung der abendländischen Einheit

## § 34
## DAS „AVIGNONER EXIL" UND DAS GROSSE ABENDLÄNDISCHE SCHISMA

Seit diesem Zeitpunkt wurde der französische Einfluß auf das Papsttum zusehends mächtiger. Unter dem Druck der französischen Krone wurden immer mehr Franzosen ins Kardinalskollegium aufgenommen; demgemäß waren auch die nächsten Päpste Franzosen. Schon Klemens V. (1305–1314) hielt es nicht mehr für nötig, nach Rom zu gehen. Er ließ sich in Lyon inthronisieren und blieb in Frankreich. Nach einigem Schwanken schlug er 1309 seine Residenz in Avignon auf, wo auch seine Nachfolger blieben.

1. Die Aufgabe der Stadt Rom und die Verlegung des päpstlichen Sitzes nach Avignon waren symptomatisch für die allgemeine Gewichtsverlagerung. Mit der „Ewigen Stadt" war durch jahrhundertelange Tradition im Bewußtsein der Völker nicht nur die Idee der Nachfolge Petri auf dem dortigen Bischofsstuhl und des kirchlichen Primates verbunden, sondern auch die Vorstellung von dem durch das Imperium Romanum begründeten abendländischen Universalismus. Avignon hingegen lag völlig im Machtbereich des französischen Königtums; auch wenn es 1348 mitsamt dem umliegenden Gebiet von Klemens VI. käuflich erworben und damit zu einem selbständigen Territorium der Päpste wurde, so war es doch rundum vom französischen Königreich umgeben und damit von aller Welt hermetisch abgeschlossen. Was die Päpste des 12. und 13. Jhs. in ihren erbitterten Kämpfen gegen die staufische Sizilienpolitik so erfolgreich verteidigt hatten – die Freiheit von der Einkreisung und der politischen Übermacht des Kaisers –, das gaben die französischen Päpste jetzt freiwillig zugunsten der französischen Krone preis. Sie begaben sich damit ihrer eigenen Entscheidungsfreiheit und büßten in den Augen der Völker ihre überparteiische, universalkirchliche Autorität ein. Oft genug wurden sie zu willenlosen Werkzeugen in der Hand aufstrebender und machthungriger franzö-

sischer Herrscher, zum Spielball der internationalen Politik. Der universalkirchliche Einheitsgedanke aber zerbrach. Am Ende des „Avignoner Exils“ (1309–1378) stand das große Schisma; so leitete es eine Epoche allerschwerster Krisen für Papsttum und Kirche ein.

Schon Klemens V. mußte dem rachsüchtigen Verlangen des Königs nachgeben und den Prozeß gegen den verstorbenen Papst Bonifaz VIII. eröffnen. Schmählicher noch war es, daß er auf Verlangen Philipps des Schönen zum Untergang der Templer die Hand bot. Diese hatten sich nach dem Ende der Kreuzzüge in Frankreich niedergelassen. Ihre reichen Güter und Privilegien, die einst dem Kreuzzugsgeschehen gedient hatten, jetzt aber nicht recht eingesetzt werden konnten, waren dem König ein Dorn im Auge. Seit 1307 ließ er alle Register der Intrigen und Verleumdungen gegen sie spielen, klagte sie der Häresie und Unzucht an und ließ etwa 2000 Templer in Frankreich am 13. Oktober 1307 verhaften; ihre Güter zog er ein. Durch grausame Folterungen erpreßte Geständnisse und unwahre Anschuldigungen mußten herhalten, die Ordensritter unter Anklage zu stellen. Der schwächliche Klemens V. tat nichts zur Rettung des Ordens. Nach anfänglichem Zögern zeigte er sich dem König ganz gefügig, machte sich die Häresieverdächtigungen zu eigen und hob am 22. 3. 1312 gegen den Willen der Mehrheit auf dem Konzil von Vienne den Templerorden auf. Dann sah er zu, wie Philipp und die Fürsten sich die Ordensgüter aneigneten, obwohl diese formell den Johannitern zugesprochen worden waren. Er duldete auch, daß Philipp weiterhin gegen die Ordensritter wütete, den Ordens-Großmeister Jakob von Molay trotz dessen Unschuldsbeteuerungen 1314 in Paris als Häretiker verbrennen ließ und zahlreiche andere Templer dem Feuertode überantwortete.

Verhängnisvoll wirkte sich der französische Einfluß unter Johannes XXII. (1316–34) auf die päpstliche Politik gegenüber dem deutschen Reiche aus. Unter fadenscheinigem Vorwande suspendierte er Kaiser Ludwig den Bayern (1314–47) im Jahre 1323 von seinem Amte und stellte sich feindlich zu ihm. In dem nun ausbrechenden Streite, der letzten weltgeschichtlichen Auseinandersetzung zwischen Sacerdotium und Imperium, ging es nicht mehr um große Ideen, sondern um nackte politische Ziele. Das Papsttum machte sich zum Handlanger der französischen Interessen, und eben dies wurde in Deutschland bitter empfunden.

Der Kampf nahm aber dennoch auch grundsätzliche Bedeutung an und wirkte sich in einem ungeahnten Maße verhängnisvoll für das Papsttum selbst aus. Zum ersten Male richtete sich der kaiserliche Gegenangriff nicht mehr gegen einen einzelnen Papst, sondern gegen das Papsttum als solches, als Institution. 1324 appellierte Ludwig gegen Johann XXII. an ein allgemeines Konzil. An seinem Hofe sammelten sich alle Papstgegner. Zwei aus Frankreich geflüchtete Pariser Doktoren, Marsilius von Padua und Johannes von Jandun, überreichten ihm 1326 in Regensburg eine Streitschrift, „Defensor pacis" betitelt, in der sie die hierarchische Ordnung der Kirche in Frage stellten und eine demokratische Struktur forderten. Sie leugneten den göttlichen Ursprung des päpstlichen Primates und wiesen die oberste Gewalt in der Kirche allein dem Volke zu. Die Kirche sei die Gemeinschaft aller Christusgläubigen. Ein Vorrecht des Klerus vor den Laien gebe es nicht. Weder Papst noch Bischöfe oder Geistliche hätten eine besondere eigenständige Funktion von Christus erhalten; sie amtierten lediglich als Beauftragte der Congregatio fidelium; diese werde vom allgemeinen Konzil repräsentiert. Höchstes Organ sei also das Konzil als Repräsentanz der Kirchenvolkes.

Dieser radikal-revolutionäre Kirchenbegriff machte den Papst zum reinen Vollzugsorgan des Konzils; er ordnete ihn dem Konzil unter, verpflichtete ihn zum Gehorsam gegenüber dem Konzil und gab diesem das Recht, jederzeit von ihm Rechenschaft zu fordern und ihn gegebenenfalls von seinem Amte abzusetzen. „Konziliarismus" pflegt man diese Theorie zu nennen, die das allgemeine Konzil grundsätzlich über den Papst stellt. Er sollte böse Nachwirkungen noch in späterer Zeit haben.

Nicht anders war es mit dem Finanzgebaren, das die Kurie in Avignon entwickelte. Es hing zum Teil damit zusammen. daß sie sich für die mehr und mehr ausfallenden Einkünfte aus dem Kirchenstaat einen Ersatz schaffen mußte, zum Teil aber auch damit, daß sie sich in dieser Epoche des Übergangs von der Naturalwirtschaft zur Geldwirtschaft, der sich allgemein in den aufblühenden Handelsstädten vollzog, den neuen Gegebenheiten anpaßte. Unruhestiftend und ärgerniserregend waren vor allem das Ausmaß und die Methode, mit der das Avignoner Papsttum immer wieder neue Mittel und Wege fand, Geldabgaben und Steuern zu erheben, um seinen steten Finanznöten abzuhelfen. Da gab es Gebühren für Dispense,

Privilegien und Gnadenerweise, die sehr oft nach Simonie rochen. Da waren die Abgaben für päpstliche Pfründenverleihungen (Provisionen), Reservationen und Kommenden; die Zahlungen, die von den Erzbischöfen für die Verleihung des Palliums zu leisten waren; die Annaten und Spolien, die von den Erträgnissen des ersten Jahres und von den Hinterlassenschaften der Geistlichen an die Kurie entrichtet werden mußten; die Kreuzzugssteuern, die immer noch verlangt wurden, obwohl es längst keine Kreuzzüge mehr gab; die Lehenszinsen und Steuern, die von den unter Innozenz III. lehenspflichtig gewordenen Ländern immer noch erhoben wurden, und vieles andere mehr. Daß diese Gelder rücksichtslos mit Zensuren und Bannandrohungen eingetrieben wurden, ließ die Erbitterung gegen die Kurie stets wachsen. Besonders in Deutschland, wo die Verstimmung über die als deutschfeindlich empfundene Haltung des Papsttums gegenüber Ludwig d. Bayern hinzukam, nahm der Unwille zu; er verdichtete sich in Laufe der Jahrzehnte, fand im 15. Jh. in den „Gravamina nationis Germanicae" seinen Niederschlag und wirkte sich schließlich im 16. Jh. im Massenabfall der Reformationszeit aus.

Insgesamt hat das Avignoner Exil dem Ansehen des Papsttums unendlichen Schaden zugefügt. Es hat das Vertrauen erschüttert, das es zur Zeit eines Innozenz III. genossen hat, und die schwere Krise heraufbeschworen, in die es eingemündet ist: Das große abendländische Schisma (1378–1417) und die Epoche des Konziliarismus sind seine unmittelbaren Folgen gewesen.

2. Das *Schisma* entstand nach Gregors XI. (1370–78) Tod. Durch die schweren prophetischen Drohungen der hl. Katharina von Siena († 1380) und der hl. Brigitte von Schweden († 1373 in Rom) bewogen und durch die chaotischen Zustände, die im Kirchenstaat herrschten, veranlaßt, war Gregor 1377 nach Rom zurückgekehrt. Enttäuscht wollte er es 1378 wieder verlassen. Da starb er in Rom, und nach dem Papstwahlrecht mußte das Konklave seit mehr als 70 Jahren erstmalig wieder in der Ewigen Stadt abgehalten werden. Da 11 von den 16 Kardinälen Franzosen waren, hatten die Römer allen Grund zu der Befürchtung, sie würden wieder einen französischen Papst erwählen. Um dies zu verhindern, setzten sie die Papstwähler im Vatikan unter Druck. Am Tage vor der Wahl drangen bewaffnete Horden in den Konklavepalast ein

und forderten unter schweren Drohungen, daß ein Römer gewählt werde. Am Wahltage selbst wiederholten sich diese Szenen. Den Kardinälen war klar, daß sie dem Verlangen nachgeben müßten, wenn sie heil aus dem Konklave herauskommen wollten. So wählten sie am 8. April 1378 zwar keinen Römer, aber einen Italiener zum Papst, den Erzbischof von Bari, der sich Urban VI. nannte. Dann verließen sie fluchtartig die Stadt, um sich in Sicherheit zu bringen.

Zur Krönungsfeier Urbans kehrten sie am 18. April zwar nach Rom zurück und leisteten ihm den Huldigungseid. Drei Monate später aber verließen die 11 Franzosen und der (einzige) Spanier – es war Peter von Luna, der spätere Avignoner Papst Benedikt XIII. (1394–1417) – den Hof Urbans VI. wieder, erklärten die Wahl als erzwungen und ungültig und wählten am 20. September 1378 in Fondi einen neuen Papst, einen Franzosen, der sich Klemens VII. (1378–94) nannte und bald seinen Sitz wieder in Avignon nahm. Auch die drei italienischen Kardinäle – der vierte war inzwischen gestorben – sagten sich von Urban los und traten zu Klemens über. So hatte die Kirche nun also zwei Päpste.

Zweifellos haben national-französische und egoistische Intrigen ihren großen Anteil an der Doppelwahl gehabt. Dennoch aber war das Faktum der tumultuarischen Wahl Urbans VI. nicht aus der Welt zu schaffen. Neuere Forschungen (Přerovsky) haben unterstrichen, daß die Drohungen der Römer so massiv und lebenbedrohend gewesen sind, daß von einer echten Wahlfreiheit keine Rede sein konnte. Sie haben auch erwiesen, daß die nachträgliche Zustimmung anläßlich der Krönungsfeierlichkeiten nicht weniger, diesmal von seiten Urbans VI., erpreßt und erzwungen worden ist (K. A. Fink). Von einer freien nachträglichen Zustimmung kann also ebenfalls nicht gesprochen werden. Wenn demnach sämtliche Wähler Urbans VI. diese Wahl als ungültig, weil „unter schwerer Furcht und unter Zwang" geschehen, bezeichnet haben, so ist ihnen die Berechtigung dazu nicht ohne weiteres abzusprechen. Da unter diesen Umständen die Gültigkeit der Wahl Urbans VI. nicht sicher zu erweisen ist, läßt sich umgekehrt auch die Ungültigkeit der Wahl Klemens' VII. nicht einfach behaupten. Es kommt hinzu, daß Urban VI. sich nach seinem Amtsantritt so herrisch, grausam und fanatisch zeigte, daß nicht nur die Kardinäle, sondern auch seine Hofbeamten und Anhänger der Meinung waren, die plötzliche Erhebung sei ihm in den Kopf gestiegen und er sei geistesgestört. Er hat sich in der Tat Dinge zuschulden kommen lassen, die auch nach der Ansicht der heutigen Forscher den Verdacht der geistigen Gestörtheit unbedingt nahelegen. Das kanonische Recht aber erklärte die Wahl eines Geistesgestörten zum Papst für ungültig.

Die Verwirrung über die Doppelwahl war so groß und allgemein, daß schon die Zeitgenossen ihr völlig ratlos gegenüberstanden. Denn Urban VI. war keineswegs so eindeutig geistesgestört, daß es nach außen sichtbar in die Erscheinung getreten wäre, und über das Ausmaß des Zwanges, der bei seiner Wahl auf die Kardinäle ausgeübt worden war, vermochten Außenstehende erst recht nicht zu urteilen. Da das Machtstreben der Kardinäle selbst nur allzu bekannt war, lag der Verdacht nahe, sie wollten sich eines unbequemen Papstes nachträglich entledigen. Bis heute ist die Legitimitätsfrage ungeklärt, und sie wird es für immer bleiben. Heilige standen auf beiden Seiten. So entschieden die hl. Katharina von Siena für Urbans VI. alleinige Rechtmäßigkeit eintrat, so nachdrücklich trat der unbestechliche hl. Bußprediger Vinzenz Ferrer für Klemens' VII. ausschließliche Gültigkeit ein. Die beiden Päpste vollends waren von ihrer eigenen Legitimität und der Unrechtmäßigkeit des anderen so tief überzeugt, daß es für sie eine ernste Gewissensverpflichtung darstellte, mit allen Mitteln ihr Papsttum zu verteidigen und den Gegner zu bekämpfen. Das in der Folgezeit oft an sie herangetragene Ansinnen, freiwillig auf die Papstwürde zu verzichten, um der Kirche den Weg zur Einheit freizugeben, beantworteten sie mit dem Non possumus; es mußte ihnen aus ihrer Gewissensüberzeugung heraus als ein Verrat an der Echtheit und Gültigkeit der apostolischen Nachfolge erscheinen, zu deren Reinerhaltung sie vor Gott verpflichtet waren.

So erklären sich Dauer und Hartnäckigkeit des Schismas, das vierzig Jahre anhielt und schier unüberwindlich schien. Sowohl Urban VI. als auch Klemens VII. richteten sich ihre Kurien ein und erhielten nach ihrem Tode Nachfolger. Die Römische Reihe besteht aus: Urban VI. (1378–1389), Bonifaz IX. (1389–1404), Innozenz VII. (1404–06) und Gregor XII. (1406–1415), die Avignoner Reihe aus: Klemens VII. (1378–94) und Benedikt XIII. (1394–1417). Die Folgen der Spaltung waren furchtbar. Die ganze Christenheit brach in zwei einander bekämpfende Gefolgschaften (Obödienzen) auseinander, und da jeder Papst die Anhänger des Gegners bannte und niemand unbeteiligt bleiben konnte, befand sich faktisch die ganze Christenheit im Banne. Der Riß zog sich durch alle Länder, Diözesen und Pfarreien hindurch, weckte Zwietracht und Kampf, da beide Päpste jeweils ihre Kandidaten bestellten und alle Ämter und Pfründen doppelt besetzt wurden, und führte die Kirche in die schwerste Verfassungkrise, die sie je erlebt hat.

Die Pariser Universität schlug endlich 1394 drei Wege zur Überwindung des Schismas vor: die via cessionis (freiwillige Abdankung), die via compromissi (Unterwerfung der Päpste unter ein Schiedsgericht) und die via concilii (Entscheidung durch ein Allgemeines Konzil).

## § 35

## DAS KONSTANZER KONZIL UND DER KONZILIARISMUS

1. *Vorgeschichte:* Nachdem 30 Jahre lang vergebens versucht worden war, die Einheit auf dem Wege der freiwilligen Abdankung oder des Kompromisses unter den beiden Päpsten wiederherzustellen, drang die Erkenntnis durch, daß nur noch ein Generalkonzil die strittigen Fragen lösen könne. Die kirchliche Rechtslehre hatte für den Notfall diesen Weg längst gewiesen. Auf der einen Seite kam seit dem frühen Mittelalter der Grundsatz, daß der Papst von niemandem gerichtet werden dürfe („prima Sedes a nemine iudicetur“) und nur allein Gott verantwortlich sei, immer mehr zur Geltung; er richtete sich vor allem gegen die Papstabsetzungen durch die Kaiser (Sutri 1046), aber auch gegen die Willkür der römischen Adelsgeschlechter im saeculum obscurum; im Laufe der Aufwärtsentwicklung, die der Primat durch Gregor VII. (Dictatus papae, 1075) und Innozenz III. bis hin zu Bonifaz VIII. nahm, machte er die Stellung des Papstes immer unantastbarer. Auf der anderen Seite aber war man sich bewußt, daß auch ein Papst als Privatperson in Häresie, Geisteskrankheit usw. fallen könne, und fügte zu diesem Zweck dem Rechtssatz die Häresieklausel bei: Wenn ein Papst in Häresie falle, so schloß man, müsse es ein Gremium geben, das diesen Tatbestand feststelle und die Konsequenzen daraus ziehe; ein Häretiker könne unmöglich ein echter Papst sein; wenn also bei einem Papst Häresie konstatiert worden sei, dann sei er eben nicht

mehr Papst und müsse vom Papstthron entfernt werden. Diese Feststellung müsse das Allgemeine Konzil treffen. Den Kardinälen jedoch, oder auch dem Kaiser als dem Schutzherrn der römischen Kirche, obliege in diesem Falle die Pflicht, ein solches Konzil zu berufen und zu leiten.

Selbst streng päpstlich eingestellte Kanonisten, die „Papalisten" am Hofe Bonifaz' VIII., Ägidius Romanus († 1316), der entscheidend an der Bulle „Unam sanctam" beteiligt gewesen ist, oder Augustinus Triumphus († 1328) und Alvarus Pelagius († 1349), stimmten diesem Grundsatz zu; er war Allgemeingut. Freilich konnte man sich in der Praxis ein Allgemeines Konzil ohne Papst nicht vorstellen. Denn im Unterschied zu den acht Allgemeinen Konzilien des 1. Jahrtausends, die alle im Osten von den byzantinischen Kaisern einberufen worden waren, hatte sich im Mittelalter ein neuer abendländischer Typ von Konzilien herausgebildet. Gregor VII. hatte im 16. Satz seines Dictatus papae das Recht der Ökumenischen Konzile ausschließlich dem Papste reserviert. So war das 1. Laterankonzil 1123 von Kalixt II. berufen worden; als „ökumenisches" Konzil diente es dazu, das Wormser Konkordat für die ganze Kirche rechtsgültig zu machen. Das 2. Laterankonzil diente Innozenz II. 1139 dazu, das Schisma Anaklets zu beenden. Das 3. Laterankonzil wurde 1179 von Alexander III. berufen. Das 4. Laterankonzil führte der große Innozenz III. 1215 durch; es war von weittragender Bedeutung für die Reform der ganzen Kirche. Das nächste Allgemeine Konzil hielt Innozenz IV. 1245 in Lyon ab; es setzte Kaiser Friedrich II. ab. Auf dem 2. Lyoner Konzil verhandelte man 1274 unter Gregors X. Leitung über einen Kreuzzug und über die Union mit der Ostkirche; daneben wurde die berühmte Konklaveordnung erlassen; sie bestimmte, daß die Kardinäle sich 10 Tage nach dem Tode des Papstes am Sterbeort in strenger Abschließung (Konklave) zur Wahl des Nachfolgers versammeln müßten und durch zunehmenden Speiseentzug zur schnellen Beendigung der Wahl gedrängt werden sollten. Das nächste Allgemeine Konzil fand 1311 schon unter dem Druck des französischen Königtums in Vienne statt; es trug bereits die Schwächen des Avignoner Papsttums an sich (Templerprozeß). Immer noch war der Papst der Veranstalter. Ein Konzil ohne Papst schien völlig undenkbar.

Es ist verständlich, daß man sich lange sträubte, auf dem Konzilswege gegen die beiden Päpste vorzugehen. Als schließlich 13 Kardinäle beider Obödienzen übereinkamen, gegen den Willen ihrer Herren für den 25. März 1409 ein Allgemeines Konzil nach Pisa einzuberufen, war das Risiko groß. Dennoch kamen fast 100 Bischöfe zusammen; mehr als 100 weitere Bischöfe sandten Vertreter mit Vollmachten; ferner erschienen Bevollmächtigte von mehr als 200 Äbten, Domkapiteln und Universitäten. So fand sich die Versammlung ermutigt, den beiden Päpsten den Prozeß zu machen, sie als Feinde der Kircheneinheit, d. h. als Häretiker, zu deklarieren und als abgesetzt zu erklären. Dann wählte sie einen neuen Papst, der sich Alexander V. nannte; bereits im nächsten Jahre starb er und erhielt in dem berüchtigten Kardinal Cossa einen Nachfolger, der sich Johannes XXIII. nannte.

Daß nach der Rechtsauffassung der Zeit das Pisaner Konzil und sein Vorgehen rechtskräftig war, kann nicht bestritten werden. Alexander und sein Nachfolger waren demnach ebenso gültig wie die beiden anderen Päpste. Da aber weder der römische Papst Gregor XII. noch sein Avignoner Gegenspieler Benedikt XIII. sich verdrängen ließ, hatte man nun unglücklicherweise drei Päpste, von denen jeder gleichermaßen als legitim oder als illegitim angesehen werden konnte. Freilich, da Gregor und Benedikt nach den Regeln der Kanonistik abgesetzt worden waren, hatte der Konzilspapst Alexander die besten Aussichten, sich behaupten zu können. Während die Obödienzen der beiden ersteren sehr zusammenschmolzen, hatte er den größten Anhang in der Christenheit.

2. *Konstanz, das Konzil der Einheit.* An den Pisaner Papst Johannes XXIII. hielt sich deshalb auch der deutsche König Siegmund (1410–37), als er den Plan faßte, durch ein neues Konzil der dreigespaltenen Christenheit zu helfen. Er war es, der Johann die Zustimmung zur Berufung eines Allgemeinen Konzils nach Konstanz am Bodensee abrang, das im November 1414 zusammentreten sollte. Er war und blieb auch die Seele des Konzils.

Johannes XXIII. erschien mit zahlreichen italienischen Prälaten in Konstanz und eröffnete das Konzil am 5. November 1414. Er hoffte, vom Konzil als einzig legitimer Papst bestätigt zu werden. Doch es kam anders. Unter dem Einfluß der führenden Kardinäle d'Ailly († 1420), Fillastre und Zabarella sowie des Pariser Kanzlers Gerson († 1429) gewann das Konzil die Überzeugung, daß eine Einheit nur herzustellen sei, wenn alle drei Päpste zum Rücktritt gezwungen würden. Um die italienische Mehrheit zu brechen, setzten die Franzosen, Deutschen und Engländer durch, daß nicht nach Köpfen, sondern nach „Nationen“ abgestimmt werde; jede der vier Nationen solle bei der Generalabstimmung nur eine Stimme haben; als fünfte kam die des Kardinalkollegiums hinzu. Damit war der Weg zur Brechung der Übermacht Johanns und der Italiener frei gemacht.

Als Johannes seine Chancen schwinden sah und feststellen mußte, daß man ihm wegen seiner früheren Fehltritte den Prozeß machen werde, flüchtete er in der Nacht vom 20. auf den 21. März 1415 heimlich aus Konstanz. Von Schaffhausen aus torpedierte er das Konzil mit Vorwürfen und Drohungen. Er hoffte, es durch seinen Weggang zur Auflösung bringen zu können. Dies wäre ihm beinahe gelungen. Schon rüstete alles zum eiligen Aufbruch. Da hielt König Siegmund mit starker Hand das Konzil beisammen und erklärte, es werde auch ohne den Papst weiterarbeiten. Am 23. März hielt Johannes Gerson in Konstanz seine berühmte Rede, in der er ausführlich begründete, warum der Papst kein Recht habe, das Konzil aufzulösen, und warum er sich den Beschlüssen des Konzils fügen müsse. Am 26. März wurde die erste Sitzung ohne Papst abgehalten. Kardinal Zabarella stellte den Antrag, die Versammlung möge beschließen, daß sie rechtmäßig berufen sei und nicht eher auseinandergehen werde, als bis sie ihre Aufgabe erfüllt habe, das Schisma zu beseitigen, die Glaubensfragen, die durch Johannes Hus aufgeworfen worden waren, zu klären und die Reform der Kirche „an Haupt und Gliedern“ durchzuführen.

Da Johannes weiterhin alles Erdenkliche unternahm, um das Konzil zu stören und zur Auflösung zu bringen, erließ dieses am 6. April 1415 das berühmte Dekret „Haec sancta“, in dem es feierlich erklärte, daß es sich als rechtmäßiges, im Heiligen Geiste versammeltes Allgemeines Konzil betrachte; es repräsentiere die ganze streitende Kirche, habe seine Gewalt unmittelbar von Gott; jeder Christ, auch der Papst, müsse ihm Gehorsam leisten „in dem, was es hinsichtlich des Glaubens, der Überwindung des Schismas und einer allgemeinen Kirchenreform an Haupt und Gliedern beschließe“.

Es ist viel darüber diskutiert worden, ob dieses Dekret eine grundsätzliche Unterordnung des Papstes unter das Konzil im Sinne des Marsilius von Padua lehre, also häretisch sei, oder nicht. Man kann ihm in der Tat einen radikalen Sinn unterlegen; es ist aber sehr wohl auch als eine reine Notstandsmaßnahme im Sinne der traditionellen Kanonistik (Häresieklausel) zu verstehen. Es ist ambivalent, und diese Ambivalenz ist die Ursache gewesen, weshalb man schon auf dem Konzil selbst über seine Deutung gestritten hat. Allzusehr hatten die drei Päpste die Geduld ihrer Zeitgenossen auf die Probe gestellt, am meisten jetzt Johannes XXIII. durch seine Störmanöver. Es ist verständlich, das sich manche Teilnehmer radikalen Ideen öffneten. Ihre Zahl war jedoch, wie sich zeigen läßt, gering. Die weitaus größte Mehrheit wollte das Dekret im konservativen Sinne verstanden wissen und sah überdies in der getroffenen Maßnahme keine Glaubensentscheidung, sondern eine notwendige Sicherung der Kirche gegen ähnliche sich wiederholende Fälle von Schismen. An eine Definition der grundsätzlichen Konzilssuperiorität über das Papsttum, im Sinne des Marsilius, hat sie nicht gedacht. Das Dekret ist nicht radikal „konziliaristisch", sondern gemäßigt „konziliar" zu deuten und keine Glaubensdefinition.

Es waren Wochen furchtbarer Erregung und leidenschaftlicher Diskussionen, die sich an die Flucht des Papstes anschlossen. Wie sollte man weiter gegen Johannes verfahren? Dieser war eben im Begriff, über den Rhein ins Burgundische zu entfliehen, um von dort aus seine Angriffe gegen das Konzil fortzusetzen. Da ließ ihn Siegmund kurzerhand verhaften. Der Prozeß wurde gegen ihn eröffnet. Am 29. Mai 1415 erfolgte seine Absetzung. Der römische Papst Gregor XII. ließ am 4. Juli 1415 seinen freiwilligen Rücktritt erklären. Der Neunzigjährige, der unerschüttert daran festhielt, daß er der einzige legitime Papst sei, hatte sich zuvor das Recht ausbedungen, das Konzil in seinem Namen nachträglich noch einmal zu berufen. Man konzedierte es ihm, obwohl oder gerade weil niemand diesem Akt eine Bedeutung beimaß. Am schwierigsten war es, mit dem starrsinnigen Benedikt XIII. fertig zu werden. Siegmund verhandelte selbst in Perpignan mit ihm, ohne etwas zu erreichen. Er bewirkte aber wenigstens, daß sich sein Anhang, zumeist Spanier, von ihm lossagte; diese beschickten jetzt ebenfalls das Konzil und stellten die fünfte, die „spanische Nation". Gegen Benedikt wurde der Prozeß eröffnet, der mit seiner Absetzung am 26. Juli 1417 endete.

3. Ausgerechnet in den ersten Wochen nach der Flucht Johanns XXIII., im April, Mai und Juni 1415 wurde in Konstanz die *Hus-Frage* verhandelt, die einen so unglücklichen

Verlauf nehmen und dem Konzil bis heute eine so schwere Hypothek aufbürden sollte. Man kann sie nur gerecht beurteilen, wenn man sie auf dem Hintergrund der spannungsreichen Zeit sieht und die leidenschaftliche Erregung, die auf allen Seiten herrschte, in Rechnung stellt.

Johannes Hus, um 1370 in Husinec (Südböhmen) geboren, hatte in Prag studiert und war dort im Jahre 1400 zum Priester geweiht worden. In dieser Zeit hatte er die Ideen des Engländers John Wiclif (ca. 1320–84) kennengelernt, der seit 1374 scharfe Angriffe gegen die Finanzmethoden des Avignoner Papsttums, gegen den Reichtum der Prälatenkirche und gegen die Hierarchie richtete, indem er ihnen gleichzeitig eine spiritualistische „Kirche der Prädestinierten" entgegenstellte, die auf jeden Besitz verzichten und in apostolischer Armut leben müsse; in der wahren Kirche Christi, so erklärte Wiclif, hätten nur jene Platz, die als Auserwählte im Stand der Gnade lebten; vor allem könne kein Todsünder in der christlichen Gesellschaft, sei es Kirche oder Staat, eine führende Stelle einnehmen. Ein Papst, Bischof oder Geistlicher, der in der Todsünde lebe, habe keine Gewalt mehr, so wie auch die Regierenden im christlichen Staate ihre Regierungsgewalt verlören, wenn sie im Stande der schweren Sünde seien. Die Kirche als sakramentale Heilsgemeinschaft in Christus leugnete er.

Hus, seit 1402 Prediger in der Bethlehemskapelle in Prag, vertrat Wiclifs Gedanken und fand bei seinen tschechischen Hörern starken Beifall. Nationale Affekte verbanden sich mit der Kritik an der herrschenden Prälatur in Böhmen, die hauptsächlich aus Deutschen bestand. Die antideutsche Stimmung erfaßte ganz Böhmen und verschmolz so stark mit den kirchlich-religiösen Tendenzen, die von den Ideen Wiclifs bestimmt waren, daß der Wiclifismus geradezu als eine national-tschechische Angelegenheit erschien. Als der Prager Erzbischof, ein Deutscher, auf Anordnung Papst Alexanders V. gegen die Verbreitung der Irrlehren Wiclifs in seiner Diözese einschritt, wurde dies fast wie ein Politicum betrachtet. Hus wandte sich leidenschaftlich gegen die bischöfliche Anordnung und suchte die Rechtgläubigkeit Wiclifs zu verteidigen. Als er Predigtverbot erhielt, appellierte er an den Papst Johannes XXIII.; aber auch der Erzbischof wandte sich an den Papst. Hus wurde nach Rom vorgeladen, erschien nicht und wurde nun vom Papste exkommuniziert; der böhmische König Wenzel aber schützte ihn. Der schändliche Ablaßhandel Johannes' XXIII., der Geld für einen Krieg gegen Ladislaus von Neapel brauchte und im Mai 1412 in Böhmen zu diesem Zweck einen „Kreuzzugsablaß" predigen ließ, erhöhte die Spannung. Ganz Böhmen geriet in Aufruhr.

Um die Angelegenheit zur Ruhe zu bringen, drang nun König Siegmund darauf, daß sie vor dem Konstanzer Konzil verhandelt werde, und bot Hus freies Geleit an. Dieser sagte zu und erschien am 3. November 1414 in Konstanz. Der Papst löste ihn vom Banne, und Hus konnte sich frei bewegen. Am 28. November fand die erste Vernehmung statt. Danach wurde Hus auf Drängen der Kardinäle, entgegen der kaiserlichen Zusage, inhaftiert und am 6. Dezember ins Klostergefängnis der Dominikaner eingeliefert. Obwohl Siegmund heftig protestierte, blieb Hus in Haft. Die Verhandlungen mit ihm gerieten in den ersten Monaten des Jahres 1415 hinter der alles überschattenden Unionsfrage zunächst ein wenig ins Hintertreffen; dann aber nahmen sie plötzlich eine unerwartete Wendung. Im Strudel der Ereignisse nach der Flucht Johanns XXIII. aus Konstanz und auf der neuen Grundlage, die das Dekret „Haec sancta" geschaffen hatte, nahm sich das Konzil energisch der Hus-Frage an; war doch hier eine Gelegenheit geboten, seine eigene Zuständigkeit in Glaubenssachen unter Beweis zu stellen.

Der nun folgende Prozeß ist uns heute nur noch schwer durchschaubar. Die Leitung ging ganz an die Kardinäle d'Ailly, Fillastre, Zabarella und an den Pariser Universitätskanzler Gerson über; sie alle gehörten zu den hervorragendsten Persönlichkeiten des Konzils, an deren geistigen und moralischen Qualitäten kein Zweifel besteht; sie waren nicht Deutsche, sondern Franzosen, so daß auch keine nationalen Affekte im Spiele gewesen sein können; zudem waren sie keineswegs etwa „Papalisten", sondern eher gemäßigte „Konziliaristen", zudem scharfe Gegner Johannes' XXIII. und der anderen Schismapäpste. Und doch muß ihnen die objektive Forschung parteiische Voreingenommenheit vorwerfen und ihre Prozeßführung tadeln (P. de Vooght). Hus wehrte sich energisch gegen den Vorwurf, Häretiker zu sein. Man hielt ihm 30 häretische Sätze aus seinen Schriften vor. Hus leugnete nicht, diese geschrieben zu haben; er bestritt aber ihren häretischen Sinn und versuchte, sie rechtgläubig zu deuten; er weigerte sich deshalb, ihnen abzuschwören. Man forderte ihn auf, dann wenigstens diesem falschen Sinn abzuschwören. Er entgegnete, er könne nicht abschwören, was er nie gelehrt oder auch nur im Sinne gehabt habe. So kam es zu endlosen Diskussionen, die unfruchtbar blieben und die Geduld der Richter auf eine harte Probe stellten. Bedenkt man die leidenschaftliche Erregung jener Tage und die aufs höchste gereizte allgemeine Stimmung, so wird man dem Vorgehen der Richter nicht weniger mildernde Umstände zubilligen, wie man dem Angeklagten Verständnis entzubringen bereit ist. Es hat nicht an Versuchen gefehlt, dem letzteren goldene Brücken zu bauen und ihm den „Widerruf" zu ermöglichen. Hus wies jedes derartige Ansinnen hartnäckig zurück.

Nachdem die Kardinäle d'Ailly und Zabarella ihn noch am 5. Juli auf ausdrücklichen Wunsch König Siegmunds hin im Gefängnis besucht und ihm vergebens zum Widerruf zugeredet hatten, kam es am 6. Juli 1415 vor dem versammelten Konzil im Konstanzer Dom zum Schlußurteil; es lautete auf Tod, weil Hus die Irrlehren Wiclifs in seinen Schriften „dogmatisiert, verteidigt und gepredigt" habe. Noch am gleichen Tage wurde er auf dem Richtplatz dem Feuertode überantwortet. Während er bereits auf dem Scheiterhaufen stand, ließ König Siegmund ihm abermals Gnade gegen Widerruf anbieten. Er lehnte ab und starb, indem er seinen Feinden verzieh. Jesus Christus anrief und das Glaubensbekenntnis betete.

Schuld und Tragik, eigenes und fremdes Versagen, sind in sein Schicksal hineinverflochten. Das Konzil ist leicht über die Husfrage hinweggeschritten. Für die meisten Teilnehmer lag sie lediglich am Rande des Geschehens. Sie nahmen nur geringe Notiz von ihr. Die Geschichte aber hat Hus furchtbar gerächt. Die grausamen Husitenkriege (1420–31) haben Böhmen und Deutschland noch lange in Angst und Schrecken versetzt.

4. Bevor das Konzil zur Neuwahl des Papstes schreiten konnte, galt es, die Reformfrage zu verhandeln. Über die Notwendigkeit von Reformen an Haupt und Gliedern waren sich alle einig. Sollte man sie aber vor der Wahl des neuen kirchlichen Oberhauptes beraten oder nachher? Das war die Frage. Im Dekret „Haec sancta" hatte sich das Konzil die Vornahme von Reformen ausdrücklich vorbehalten. War nun dieses Dekret nur für den Ausnahmefall gedacht, oder sollte es grundsätzlich den Papst unter das Konzil stellen? Die strengen „Konziliaristen" betrachteten die Reformfrage als einen Testfall. Sie wollten den Papst für dauernd an das Konzil binden, indem sie ihn den vom Konzil erlassenen Reformen unterwarfen. In

regelmäßigen Abständen sollten in Zukunft Allgemeine Konzilien abgehalten werden, die auch für den Papst verpflichtende Reformbestimmungen, in der eigenen Autorität des Konzils, erlassen konnten. Vor allem die Deutschen und die Engländer verlangten es so; bei ihnen hatten die konziliaristischen Ideen inzwischen am weitesten Fuß gefaßt. Anders aber die übrigen Nationen. Sobald der grundsätzliche Charakter der Debatte klarer hervortrat, widerstrebten sie aufs heftigste. Auf dem Wege eines Kompromisses wurden zwar am 9. Oktober 1417 fünf inzwischen beratene Reformdekrete verkündet, unter ihnen auch das Dekret „Frequens", das regelmäßige Konzilien in Abständen von zehn Jahren vorsah; im übrigen aber wurde mit aller Entschiedenheit darauf gedrungen, daß die Reform als Aufgabe der normalen Kirchenleitung dem Papste vorbehalten blieb und daß dieser deshalb zuerst gewählt werden müsse, bevor man weiter über die Reform auf diesem Konzil verhandle. Nachdem auch die Engländer diesem grundsätzlichen Verfahren zugestimmt hatten, mußten die Deutschen sich fügen; so konnte man dann zur Wahl schreiten.

5. Nach einem besonderen Modus sollte der Mann ermittelt werden, der allen Beteiligten genehm sei und deshalb auf allgemeine Anerkennung rechnen konnte. Deshalb zogen außer den 26 Kardinälen noch je 6 Abgeordnete aus jeder der fünf Nationen am 8. November 1417 ins Konklave ein, insgesamt also 56 Papstwähler. Das Konstanzer Kaufhaus war eigens dafür hergerichtet worden. Das Wahlverfahren war sehr kompliziert. Daß dennoch schon nach drei Tagen, während draußen eben die Prozession vorüberzog, in einer „religiösen Hochstimmung im Konklave" (Fink) die Einigung erzielt wurde, erschien schon den Zeitgenossen als ein Wunder des Heiligen Geistes: Am 11. November 1417 wurde Kardinal Odo Colonna gewählt; er nannte sich nach dem Tagesheiligen Martin V.

Nicht nur auf dem Konzil, sondern im ganzen Abendlande herrschte unbeschreibliche Freude: Die vierzigjährige Spaltung war überwunden, die Einheit des Leibes Christi wiederhergestellt. Die Kirche hatte wieder ein Oberhaupt, das von allen anerkannt und rechtmäßig gewählt war. Vielleicht empfinden wir Menschen des 20 Jhs. diese Freude besser mit als frühere Zeiten, da auch wir uns nach dieser Einheit zurücksehnen. Wissen wir doch wieder, daß die Spaltung der Christenheit das Schlimmste ist, was diese hat treffen können.

6. Nach der Papstwahl ging die Leitung des Konzils alsbald an den neuen Papst über. Martin V. hat die Führung aller Angelegenheiten, einschließlich der Reform, sofort in seine Hand genommen und damit die schwere Krise des Papsttums, die leicht zu einer Verfassungskrise hätte werden können, faktisch überwunden. Am 22. April 1418 schloß er das Konzil. Die vielumstrittene Frage, ob und inwieweit er die Dekrete „Haec sancta" und „Frequens" im konziliaristischen Sinne bestätigt und damit zu Glaubensdekreten erhoben habe, ist einwandfrei negativ zu beantworten. Eine anfängliche scheinbare Unsicherheit erklärt sich daraus, daß Inhalt und Sinn dieser beiden Dekrete ambivalent waren. Man konnte sie in einem gemäßigten, orthodoxen Sinne verstehen und auch in einem radikalen, häretisch-konziliaristischen. Von den Konzilsteilnehmern war es nur eine kleine Minderheit, die eigentlich konziliaristisch dachte. Die überwiegende Mehrheit verstand die Dekrete einwandfrei konservativ-gemäßigt. So auch Martin V. Die Minderheit freilich gab sich noch nicht geschlagen. Konziliaristische Ideen wirkten nach dem Konzil stärker fort und kamen bald darauf sogar noch einmal gefährlich zur Geltung.

Eugen IV. (1431–47) hatte das 17. Allgemeine Konzil auf den 23. Juli 1431 nach Basel einberufen. Es kam zu Spannungen zwischen ihm und den Konzilsteilnehmern. Diese begannen, sich im konziliaristischen Sinne als übergeordnete Instanz zu fühlen. Sie luden den Papst zur Verantwortung und richteten sich als höchste Gerichts- und Verwaltungsinstanz der Kirche ein; schließlich beschnitten sie die päpstliche Gewalt und schrieben sich selbst die Rechte der Exekutive zu. Als Eugen, um dem Treiben ein Ende zu machen, das Konzil 1437 von Basel nach Ferrara verlegte, blieb eine aus radikalen Konziliaristen bestehende Gruppe unter Protest in Basel zurück (bis 1449); sie erklärte jetzt die Oberhoheit des Konzils über den Papst zum Glaubenssatz, setzte Eugen ab und wählte einen neuen Papst, der sich Felix V. nannte. So war wieder einmal ein Schisma gegeben; es war das letzte im Laufe der Kirchengeschichte. Aber die Stellung Eugens IV. war inzwischen so gefestigt, daß das (seit 1437 schismatische) Basler Konzil und sein Gegenpapst sich auf die Dauer nicht halten konnten. 1449 gab Felix V. das Rennen auf und trat zurück. Damit hatte der radikale Konziliarismus in der Kirche ausgespielt.

Aber seine Wirkungen waren noch lange spürbar. Die

Furcht vor seinem Wiederaufleben beherrschte die Päpste fortan. Konzilsappellationen wirkten schockierend auf sie. Beim Ausbruch der Reformation im 16. Jh. hat diese Angst verschuldet, daß nicht rechtzeitig ein Allgemeines Konzil zur Behebung der Mißstände und zur Vornahme der dringend geforderten Reform zusammentrat. Wäre das Trienter Konzil nicht erst 1545, sondern bereits 1525 zusammengekommen, so wäre die Reformationsgeschichte vermutlich ganz anders verlaufen. Das große abendländische Schisma und der Konziliarismus haben der Glaubensspaltung des 16. Jhs. in erheblichem Maße vorgearbeitet.

## § 36

### RENAISSANCEPAPSTTUM. ALEXANDER VI. UND SAVONAROLA

Das 15. Jh. hatte zwei große kirchliche Aufgaben zu lösen: die innere Reform und die Unterstützung der griechischen Kirche in ihrem Existenzkampf gegen den Islam. In beiden hat es versagt.

Das 17. Allgemeine Konzil war von Basel (1431–37) nach Ferrara (1438) und schließlich nach Florenz (1439–42) verlegt worden. Seine Hauptaufgabe sollte die Union mit der Ostkirche sein. Der griechische Kaiser Johannes VIII. Paläologos (1425–48) erschien persönlich mit einer 700köpfigen Delegation im März 1438 in Ferrara; darunter der Patriarch von Konstantinopel und der Metropolit Bessarion von Nicäa. Auch der Papst nahm am Konzil teil. Hinter dem Wunsch der Griechen nach Union mit der abendländischen Kirche stand vor allem das brennende Verlangen, Hilfe gegen den immer unwiderstehlicher vordringenden türkischen Feind zu erhalten. Nur ein gewaltiger Kreuzzug konnte Byzanz vor dem Untergang bewahren. Nach langen schweren Beratungen kam eine kirchliche Einigung tatsächlich zustande. Die Griechen und der Papst unterzeichneten das Unionsdekret „Laetentur coeli" (6. 7. 1439). Selbst über den Primat der römischen Kirche und über das Filioque wurde man sich einig. Aber nach der Rückkehr des Kaisers in den Osten zeigte es sich, daß seine Zugeständnisse an die Westkirche wenig Sympathien fanden. Als dann auch die erhoffte Militärhilfe ausblieb, war die Union nicht mehr zu halten.

Das Abendland war keine Einheit mehr. Der Kreuzzug kam

nicht zustande, weil die Nationalstaaten nur auf den eigenen Vorteil bedacht waren. Vergebens sandte Kaiser Konstantin XI. (1448–53) nochmals einen Hilferuf nach Rom. Der Ring der Türken schloß sich immer enger um Konstantinopel. Am 29. Mai 1453 fiel die Stadt nach tapferer Verteidigung in die Hände der Türken. Konstantin fand den Heldentod. Das furchtbare Blutbad, das die Eroberer anrichteten, und die Verschleppung vieler Tausender Bürger in die Sklaverei erschütterte zwar das Abendland, aber jetzt war es zu spät. Die Union wurde 1472 förmlich widerrufen. Das Erbe Konstantinopels übernahm Moskau 1459, das bald als das „dritte Rom" bezeichnet wurde.

1. Die „*Renaissancepäpste*", die auf den ernsten und edlen Eugen IV. (1431–47) folgten, haben zwar immer wieder versucht, Europa nochmals zur gemeinsamen Abwehr der Türken, die nun das ganze Abendland vom Balkan her bedrohten, zusammenzubringen; aber ihre Bemühungen waren vergeblich und auch unglaubwürdig, weil dieses Papsttum selbst immer mehr seine universale Aufgabe aus dem Auge verlor und mit seinem Kirchenstaat in eine reine kleinstaatliche Territorialpolitik versank. Männer wie Innozenz VIII. und Alexander VI. betrachteten das „Patrimonium Petri" nur noch als ihre private Herrschaft, die sie nach Möglichkeit an ihre eigene Sippe bringen wollten. Nepotismus und Familienpolitik der Päpste spielten auf diesem Hintergrund eine unheimliche Rolle bis weit über die Reformation hinaus. Unter diesem Unglücksstern standen noch Paul III. (1534–49) und selbst der fanatische Reformpapst Paul IV. (1555–59), die mit ihrer antikaiserlichen Kirchenstaatspolitik der Reformation weithin Vorschub geleistet haben.

Vor allem aber hat die kleinstaatliche Orientierung der Renaissancepäpste verhindert, daß sie sich ihrer eigentlichsten universalkirchlichen Aufgabe, der Kirchenreform, rechtzeitig und intensiv genug widmeten. Die Sorge für den Kirchenstaat, ihr Bestreben, Rom mit Kunstwerken zu schmücken und zum Mittelpunkt des Humanismus und der Kunst zu machen, ist weniger ein Ausdruck der allgemeinen „kulturschöpferischen Kraft der Kirche" als vielmehr, unter diesem Gesichtswinkel gesehen, territorialfürstlicher Ruhmsucht und deshalb Verrat an der Universalkirche. Man mag die großen Kulturleistungen des Renaissancepapsttums in Rom bewundern; gemessen am göttlichen Auftrag der Kirche, stellen sie kein Äquivalent zu ihrem Versagen in anderer Hinsicht dar. Dabei ist nicht einmal in erster Linie an das persönliche moralische Versagen einiger – nicht aller – Päpste dieses Zeitraums gedacht, sondern vor allem an ihre grundsätzliche Einstellung zur religiösen, universal-kirchlichen Aufgabe ihres hohen Amtes. Die Verantwortung trifft in gleicher Weise das Kardinalskollegium, das die Päpste wählte; sie fällt aber wiederum auf die Päpste zurück, weil sie die Kardinäle bestellten.

Mit *Nikolaus V.* (1447–55) hielt die Renaissance ihren Einzug in Rom; er war persönlich untadelig, ein edler und gelehrter Humanist, der Begründer der Vatikanischen Bibliothek. Eifrig bemühte er sich, eine Abwehrfront gegen die Türken zustande zu bringen. Auch *Kalixt III.* (1455–1458) setzte alle Kraft für einen Türkenkreuzzug ein. Die schrankenlose Liebe des 77jährigen zu seiner Sippe, den spanischen Borgia, veranlaßte ihn, zwei Neffen ins Kardinalkollegium aufzunehmen, darunter den moralisch verkommenen Roderigo Borgia, den späteren Alexander VI. *Pius II.* (1458–64), Enea Silvio dei Piccolomini, war einer der berühmtesten Humanisten seiner Zeit; bis zu seinem 40sten Lebensjahr hatte er als Sekretär am Hofe Kaiser Friedrichs III. ein lockeres Leben nach Humanistenart geführt. Er war aber dann in sich gegangen, Priester, Bischof von Trient und schließlich Papst geworden. Als man ihm bei seinen Reformbemühungen seine eigene Vergangenheit vorhielt, bekannte er in seiner „Retraktationsbulle" (1463) offen seine früheren Fehler und bat: Aeneam rejicite, Pium recipite. Die Türkennot ließ seine Reformpläne nicht zur Ausführung kommen. Er wie auch *Paul II.* (1464–71) waren frei von Nepotismus. Aber *Sixtus IV.* (1471–84), ein früherer General der Franziskaner, der als Papst seinen Orden mit Privilegien überschüttete („Mare magnum"), führte den *Nepotismus als System* in die kirchliche Regierung ein, wo er sich bis ins 17. und 18. Jh. fest eingebürgert hat. „Wie ein immer wieder aufbrechendes Krebsgeschwür" (Schwaiger) zieht der Nepotismus sich durch die Papstgeschichte des Mittelalters und der Neuzeit hin. Trotz grundsätzlichen Verbotes durch Innozenz XII. im Jahre 1692 hielt er sich, in anderen Formen, sogar bis in die jüngste Vergangenheit (Pius XII.). Seinen Höhepunkt erreichte er unter den Renaissancepäpsten, die bald Gebiete des Kirchenstaates ihren Neffen und Söhnen zu Lehen gaben und sogar als selbständige Fürstentümer für sie aus dem Kirchenstaat herauszunehmen suchten

(Alexander VI., Paul III.). Den Anfang damit machte Sixtus IV., indem er nicht nur zwei Neffen ins Kardinalskollegium aufnahm, den prunksüchtigen, völlig weltlich gesinnten Giuliano della Rovere, den späteren Papst Julius II., und den sittlich haltlosen Franziskaner Peter Riario († 1474), sondern auch einen weiteren Neffen, Girolamo Riario, mit dem Fürstentum Imola belehnte; durch den letzteren, einen ehrgeizigen, machthungrigen und skrupellosen Menschen, ließ er sich in gefährliche und moralisch verwerfliche politische Händel ein (Pazziverschwörung gegen die Medici in Florenz 1478, Kriege mit Florenz, Neapel und Venedig). Als Erbauer der „Sixtinischen Kapelle" im Vatikan lebt er in der Kunstgeschichte fort. *Innozenz VIII.* (1484–92) war von dem nun völlig verweltlichten Kardinalskollegium gewählt worden, wobei Bestechung eine Rolle spielte. Korruption in der Kurialverwaltung, kein Sinn für Kirchenreform und Sorge für seine zwei aus seiner vor-priesterlichen Zeit stammenden unehelichen Kinder kennzeichnen seinen Pontifikat. In aller Öffentlichkeit feierte er die Hochzeit seines Sohnes Franceschetto mit einer Tochter Lorenzos de' Medici im Vatikan; er nahm den erst 13jährigen Sohn Lorenzos, Giovanni de' Medici, ins Kardinalskollegium auf; dieser wurde später Papst Leo X. (1513–21), der Luthers Thesen 1517 als „Mönchsgezänk" abtat und „das Papsttum genießen" wollte, das „Gott ihm gegeben" hatte.

*Alexander VI.* (1492–1503) stellte den absoluten Tiefpunkt des Papsttums dar. Durch schamlos simonistische Umtriebe von einem völlig verweltlichten Kardinalskollegium gewählt, hat er mit einer solchen Unverfrorenheit sein päpstliches Amt mißbraucht, daß schon Zeitgenossen auf den Gedanken kommen konnten, er sei überhaupt kein Christ, sondern ein verkappter Marane (Scheinchrist in Spanien). Wenn auch einige neuere Forscher vor allem seine Regierungstätigkeit heute günstiger beurteilen, so bleibt doch die Bedenkenlosigkeit, mit der er alles seinen politischen Zielen und seinem schrankenlosen Nepotismus unterordnete, und sein unmoralisches Leben bestehen. Er benützte seine Stellung, um seine unehelichen Kinder, von denen vier aus ehebrecherischen Beziehungen zu der adeligen Römerin Vannozza de Cataneis stammten, mit Fürstentümern zu versehen: *Pedro Luis Borgia* (1458–88), der älteste, wurde schon 1485 Herzog von Gandía; als er starb, wurde der 1474 geborene *Juan Borgia* sein Nachfolger in Gandía; Juan wurde 1497 in Rom (von Cesare?) ermordet (sein Enkel war der hl. Franz Borgia, 1510–72, der dritte Jesuitengeneral). Der berüchtigte *Cesare Borgia* (1475–1507) war schon mit 7 Jahren Protonotar, mit 16 Jahren Bischof von Pamplona, mit 17 Jahren Erzbischof von Valencia, mit 18 Jahren Kardinal (1493), aber niemals zum Priester oder Bischof geweiht worden, er hatte lediglich die Subdiakonatsweihe erhalten, von der er sich aber 1498 dispensieren ließ, als er auf die Kardinalswürde verzichtete. Sittlich ungehemmt und vom politischen Ehrgeiz getrieben, verfocht er nach Art der Condottieri mit Gewalt, List und Tücke, in der ihm jedes Mittel recht war, das Ziel, sich selbst in Mittelitalien ein Reich zusammenzurauben. Der Papst, der seit 1498 ganz unter Cesares Einfluß stand, leistete dazu alle Mithilfe. *Lucrezia Borgia* (1480–1519), die „mit Unrecht zum Inbegriff der sittlichen Verkommenheit der Renaissance geworden ist" (H. Rahner), war das Opfer der Ehepolitik ihres Vaters; nach zwei unglücklichen Ehen heiratete sie 1501 Alfons d'Este von Ferrara und lebte mit ihm glücklich, wohltätig und fromm, als Mitglied des Dritten Ordens vom hl. Franz, bis zu ihrem Tode. *Jofré Borgia* (1481–1533), der jüngste Sohn Alexanders VI., wurde Fürst von Squillace durch Heirat mit einer unehelichen Tochter König Alfons' II. von Neapel.

2. Der Zusammenstoß Alexanders mit *Savonarola* offenbart den Abstand und zeigt zugleich, daß die „heilige Kirche" auch dann heilig sein kann, wenn der Heilige Stuhl von einem unheiligen Papst besetzt ist. Das völlige Versagen der Päpste hat die Selbstreform der Glieder wachgerufen. Es muß stets die besondere Aufgabe des Mönchtums sein, die Kirche zur Buße, Einkehr und zur christlichen Distanz von der Welt zu führen. In Zeiten äußerster Verweltlichung ist der Mönch das sichtbare Zeichen des Widerspruchs. Ihm ist es aufgetragen, zu rufen und zu mahnen, „ob gelegen oder ungelegen", selbst wenn er darüber sein Leben opfert.

*Hieronymus Savonarola* (1452–98) hatte sein Leben als Dominikaner in den Dienst der Buße und der Reform gestellt. Seinem gewaltigen Bußruf gelang es, seit 1490 Florenz umzugestalten. Als Prior von San Marco gründete er eine Reformkongregation in seinem eigenen Orden. Unermüdlich arbeitete er an sich und anderen. Seine Kritik machte weder vor dem Hofe der Medici noch vor Alexander VI. halt. Nach dem Sturze der Medici (1494) beherrschte er die Stadt mit seinem Einfluß und bewirkte in kurzem eine vollkommene sittliche Umkehr.

Durch eine innere Stimme glaubte er zu wissen, daß der heranrückende Franzosenkönig Karl VIII. auserwählt sei, die Menschen zur Buße zu führen. Diese eigentümliche Verknüpfung des Religiösen mit dem Politischen wurde ihm zum Verhängnis. Es störte die politischen Pläne Alexanders, und so suchte dieser, den unbequemen Mahner loszuwerden. Predigtverbot, Vorladung nach Rom (1495), Exkommunikation (1497) trafen Savonarola. Dieser zögerte; dann kam ihm die Erkenntnis, Alexander, der durch Simonie zum Papsttum gekommen war, könne nicht wahrer Papst sein. Eben war er im Begriffe, Kaiser und Könige zu bitten, auf einem Allgemeinen Konzil die Unrechtmäßigkeit Alexanders feststellen zu lassen, da schlug dieser zu; er bedrohte Florenz mit dem Interdikt, wenn es nicht unverzüglich den Dominikaner zum Schweigen bringe. Die Gegner Savonarolas bekamen die Oberhand, stürmten S. Marco (8. 4. 1498) und stellten den Prior mit zwei Brüdern vor Gericht. Kerker, Folter, Verhöre ohne Unterlaß, falsche Ankläger und Fälschung der Protokolle führten zum Justizmord. Als „Häretiker, Schismatiker und Verächter des Heiligen Stuhles" wurde er zum Tode verurteilt. Seine letzten Aufzeichnungen in der Kerkerzelle, mit gefesselten Händen und zerschundenem Körper geschrieben, zeigen ihn als einen Heiligen. Immer wieder legte er sich die bange Frage vor, ob er recht gehandelt habe. Es gibt ein heiliges Widerstandsrecht in der Kirche; Savonarola hat von ihm Gebrauch gemacht gegen einen Papst, der nach seiner Überzeugung kein wahrer Papst war. Nie hat er die Kirche oder das Papsttum angegriffen. Im Gegenteil, ihnen opferte er sein Leben. Darin unterschied sich der Mönch von Florenz wesentlich von dem Mönch von Wittenberg, daß er stets Amt und Person auseinanderhielt. Die an der armseligen Person Alexanders leidende Kirche war es, die ihm vor Augen stand; um sie zu retten, starb er mit zwei Brüdern am 23. Mai 1498 auf dem Scheiterhaufen, den seine Feinde und Alexander VI. ihm bereitet hatten. Er hatte zuvor in tiefer Andacht gebeichtet und kommuniziert. Savonarola war kein Ketzer, er war ein Heiliger. Der Dominikanerorden betreibt seit 1955 seine Seligsprechung.

3. Leider änderte Alexander VI. sein Leben nicht. Ihm folgte, nach kurzem, nur 23 Tage dauernden Zwischenspiel *Pius' III.* (1503), *Julius II.* (1503–13), der Neffe Sixtus' IV. Wieder beherrschten Simonie, Politik und Gewalt diesen Pontifikat.

Wenn Julius auch frei war von Nepotismus und sittlichen Ausschreitungen; während seiner ganzen Regierung ging sein einziges Trachten danach, Rom und den Kirchenstaat zu vergrößern, zu verschönern und sich selbst Ruhm zu gewinnen. Von Michelangelo ließ er sich sein Grabmal entwerfen und in der machtvollen Gestalt des Moses verkörpern. Ununterbrochen führte er Kriege. Den „Blutseufer Julium“ nannte Luther ihn 1520. Bramante entwarf für ihn den Neubau von St. Peter (1506), Michelangelo malte die Decke der Sixtinischen Kapelle, Raffael die Fresken in den Prunkgemächern des Vatikan. Der Gipfel der Renaissancekunst war erreicht. Aber auch die Reformation stand unmittelbar vor der Tür.

# III. ZEITRAUM
# DIE KIRCHE DER NEUZEIT

Die Frage der Periodisierung bereitet beim Übergang vom Mittelalter zur Neuzeit die allergrößte Schwierigkeit. Es lassen sich viele Einzelheiten angeben, die das beginnende Neue zum Inhalt haben. Aber keins dieser Merkmale ist so charakteristisch und umfassend, daß es den gesamten neuen Abschnitt treffend und hinreichend charakterisieren könnte. Infolgedessen kann man den Übergang je nach dem Aspekt, den man an die Neuzeit anlegt, ganz verschieden bestimmen. Nimmt man z. B. den Durchbruch der „modernen" individuellen Religiosität zum Ausgangspunkt, so muß man schon im 14. Jh. ansetzen. Nimmt man die Gesellschaftsstruktur zum Maßstab, so darf man erst die Französische Revolution als Wende betrachten, denn erst sie hat die Feudalordnung der mittelalterlichen Kirche überwunden.

Wenn wir bei der alten Einteilung bleiben, so sind wir der Meinung, daß die Reformation in der Tat eine so tief einschneidende Zäsur in der Kirchengeschichte gewesen ist, daß wir mit ihr die kirchliche Neuzeit beginnen lassen können. Sie war nicht nur die „größte Katastrophe, von der die Kirche in ihrer ganzen Geschichte bis heute betroffen wurde" (Lortz), sondern hat auch die gesamte neuzeitliche Entwicklung so entscheidend geprägt, daß nichts anderes ihr an Bedeutung gleichkommt. Durch sie ist nicht nur die Einheit zerbrochen und das gemeinsame Glaubensfundament aufs tiefste erschüttert worden, sondern auch das religiöse Denken in konfessionelles Denken aufgespalten worden. Seitdem ist christliches Denken nicht mehr einheitlich bestimmt, sondern in katholisches, lutherisches, reformiertes und sektiererisches aufgelöst. Unserer Zeit scheint es aufgegeben, die gemeinsamen Wurzeln wiederzuentdecken. Sie hat wenigstens das Gespür dafür, daß es nicht bei dieser Aufspaltung bleiben kann und daß wir wieder „*ökumenisch*", besser würden wir sagen „katholisch" (nicht im konfessionellen Sinne), denken müssen, wenn wir Christen sind.

Wir teilen die Neuzeit in folgende Abschnitte ein:

1. Epoche: Reformation und katholische Reform (1500–1700)
2. Epoche: Französische Revolution bis zum 1.Weltkrieg (1789–1918)
3. Epoche: Jüngste Vergangenheit, 1918 bis zur Gegenwart

## I. Epoche: 1500–1700
## Reformation und katholische Reform

### § 37
### VORAUSSETZUNGEN DER REFORMATION

Die Entstehung der Reformation ist ein sehr vielschichtiges Problem, das sich nicht auf die Formel bringen läßt: *weil* in der mittelalterlichen Kirche so viele Mißstände bestanden, darum *mußte* die Reformation kommen. Ja, *Reform mußte* kommen, aber *nicht Reformation!* Statt einer Entwicklung *gegen* die Kirche, hätte auch eine Reformbewegung *in* der Kirche entstehen und zur inneren Gesundung führen können, ja sogar müssen. Daß es anders kam, war nicht das Produkt einer inneren Zwangsläufigkeit, sondern das Ergebnis des Zusammentreffens vieler Einzelheiten, die wir insgesamt als „Voraussetzungen“ im weiteren Sinne bezeichnen.

Die neuere Reformationsforschung hat die früher übliche Schwarz-Weiß-Malerei überwunden und das ehemals so vielfach verzerrte Bild von der absoluten Verderbtheit der spätmittelalterlichen Kirche zurechtgerückt. Dadurch sind nicht etwa die Konturen verwischt, sondern nur die Zusammenhänge besser aufgedeckt worden. Nach wie vor gilt es, daß die Kirche in einer Weise reformbedürftig war, die aufs höchste erschreckt; aber so verkommen und verrottet, daß sie einer Reform nicht mehr würdig gewesen wäre und deshalb hätte untergehen müssen, war sie nicht. Wir versuchen Bilanz zu ziehen:

1. *Mißstände* gab es überall. Da waren die Auswüchse im religiösen Leben, die sich in einer vielfach ungesunden Heiligen- und Reliquienverehrung, in einem unkontrollierbaren Wallfahrtswesen und in mannigfachen peripheren Andachtsformen niedergeschlagen hatte. Leichtgläubigkeit, Wundersucht, Aberglaube, Höllen- und Teufelsangst und ein krankhafter Hexenwahn belasteten diese Frömmigkeit aufs schwerste. Da waren auch Mißstände in der kirchlichen Verwaltung, die vielfach in

Formalitäten erstarrt war und ihre Existenzberechtigung in einem rein materialistisch aufgebauten Steuer- und Taxenwesen zu erblicken schien. Mißbrauch des Kirchenbannes zu ungeistlichen Zwecken, simonistisch angehauchten Pfründenschacher und Vetternwirtschaft gab es nicht nur in Rom, sondern ebenso auch in den bischöflichen und archidiakonalen Verwaltungen der Diözesen. Da gab es vor allem schwere sittliche Mißstände und Verfehlungen von Geistlichen und Laien. Klagen über unmoralisches Leben von Priestern, Mönchen und Nonnen sind uns zahlreich überliefert, und das Schlimme war, daß ganze Stände und Gemeinschaften, etwa ganze Konvente, davon befallen waren.

Gerade dies aber war das Alarmierende. Menschliches Versagen einzelner hat es stets gegeben und wird es immer geben. Aber hier schien das Übel geradezu institutionell begründet zu sein: *Das Papsttum* war defekt und kam aus seinem circulus vitiosus anscheinend nicht mehr heraus; denn schlechte Kardinäle wählten schlechte Päpste, und die schlechten Päpste ernannten wieder schlechte Kardinäle! Zudem war das Papsttum so sehr in seine weltlichen Sorgen um den Kirchenstaat verstrickt, daß ein Papst, der es einmal hätte anders machen wollen, den Verhältnissen machtlos gegenüberstand. Der edle Hadrian VI. (1522/23) ist mit seiner ernsthaften Reform einfach daran gescheitert.

Auch *der Episkopat* war in seine feudalen Bindungen so eingefangen, daß er sich kaum zu lösen vermochte. Ein höchst egoistischer Adel stellte die Domkapitel; die Domkapitulare wählten aus ihrer Mitte den Bischof, dieser gehörte wieder dem Adel an und war ihm verpflichtet. Eine Durchbrechung des Adelsmonopols in der Kirche war unmöglich; es war unantastbar. Mit ihm aber waren auch die politischen Bindungen gegeben. Genf wurde protestantisch, weil sein Bischof dem Hause der Landesfürsten von Savoyen angehörte. Der politische Gegensatz zu diesem zog den kirchlichen nach sich. Überall stellen wir diese Zusammenhänge fest, in Städten, Bistümern und Ländern. Ähnlichen Bedingungen unterlag der *höhere Klerus* in den Dom- und Stiftskapiteln selbst. Auch er war in die Hauspolitik der benachbarten Adelsfamilien eingespannt. Die Stifte waren Versorgungsstätten des Adels geworden. Das Leben in ihnen wurde vom Geiste des Adels beherrscht und war recht wenig geistlich ausgerichtet.

Schließlich lebte auch der *niedere Klerus* in seiner Bindung an

Armut und Elend dahin. Schlechtbezahlte Vikare, Meßpfründner und Altarbenefiziaten waren „Proletarier", die wirklich oft von der Hand in den Mund lebten. Wenn wir dies alles zusammennehmen, so scheint das persönliche Versagen einzelner mehr eine Folge der Gesellschaftsstruktur der Zeit als eigene Schuld gewesen zu sein.

2. Es gab aber auch *positive Werte* in der Zeit. Es wäre falsch, den tiefreligiösen Zug der Zeit übersehen zu wollen. Er äußerte sich in den zahllosen Stiftungen, die der Kirche gemacht wurden, in den gewaltigen Kirchenbauten und Kunstschöpfungen, die in dieser Zeit entstanden und in der Gründung zahlloser neuer Bruderschaften und karitativer Einrichtungen, wie Hospitäler, Armenhäuser und Siechenheime. Sie alle entstanden im engsten Zusammenhang mit der Kirche. Dies deutet nicht darauf hin, daß eine allgemeine oder weitverbreitete Kirchenfeindlichkeit bestanden hätte. Ein Massenabfall von der Kirche ist im 15. Jh. nirgendwo zu beobachten. Selbst der Hussitensturm hatte sich gelegt, als den Böhmen in den Prager Kompaktaten (1433) Zugeständnisse gemacht worden waren; im Frieden von Kuttenberg (1485) wurden die letzten größeren Nachwehen beseitigt. Hingegen ist im ausgehenden Mittelalter gerade wieder eine gesteigerte Kirchlichkeit festzustellen; sie zeigte sich nicht zuletzt in der regen Teilnahme an den kirchlichen Festen, die zu großen Volksfeiertagen ausgestattet wurden (Patrozinien, Kirchmeß). Gottesdienste und Predigten wurden gut besucht, besonders wenn große Prediger auftraten wie Geiler von Kaysersberg († 1510) oder Paul Wann († 1489).

Und die Kirche selbst war keineswegs untätig. Ihre „Sorge um die religiöse Erziehung des Volkes war beträchtlich" (Lortz). Wenn Luther dem kirchlichen Leben und der katholischen Volksfrömmigkeit später jeden religiösen Wert abgesprochen und sie als „Werkgerechtigkeit" verurteilt hat, so ist seine globale Anklage sicher ungerecht. Man sollte nicht vergessen, daß er selbst nach Herkunft und Erziehung dieser kirchentreuen Schicht des Volkes angehört hat und aus ihr erwachsen ist. Man wird sein bohrendes Suchen nach dem gnädigen Gott nicht verstehen können, wenn man nicht ihn selbst als Kind dieser Zeit betrachtet. Die Frage nach dem ewigen Heil hat die Menschen zutiefst erregt. Sündenbewußtsein und Streben nach Entsündigung vor Gott waren so allgemein und echt, daß man ruhig behaupten kann, es habe wohl kaum jemals eine religiösere Zeit gegeben. Der hl. Klemens

Maria Hofbauer († 1820) hatte recht, wenn er meinte: „Die Reformation kam, weil die Deutschen das Bedürfnis hatten, fromm zu sein."

Bedürfte es noch eines Beweises für den religiösen Grundzug der Zeit, so brauchte man nur auf das künstlerische Schaffen zu schauen. „Die Kunst lügt nicht." Sie ist echter Ausdruck des Zeitgeistes. Die Bauten der Gotik, ihre Kirchenfenster und Bildwerke, die innigfrommen Tafelbilder eines Matthias Grünewald († 1528), eines Hans Holbein d. Ä. († 1524) oder der Meister der „Kölner Malerschule" (1450–1550) sprechen für sich.

3. Dennoch aber erscheint die Religiosität sehr oft mit mancherlei anderen Interessen vermischt. In einer Zeit, in der Religion und Leben noch eine Einheit darstellten, ist es nicht verwunderlich, daß in das religiöse Denken auch die anstehenden sozialen, politischen und wirtschaftlichen Anliegen mit hineinflossen. Die Reformation ist keineswegs eine rein religiös-kirchliche Angelegenheit gewesen. Martin Luther ist nicht durch seine theologischen Ablaßthesen zum Reformator geworden, sondern dadurch, daß er in seinen drei großen Reformationsschriften des Jahres 1520 die gesamte Fülle der bestehenden Reformwünsche aufgegriffen hat. Dadurch fühlten sich alle angesprochen, die mit der kirchlichen oder politischen und sozialen Ordnung unzufrieden waren. Sehr bald bedienten sich alle seiner religiösen Formulierungen, wenn sie ihre Wünsche zur Geltung brachten, die „Schwärmer" Karlstadt, Müntzer, Storch 1522, Sickingen und die Reichsritter 1523, die Bauern 1524/25 und schließlich die Fürsten und Obrigkeiten, die mit ihrem Übertritt zur Reformation recht irdische Interessen wirtschaftlicher, politischer und dynastischer Art verbanden. Es war geradezu Mode geworden, allem Geschehen eine religiöse Färbung zu geben. „Der Name Gottes und die Worte der Schrift . . . galten als unerläßliche Legitimation für alles menschliche Tun und Streben" (F. v. Bezold). In den freien Reichsstädten ist es überall fast mit den Händen zu greifen, wie die Reformation regelmäßig mit gewaltsamen sozialen und politischen Veränderungen verbunden war.

4. Daß der Ruf nach *Reform der Kirche* so allgemein verbreitet war, lag einerseits natürlich an der langen Verschleppung der Reformen, weist aber andrerseits auch darauf hin, daß die Kirche immer noch die führende geistige Macht war und mit ihrem Leben die gesamte Gesellschaftsstruktur durchdrang.

Weil sie überall präsent war, mußte sich jedes kirchliche Versagen um so unangenehmer in der Öffentlichkeit bemerkbar machen. Die „Gravamina nationis Germanicae", die seit dem Mainzer Libell (1451) immer wieder vorgetragen und auf dem Wormser Reichstag (1521) in 100 Beschwerden zusammengefaßt wurden, kritisierten aufs heftigste die kuriale Besteuerungs- und Verwaltungspraxis sowie das kirchliche Rechts- und Prozeßwesen. Seit dem hohen Mittelalter hatte die Verrechtlichung der Kirche immer größere Fortschritte gemacht. Ein Unbehagen an der institutionellen Kirche hatte Platz gegriffen. Viele wandten sich von dieser „sichtbaren" Kirche weg einer rein geistigen, „unsichtbaren" Kirche zu. Die Idee der Ecclesia spiritualis, der „Kirche des Heiligen Geistes", die die bestehende Papstkirche ablösen werde, war von Abt Joachim von Fiore († 1202) entwickelt und von den Franziskaner-Spiritualen der 13./14. Jhs. weit verbreitet worden. Sie verband sich mit den apokalyptischen Erwartungen des ausgehenden Mittelalters und prägte eine neue, subjektive Frömmigkeit, die vielfach außerhalb der Kirche ihre religiöse Befriedigung suchte.

Diese „neue Frömmigkeit" brauchte nicht kirchenfeindlich zu sein, sie konnte neben der Kirche hergehen. Die „*Devotio moderna*", die der Niederländer Gerhard Groote (1340–84) um 1380 in Deventer begründete, blieb z. B. ganz und gar kirchentreu. Sie zielte aber auf eine besondere persönliche und innerliche Frömmigkeit ab, die ihre Kraft nicht so sehr aus der Mitfeier der kirchlichen Liturgie und aus den Sakramenten schöpfte als vielmehr aus der stillen Betrachtung des Leidens Christi und aus dem Geiste der Bergpredigt. In der berühmten „Nachfolge Christi" des Thomas von Kempen († 1471), der dem Jüngerkreise Grootes, den „Brüdern vom gemeinsamen Leben", entstammte, spielen Kirche und Sakramente kaum eine Rolle. Die private Schriftlesung rückte in den Mittelpunkt. Sakramente und besonders das heilige Meßopfer wurden nicht mehr als sakramentale Vergegenwärtigung des Kreuzesopfers erlebt, sondern als Gelegenheit zur privaten Andachtsübung gewertet. Mit dieser Unterbewertung der Kirche und der sakramentalen Heilsordnung hat die Devotio moderna, die an sich eine innerkirchliche Reform bezweckte, dennoch „dem Spiritualismus Luthers vorgearbeitet" (Iserloh).

5. Zur inneren Aushöhlung des Kirchenbegriffs hat aber vor allem der *Nominalismus* des englischen Franziskanertheologen

*Wilhelm von Ockham* (1290–1349) beigetragen, der mit seiner „Via moderna" den von Thomas von Aquin gewiesenen Weg, die „Via antiqua", ablehnte und heftig bekämpfte. Die innere Zuordnung, die Thomas überall in der Schöpfung gesehen hatte und die es ihm ermöglichte, durch Ähnlichkeitsvergleiche (analogia entis) aus der Natur auf Gott zu schließen (natürliche Gottesbeweise), erklärte Ockham für unmöglich. Zwischen Natur und Übernatur gebe es keine Brücke. Gott und Mensch seien durch einen für die menschliche Vernunft unüberspringbaren Abgrund voneinander getrennt. Nur wenn Gott sich dem Menschen offenbare, könne dieser von ihm wissen. Der Skepsis gegenüber der menschlichen Vernunft und Natur entsprach Ockhams großes Vertrauen auf die Offenbarung. Nur die geoffenbarte Heilige Schrift sei Grundlage und Quelle unseres Glaubens; das Sola-Scriptura-Prinzip Luthers kündigt sich hier an. Ferner, die Vernunft sei machtlos, nur der Glaube allein vermöge uns zur Gotteserkenntnis und zu unserem Heile zu führen; Luthers Sola-Fides-Prinzip wird erkennbar. Endlich, aus eigener Kraft sei die menschliche Natur zu nichts fähig. Alles sei Gnade, reine Gnade. Thomas' Lehre, daß die Gnade die Natur voraussetze und auf ihr aufbaue, fand in Ockhams Skepsis gegenüber der Natur keine Billigung. Luther hat die „Sola-Gratia-Lehre" später aufgegriffen und weiterentwickelt. In der *Verabsolutierung* der drei „Sola" liegt die Häresie.

In dem gleichen Maße, in dem der Nominalismus sein Vertrauen *ausschließlich* auf Glaube und Offenbarung setzte, trat die Bedeutung der Sakramente und der sakramentalen Kirche im Heilsprozeß zurück. Der Mensch kann zur Not auch ohne sie fertig werden. Luther hat sich ausdrücklich zu Ockhams Lehre bekannt. Ihre Bedeutung für die reformatorische Entwicklung liegt auf der Hand.

6. Als Voraussetzungen für die Reformation sind schließlich besonders *Humanismus* und „*Biblizismus*" bzw. „*Evangelismus*" zu nennen. Die neuere Forschung hat eindeutig herausgearbeitet, daß es schon vor der Reformation eine weltweite „Bibelbewegung" gegeben hat. Luther hat die Heilige Schrift nicht „unter der Bank hervorgezogen"; vielmehr ist er selbst aus diesem „Evangelismus" herausgewachsen. Devotio moderna, Ockhamismus und christlicher Humanismus sind der Quellgrund der Hinwendung zur Heiligen Schrift gewesen. Sicher wäre die Bibelbewegung stärker in der katholischen Kirche beheimatet geblieben, wenn die Reformatoren sie durch

ihre Vereinseitigung (sola) nicht überspannt und für sich reklamiert hätten. Erasmus von Rotterdam, der Fürst der Humanisten, hat sich um den Biblizismus große Verdienste erworben. Seine Bedeutung für die Reformation verlangt ein Eingehen auf seine Person.

## § 38
### ERASMUS VON ROTTERDAM UND DER HUMANISMUS

Um 1469 in Rotterdam geboren, erhielt Erasmus, der Sohn eines Geistlichen und einer Arzttochter, eine ausgezeichnete Ausbildung in der berühmten Humanistenschule zu Deventer (1474–84) und lernte bei den „Brüdern vom gemeinsamen Leben" die Devotio moderna kennen. 1486 trat er in das Augustinerchorherrnstift Emmaus ein und empfing 1492 die Priesterweihe. Als Sekretär des Bischofs von Cambrai (1493/95) und als Student in Paris (1495/99) betrieb er eifrig humanistische Studien. Er beherrschte später das klassische Latein besser als seine Mutterspache. Eine Reihe von lateinischen Übungsbüchern und Grammatiken begründeten seinen Ruhm als Humanist und trugen dazu bei, das Latein zur Gelehrtensprache zu machen.

In England (1499–1500) lernte er einen tiefen und frommen christlichen Humanismus kennen, den ihm Thomas Morus, John Fisher (zwei Heilige der Kirche) und John Colet, mit dem er besonders befreundet war, vermittelten. Von diesen wurde er auch auf die Heilige Schrift hingewiesen. Er erlernte Griechisch und Hebräisch und gab 1516 die erste kritische Ausgabe des griechischen Neuen Testamentes heraus, die ihn mit einem Mal zum Mittelpunkt des christlichen Humanismus und Biblizismus machte. Er schickte ihr eine ausführliche Einleitung voraus, in der er seine Gedanken über eine ganz von der Heiligen Schrift geprägte Reform der Kirche und der Theologie darlegte.

Er hatte schon in seinem „Enchiridion militis christiani" (1503) und in seiner „Laus stultitiae" (1509) mit scharfem Sarkasmus die Mißstände in Kirche und Leben kritisiert. Nun entwickelte er in seiner Einleitung zum Neuen Testament seine „Philosophia Christi", eine von der Bergpredigt ausgehende christliche Lebensgestaltung. Der einfache, schlichte Geist des Evangeliums solle herrschen und der Ballast der kirchlichen Traditionen abgeschafft werden. „Tollantur abusus, non substantia.“ Die Mißstände sollen beseitigt werden, aber die Substanz des christlichen Glaubens darf nicht angetastet werden, so lautete seine Parole.

Mit diesem Vorstoß hat Erasmus die brennendsten Zeitfragen aufgegriffen und das Reformanliegen mit dem Evangelium verbunden. Alle Augen waren auf ihn gerichtet. Würde er der Mann sein, der die so lang ersehnte Reform in Gang brächte? Die Humanisten jubelten ihm zu. Alle Welt war bereit, auf ihn zu hören. Die von ihm verkündeten Prinzipien einer echten Reform des ganzen christlichen Lebens von der Quelle, d. h. von der Heiligen Schrift und einer schlichten, reinen Bibeltheologie her, entsprachen genau dem allgemeinen Verlangen. Seine praktischen Reformvorschläge fanden begeisterte Zustimmung.

In diesem Augenblick trat Martin Luther auf den Plan. Erst nach der Leipziger Disputation nahm Erasmus von ihm Notiz. Er sah in ihm einen humanistischen Bundesgenossen und ermutigte ihn. Bald wurde Luthers Schicksal in seine Hand gelegt. Im November 1520 traf er mit Friedrich dem Weisen, Luthers Landesherrn, in Köln zusammen; dieser fragte ihn nach seiner Meinung über Luther, und Erasmus bestärkte den Kurfürsten in seinem Eintreten für Luther. Jedoch, bald löste er sich wieder von dem stürmischen, leidenschaftlichen Wittenberger Mönch. Der feinsinnige Gelehrte mit dem humanistischen Optimismus, der in der Natur das Gute sah und in der „libertas spiritus“ die notwendige Voraussetzung aller Menschenbildung und aller wahren Frömmigkeit erblickte, durchschaute Luthers nominalistischen Skeptizismus gegenüber Natur und Vernunft. In seiner Schrift „Über den Freien Willen“ (1524) setzte er mit seiner Kritik an diesem Punkte an. Luther antwortete sofort sehr heftig mit einer Gegenschrift „Über den unfreien Willen“ (1525). Später äußerte er, Erasmus habe als einziger von seinen Gegnern den Kernpunkt seiner Lehre richtig getroffen. Erasmus schrieb noch einmal gegen Luther (1526/27). Von nun an stand er ihm schroff ablehnend gegenüber. Die meisten älteren Humanisten folgten ihm.

Seit 1521 lebte er in Basel und gab Kirchenväterschriften heraus. Als 1529 die Reformation in Basel gewaltsam eingeführt wurde, flüchtete er vor ihr nach Freiburg im Breisgau. Von hier aus nahm er auf die Verhandlungen des Augsburger Reichstages (1530) Einfluß. Unermüdlich mahnte er zum

Frieden. Jedes gewaltsame Vorgehen gegen die Neugläubigen lehnte er ab. Es sei besser, so meinte er, die lutherische Bewegung zu dulden als einen Religionskrieg ausbrechen zu lassen. Die Zeit werde heilen; einstweilen solle man nur erst einmal den Mönch (Luther) und andere Fanatiker isolieren und eine Zeitlang ausschalten; dann würden Herzensbildung und Wissen den Weg zur Einheit zurückfinden. „Durch Freiheit des Geistes zur wahren Frömmigkeit", so lautete seine Devise. Nicht vom Wissen drohe der wahren christlichen Religion und echten Frömmigkeit Gefahr, sondern allein von Unwissenheit und Unbildung, die den Menschen stets unfrei und deshalb auch unduldsam, fanatisch und streitsüchtig machten. Das tumultuarische, fanatische und rücksichtslose Vorgehen der Neuerer war ihm ein Greuel. Unermüdlich warnte er aber auch vor borniertem, starrsinnigem Festhalten an alten Traditionen im katholischen Lager. Er suchte seinen Weg zwischen beiden Extremen.

Er starb 1536 in Basel, wohin er kurz vor seinem Tode zurückgekehrt war. Seine letzten größeren Schriften waren der Wiedervereinigung gewidmet („De sarcienda ecclesiae concordia", 1533). Mit ihnen hat er die sog. Vermittlungstheologie begründet, die besonders im katholischen Lager lange Zeit viele Anhänger hatte (Witzel, Pflug, Cassander), aber auch auf protestantischer Seite von Männern wie Melanchthon und Butzer gepflegt wurde. In manchen Gegenden, wie besonders am Niederrhein, hat der „Erasmianismus" noch lange nachgewirkt und ein friedliches Nebeneinander von Katholiken und Lutheranern bewirkt, bis er schließlich in den sechziger Jahren von den inzwischen verhärteten Konfessionsblöcken zermalen wurde.

Die Wertung des erasmianisch-humanistischen Vermittlungsversuches begegnet heute noch unterschiedlicher Beurteilung. Die einen sehen in ihm die „Dritte Kraft" im Kampf der Konfessionen und bedauern, daß er nicht zum Zuge gekommen ist (Fr. Heer). Die anderen werfen ihm vor, er habe die theologischen Positionen aufgeweicht und mit seiner Unklarheit der katholischen Kirche, besonders ihrem Dogma, schweren Schaden zugefügt (J. Lortz). Wieder andere glauben, „daß gerade der alte Erasmus auf dem richtigen Wege war" (K. A. Meissinger), und in neuester Zeit ist nachdrücklich herausgearbeitet worden, daß der alte Erasmus, der christliche Humanist, weder ein undogmatischer Skeptiker noch ein

Freidenker, sondern ein tiefgläubiger, offenbarungsgebundener und kirchentreuer Katholik und Theologe gewesen ist (Oelrich). Das letzte Urteil steht noch aus.

## § 39

### MARTIN LUTHER. SEINE ENTWICKLUNG ZUM REFORMATOR

„Selten hat für einen gewaltigen, radikal umbildenden geschichtlichen Prozeß – für eine Revolution großen Stils – eine Einzelpersönlichkeit so viel Bedeutung, wie sie Martin Luther für die Reformation besitzt“ (J. Lortz). Wenn der Reformator auch kaum einen Gedanken ausgesprochen hat, der nicht vor ihm schon einmal gedacht und gesprochen worden wäre, so hat er doch allem seinen so persönlichen Stempel aufgedrückt, daß es eben doch neu war und von den Zeitgenossen als neuartig empfunden wurde. Die Reformation ist sein ureigenstes Werk gewesen. Davon bleibt unberührt, daß er die ganze Bewegung völlig absichtslos ausgelöst hat. Er hat nur den Funken in das übervolle Pulverfaß, in dem alle religiöse, geistige, politische und soziale Unruhe seiner Zeit zusammengefaßt war, geschleudert. Aber er hat dann dem Brande mit der Wucht seiner Persönlichkeit die alles überwältigende Durchschlagskraft verliehen.

1. Das *katholische Lutherbild* hat sich seit den Darstellungen H. Denifles (1904/09) und H. Grisars (1921/30) grundlegend gewandelt. Die unerquickliche Polemik ist dem Bemühen gewichen, den Reformator aus seiner Zeit und aus seinem Wollen zu verstehen und zu deuten. An der Reinheit seiner reformatorischen Absicht zweifelt man so wenig wie an der Berechtigung seines Anliegens, die mißlichen Zustände der spätmittelalterlichen Kirche gründlich zu reformieren. Ja, bei näherem Zusehen stellt man fest, daß er selbst eigentlich nur ein Repräsentant eines innerhalb der Kirche mächtig aufbrechenden Reformwillens gewesen ist. Geradezu tragisch ist es, daß er mit seinem kraftvollen Auftreten nicht innerhalb der Kirche geblieben, sondern zum Reformator gegen sie geworden ist.

Als Luther sich 1517 gegen den Ablaßhandel Tetzels wandte, fühlte er sich als Anwalt der reinen Kirchenlehre gegen einen Mißbrauch, der mit heiligen Dingen in einer wahrhaft beschämenden Weise getrieben wurde. Seine Auseinandersetzung mit dem Dominikaner war aber bereits vom Gegensatz der theologischen Schulmeinungen überschattet. In seiner nominalistisch-ockhamistischen Sicht stellten sich manche Fragen anders dar als in der thomistisch-spätscholastischen, die Tetzel vertrat. Viele Probleme der vorreformatorischen Theologie waren noch nicht kirchenamtlich geklärt; erst das Trienter Konzil beseitigte die Unsicherheiten. Solange aber durften sie in den Schulen frei diskutiert werden. Indem nun Tetzel seine Meinung als die Lehre der Kirche hinstellte und sich zum Richter aufspielte, forderte er Luthers Antwort heraus; diese fiel, seinem ganzen Temperamente entsprechend, ebenso einseitig und schroff aus. So wurde aus dem Schulstreit eine grundsätzliche Auseinandersetzung, wobei freilich, wie wir heute sagen dürfen, die thomistische Position die bessere gewesen wäre, wenn sie nur rein gelehrt worden wäre.

Viele der lutherischen Angriffe auf die Kirchenlehre wären überflüssig gewesen, wenn die vorreformatorische, katholische Theologie klarer gewesen wäre. An der Ablaßfrage läßt sich dies ebenso deutlich aufzeigen wie an der Rechtfertigungslehre, der Meßopfer- und Sakramentenauffassung, an der Lehre von der Kirche und speziell vom päpstlichen Primat, um nur einige Kernpunkte zu nennen. An dieser Verdunkelung trug aber die nominalistische Theologie die Hauptschuld. Luther war in ihr aufgewachsen, lebte aus ihr und bekannte sich nachdrücklich zu ihr. Die echte thomistische Scholastik hatte er kaum kennengelernt. Indem er selbst alles durch seine nominalistische Brille sah, stellte sich ihm vieles als katholische Lehre dar, was in Wirklichkeit gar nicht katholisch, sondern nominalistisch war. So rang er vielfach in sich einen Katholizismus nieder, der in Wirklichkeit keiner war (Lortz). Darüber hinaus hat er durch seine oft so verzerrenden Darstellungen der katholischen Lehre erheblich dazu beigetragen, die Unklarheiten zu vergrößern. Diese sachliche Kritik behält ihr Recht. In ihr liegt die eigentliche Tragik der Reformation begründet. Sie ist stark mit der theologischen Position und der persönlichen Eigenart Luthers verknüpft.

2. *Luthers Werdegang*. Am 10. November 1483 aus kleinbäuerlicher Familie zu Eisleben geboren und in Mansfeld aufgewachsen, wo der Vater Hans Luder (= Lothar) sich als Bergmann eine neue Existenz gründete, atmete Martin ganz die Atmosphäre der spätmittelalterlichen Volksfrömmigkeit, von der oben die Rede war. Hexenwahn und Teufelsglaube spielten neben anderem massivem Aberglauben darin eine nicht

unbeträchtliche Rolle. Dabei war sie durchaus kirchlich gebunden; man lebte in der Kirche und mit der Kirche, so wie die Kirche in und mit dem Volke lebte. In das kirchliche Leben eingebettet war auch der Ausbildungsweg Martins: Grundschule in Mansfeld (1489–95), Lateinschule in Magdeburg (1496/97), wo er bei den Brüdern vom gemeinsamen Leben wohnte und von ihnen den Geist der „Devotio moderna" empfing, dann in Eisenach (1498–1501), wo ihm u. a. in dem Vikar Braun ein echt priesterlicher Freund begegnet ist. 1501 bezog er die Universität Erfurt, wo er den philosophischen Grundkurs 1505 mit dem Magister artium abschloß.

Erfurt wurde für seine theologische Ausrichtung von größter Bedeutung. Die dort gelehrte ockhamistisch-nominalistische „via moderna" in Philosophie und Theologie stellte ihn als jungen, aufgeschlossenen Menschen in das religiöse Spannungsfeld zwischen Gott und Mensch hinein. Er erlebte die Größe und Absolutheit des göttlichen Willens, vor der das armselige Menschlein in ein Nichts versinkt, und lernte alles vom Willen und Urteil Gottes her verstehen. Sünde und Gnade, Gut und Böse hängen nicht vom Menschen, sondern von Gott ab. Schaut Gott den Menschen in Gnaden an, so ist er gut; schaut er im Zorn auf ihn herab, dann ist er schlecht. Wenn er will, kann er auch den Sünder gnädig ansehen; dann ist dieser gerechtfertigt, also „gerecht"; er bleibt zwar ein Sünder, aber Gott betrachtet ihn als gerechtfertigt (simul iustus – simul peccator). Gott ist in seiner Gnadenzuteilung absolut frei, ja willkürlich. Der Mensch kann gar nichts dazutun; er kann nur hoffen und vertrauen, daß Gott ihm gnädig sein möge. Er muß sich in bedingungsloser Hingabe Gott zuwenden. Weder die Sakramente noch die Kirche als Heilsanstalt können ihm helfen. Auf seine eigene subjektive Haltung kommt es an.

Nach dem Willen des Vaters sollte Martin Rechtsgelehrter werden. Als er sich im Sommer 1505 wieder auf dem Wege nach Erfurt befand, machte er in schwerer Gewittersnot, als der Blitz neben ihm einschlug, am 2. Juli 1505 das Gelübde, ins Kloster einzutreten. Übereilt, aber innerlich nicht unvorbereitet, meldete er sich bereits am 17. Juli bei den strengen Augustiner-Eremiten in Erfurt. Dort empfing er nach dem Noviziat am 3. 4. 1507 die Priesterweihe und begann nun das eigentliche theologische Studium in Erfurt! Diesem lag wieder die streng nominalistische Theologie Gabriel Biels zugrunde. Später hat er öfters von den furchtbaren inneren Kämpfen gesprochen, die ihn während seiner Klosterzeit befallen haben. Die Beschäftigung mit der Gnaden- und Prädestinationslehre Augustins, seines Ordensvaters, das eigene, persönliche Sündenerlebnis und die ockhamistisch-nominalistische, ganz und gar voluntaristische Gotteslehre wirkten zusammen, um ihn an den Rand einer religiös-theologischen Katastrophe zu bringen. Eine Prädestinationsangst befiel ihn. Er fühlte sein Versagen, glaubte, von Gott verlassen und verdammt zu sein, und fiel in tiefe seelische Depressionen. Weder die häufig wiederholte Beichte noch die übrigen sakramentalen Hilfen der Kirche konnten ihm helfen. Zu den Sakramenten hat er ohnehin von seiner nominalistischen Grundlage her nie ein rechtes Verhältnis gehabt. Trost fand er allein in den beruhigenden Worten seines Ordensoberen Johannes Staupitz, der ihn anleitete, nicht ständig zu grübeln und nachzusinnen, ob er prädestiniert sei, sondern einfach auf die Wunden Christi zu schauen, der für uns gestorben ist und sein Sühneleiden dem Vater für uns aufgeopfert hat.

Inzwischen hatte er sein theologisches Studium in Wittenberg fortgesetzt (1508/09) und dort nach einer Unterbrechung durch eine Romreise (1510/11) den theologischen Doktorgrad erworben. 1512 übernahm er die Bibelprofessur, die bisher Staupitz in Wittenberg innegehabt hatte, und hielt Vorlesungen über die Psalmen (1513/15), den Römerbrief (1515/16), den Galaterbrief (1516/17), den Hebräerbrief (1517/18) und wiederum über die Psalmen (1518/19). Diese Frühvorlesungen, von denen teils seine eigenen Manuskripte, teils studentische Nachschriften erhalten sind, geben einigen Aufschluß über seine innere Entwicklung zum späteren Reformator. In diesem Rahmen spielt vor allem ein „Turmerlebnis" im Turmzimmer des Wittenberger Klosters eine Rolle, bei dem ihm in einer stillen Stunde an Röm 1, 17 die Bedeutung der „Gerechtigkeit" Gottes aufgegangen ist. Unentwegt beschäftigte ihn aus tiefer religiöser Verantwortung die Frage: „Wie finde ich einen gnädigen Gott?" Sein Problem war weniger ein autopsychologisches als vielmehr ein theologisches. Er war an Gott irre geworden und rang um ein neues Gottesbild. Nun entdeckte er, daß die „Gerechtigkeit Gottes", von der in Röm 1, 17 die Rede ist, nicht jene richterliche strenge Gerechtigkeit meint, durch die Gott in unnachsichtiger Härte ein strenges Gericht über den armen Sünder hält, sondern die Gnadengerechtigkeit, durch die er um des Sühneleidens seines geliebten Sohnes willen aus reiner Barmherzigkeit den sündigen Gläubigen gnädig anschaut und dadurch „gerecht“ macht.

Wann ist dieses Turmerlebnis anzusetzen, so fragt man, und was ist das inhaltlich Neue an ihm?

Früher waren die protestantischen Theologen durchweg geneigt, es sehr früh zu datieren (K. Holl: 1511/12; O. Scheel: 1512/13); es leitete sie dabei das Bestreben, den reformatorischen Aufbruch möglichst weit zurückzuverlegen. Katholische Theologen haben gefragt, was denn an sich an der Entdeckung des barmherzigen, gnädigen Gottes typisch reformatorisch sei? Luther habe, so sagt man, lediglich die nominalistische Vorstellung eines Willkürgottes, unter der er bis dahin gelitten habe, in sich überwunden; das neugewonnene Gottesbild aber sei das katholische, zu dem er lediglich zurückgefunden habe; das ganze „Turmerlebnis“ sei demnach katholisch zu deuten. Dazu schien der frühe Ansatz zu passen; denn damals ist Luther in seinem Denken und Fühlen sicher noch katholisch gewesen.

Nur der katholische Historiker H. Grisar hat das Turmerlebnis auf eine spätere Zeit, auf 1518/19, datiert. Er stützte sich dabei auf Luthers eigene Angabe in seinem sog. „großen Selbstzeugnis“ von 1545, diese Erkenntnis sei ihm gekommen, bevor er die Psalmen zum zweitenmal gelesen habe. Diese zweite Psalmenvorlesung hat er 1518–1519 gehalten. Neuerdings hat nun der evangelische Theologe E. Bizer diesem Ansatz zugestimmt und gleichzeitig nachgewiesen, daß Luther tatsächlich um diese Zeit eine innere Wandlung erlebt hat. Schon in der voraufgegangenen Hebräerbriefvorlesung ist er im Sommer 1517, wie deutlich zu erkennen ist, am katholisch-herkömmlichen Sakraments- und Kirchenbegriff irre geworden und hat sich eine neue Vorstellung von der Rechtfertigung aus dem Glauben allein gebildet.

Nach der thomistisch-scholastischen Lehre sind die Sakramente von Christus eingesetzte Zeichen, die „ex opere operato“ die Gnade enthalten und vermitteln, wenn man sie gläubig empfängt und der Gnade keinen Riegel vorschiebt; der Glaube ist zum Empfang erforderlich; das sakramentale Zeichen aber vermittelt die Gnade. Luther entleert das Zeichen und sieht die Gnadenvermittlung „allein“ durch den Glauben (sola fide) gegeben. Dabei bekommt der Glaube ein neues Gesicht. Thomas von Aquin hatte ihn stark mit dem Intellekt verknüpft; für ihn hieß „Glauben“ vor allem, die Offenbarungswahrheiten für wahr halten und annehmen. Daß dieses

Fürwahrhalten auch eine Herzensangelegenheit sei, war in der Spätscholastik allzusehr in den Hintergrund getreten. Luther entdeckte es im Turmerlebnis für seine Person neu und zieht daraus die Konsequenzen. „Corde enim creditur ad iustitiam" (Röm 10, 10). Der Glaube wird zu einer Sache des Vertrauens; er wird es wieder! Denn Luther entdeckt etwas, was lediglich verdunkelt und zurückgetreten war. Aber Luther ergreift es ganz; indem er es verabsolutiert, läßt er nur noch diesen neuen Fiduzialglauben im Heilsprozeß gelten (fides = fiducia, Vertrauen). Aus Röm 1, 17 erschließt er, daß Gott dem, der im gläubigen Vertrauen auf den Sühnetod Jesu Christi sich ihm naht, seine Gnadengerechtigkeit schenkt und ihm die Verdienste seines Sohnes anrechnet, „imputiert".

Das Neue am Turmerlebnis ist nicht nur eine neue Gottesvorstellung, sondern auch eine neue innere Haltung Luthers zu Gott: Das gläubige Vertrauen, das sich auf die Zusage des Heiles im Worte Gottes, d. h. in der Heiligen Schrift, gründet, entscheidet allein; sola fides und sola scriptura gehören zusammen. Die Kirche als Heilsanstalt und die Sakramente als Gnadenvermittler verblassen und treten in den Hintergrund. Der auf die spezielle Zusage des Heiles im Worte Gottes bauende Glaube allein entscheidet über das ewige Heil. Aus der Heiligen Schrift allein empfängt der Mensch Glaube und Gnade: „sola scriptura" nennt man das Formalprinzip des Protestantismus, „sola fides" und „sola gratia" sein Materialprinzip.

In dieser neuen Erkenntnis ist der reformatorische Ansatz Luthers zu suchen. Er ist einem subjektiven Erleben entsprungen. Nicht weil er Ärgernis an kirchlichen Mißständen genommen hatte, wurde er zum Reformator, sondern weil er einen neuen religiösen und theologischen Standort gefunden hatte, der außerhalb der sakramentalen Kirche lag und mit dem kirchlichen Leben der alten Kirche unvereinbar war. Anders als bei Erasmus und anderen Reformern war hier die Kirche selbst in Frage gestellt. Es ging nicht mehr um Reform im Sinne einer innerkirchlichen Reinigung, sondern um Reformation!

3. *Der Ablaßstreit* und die ersten Auseinandersetzungen. Als Seelsorger im Beichtstuhl lernte Luther die verhängnisvollen Auswirkungen der veräußerlichenden Ablaßpredigt Tetzels kennen. Die 95 Disputationsthesen, die er daraufhin über Wesen und Gebrauch des Ablasses verfaßte und am 31. Okto-

ber 1517 an die zuständigen Bischöfe, den Erzbischof von Magdeburg–Mainz, Albrecht von Brandenburg, und den Bischof von Brandenburg, Hieronymus Schulz, sandte, griffen nicht den Ablaß als solchen an; sie wollten lediglich gegen einen Mißbrauch und gegen eine falsche, grob verdinglichende Vorstellung („Sobald das Geld im Kasten klingt, die Seele aus dem Feuer springt") seine eigene, im Sommer 1517 eben erst gewonnene Lehre vom Glauben als dem alleinentscheidenden Faktor im Heilsgeschehen zur Geltung bringen. Er war sich bewußt, eine offene theologische Frage angeschnitten zu haben; in seinem privaten Begleitschreiben an die genannten Bischöfe bat er um Aufklärung und forderte gleichzeitig, daß den Ablaßpredigern Zurückhaltung auferlegt werde. Er suchte das Gespräch, nicht den Streit. Es kann darum nach den neuesten Feststellungen von E. Iserloh auch nicht die Rede davon sein, daß er die Thesen feierlich protestierend an die Schloßkirche von Wittenberg angeschlagen habe, wie eine alte von Philipp Melanchthon 1546 erstmalig aufgebrachte und seither tausendfach weitererzählte Legende behauptet. Er sandte die Thesen lediglich den genannten Bischöfen und einigen gelehrten Freunden, Johannes Lang in Erfurt und Christoph Scheurl in Nürnberg. Dieser letztere ließ sie drucken, ohne Wissen und Willen Luthers, und alsbald machten sie die Runde durch ganz Deutschland. Sie hatten eine ungeahnte Wirkung, über die Luther selbst anfangs aufrichtig erschrak.

Es zeigte sich, wie weitverbreitet Unwille und Entrüstung über das unselige Handelsgeschäft waren, das die Kurie, der Mainzer Erzbischof und die Fugger mit dem Ablaß trieben und zu deren Handlangern sich die Dominikaner gemacht hatten. Die meisten sahen in Luthers Thesen nur den offenen Protest, nicht das tiefere theologische Anliegen. Erzbischof Albrecht verklagte den Autor, ohne ihn selbst einer Antwort zu würdigen, in Rom. Er war geschäftlich geschädigt, da die Ablaßpredigt abgebrochen werden mußte und er die von dem Bankhaus Fugger ihm vorgeschossene Summe – insgesamt hätte der Ablaß 52286 Dukaten einbringen müssen – nicht erhielt. Im Juni 1518 wurde in Rom der Ketzerprozeß gegen Luther eröffnet; er erstreckte sich über irrige Sätze in seinen Thesen.

Luther sollte sich in Rom verantworten. Sein Kurfürst Friedrich der Weise von Sachsen erwirkte, daß er nicht in

Rom, sondern im Oktober 1518 vor dem zum Augsburger Reichstag entsandten Kardinal Cajetan verhört wurde. Hier verweigerte Luther den Widerruf, flüchtete heimlich aus Augsburg, appellierte von dem Legaten an den Papst und bald darauf (28. 11. 1518) an ein Allgemeines Konzil. Damit war der Stein ins Rollen gekommen.

Unter den wenigen, die die Tragweite der Thesen richtig erkannt hatten, gehörte der Ingolstädter Theologe Johannes Eck (1486–1543). Er sah sofort, daß sie weit über die Kritik an der herrschenden Ablaß*praxis* hinausgingen und, sogar Luther selbst noch unbewußt, das Wesen des Ablasses, die Gewalt des Papstes, Ablässe zu erteilen, und schließlich die sakramentale Wesensstruktur der Kirche selbst in Frage stellten. Auf der *Leipziger Disputation* (27. 6. – 16. 7. 1519) stritt er mit Luther. Es ging nicht mehr um den Ablaß, sondern um die Gewalt des Papstes, um die Irrtumsfreiheit der Konzilien und um die ganze sakramentale Ordnung der kirchlichen Heilsgemeinschaft; Luther leugnete, daß der Primat in der Heiligen Schrift (Mt 16, 18) begründet sei, und stellte die Behauptung auf, daß auch die Allgemeinen Konzilien irren könnten, wie z. B. das Konstanzer Konzil in der Hus-Frage geirrt habe. Damit war ein gefährlicher Schritt zur Trennung von der Kirche getan. Mit diesem Ergebnis reiste Eck nach Rom. Der Prozeß gegen Luther, der mit Rücksicht auf Friedrich den Weisen und die politische Lage in Deutschland vor der Wahl Kaiser Karls V. zum Stillstand gekommen war, wurde Anfang 1520 in Rom wieder aufgenommen. Er endete mit der Feststellung der Häresie Luthers. In der Bulle *Exsurge Domine* (15. 6. 1520) wurde ihm der Bann angedroht, wenn er 41 irrige Sätze, die aus seinen Schriften ausgezogen worden waren, nicht innerhalb von 60 Tagen widerrufe. Eck überbrachte die Bulle nach Deutschland.

4. Die Streitpunkte hatten sich inzwischen verschoben. Es war nicht mehr der Ablaßstreit, um den es ging, sondern der Angriff auf die Kirche. Traf die Schuld daran Eck? Es könnte scheinen, als ob allein er es gewesen sei, der Luther auf die Kirchenfrage festgenagelt habe. In der Tat hat er als erster das Problem erkannt und mit dem theologischen Scharfsinn, der ihm eigen war, den Finger darauf gelegt. Aber, wir hörten bereits, daß die angeschnittene Problematik längst in der Linie der inneren Entwicklung Luthers gelegen hat; er wäre von seinem neuen Glaubensverständnis her mit Sicherheit

selbst zu dem Punkte gelangt, an dem sein Weg sich von der Kirche trennte. Eck hat ihm seine Lage nur klarer zum Bewußtsein gebracht.

Luther hat in der Tat nach der Leipziger Disputation seinen Kirchenbegriff erstmalig schärfer durchdacht. Dabei ging ihm auf, daß sein Glaubenserlebnis, das auf einer unmittelbaren, ganz subjektiv erfaßten Vertrauenshingabe an Christus beruhte, keinen Raum für irgendwelche Vermittler mehr ließ. Plötzlich erschienen ihm die Sakramente und das ganze religiös-kirchliche Leben sogar eher als Hindernisse auf dem Wege zu Gott. Er bezeichnete sie als „Werkgerechtigkeit", durch die der Mensch nicht mehr der Gnade allein Raum geben wolle, sondern sich sein ewiges Heil selbst zu erwirken trachte. Das aber heiße, nicht mehr Gott vertrauen, und könne nur Teufelswerk sein. Die ganze sichtbare, institutionelle Kirche, an der er bereits irre geworden war, mußte ihm als Teufelswerk erscheinen; der Papst aber sei der Antichrist, der böse Widersacher Christi, der die Menschen in die Irre leite; er habe sich selbst an die Stelle Christi gesetzt und damit den Zorn Gottes herausgefordert. Je länger desto mehr verstärkten sich diese Vorstellungen in ihm zu einem Komplex, den er nicht mehr überwinden konnte: Der Papst blieb für ihn der Antichrist in eigener Person.

So begreift man seine leidenschaftlich-zornige Reaktion auf die Bannandrohungsbulle in seinen drei großen reformatorischen Hauptschriften des Jahres 1520; in ihnen griff er das Papsttum und die ganze bestehende Kirche mit allen ihren Fehlern und Mängeln rücksichtslos an und rief zum Kampfe gegen sie auf, nicht mehr nur zur Reform und zur inneren Gesundung:

1) „An den christlichen Adel deutscher Nation von des christlichen Standes Besserung" (August 1520),

2) De captivitate babylonica Ecclesiae praeludium" (Oktober 1520) und

3) „Von der Freiheit eines Christenmenschen" (November 1520).

Statt theologischer Traktate schleuderte Luther jetzt Aufrufe an das Volk in die Welt, um sie gegen Rom und die Kirche mobil zu machen. Dabei griff er mit hinreißender Sprachgewalt alle die wunden Punkte heraus, die schon seit langem reformbedürftig waren, und indem er sich so zum Sprachrohr der allgemeinen Unzufriedenheit machte, trat er an die Spitze der weitverbreiteten nationalen und humanistischen Opposition gegen Rom. Er wurde in diesen Monaten zum Volkshelden. Den meisten Zeitgenossen war freilich nicht klar, daß das von Luther verkündete Reformprogramm auf dem Boden einer neuen Theologie gewachsen war. Echte, allgemein erstrebte Reformwünsche flossen mit den theologischen Ansichten Luthers zusammen und mußten so über kurz oder lang zu einem radikalen, gegen die Kirche gerichteten Kurs führen. Der Theologe Luther war nicht nur Reformer geworden, sondern er blieb auch Theologe, und eben dadurch wurde er zum Reformator. Die Reformen waren notwendig; aber sie konnten und mußten sich innerhalb der Kirche vollziehen. Die neue theologische Lehre Luthers indes war mit der Kirchenlehre nicht mehr vereinbar. So schlug die Reform zur Reformation um.

Von nun an war der Reformbegriff ambivalent; wir pflegen heute zwischen „Reform" (innerhalb der Kirche) und „Reformation" (außerhalb bzw. gegen die Kirche) zu unterscheiden. Den Zeitgenossen war diese Unterscheidung vielfach noch nicht erkennbar. Die Ambivalenz des Reformbegriffes ist vielen zum Verhängnis geworden. So besonders den reformbegeisterten Humanisten, von denen sich freilich viele später mit Erasmus von der Reformation abwandten, als sie ihr wahres Wesen erkannten.

Luther vollzog den Bruch mit der Kirche allen sichtbar, indem er am 10. Dezember 1520 vor dem Elstertor zu Wittenberg die Bannandrohungsbulle mitsamt den kirchlichen Rechtsbüchern öffentlich verbrannte. Am 3. Januar 1521 wurde in Rom feierlich der Bann über ihn verhängt. Die Trennung war vollzogen.

## § 40

## DER FORTGANG DER REFORMATION IN DEUTSCHLAND

1. *Der Reichstag zu Worms.* Von Spanien kommend, traf Kaiser Karl V. (1519–56) mit großem Gefolge in Aachen ein, wo am 23. Oktober 1520 die Krönung stattfand. Der junge Habsburger, Enkel Kaiser Maximilians I. (1493–1519), war nach einem erregenden Wahlkampf gegen König Franz I. von Frankreich am 28. Juni 1519 einstimmig gewählt worden. Bis zum Schluß hatte Papst Leo X. (1513–1521) gegen ihn agitiert. Bei der in

Deutschland herrschenden antikurialen Stimmung war dies allerdings nicht zum Nachteil Karls ausgeschlagen. Aber nun erwarteten viele von ihm eine antikuriale Politik. Er wurde enthusiastisch begrüßt. Luther widmete ihm seine schärfste Kampfschrift, die ganz darauf angelegt war, Unwillen und Haß gegen Rom zu schüren (An den christlichen Adel . . .) und jubelte: „Gott hat uns ein jungs edliß blut zum heubt geben (und) damit viel hertzen zu groser guter hoffnung erweckt." Er begrüßte ihn sehnsüchtig und schrieb: „Wo bist Du, trefflicher Kaiser Karl? Wo seid Ihr, christliche Fürsten? Ihr habt Euch Christo in der Taufe angelobt und könnet diese höllische Stimme des Antichrists ertragen?"

Aber Karl, der Erbe eines Reiches, in dem „die Sonne nicht unterging", faßte seine Kaiseraufgabe ganz im Geiste der großen mittelalterlichen Tradition als ein heiliges Schützeramt über Kirche und abendländisches Christentum auf. Ihm war es ebenso ernst um den alten katholischen Glauben und die Einheit der Kirche wie Luther um seinen neuen. Während dieser sich jedoch stets von seinem subjektiven Erleben leiten ließ, war Karl, der ganz und gar in der kirchlichen Gemeinschaft verwurzelt war, gewöhnt, seine persönlichen Belange dieser Gemeinschaft unterzuordnen und dabei Person und Amt voneinander zu unterscheiden; nie hat er sich durch Gefühle der Antipathie gegen die Person eines Papstes hinreißen lassen, dessen heiliges Amt anzutasten; darin unterschied er sich grundsätzlich von Luther, der alles immer nur durch seine subjektive Brille sah. Beide waren typische Vertreter ihrer Art. In Worms standen sie einander gegenüber.

Karl hat von Anfang an keinen Zweifel gelassen, daß er in der Luthersache den Standpunkt der alten Kirche vertreten werde. In Löwen und Köln (12. 11. 1520) hatte er an der Verbrennung der lutherischen Schriften teilgenommen. Er war gewillt, sobald Luther offiziell von der Kirche exkommuniziert worden sei, die Reichsacht über ihn folgen zu lassen. Nur dem Drängen des Kurfürsten Friedrich d. Weisen von Sachsen folgend, stimmte er zu, daß Luther zuvor auf dem Wormser Reichstage verhört werde. Am 6. März 1521 unterzeichnete er das Zitationsschreiben für Luther, das ihm freies Geleit zusicherte.

Es war für mittelalterliche Verhältnisse ein eigenartiges Bild, als der gebannte Luther, vom kaiserlichen Reichsherold Kaspar Sturm feierlich geleitet, unter dem Gedränge der Menschen am 16. April 1521 in Worms eintraf. Die ganze Reise war, ungeachtet der Exkommunikation, ein Triumphzug gewesen. Nun drängten sich hoch und niedrig um seine Herberge und wollten den berühmten Mann sehen. Er war zum Mittelpunkt des Reichstages geworden. Am 17. April wurde er zur Verhandlung vorgeladen. Freimütig bekannte er sich vor dem Kaiser und den versammelten Reichsständen zu seinen Schriften. Auf die Frage, ob er sie verteidigen wolle, erbat er sich Bedenkzeit. Am nächsten Tage hielt er seine mannhafte, wohlvorbereitete Rede, in der er jeden Widerruf ablehnte. „Wenn ich nicht mit Zeugnissen der Schrift oder mit offenbaren Vernunftgründen besiegt werde", schloß er, „so bleibe ich von den Schriftstellen besiegt, die ich angeführt habe, und mein Gewissen bleibt gefangen in Gottes Wort. Denn ich glaube weder dem Papst noch den Konzilien allein, weil es offenkundig ist, daß sie öfters geirrt und sich selbst widersprochen haben. Widerrufen kann und will ich nichts, weil es weder sicher noch geraten ist, etwas gegen sein Gewissen zu tun. Gott helfe mir, Amen"

Die Rede machte tiefen Eindruck auf die Reichsstände. Aber auch der Kaiser hielt am folgenden Tage eine selbstverfaßte Ansprache, die nicht weniger großartig war; sie stellte das erste eigenständige Bekenntnis dar, das er in der Öffentlichkeit abgab. Auch er, der junge Herrscher des Reiches, nahm in diesem weltgeschichtlichen Augenblick seine Stunde wahr. Zwei Menschen und zwei Welten standen sich gegenüber: „Ihr wißt", so redete er die deutschen Reichsstände an, „daß ich von den allerchristlichsten Kaisern der edlen deutschen Nation abstamme, von den katholischen Königen von Spanien, den Erzherzögen von Österreich, den Herzögen von Burgund; sie allesamt sind bis zu ihrem Tode getreue Söhne der römischen Kirche gewesen, Verteidiger des katholischen Glaubens, der geheiligten Bräuche, Dekrete und Gewohnheiten des Gottesdienstes; dies alles haben sie mir nach ihrem Tode als Vermächtnis hinterlassen; nach ihrem Vorbild habe ich bislang stets gelebt. So bin ich auch jetzt entschlossen, festzuhalten an allem, was seit dem Konstanzer Konzil geschehen ist. Denn *es ist sicher, daß ein einzelner Bruder irrt, wenn er gegen die Meinung der ganzen Christenheit steht, da sonst die Christenheit tausend Jahre oder mehr geirrt haben müßte.*"

„Deshalb bin ich auch entschlossen, meine Königreiche und Herrschaften, Freunde, Leib und Blut, Leben und Seele einzusetzen. Denn es wäre eine Schande für uns und für Euch, Ihr Glieder der edlen deutschen Nation, wenn in unserer Zeit durch unsere Nachlässigkeit auch nur ein Schein der Häresie und Beeinträchtigung der christlichen Religion in die Herzen der Menschen einzöge."

„Nachdem wir gestern die Rede Luthers hier gehört haben, sage ich Euch, daß ich bedaure, so lange gezögert zu haben, gegen ihn vorzugehen. Ich werde ihn nie wieder hören. Er habe sein Geleit! Aber ich werde ihn fortan als notorischen Ketzer betrachten und hoffe, daß Ihr als gute Christen gleichfalls das Eure tut."

Damit waren die Positionen im Reiche bezogen. Am 26. April reiste Luther von Worms ab; er hatte freies Geleit für 21 Tage. Zum Schein überfielen ihn unterwegs Ritter seines Kurfürsten Friedrich und brachten ihn auf die Wartburg, um ihn allen Verfolgungen zu entziehen. Dort verlebte er die nächsten Monate und arbeitete an seiner Übersetzung des Neuen Testamentes; wenn diese auch keineswegs die erste deutsche Übersetzung war, so stellte sie doch „eine genial-sprachschöpferische Eigenleistung" dar (Lortz). Ihre Sprachgewalt und die Berühmtheit des Übersetzers verschafften ihr bald weiteste Verbreitung. Zugleich aber verfaßte er auch kleinere Gelegenheitsschriften, wie „Über die Mönchsgelübde"; mit ihnen begann er die lange Reihe jener Kampfschriften, in denen er in oft grotesken Verzerrungen die katholischen Lehren und Bräuche herabsetzte und sich nicht scheute, in den Schmutz zu ziehen, was ihm eben noch heilig war: Mönchsstand, Meßopfer, Priestertum, Zölibat, Papsttum und anderes mehr. Ton und Form dieser Schriften haben mit ihrem „Grobianismus" viel zur Vergiftung der allgemeinen Atmosphäre beigetragen. Der junge Buchdruck sorgte für ihre massenhafte Verbreitung.

Unterdessen hatte der Kaiser am 8. Mai 1521 das „Wormser Edikt" unterzeichnet, das über Luther und seine Anhänger die Reichsacht verhängte. Am 25. Mai schloß er den Reichstag, nachdem schon viele Stände abgereist waren. Die Durchführung des Edikts blieb von nun an für lange Zeit das Problem, mit dem die Reichstage und die hohe Politik sich zu befassen hatten. Karl selbst nämlich, der es so nachdrücklich zu seinem Programm gemacht hatte, sah sich durch auswärtige Kriege genötigt, Deutschland für volle neun Jahre zu verlassen. In dieser Zeit konnte sich Luthers Lehre ungehindert ausbreiten und festigen.

2. Die *Entwicklung in Deutschland von 1521–1530*, von Worms bis Augsburg, soll nur in kurzem Überblick angedeutet werder. Das Bild offenbart im katholischen Raum weithin den schmerzlichen Anblick eines veräußerlichten und verantwortungsscheuen, ganz auf den eigenen Vorteil bedachten Christentums, in das nun Luthers stürmische Reformpredigt hineinstieß und ein ungeahntes Echo fand. Ganz Deutschland geriet in Bewegung.

Schon seit dem Frühjahr 1521 wagten einzelne Priester zu heiraten, als erster Propst Bernardi in Kemberg bei Wittenberg. Luther lobte ihn dafür, obwohl es gegen das Reichsrecht verstieß. Immer mehr Ordensleute verließen ihre Klöster, im November allein 13 Augustiner-Eremiten in Wittenberg. Im Januar 1522 gestattete das Ordenskapitel der Augustiner in Weimar allen Mitgliedern den Ordensaustritt; bald löste sich die deutsche Provinz völlig auf. Nun setzte eine Klosterflucht ein. Mönche und Nonnen, die ohne Beruf im Ordensstand lebten, machten sich frei, ganze Klöster schlossen ihre Pforten. Freilich gab es auch herrliche Beispiele von Ordenstreue, wie bei den Klarissinnen in Nürnberg, die unter ihrer Äbtissin Caritas Pirkheimer allem Druck und der Verfolgung durch den Rat der Stadt tapfer standhielten.

Im Dezember 1521 kam es in Wittenberg zu Tumulten gegen die zelebrierenden Priester der Pfarrkirche. Karlstadt und Zwilling begannen, das neue Kirchentum mit radikalen Neuerungen einzuführen. Ein Bildersturm in der Pfarrkirche, das Auftreten der sog. Zwickauer Propheten, die sich auf eine besondere Inspiration des Heiligen Geistes beriefen, die Kindertaufe bekämpften und Unruhe stifteten, veranlaßten Luther auf Bitten Melanchthons, im März 1522 sein Exil auf der Wartburg zu verlassen und in Wittenberg die Ordnung wiederherzustellen. Mit den „Schwarmgeistern", zu denen sich bald der revolutionäre *Thomas Münzer* gesellte, der 1521 wegen seiner aufrührerischen Predigten aus Zwickau vertrieben worden war, hatte Luther noch viel zu schaffen. Sie beriefen sich darauf, daß Gott sich nicht nur durch die „Schrift allein", sondern ebenso auch durch das „innere Licht", das „geistige Wort", offenbare. Zusammen mit dem ausgetretenen Mönch Heinrich Pfeiffer predigte Münzer in Mühlhausen (Thüringen), wohin er 1524 geflüchtet war, den neuen kommunistischen Gottesstaat und verlangte, daß man die bestehende „gottlose" Obrigkeit ausrotte. Auf Luthers Veranlassung vom dortigen Stadtrat vertrieben, rächte er sich durch böse Schriften gegen Luther; Münzer erlangte bald darauf im Bauernkriege noch eine traurige Berühmtheit, bis er 1525 gefangen und hingerichtet wurde.

Unterdessen hatten die *Reichsritter* unter Franz von Sickingen losgeschlagen, den Erzbischof von Trier überfallen, angeblich „um dem Worte Gottes die Tür zu öffnen", in Wirklichkeit um sich unter Berufung auf die neue Lehre am Kirchengut zu bereichern. Nachdem sie Dörfer und Städte geplündert hatten, wurden sie von den Truppen des Erzbischofs und seiner Verbündeten geschlagen, ihre Burgen gebrochen und Sickingen getötet.

Aber die soziale Unruhe griff weiter um sich. Die von den reformatorischen Schriften Luthers erregten und verwirrten Bauern schlugen 1524 los. Vom südlichen Schwarzwald her verbreitete sich die „größte politisch-soziale Massenbewegung der deutschen Geschichte" (W. J. Fuchs) über Schwaben und Franken, Elsaß und Thüringen, bis nach Tirol und Salzburg. Zunächst schien es, als ob sie friedlichen Verlauf nehmen werde. Die Memminger Bundesordnung von 1525 wollte „eine christliche Vereinigung nach dem Evangelium" sein. Zum Teil mit Luthers eigenen Worten stellten die Bauernführer ihre Forderungen in den „12 Artikeln aller Bauernschaft" (6. 3. 1525) zusammen und legten sie Luther vor. Luther antwortete im April 1525 mit seiner „Ermahnung zum Frieden", in der er den Fürsten und Herren ins Gewissen redete, den Bauern entgegenzukommen, von den Bauern aber Ruhe und Geduld forderte. Als aber das Brennen und Morden einzelner Bauernhaufen bekannt wurde, schrieb Luther eine seiner maßlosesten Schriften, „Wider die räuberischen und mörderischen Rotten der Bauern", in der er sich vorbehaltlos auf die Seite der Fürsten und Obrigkeiten stellte und diese zum rücksichtslosen Einschreiten aufforderte: „Es gillt ach nicht hie gedult odder barmhertzickeyt. Es ist des schwerds und zorns zeyt hie und nicht der gnaden zeyt"; – den fürstlichen Söldnern ruft er zu: „Steche, schlahe, würge hie, wer da kan; bleybstu drüber tod, wol dir; seliglicheren tod kanstu nymer mehr überkomen; denn du stirbst inn gehorsam göttlichs worts und befehls Röm. am 13. und ym dienst der liebe, deynen nehisten zu retten aus der hellen und teuffels banden."

Die Katastrophe des Bauernkrieges, die mit der Vernichtung der Bauern endete, bedeutete auch einen Wendepunkt in der Reformationsgeschichte. Die Reformation war als Volksbewegung von unten schwer belastet und wurde jetzt mehr und mehr eine Sache der Obrigkeit. Die von Luther enttäuschten Bauern wandten sich vielfach der alten Kirche wieder zu oder flüchteten ins Sekten- oder Täufertum. Luther büßte viel von seiner Volkstümlichkeit ein.

Der Anschluß an das Landesfürstentum aber führte zur sog. „Fürstenreformation“ und zur Ausbildung des evangelischen Landeskirchentums: An die Stelle der freien Gemeindebildung und der personalen religiösen Entscheidung trat die Verfügung der Obrigkeit, die die Reformation „verordnete“. Die kirchliche Gewalt wurde den Landesfürsten übertragen (Summepiskopat). Damit war aber zugleich auch die „ecclesia spiritualis“ preisgegeben, um die Luther so gekämpft hatte, und eine recht massive und geschlossene, institutionelle Landeskirche dafür eingetauscht. Wenn auch die Entwicklung im einzelnen, nach Territorien und Städten gesondert, recht unterschiedlich verlaufen ist und die weitere Ausbreitung der Reformation erst jetzt begann, so war doch die Zeit des spontanen Beginns vorbei.

Statt dessen wurde die Kirchenfrage zu einem Politikum, das auf Reichstagen verhandelt wurde.

Schon auf dem Nürnberger Reichstag 1522/23, auf dem Papst Hadrian VI. das erschütternde Schuldbekenntnis der Kurie und das Versprechen, die Reform der Kirche mit allem Nachdruck durchführen zu wollen, verlesen ließ, ging seine Gegenforderung nach Durchführung des Wormser Ediktes im politischen Geschrei der Stände unter. Der 1. Reichstag von Speyer (1526) überließ die Regelung der Kirchenfrage den Landesherren. Schon 1525 hatte der Hochmeister des Deutschen Ordens, Albrecht von Brandenburg, den preußischen Ordensstaat säkularisiert und in ein weltliches Fürstentum für sich umgewandelt. Kursachsen begann 1526 damit, durch Kirchenvisitationen und Kirchenordnung die Reformation systematisch im ganzen Lande durchzuführen. Luther, der 1524 sein Ordensgewand abgelegt und 1525, während des Bauernkrieges, die ehemalige Zisterzienserin Katharina von Bora geheiratet hatte, gab zusammen mit Melanchthon die näheren Anweisungen. Hessen folgte dem Beispiel Sachsens (Homberger Synode 1526).

Als auf dem 2. Speyerer Reichstag 1529 die Durchführung des Wormser Ediktes endlich beschlossen wurde, legten die neugläubigen Reichsstände erstmalig offen dagegen Protest ein;

sie hießen von nun an die „Protestanten" (Kursachsen, Brandenburg, Lüneburg, Hessen, Anhalt und 14 Reichsstädte, darunter Straßburg, Nürnberg, Ulm, Konstanz); am 22. 4. 1529 schlossen sie ein geheimes Bündnis miteinander. Landgraf Philipp von Hessen dachte bereits an einen großen politischen Zusammenschluß gegen den Kaiser und nahm Verbindung mit den Schweizern auf. Die zwischen Luther und Zwingli bestehenden theologischen Differenzen sollten auf dem *Marburger Religionsgespräch 1529* beseitigt werden. In der Abendmahlsfrage kamen die beiden Reformatoren nicht überein: Luther hielt an der realen Gegenwart Christi („hoc *est* corpus meum") fest, während Zwingli das „est" lediglich signifikativ (= es „bedeutet") verstanden wissen wollte. So kam das Bündnis nicht zustande.

3. *Der Augsburger Reichstag 1530.* Inzwischen aber kehrte Karl V. erstmalig nach neunjähriger Abwesenheit nach Deutschland zurück und war gewillt, die Kirchenfrage zu lösen. In friedlicher Verhandlung sollten die religiösen Gegensätze besprochen und über Reformen beraten werden. Für die Neugläubigen arbeitete Luthers Kollege und Freund Philipp Melanchthon (1497–1560) eine Bekenntnisschrift aus, die als „Confessio Augustana" weltgeschichtliche Bedeutung für den Protestantismus erlangt hat. Sie wurde am 25. Juni 1530 auf dem Reichstag verlesen. Stets zum Ausgleich geneigt und darin von dem Humanisten Erasmus von Freiburg aus bestärkt, stellte Melanchthon, der Humanist unter den Reformatoren, die neuen Lehren so dar, als seien praktisch kaum Unterschiede zur alten Kirchenlehre vorhanden. Noch lebte man in der Vorstellung der gemeinsamen Grundlage; die Einheit von Kirche und Glauben war von niemandem grundsätzlich in Frage gestellt. So konnte Melanchthon am Ende schreiben: „Das ist in Summa die katholische Lehre; wie man sieht, ist nichts darin, was von der Schrift oder von der katholischen bzw. römischen Kirche, soweit aus Autoren bekannt, abweicht." Der Streit betreffe nicht den Glauben, sondern nur einige Reformforderungen wie die Wiedereinführung der Laienkommunion unter beiden Gestalten, die Abschaffung der Kauf- und Winkelmessen, des Beichtzwanges, der Fastengebote, der Klostergelübde und der bischöflichen Jurisdiktion. Dem in Augsburg weilenden päpstlichen Legaten Campeggio schrieb er am 26. Juni: „Bis zum heutigen Tage verehren wir das Papsttum. Wir haben keine von der römischen

Kirche verschiedene Glaubenslehre. Wir werden Christus und der römischen Kirche treu bleiben bis zum letzten Atemzuge, selbst wenn die Kirche uns verurteilen sollte, obwohl doch nur ganz belanglose Unterschiede in den Riten die Einheit hindern."

Eine so versöhnliche Haltung schien eine gute Grundlage für die Wiedervereinigung zu sein. Der Kaiser selbst war kein intransigenter Papist, sondern im Grunde seiner Seele ein aufgeschlossener Humanist im Sinne des Erasmus, er schöpfte Hoffnung. Er bestellte zwei Ausschüsse aus alt- und neugläubigen Theologen; ihre Wortführer waren Melanchthon und Eck. Katholischerseits wurde die von Eck, Faber und Cochläus ausgearbeitete und am 3. August verlesene „Confutatio Confessionis Augustanae" zur Basis der Verhandlungen bestimmt. In den Auseinandersetzungen machten beide Seiten einander Zugeständnisse. Der Geist des Erasmus lebte in allen Beteiligten: Einigung um jeden Preis, äußerste Kompromißbereitschaft, Herabsetzung der eigenen Forderungen auf ein Minimum, so lauteten die Parolen, die vor allem auch der Kaiser vertrat. Schließlich blieben nur noch fünf Punkte strittig: Laienkelch, Priesterehe, Mönchsgelübde, Rückerstattung des inzwischen von den protestantischen Fürsten geraubten Kirchengutes und der Opfercharakter der hl. Messe (wie er im Canon missae zum Ausdruck kommt).

Die ersten vier Punkte betrafen die kirchliche Disziplin, nur der letzte den Glauben. Wie weit die Konzessionsbereitschaft auf katholischer Seite ging, ermißt man am besten daran, daß der Kaiser am 14. September 1530 eine Abordnung an Campeggio sandte mit der Bitte, er möge zustimmen, daß auch die oben genannten letzten Streitpunkte den Protestanten konzediert würden. Der päpstliche Legat lehnte ab; aber in Rom, wohin er Bericht erstattete, machte man sich Gedanken. Papst Klemens fragte Kardinal Kajetan, einen der größten Theologen seiner Zeit, um Rat. Dieser antwortete grundsätzlich positiv in bezug auf Laienkelch und Priesterehe, da sie lediglich die Disziplin und nicht den Glauben beträfen; jedoch solle das kommende Konzil darüber entscheiden. Beide Fragen spielten von da ab eine große Rolle in der öffentlichen Diskussion. Da Melanchthon erklärt hatte, wenn man wenigstens in diesen beiden Punkten noch nachgebe, so stehe der Wiedervereinigung nichts mehr im Wege, machte die kaiserliche Politik es sich zur Aufgabe, beide Konzessionen von Rom zu erwirken. Jedoch fand das Trienter Konzil erst 1563 Zeit und Gelegenheit sich mit ihnen zu befassen. Als dann wenigstens der Laienkelch konzediert wurde, war es dreißig Jahre zu spät.

In Augsburg kam es 1530 nicht zur Vereinigung. Der Geist, der dort herrschte, war der Geist Melanchthons und des Erasmus, aber nicht Luthers. Dieser hatte als Gebannter am Reichstag nicht teilnehmen dürfen; von der Festung Koburg aus beobachtete er jedoch sehr genau den Verlauf der Verhandlungen und nahm durch ständigen brieflichen Verkehr Einfluß auf seine Anhänger. Für Melanchthons Nachgiebigkeit hatte er nur harten Tadel. Er lehnte jedes Gespräch grundsätzlich ab. „Ich habe überhaupt gar kein Gefallen am Verhandeln über die Lehreinheit“, so schrieb er am 26. August an den sächsischen Kurfürsten nach Augsburg, „denn sie ist unmöglich, wenn der Papst nicht sein Papsttum abtun will. Es war genug für uns, daß wir Rechenschaft über unseren Glauben gaben und um Frieden baten; was hoffen wir denn, jene zur Wahrheit zu bekehren?“ Die Fernsteuerung aus Koburg erwies sich stärker als jene aus Freiburg. Landgraf Philipp hatte schon Anfang August Augsburg aus Protest verlassen. Melanchthon wurde unsicher. Die Verhandlungen scheiterten. Auch die von Zwingli vorgelegte „Ratio Fidei“ und die Bekenntnisschrift der vier Städte (daher „Confessio Tetrapolitana“ genannt) Straßburg, Konstanz, Memmingen und Lindau boten keine Einigungsbasis. Der Reichstagsabschied vom 23. September 1530 erklärte die Religionsverhandlungen für geschlossen und verlangte von den Protestanten, bis zum 15. April 1531 in den noch offenen Differenzpunkten ihre Zustimmung zur katholischen Lehre zu geben. Erneut wurde auf das für das nächste Jahr in Aussicht gestellte Konzil verwiesen. Die evangelischen Stände protestierten wieder gegen den Reichstagsbeschluß.

Man muß die Frage stellen, ob eine Wiedervereinigung auf der Basis der Confessio Augustana überhaupt denkbar war? Hatte doch Melanchthon – bewußt oder unbewußt – so wichtige Lehrgegensätze wie die Frage der Willensfreiheit, der Wesensverwandlung (Transsubstantiation) in der heiligen Messe, der Rechtfertigung („aus dem Glauben allein“), der göttlichen Begründung des Primates (aus Mt 16, 18), der Heiligenverehrung, des Fegfeuers, des Ablasses u. a. m. einfach ausgelassen. Zudem hatte der ganze Verlauf der Verhandlungen gezeigt, daß die Confessio Augustana weder der Ansicht Luthers noch der der evangelischen Stände entsprach, obwohl sie von diesen unterzeichnet worden war. Sie war im Grunde ein Werk Melanchthons. Wie ist sie nun trotzdem zur offiziellen Bekenntnisschrift und zu einem bleibenden Dokument der evangelischen Lehre geworden, auf das bis heute, in der 1540 von Melanchthon überarbeiteten Form (der „Variata"), die evangelischen Pfarrer verpflichtet werden? Die Antwort ist nicht leicht zu geben. Jedenfalls hat sie in einer unverantwortlichen Weise die Illusion genährt, sie könne die Grundlage einer Wiedervereinigung sein, und die Differenzen seien nicht sehr groß. Darauf baute besonders die katholische Vermittlungspartei, die sich im Geiste des Erasmus unentwegt bis in die 60er Jahre um die Wiedervereinigung mühte und in der Confessio Augustana eine echte Verhandlungsbasis annehmen zu dürfen glaubte. Ihre verwirrende Wirkung ist besonders der katholischen Kirche in der Folgezeit zum Schaden gewesen.

4. *Von den Unionsgesprächen bis zum Augsburger Religionsfrieden 1555.* Wieder fehlten dem Kaiser zur Durchführung des Reichstagsabschiedes die Zeit und die Macht. Er betrachtete es jetzt als vordringlichste Aufgabe seines universalen Kaisertums, den Vormarsch der Türken auf dem Balkan zu stoppen; diese hatten im September 1529 bereits Wien erreicht. Um die Hilfe der protestantischen Fürsten, die sich 1531 zum Schmalkaldener Bund zusammengeschlossen hatten, zu gewinnen, verabredete er einen Waffenstillstand in Glaubenssachen „bis zum Konzil" mit ihnen (Nürnberger Religionsfrieden, 1532). Da die Konzilsfrage aber immer weiter hinausgeschoben wurde, einigte man sich im Frankfurter Anstand (10. 4. 1539) erneut, durch Religionsgespräche zwischen Theologen und Laien den Zwiespalt in Deutschland zu beenden. Der Kaiser wünschte nichts sehnlicher als die Verständigung. Er selbst ernannte die Kolloquenten: Johannes Gropper, Julius Pflug und Johannes Eck für die Katholiken, Melanchthon, Butzer und Pistorius für die Protestanten, lauter Männer von großer Bereitschaft; auch Eck, der harte Luthergegner, war jetzt nachgiebiger geworden. Nach vorbereitenden Gesprächen in Hagenau (12. 6. 1540) und Worms (28. 10. 1540) verhandelte man auf dem Reichstag zu Regensburg, der am 5. April 1541 eröffnet wurde. Der edle Kardinal Contarini, das Haupt der Reformpartei in Rom, nahm als päpstlicher Legat regen Anteil; er wäre bereit gewesen, den Protestanten Priesterehe und Laienkelch zu konzedieren. Aber an der Lehre von den Sakramenten und von der

Kirche zerbrachen die Einigungsbemühungen. Wieder torpedierten Luther und auch erstmalig Calvin, der sich in Straßburg aufhielt, die Verhandlungen. Das „Regensburger Buch“, das die Ergebnisse zusammenfaßte, fiel schließlich auf beiden Seiten in Ungnade. Karl V. war um eine bittere Erfahrung reicher geworden. Seit 1543 war er sich klar, daß nun nur noch die Waffen entscheiden könnten. Er wollte die Einigung erzwingen.

Seit der Niederwerfung des Herzog Wilhelm von Kleve, der Anspruch auf Geldern erhoben hatte (Frieden von Venlo, Sept. 1543), und seit der 5. Besiegung Franz' I. von Frankreich (Friede von Crépy, Sept. 1544) hatte er die Hände frei. Da bot ihm ein innerdeutscher Anlaß Gelegenheit, den Schmalkaldenern den Krieg zu erklären. Kursachsen und Hessen hatten 1542 Herzog Heinrich von Braunschweig, einen entschiedenen Anhänger des Kaisers und der alten Kirche, überfallen und die Reformation in seinem Lande gewaltsam eingeführt. Als Heinrich 1545 bei einem vergeblichen Versuch, sein Herzogtum zurückzuerobern, in ihre Hände fiel, griff der Kaiser als Hüter der Ordnung ein. Noch war er nicht gerüstet, als die Schmalkaldener die Kriegshandlungen begannen. In einem diplomatischen und militärischen Meisterstück gelang es dem Kaiser, sie in der Schlacht bei Mühlberg an der Elbe am 24. 4. 1547 vernichtend zu schlagen; sowohl Landgraf Philipp von Hessen als auch Kurfürst Johann Friedrich, die Häupter der Protestanten, gerieten in kaiserliche Gefangenschaft. Der Kaiser war endlich Herr der Lage. Zu den militärischen Erfolgen kam hinzu, daß eben jetzt seine Hauptwidersacher starben: am 18. Februar 1546 Martin Luther in Eisleben, am 28. Januar 1547 Heinrich VIII. von England und am 31. März 1547 Franz I. von Frankreich.

Nur mit dem Papst hatte Karl gerade jetzt die schärfsten Differenzen. Paul III. hatte ihn während des Schmalkaldischen Krieges in höchster Not verlassen; und jetzt, da der Kaiser soeben auf einem Konzil die Religionsfrage entscheiden lassen wollte, hatte er gegen dessen Willen das Konzil aus der deutschen Reichsstadt Trient in die päpstliche Stadt Bologna verlegt; dadurch waren Karls Pläne vereitelt worden; denn dieser wußte, daß er die Protestanten niemals nach Bologna werde bringen können.

So entschloß sich Karl, die deutsche Religionsfrage selbst zu regeln. Auf dem „*geharnischten Reichstage*“ *zu Augsburg 1547*

(1. 9.) dekretierte er die Lösung nach seinem Willen. Das „*Augsburger Interim*“ vom 30. 5. 1548, von erasmischen Vermittlungstheologen beider Konfessionen ausgearbeitet, sollte „vorläufig“ (= interim) bis zu einer endgültigen Regelung durch das Konzil gelten. Es gestand den Protestanten Laienkelch und Priesterehe zu, war aber in der Lehre katholisch, wenn auch in den Formulierungen gemäßigt. Für die Katholiken wurde eine andere, eigene Reformformel erlassen, die die beiden Zugeständnisse nicht enthielt. Die Durchführung beider Ordnungen machte wider Erwarten große Schwierigkeiten. Sowohl die Protestanten als auch die Katholiken waren unzufrieden. So wuchs der Widerstand gegen den Kaiser; er ging quer durch die Konfessionen hindurch. Politische Gründe traten hinzu; so kam es zur „Fürstenrevolution“, an deren Spitze der junge Moritz von Sachsen trat, ein Vertrauter des Kaisers, der auf ihn sich verlassen zu können glaubte. In einem landesverräterischen Vertrage (1552) mit König Heinrich II. von Frankreich, dem dafür die Reichsstädte Metz, Toul, Verdun und Cambrai ausgeliefert wurden, sicherte sich Moritz Rückendeckung und Geld; dann überfiel er den völlig überraschten Kaiser in Innsbruck. Nur im letzten Augenblick konnte Karl sich nach Villach in Kärnten flüchten. Das zur 2. Session in Trient wieder versammelte Konzil stob auseinander.

Dem Kaiser hat dieser Verrat und der Zusammenbruch all seiner Pläne den Rest gegeben. Er war nicht mehr fähig, sich zu neuen Taten in Deutschland aufzuraffen. Die Regelung der deutschen Religionsfrage überließ er seinem Bruder Ferdinand; dieser schloß mit den Aufständischen *1552* den *Passauer Vertrag*, in dem sich die beiden Religionsparteien gegenseitige Duldung zusicherten, und führte auch auf dem noch von Karl V. einberufenen *Reichstag von Augsburg* die Verhandlungen, die mit dem *Augsburger Religionsfrieden vom 25. 9. 1555* endeten: Künftig sollten Katholiken und Lutheraner in Deutschland gleichberechtigt nebeneinanderstehen (Zwinglianer, Kalvinisten, Täufer etc. blieben ausgeschlossen; diese erhielten die reichsrechtliche Gleichberechtigung erst durch den Westfälischen Frieden 1648). Die Landesherren (Obrigkeiten) durften die Konfession ihres Territoriums frei bestimmen („cuius regio, eius religio“); den Untertanen wurde hingegen kein Religionsbestimmungsrecht zugestanden, sie durften allenfalls auswandern. Wenn in einem geistlichen Territorium (Fürstbistum, Fürstabtei) der regierende Bischof oder Abt zum Protestantismus übertreten wolle, so wurde zwischen den katholischen Ständen und Ferdinand im sog. „Geistlichen Vorbehalt" (gegen die Billigung der Protestanten) festgelegt, könne er für seine Person dies tun, müsse aber sowohl sein Kirchenamt als auch seine Regierung niederlegen und dem Kapitel die Wahl eines katholischen Nachfolgers freigeben. Umgekehrt sicherte Ferdinand den bereits protestantischen geistlichen Fürsten den Weiterbesitz ihrer Ländereien zu (Declaratio Ferdinandea), wogegen die Katholiken protestierten. In konfessionell gemischten Reichsstädten sollte Parität herrschen.

Damit war die Spaltung Deutschlands verfestigt. Aus dem Streit über die Auslegung des Friedens ergaben sich ständige Differenzen. Das Zeitalter der Religionskriege begann. Aus ihm ging der furchtbare Dreißigjährige Krieg (1618–1648) hervor, der Deutschland zum Tummelplatz fremder Heere und schließlich zur Wüste machte.

Das Luthertum hat sich rasch weiter ausgebreitet. Um 1560 bis 1570 waren rund zwei Drittel Deutschlands protestantisch. Auch in Polen, Ungarn, Böhmen und Österreich war der Protestantismus eingedrungen, ohne sie freilich im größeren Umfange erobern zu können. Nur die skandinavischen Länder wandten sich dem Luthertum restlos zu.

5. *Zusammenfassung*. Kehren wir zur Ausgangsposition von Worms 1521 zurück: Der Wittenberger Mönch war Sieger geblieben. Der Kaiser war gescheitert, die Einheit der Kirche und des christlichen Abendlandes war dahin!

Bis zuletzt hatte sich *Luther* in verzehrender Hingabe seinem Werk gewidmet. Er ist der religiöse Führer und Prophet seiner Bewegung geblieben. Aber ein Heiliger war er nicht. Seine mit den Jahren immer mehr zunehmende persönliche Gereiztheit, sein Starrsinn, seine beispiellose Grobheit und Ungebärdigkeit, mit der er oft Freund und Feind anfiel, werfen dunkle Schatten auf seinen Charakter. Mit verletzender Schärfe beanspruchte er, „wie ein neuer Papst des Protestantismus", für sich die unfehlbare Lehrautorität, die er dem römischen Papst streitig machte. In seinem oft ins Groteske gesteigerten prophetischen Selbstbewußtsein identifizierte er sich und sein Werk ohne Bedenken mit dem Willen Gottes und Jesu Christi. Alles Gegnerische war Teufelswerk. Der leidenschaftliche Haß, mit dem er in seinen letzten Schriften „Wider Hans Worst" (1541), „Wider das Papsttum zu Rom, vom Teufel gestiftet" (1545) und „Abbildung des Papsttums" (1545) sowie „Von den Juden und ihren Lügen“ (1542) und den weiteren antijüdischen Schriften der letzten Jahre um sich warf, ist auch mit dem Grobianismus der Zeit nicht mehr zu entschuldigen. Was soll man erst sagen, wenn er mit unflätigsten Worten über die heilige Messe, über das Mönchtum und über andere Dinge, die ihm einst heilig waren und vielen anderen heilig geblieben sind, herzog. Da ist nichts mehr von der feinen, reinen Religiosität der Jugendzeit zu spüren. Und doch ist er sich gleich geblieben. Sein erbaulicher Tod am 18. 2. 1546 zeugt wieder von seiner tiefen Gottbezogenheit.

Ganz anders der *Kaiser*. Er hatte selbst das Gefühl, auf der ganzen Linie gescheitert zu sein. Sein Amt war es gewesen, zu bewahren und zu beschützen; denn er war ja der Hüter der geheiligten Ordnung in Kirche und Welt. Die abendländische Christenheit war ihm anvertraut; er hatte die Einheit und damit den Frieden unter den christlichen Völkern, die „Pax Christianitatis“, sicherzustellen versucht. Aber seine Macht hatte nicht ausgereicht. Luther, der Reformator, der „allerchristlichste“ König Franz I. von Frankreich und, was wohl am tragischsten war, die Päpste versagten ihm ihre Mithilfe. So stand Karl allein. „Christianitas afflicta“ (H. Lutz); arme, bedrängte Christenheit! Seine letzten Lebensjahre sind von dieser Tragik überschattet. Zuletzt noch geriet er mit dem fanatischen Papst Paul IV. (1555–1559) in Konflikt, dessen unwürdigem Nepotismus und engstirniger antihabsburgischer Italienpolitik er im Wege stand. Als Paul seinen Krieg (1556/57) gegen Karl und dessen Sohn Philipp II. gar noch als einen Kreuzzug zur Rettung der Christianitas deklarierte, war das Maß voll. Herzog Alba machte den Kriegsgelüsten des Papstes in Italien zwar schnell ein Ende. Aber Karls innere Kraft war durch all diese Fehlschläge und Enttäuschungen gebrochen. Zu Tode erschöpft bestellte er sein Haus. Am 25. 10. 1555 übergab er seinem Sohne Philipp II. die Niederlande, am 16. 1. 1556 auch die spanischen Reiche; seinem Bruder Ferdinand trat er am 12. 9. 1556 schriftlich das deutsche Kaisertum ab. Dann zog er sich als ein politisch Gescheiterter ins Privatleben nach Spanien zurück. Auf seinem Alterssitz beim Kloster San Yuste (Westspanien) bereitete er sich auf sein Sterben vor. Am 21. 9. 1558 schied er aus dieser Welt, in tiefem Frieden mit Gott. Er war nicht irre geworden an einer Kirche, deren allzu große Menschlichkeit er wie kaum ein anderer zu spüren bekommen hatte. Über allem Versagen der Einzelnen, besonders der Päpste, war ihm das Amt, das sie verwalteten, stets heilig; denn es war Gottes Amt und Christi Stellvertretung, die er in ihnen sah. Sein ganzes Leben hatte sich im Dienste der Einheit verzehrt.

„Karl V. gehört zu den Großen der Geschichte, die am Ausgang ihres Lebens unter dem drückenden Bewußtsein stehen mußten, umsonst gekämpft, ihr größtes Ziel verfehlt zu haben, und die doch, wie Jacob Burckardt sagt, in der Weltgeschichte ‚unersetzlich' sind; denn das weltgeschichtliche Ereignis des Konzils von Trient ist ohne ihn undenkbar" (H. Jedin).

Luther und Karl V.! Wird man sie nicht letzten Endes doch messen müssen an dem, was sie für die Kirche gewesen sind? Luthers Werk steht und fällt mit dem „Recht oder Unrecht eines Aufstandes gegen die Kirche" (Lortz). Karls Kampf um die Wahrung der Einheit und innere Reform der so reformbedürftigen Kirche mündete in das Trienter Konzil ein, das weithin ihm sein Zustandekommen verdankt; so stand an seinem Lebensende doch das größte kirchengeschichtliche Ereignis, die Erneuerung der Kirche durch das Konzil von Trient. Bevor wir uns diesem zuwenden, betrachten wir noch die übrigen reformatorischen Bewegungen.

## § 41
### ULRICH ZWINGLI UND DAS TÄUFERTUM

Man kann Zwingli und die Täufer nicht in einen Topf werfen; aber dennoch haben sie manches miteinander gemeinsam: den äußeren Ursprung in Zürich und einen spiritualistischen Zug in ihrer Lehre, den Luther besonders betonte, wenn er sie beide als „Schwärmer" bezeichnete.

Mit Luther haben Zwingli, Calvin und die Täufer die Grundprinzipien der Reformation gemeinsam: das Schriftprinzip (sola scriptura), den Glaubens- und Rechtfertigungsbegriff (sola fide, sola gratia), ein neues Kirchenbild und den Kampf gegen die alte Kirche. Darüber hinaus hat jeder von ihnen seine spezifischen Besonderheiten. So ist auch Zwingli nicht, wie es oft geschieht, einfach als Epigone Luthers zu betrachten; er ist nicht nur äußerlich seinen eigenen Weg gegangen, sondern hat auch eine eigene Form des religiösen Denkens entwickelt. Schon sein Bildungsgang, der stark von der scholastischen „via antiqua“ und dem Humanismus geprägt war, unterscheidet ihn von Luther.

1. *Zwinglis Leben und Wirken.* 1484 zu Wildhaus in Toggenburg geboren, ist er bei seinem geistlichen Oheim im Pfarrhaus zu Weesen aufgewachsen. 1494–98 hat er die Schulen in Basel und Bern besucht, dann in Wien studiert (1498–1502), wo die „via antiqua“ gelehrt wurde, und schließlich im humanistischen Basel (1502–1506) seine Studien beendet; mit den Baseler Humanisten blieb er stets freundschaftlich verbunden, und mit ihnen erblickte er in Erasmus sein humanistisches Idol. 1506 in Konstanz zum Priester geweiht, amtierte er als Pfarrer in Glarus (1506–1516) und als Leutpriester in Einsiedeln (1516–1518); zwischendurch begleitete er zweimal als Feldgeistlicher Schweizer Söldner, die in päpstlichen Diensten in Oberitalien kämpften (Reislaufen), und bezog von daher eine päpstliche Pension. Nach seinem eigenen Geständnis führte er noch in Einsiedeln ein lockeres Leben mit Frauen. Eine Errettung aus schwerer Lebensgefahr (Pest) und die Übertragung eines neuen Amtes als Pleban, d. h. als Seelsorger zum Unterschied von den Stiftsherren, am Großmünster in Zürich im Jahr 1519 machten ihn für die religiös-kirchlichen Fragen aufgeschlossener.

Der „Biblizismus“ war „modern“. Der Züricher Rat, der modern sein wollte, machte ihm bei der Anstellung die schriftgemäße Predigt zur Auflage. Als Humanist entsprach er dieser Anforderung gern; so begann er, fortlaufend die Heilige Schrift zu erklären. Bis 1522 stand seine Schriftauslegung ganz unter erasmischem Vorzeichen. Von Erasmus entlieh er auch seine Reformideen. Für Luther interessierte er sich erstmalig nach der Leipziger Disputation (1519). Luthers theologischer Einfluß auf ihn blieb, wie die neuere Forschung zeigt, gering. Er war und blieb Humanist. Seine Reformen, mit denen er seit 1522 hervortrat, entsprangen kaum einem tiefen, persönlichen religiösen Ringen und Suchen wie bei Luther, sondern praktischen Erwägungen. Die kirchlichen Fastengebote und den Priesterzölibat bekämpfte er; längst lebte er mit einer wohlhabenden Witwe zusammen; 1524 heiratete er sie öffentlich.

Als das bischöfliche Ordinariat Konstanz gegen ihn einschritt, wußte Zwingli den Züricher Rat, dessen Verhältnis zum Bischof ohnehin gespannt war, für sich zu gewinnen. Der Rat veranstaltete zwei öffentliche Disputationen (im

Januar und im Oktober 1523), auf denen Zwingli mit den „Mönchen", d. h. den Altgläubigen, über das Schriftprinzip, über Bilderverehrung und Messe diskutieren sollte. Nur was aus der Heiligen Schrift zu beweisen sei, sollte gelten. Der Rat behielt sich die Entscheidung vor. Nach der Oktober-Disputation 1523 gestand der Bürgermeister Marx Röist resigniert: „Ich kann nit wol von den sachen reden; ich red eben davon wie der Blind' von den Farwen; jedoch, so muss man das Wort Got es Redlichen in die Hand nemmen (geben). Und bitten (wir) Gott allsamen, daß es wol gang." Sein Endurteil lautete: „Ja, ihr Herren von den Orden, das ist meiner Herren Meinung: Daß ihr sollet nun fürhin predigen das heilige Evangelium, den hl. Paulus und die Propheten, das die Heilige Schrift ist; und laßt den Scotus und den Thomas und solche Dinge liegen."

Hatte der Rat mit der „schriftgemäßen" Predigt zunächst lediglich im herkömmlichen Sinne die *Predigt* aus dem Worte Gottes gemeint, so deutete Zwingli jetzt das Schriftprinzip auch auf die *Reform* um; das ganze Leben sollte auf das zurückgeführt werden, was in der Heiligen Schrift enthalten ist. In seinen „Schlußreden" und in seiner „Kurzen christlichen Einleitung" (1523) entwickelte er sein radikales Reformprogramm: Beseitigung aller Zeremonien und Benediktionen, Entfernung der Bilder aus den Kirchen, Abschaffung der Messe, Aufhebung der Klöster, Umgestaltung des kirchlichen Benefizialwesens, das ganz in die Verfügung des Stadtrates gestellt wurde, und Einsetzung eines städtischen Ehegerichts, das die bischöfliche Ehegerichtsbarkeit und später die gesamte geistliche Jurisdiktion zu übernehmen hatte.

Als Zwingli im Dezember 1523 das lutherische Abendmahl anstelle der Messe einzuführen beabsichtigte, zögerte der Rat und gebot Einhalt. Seit der zweiten Disputation gingen die Wogen in der Stadt hoch. Zudem erhob sich Widerstand von außen. Am 26. Januar 1524 kamen die übrigen 12 eidgenössischen Orte überein, jeden Verstoß gegen den katholischen Glauben zu untersagen; dieser Beschluß war gegen Zürich gerichtet, dessen Reformeifer Bedenken erregt hatte. So wagte der Rat zunächst keine weiteren Schritte. Als Zwingli sich dem Befehl des Rates fügte, stieß er auf heftigen Widerstand einer radikalen Gruppe unter seinen Anhängern, die ihm vorwarfen, er übe Verrat am Evangelium. Sie verlangten, daß er kompromißlos auf dem beschrittenen Wege weitergehe; der weltlichen Obrigkeit stehe in diesen Fragen keine Entscheidung zu.

Zum Bruch zwischen Zwingli und seinen Anhängern kam es dann in der Frage der Kindertaufe. Den Gedanken der reformatorischen Rechtfertigung „aus dem Glauben allein" konsequent fortführend, kamen die Radikalen, unter ihnen seine eifrigsten Freunde Conrad Grebel, Felix Manz und Georg Blaurock, zu der Überzeugung, daß die Taufe der Kinder, solange sie noch keinen Glauben haben können, falsch und zwecklos sei. Ihr Ideal war die volle Wiederherstellung der urchristlichen „Gemeinde der Heiligen", in die man nur durch freiwillige Annahme des Glaubens aufgenommen werden könne. Sie ließen zunächst ihre eigenen neugeborenen Kinder nicht mehr taufen, bis sie zum selbständigen Denken gekommen seien. Schließlich sprachen sie all denen, die die Taufe als Kinder empfangen hatten, die Gnade ab und verkündeten die Notwendigkeit der „Wiedertaufe". Im Dezember 1524 ließ Blaurock sich von Grebel „wiedertaufen" und begann dann, diese Wiedertaufe zu propagieren und weiterzuspenden. Es kam zur Bildung einer Anhängerschaft, und es entstand eine Bewegung gegen die Kindertaufe. In Zollikon wurde der Taufstein in der Kirche umgestürzt. Zwingli wurde bekämpft, weil er an der Kindertaufe festhielt.

Da gelang es diesem, den Rat zum Einschreiten zu bestimmen. Am 18. Januar 1525 befahl der Stadtrat die sofortige Taufe aller noch nicht getauften Kinder und verbot die Zusammenkunft der „Täufer". Durch die Verfolgung bestärkt, gerieten diese in schwärmerische Erregung. Sie verstanden sich als die vom Geist Erleuchteten, die allein die Heilige Schrift richtig auszulegen vermochten, als die „wahre" Kirche Jesu Christi. Manz begründete seinen Widerspruch gegen die Obrigkeit ganz aus der Bibel. Darauf begannen die Verfolgungen mit immer neuen Gefangenschaften. Inzwischen ging die täuferische Propaganda, durch die Vertreibung gefördert, über die Schweiz nach Süddeutschland bis nach Tirol, Oberösterreich und Mähren. Manz wurde, als er sich wieder in Zürich betätigte, vom Stadtrat als erster Täufer zum Tode verurteilt und am 5. 1. 1527 in der Limmat ertränkt. Zwingli war daran nicht unbeteiligt.

Unterdessen gewann Zwingli immer stärkeren Einfluß auf den Rat. Als geborener Praktiker, Organisator und Politiker drängte er den Rat ganz auf seine Bahn. Im April 1525 kam es zur obrigkeitlichen Abschaffung der Messe; damit war der Bruch mit dem Dogma vollzogen.

Gleichzeitig hatten sich im April 1524 die fünf Urkantone Schwyz, Uri, Unterwalden, Zug und Luzern in Berckenried zur Verteidigung des alten Glaubens zusammengeschlossen. Sie wollten in Fragen der disziplinären Reform mit Zürich zusammenarbeiten, aber den Glauben unangetastet wissen. Im Januar 1525 bekräftigten sie ihre Haltung im eidgenössischen Glaubenskonkordat. Die Schweizer Tagsatzung veranstaltete 1526 ein Religionsgespräch zu Baden im Aargau. Es wurde über Eucharistie, Erbsünde, Fegfeuer, Bilder- und Heiligenverehrung und Kirchengebote gesprochen. Johannes Eck, Johannes Fabri und zahlreiche Theologen waren erschienen, von den Neuerern Ökolampadius und andere, nur Zwingli nicht. Mit überragender Mehrheit stellte sich die Schweizer Tagsatzung auf die katholische Seite. Aber Zürich lehnte den Urteilsspruch ab; es stand längst unter Zwinglis radikalem Einfluß.

Dieser entwickelte jetzt eine kirchlich-politische Offensive über die Grenzen des Kantons Zürich hinaus. Im Januar 1528 gelang es ihm, Bern zu gewinnen. Sein Ziel war die Reformation der ganzen Eidgenossenschaft. Er brachte einen Bund zustande, der sich „christliches Burgrecht" nannte, und dem neben Bern, Konstanz, St. Gallen und Basel auch Straßburg beitrat. Da auch die fünf katholischen Urkantone sich mit Freiburg (Schweiz) und Wallis zur Abwehr des Protestantismus zusammenschlossen, kam es im Juni 1529 zum ersten Kappeler Krieg, der aber durch einen Vermittlungsfrieden aufgehalten wurde. Im Oktober 1531 kam es erneut zum Krieg; es war der erste protestantisch-katholische Religionskrieg. Zwingli zog mit Schwert und Streitaxt bewaffnet ins Feld. Die katholischen Orte siegten. Zwingli fiel im Kampfe, am 11. Oktober 1531.

Seine reformatorische Bewegung griff anfangs stärker auf Oberdeutschland über. Auf dem Augsburger Reichstag 1530 waren die Städte Straßburg, Konstanz, Memmingen und Lindau mit einem zwinglischen Bekenntnis (Confessio Tetrapolitana) vertreten. Später schlossen sie sich dem Calvinismus an (Consensus Tigurinus, 1549). Eine Einigung zwischen Luther und Zwingli, die Landgraf Philipp von Hessen aus politischen Gründen wünschte und die auch Zwingli aus gleichen Motiven begrüßte, scheiterte auf dem *Marburger Religionsgespräch* im Oktober 1529 vor allem an der Abendmahlsfrage. Für Zwingli war das Abendmahl ein reines Gedächtnismahl, bei dem die Gemeinde sich lediglich daran erinnern sollte, daß der Herr für sie gestorben ist. Luther hielt mit großer Leidenschaft an der wirklichen Gegenwart Christi im Abendmahl fest; er leugnete zwar die (katholische) Wesensverwandlung (Transsubstantiation), erklärte aber die Realpräsenz mit der (für den Leib unmöglichen) göttlichen Ubiquität (Gottes Allgegenwart). Ausschlaggebend war die verschiedene Schriftauslegung. Luther faßte „hoc *est* corpus meum" grammatisch real („Das Wort ist zu gewaltig") und wollte keine Deutelei an dem „est" zulassen; Zwingli ließ es nur signifikativ („bedeutet") gelten. Da jeder von beiden an seiner Schriftinterpretation festhielt, trennten sich ihre Wege. Luther hat Zwingli stets gehaßt und abgelehnt.

2. Die weitere *Geschichte der Täufer* ist von der Zwinglis völlig getrennt verlaufen. Das gemeinsame Schriftprinzip und der Spiritualismus, besonders in der Abendmahlsfrage und Sakramentsauffassung, sind ihnen geblieben.

„Es gehörte zu den bestürzendsten Erfahrungen der Reformation, daß sich aus dem Kreise der für das Evangelium Gewonnenen immer wieder Gruppen mit einem anderen Schriftverständnis aussonderten, die die eigene Glaubwürdigkeit in Gefahr brachten und zu Feinden im Niemandsland zwischen den Fronten wurden" (Fuchs). Sowohl Luther als auch Zwingli, Calvin und alle Reformatoren haben sich mit Erbitterung gegen die Sektierer gewandt, die die Schrift anders auslegten als sie und sich dafür auf die „innere Stimme" und den „Geist" beriefen.

Ungefähr gleichzeitig wie in Zürich trat der Gedanke der Wiedertaufe und des neuen Gottesreiches in dem anderen Ursprungsland der Reformation, in Sachsen, bei den Zwickauer Propheten und bei Thomas Münzer auf. Die Obrigkeitsfeindlichkeit und die radikale Ablehnung der bestehenden staatlichen und kirchlichen Ordnung ließen die Täufer als staatsfeindlich und revolutionär erscheinen. Die rapide Ausbreitung der Bewegung besonders auf dem Lande, wo die nach dem Bauernkriege enttäuschten Bauern ihnen willig Gehör schenkten, machten sie besonders verdächtig. So kam es schon auf den Reichstagen zu Speyer 1529 und zu Augsburg 1530 zu Gesetzen, die die Täufer mit der Todesstrafe bedrohten. Luther sowohl wie Melanchthon haben sich für diese Gesetze ausgesprochen.

Die erstmalig bei Thomas Münzer auftretende Idee vom unmittelbar bevorstehenden Anbruche eines tausendjährigen Reiches, in dem alle Gottlosen vernichtet und nur die „Getauften" herrschen würden, fand in den sozial gedrückten Kreisen der Bauern und kleinen Handwerker in jener gärenden Zeit immer wieder Gehör. Im Westen wurde sie von dem Laienprediger und Täuferapostel Melchior Hofmann verbreitet, der predigend Norddeutschland und die Niederlande durchzog, in Amsterdam und schließlich in Straßburg wirkte. Die Stadt Straßburg, so weissagte er, werde nach blutigen Ereignissen, die er für das Jahr 1533 berechnete, Sitz des neuen Himmlischen Jerusalem werden. Er hatte besonders in Amsterdam und in den Niederlanden Zulauf. 1533 aber wurde er in Straßburg eingekerkert und starb nach zehnjähriger Haft im Gefängnis.

Aber nicht in Straßburg, sondern in Münster/Westfalen sollte das Täuferreich hereinbrechen. Dort wirkte seit 1531 der Kaplan Bernhard Rothmann im Sinne der Reform. Biblizismus und Humanismus liefen zunächst noch durcheinander. Rothmann war noch unklar. Er wandte sich zuerst nach Wittenberg, dann nach Straßburg, wo er durch Capito mit den Lehren Zwinglis vertraut gemacht wurde. Über den Zwinglianismus kam er zum Täufertum. Als die religiösen Wirren in Münster immer mehr zunahmen, gelang es ihm, Einfluß zu gewinnen. Während Katholiken und Protestanten miteinander rangen, setzte er sich unerwartet durch. Seit Mai 1533 predigte er die Notwendigkeit der Erwachsenentaufe.

In den Niederlanden hatte sich Jan Matthys Anfang November 1533 in Amsterdam zum Führer der Täuferbewegung aufgeschwungen. Unentwegt predigte er den Anbruch des Neuen Gottesreiches und das Schwert zur Vernichtung der Gottlosen. Er sandte seine Apostel aus, in diesem gleichen Sinne zu predigen und zu taufen. Zwei von ihnen kamen Anfang Januar 1534 nach Münster. Bernhard Rothmann ließ sich mit anderen von ihnen taufen. Wie ein Lauffeuer verbreitete sich die Kunde, Münster sei zum neuen Gottesreich auserkoren. Von allen Seiten strömten nun die Täufer herbei. Noch im Januar 1534 ließen sich 1400 Menschen in einer Woche taufen. Auch Johan Bockelson und Jan Matthys kamen eiligst herbei, um das „neue Sion" aufzurichten.

Was sich nun vollzog, war wie ein böser Spuk. Schon im Februar 1534 rissen die Täufer in Münster die Macht an sich.

Einer ihrer Führer, Knipperdolling, wurde Bürgermeister. Jan Matthys, der Prophet, übernahm die Herrschaft in der Stadt. Alle „Gottlosen", die sich nicht wiedertaufen ließen, wurden vertrieben. Der Bischof belagerte die Stadt. Als bei einem Ausfall Anfang April 1534 Matthys fiel, wurde Jan Bockelson, genannt Jan von Leyden, sein Nachfolger. Nun begann die Schreckensherrschaft. Mitten in der Not der Belagerung ließ er sich zum „neuen König von Israel" ausrufen, ernannte Rothmann, Knipperdolling und Krechting zu seinen Würdenträgern und schuf sich mit seinen Trabanten eine Leibgarde; Hungersnot und glänzende Feste, Gütergemeinschaft und Vielweiberei sowie Hinrichtungen von „Gottlosen" kennzeichneten die Lage. Am 25. Juni 1535 gelang es den Belagerern endlich, die Stadt zu erobern. Nach blutigen Straßenkämpfen endete das „Reich Christi zu Münster". Rothmann fiel, Jan von Leyden, Knipperdolling und Krechting wurden nach siebenmonatiger Haft im Januar 1536 auf dem Domplatz öffentlich zu Tode gefoltert, ihre Leichname in Käfigen auf dem Lamberti-Turm ausgehängt.

Nach diesen täuferischen Exzessen in Münster setzte einerseits die Verfolgung überall besonders hart ein, andrerseits vollzog sich ein innerer Wandel im Täufertum selbst. Die Radikalen wurden ausgeschieden. Menno Simons, ein ehemaliger ostfriesischer Priester, trat 1536 an ihre Spitze. Unter völligem Verzicht auf jede Gewaltanwendung erstrebte er ein rein geistig verstandenes Gottesreich, das sich von jeder weltlichen Macht aufs strengste fernhielt. Seine Anhänger, die Mennoniten, lebten als „die Stillen im Lande". In Lehre und Brauch standen sie, von Zwingli her, den Reformierten nahe, ohne jedoch deren Bekenntnisschriften als verbindlich anzuerkennen. Sie hatten zeitweise einen großen Anhang, besonders unter dem niederen Volk.

## § 42

## JOHANN CALVIN UND DIE REFORMATION IN GENF

Der dritte und jüngste, in seiner Wirkung aber bedeutendste Reformator war Johann Calvin, der Genf zum Mittelpunkt einer weltweiten Bewegung machte.

1. *Lebensgang:* 1509 (10. 7.) zu Noyon geboren, entstammte auch er der kirchennahen Bevölkerungsschicht. Sein Vater

war Generalprokurator, d. h. Geschäftsführer und Vermögensverwalter des Domkapitels von Noyon. Wegen irgendwelcher Differenzen geriet er mit dem Kapitel und dem Bischof in einen Rechtsstreit, wurde 1528 ungerechtfertigterweise gebannt und starb 1531, ohne vom Banne gelöst worden zu sein. Um die gleiche Zeit überwarf auch sein älterer Bruder, der Kaplan war, sich mit der Kirche; er war offensichtlich von der Neuerung berührt, weigerte sich, die Messe zu lesen, und starb, ohne die Sterbesakramente zu empfangen. Sicher sind diese Erlebnisse nicht ohne Einfluß auf Johann geblieben. Der harte, nüchtern-kritische, juristische Sinn des Vaters hat sich auf den Sohn vererbt. Die aus Flandern stammende, fromme und gemütstiefe Mutter, die leider früh verstarb, hat die andere Seite seines Wesens beigesteuert, die tiefgründige Religiosität und den kirchlichen Sinn.

Als Zwölfjähriger erhielt er eine kirchliche Pfründe in Noyon, die ihm das Studium und den Weg zum geistlichen Stand eröffnete. 1523 ging er nach Paris und lebte dort seit 1524 in demselben Collège Montaigu, in dem vor ihm schon Erasmus von Rotterdam und nach ihm Ignatius von Loyola ihre Ausbildung erhalten hatten. Dort wurde der Nominalismus gelehrt. Als Lizentiat der freien Künste schloß er 1528 in Paris ab, um nach dem Wunsche des Vaters sich in Orléans und Bourges dem Jurastudium zu widmen. Seine profunden theologischen Kenntnisse hat er sich im Selbststudium erworben. Von 1532 an widmete er sich wieder in Paris humanistischen Studien, die in seinem Kommentar zu Senecas „De Clementia" ihren Niederschlag fanden. Zu dieser Zeit bewegte er sich noch ganz im humanistischen Reformdenken der französischen Bibelbewegung, deren Haupt Faber Stapulensis († 1536) war. Doch plötzlich genügte ihm dies nicht mehr; in einer „subita conversio", wie er seine neue Erkenntnis in seinem autobiographischen Rückblick von 1557 nennt, wandte er sich der Reformation zu; sie dürfte sich im Winter 1533/34 ereignet haben. Anfang 1534 resignierte er auf seine Pfründen in Noyon. Er geriet in die Verfolgungswelle des vom Pariser Parlament infolge der „Plakataffäre" 1534 beschlossenen Vorgehens gegen die Neuerer hinein und mußte aus Frankreich flüchten. Im Winter 1534/35 gelangte er über Straßburg nach Basel, wo er die Reformatoren Grynaeus, Myconius, Bullinger, Butzer und Capito kennenlernte, und verfaßte hier seine berühmte „Institutio religionis Christianae", die er zunächst anonym 1536 und dann mit seinem Namen 1537 in Basel drucken ließ. Sie war als Verteidigungsschrift für die verfolgten französischen Protestanten gedacht und mit einem Widmungsschreiben an den französischen König gerichtet, um ihn für die Anliegen der Reform zu gewinnen.

Bereits in dieser Schrift, die bis 1559/60 mehrfach von ihm überarbeitet und ständig erweitert wurde, treten die Grundelemente seines theologischen Denkens hervor. Er setzt sich für die arme, kleine Kirche der Verfolgten ein, die allein die echte Kirche Christi sei, und stellt ihr die reiche römisch-hierarchische Kirche mit ihrem anmaßenden Anspruch, die sichtbare Gestalt der Kirche auf Erden zu sein, gegenüber. Merkmale der wahren Kirche seien die reine Predigt des Wortes Gottes und die rechte Verwaltung der Sakramente. Sie habe allein der Gloria Dei zu dienen und dafür zu sorgen, ,,wie Gottes Ehre auf Erden unverletzt bleiben, wie Gottes Wahrheit ihre Würde behalten, wie Christi Reich wohlgefügt und gestützt unter uns bleiben soll". Dazu bedürfe es der sichtbaren Gestalt der bestehenden Kirche nicht. Calvin hatte sich in Basel vor allem mit Luthers Schriften befaßt. Die in ihrer ersten Auflage noch kleine, treffende Darstellung der reformatorischen Anliegen und Gedanken hat ihn mit einemmal berühmt gemacht.

Als er nach kurzem Aufenthalt in Italien und in seiner Heimat nach Straßburg zurückkehren wollte und über Genf kam, wurde er dort von Wilhelm Farel (1489–1565), der soeben mit der Einführung der Reformation in der Stadt Sorgen hatte, als Verfasser der ,,Institutio" erkannt und unter dringenden Beschwörungen zu seiner Unterstützung zurückbehalten. Es war im Juli/August 1536. Die Stadt, die sich aus ihrem politischen Gegensatz zu Landesherrn und Bischof mit dem zwinglischen Bern verbündet hatte, war noch keineswegs zur Reformation entschlossen. Doch gelang es Calvin bald, durch seine Römerbrief-Auslegung und durch Predigten starken religiösen Einfluß auszuüben. Ende 1536 erhielt er eine Anstellung als Prediger und Pfarrer der Stadt. Er entwarf eine Gemeindeordnung, die am 16. Januar 1537 dem Stadtrat vorgelegt wurde; sie sah eine strenge Kirchenzucht besonders hinsichtlich der monatlichen Feier des Abendmahles vor. Unwürdige wurden durch Ausschluß vom Abendmahl (excommunicatio) bestraft. Bald gab er einen Katechismus mit einem ,,Glaubensbekenntnis" heraus. Der Rat nahm die Gemeindeordnung an, begnügte sich aber mit der viermaligen Feier des Abendmahles im Jahr. Auf Calvins Drängen verfügte er, daß alle Bewohner im April 1537 einen Eid auf das neue Bekenntnis leisten mußten; wer sich weigerte, wurde des Bürgerrechtes verlustig erklärt und mußte auswandern. Eigens bestellte kirchliche Beauftragte wachten darüber, daß die christlichen Prinzipien im gesamten öffentlichen und privaten Leben eingehalten wurden. Übertreter sollten vom Rate bestraft werden. Am 12. November 1537 wurde der Befehl erneuert. Calvin drängte auf rigorose Durchführung.

Doch inzwischen wuchs der Widerstand in der Bevölkerung. Bei den Neuwahlen im Februar 1538 wurde der Stadtrat nicht wiedergewählt. Der neue Rat entsetzte am 23. April 1538 Calvin und Farel ihrer Ämter und verwies sie aus der Stadt. Calvin begab sich nach Straßburg, wo er im September 1538 das Predigeramt in der französischen Flüchtlingsgemeinde übernahm. Zugleich stand er mit Butzer und Capito in engen Beziehungen und wuchs in der Zusammenarbeit mit ihnen zum Reformator heran. 1539 heiratete er Idelette von Büren, die Witwe eines Straßburger Täufers. Als Vertreter der Stadt nahm er an den Religionsgesprächen in Frankfurt (1539), Hagenau (1540), Worms (1540/41) und Regensburg (1541) teil und lernte hierbei die deutsche Reformation kennen. Doch ist er Luther nie persönlich begegnet.

Als seine Anhänger in Genf die Macht zurückgewonnen hatten, kehrte er am 13. September 1541 dorthin zurück. Eine Kontroverse mit Kardinal Sadoleto, der die Genfer zum Verbleiben in der katholischen Kirchengemeinschaft aufgefordert hatte, war vorausgegangen. Calvins „Antwort an Sadoleto", in der er mit der alten Kirche hart abrechnete und seine eigenen Gedanken über Kirche, Rechtfertigung und Sakramente darlegte, bestimmte die Genfer zu dem Entschluß, ihn zurückzurufen. In Genf ging Calvin sofort an den Aufbau eines neuen Kirchenwesens. Es gipfelte in der Idee einer vollkommenen Gottesherrschaft in der Stadt. Schon am 20. September 1541 erhob der Rat seine Kirchenordnung, die „Ordonnances ecclésiastiques", zum Gesetz. Sie sah vier Ämter vor: die Pastoren (pasteurs, Prediger), Doktoren (docteurs, Lehrer), Presbyter (anciens, Älteste) und Diakone (diacres). Den Pastoren und Doktoren war die eigentliche Seelsorge in Predigt und Unterricht anvertraut. Die Pfarrer der Stadt und der umgebenden Ortschaften bildeten die „Vénérable compagnie", die sich wöchentlich zur Beratung zusammenfand, um über Schriftauslegung und Seelsorgefragen zu beraten und zu entscheiden. Zusammen mit den Pfarrern stellten die Presbyter, die zugleich Ratsbeauftragte waren, das Konsistorium, das den Lebenswandel der Bürger überwachte. Sie hatten freien Zutritt zu jedem Haus und ahndeten jede Übertretung der kirchlichen und bürgerlichen Ordnung. Wo Kirchenstrafen nicht fruchteten, beantragten sie beim Rat die weltliche Bestrafung. Da Calvin schon 1541 auch mit der Ausarbeitung einer bürgerlichen Gesetzgebung beauftragt worden war, griffen kirchliche und weltliche Rechtsordnung eng ineinander. Den Diakonen oblag die Verwaltung der kirchlichen Stiftungen und die Sorge für die Armen.

56 Todesurteile und 78 Verbannungen in den ersten fünf Jahren kennzeichnen die rigorose Strenge, mit der jede Opposition in der Bevölkerung gebrochen wurde. Michael Servet wurde 1553 verbrannt, Castellio, Bosec und andere Humanisten entgingen dem gleichen Schicksal nur durch die Flucht. So wurde bis 1555 der straff organisierte „Gottesstaat" geschaffen und Genf zum Zentrum einer neuen, „reformierten" Kirche umgestaltet. Die 1559 gegründete theologische Hochschule überflügelte Wittenberg bald. Sie wurde zur Ausbildungsstätte zahlreicher Prediger und Lehrer, die Calvins kirchliches System und theologische Lehre über ganz Europa ausbreiteten. Durch seine weltumspannende Korrespondenz leitete Calvin direkt den Siegeszug seiner Reformation. Mit prophetischem Sendungsbewußtsein forderte er die Fürsten auf, sich von der falschen römischen Kirche zu lösen und der wahren anzuschließen. Da nur die Wahrheit ein Recht auf Existenz hat, muß der Irrtum ausgetilgt werden. In demselben Augenblick, in dem er katholischen Fürsten Intoleranz gegen die Reformierten vorwirft, fordert er von protestantischen Herrschern die Ausrottung des Katholizismus und rechnet ihnen die Toleranz gegenüber Katholiken zur Sünde an. Anders als Luther, der stets den Gehorsam forderte, hat Calvin das Widerstandsrecht gegen eine „gottlose" Obrigkeit gegebenenfalls zur religiösen Pflicht werden lassen. Dabei wurde auch der „Tyrannenmord" als Recht der Stände zur Ersetzung einer „gottlosen", andersgläubigen Herrschaft durch eine „gläubige" zugelassen. Man muß dies mit aller Klarheit sehen, um die Härte der Hugenottenkämpfe und der Religionskriege und die Angst der katholischen Fürsten vor dem Calvinismus zu verstehen. Das Messen mit zweierlei

Maß und der Fanatismus vieler Calviner hat die konfessionelle Spannung erheblich verschärft. Calvin starb 1564 in Genf.

2. *Lehre:* Die drei „Sola" hat Calvin mit allen Reformatoren des 16. Jhs. gemeinsam. Noch radikaler als Luther machte er das Wort Gottes und den Glauben zur Grundlage seiner Bibeltheologie. Durch das sakramental aufgefaßte Wort wirkt der Heilige Geist in der Seele den Glauben. Dieser Glaube ist das freie Geschenk Gottes, ein Zeichen seiner Erwählung. Wer demnach dem Worte Gottes glaubt, ist auch erwählt; er wird und muß danach leben: In einem guten christlichen Leben hat sich der Glaube zu bewähren; so ist die Bewährung im irdischen Leben gleichzeitig Grundlage für die Gewißheit der Erwählung zum ewigen Leben. Wer nicht so lebt, glaubt nicht recht und kann seiner Erwählung nicht sicher sein. Das Auserwählungsbewußtsein ist somit für die Anhänger Calvins stärkste Antriebskraft im täglichen christlichen Leben.

Es hat aber auch seine Kehrseite. Wer sich dem Glauben an das Wort verschließt, hat die Erwählungsgnade nicht. Calvin scheut sich nicht hinzuzufügen, er sei also von Gott verworfen; ja, Gott wolle die Verwerfung bestimmter Menschen, so wie er andere frei zur Gnade prädestiniere. Diese Lehre von der doppelten Prädestination, d. h. von der Vorherbestimmung sowohl zur Auserwählung als auch, bei anderen, zur Verwerfung, ist kennzeichnend für Calvins hartes theologisches Denken. Er hat sie aus gewissen Bibelstellen herausgelesen, die er einseitig verabsolutiert hat. „Ein düsterer, aber glühender Rigorismus" (Lortz) steht dahinter. In Verbindung mit dem Kirchenbegriff und dem Auserwählungsbewußtsein wirkt diese Prädestinationslehre auf seine Anhänger jedoch nicht lähmend, sondern anfeuernd. Denn es gibt für sie ja noch ein zweites Zeichen des positiven Auserwähltseins, nämlich die Zugehörigkeit zur reformierten Kirche.

Die Kirche ist für Calvin zugleich „sichtbar" und „unsichtbar". Es kann niemand den echten inneren Glauben haben, also zur geistigen, unsichtbaren Kirche gehören, wenn er ihn nicht äußerlich bekennt und sich der sichtbaren Kirchengemeinschaft nicht ganz einfügt. Außerhalb der reformierten Kirche kann es also keinen wahren Glauben und darum auch kein Heil geben. Die wahre Kirche kann nur jene sein, in der das Wort Gottes recht gepredigt und die Sakramente richtig verwaltet werden. Da Calvin beides der katholischen Kirche abspricht, ist sie für ihn die falsche Kirche, das Teufelswerk, das vernichtet werden muß. Er verachtete sie nicht nur, sondern bekämpfte sie mit abgrundtiefer Feindseligkeit, und hat die feindliche Gesinnung auch seinen Anhängern aufgeprägt. Er ist es gewesen, der den konfessionellen Kampfgeist entflammt hat, lange bevor Luthertum und Katholizismus in diese bedauernswerte Haltung verfallen sind. Der Calvinismus wurde bald überall mit seiner unversöhnlichen Aggressivität der Hauptgegner der katholischen Kirche, stand aber ebenso auch mit dem Luthertum auf Kriegsfuß.

In der Abendmahlslehre vertrat Calvin eine geistige, pneumatische Gegenwart Christi im Augenblick des Empfanges. Die Realpräsenz Luthers lehnte er ebenso als Götzendienst ab wie die katholische Lehre. Zwinglis Lehre von der signifikativen, nur symbolischen Gegenwart erschien ihm zu wenig.

3. *Ausbreitung*. Das erste Kampffeld wurde Frankreich. Franz I. (1515–47) und Heinrich II. (1547–59) haben zwar die deutschen Protestanten unterstützt, aber im eigenen Lande die Neuerer blutig verfolgt. Trotzdem bildeten sich reformierte Gemeinden, die z. T. unter großen Blutopfern und heroischer Hingabe sich allen Bedrängnissen zum Trotz hielten und ausbreiteten. Unermüdlich spornte Calvin seine Anhänger mit Briefen, Abgesandten und Schriften zu einem einzigartigen Heroismus an. 1559 konnten sie ihre erste nationale Synode in Paris abhalten, auf der sie sich die von Calvin entworfene „Confessio Gallicana" zur Grundlage gaben. „Hugenotten" (= „Eidgenossen") wurden sie kurzerhand genannt. Der Übertritt einiger hoher Adelsfamilien verstrickte sie in den 60er Jahren in die Adelsgegensätze und wandelte sie schließlich in eine politische Partei um. Ihre Führer wurden Admiral Coligny und die Prinzen Ludwig und Anton von Condé aus dem Hause Bourbon-Vendôme. An die Spitze der katholischen Gegenpartei trat die lothringische Adelsfamilie von Guise. 1562 brach der Religions- und Bürgerkrieg aus. Die *Hugenottenkriege 1562–98* wurden mit unglaublicher Härte und Brutalität geführt. Als sich unter Karl IX. (1560–74), für den die Mutter Katharina von Medici die Vormundschaftsregierung führte, eben eine Versöhnung anbahnte, die durch die Hochzeit des Führers der Protestanten, Heinrich von Navarra, mit einer Schwester Karls IX. besiegelt werden sollte, benutzten Katharina und die Guisen die Gelegenheit in der *Bartholomäusnacht*

am 23./24. August 1572 zu einem furchtbaren Mordanschlag auf die anwesenden Hugenotten; der „Pariser Bluthochzeit", der u. a. auch Coligny zum Opfer fiel, schlossen sich Massenmorde an den Hugenotten in den Provinzen an. Die Zahl der Opfer steht nicht fest. Sie war sehr groß. Das ganze kann nur als eines der scheußlichsten Verbrechen der Weltgeschichte gebrandmarkt werden, bei dem aber die politischen Motive die kirchlichen überwogen. Daß Pius V. Mitwisser gewesen sei, ist historisch nicht haltbar; wenn Gregor XIII., der soeben Papst geworden war, ein Tedeum anstimmen ließ, so deshalb, weil man ihm lediglich von einem „Sieg" über die Hugenotten berichtet hatte.

Nach dem Gemetzel ging der Kampf weiter. Mit dem Tode Heinrichs III. (1574–89) starb das Königshaus der Valois aus, und die Bourbonen kamen zur Regierung. Nun wurde ausgerechnet Heinrich von Navarra, der Führer der Hugenotten, Thronerbe. Schon daran sieht man die enge Verflechtung der Hugenottenfrage mit der Hauspolitik. Heinrich IV. (1589–1610) mußte sich die Nachfolge durch den Übertritt zum Katholizismus erkaufen („Paris ist eine Messe wert"). Frankreich blieb katholisch. Im *Edikt von Nantes 1598* wurde aber den Hugenotten eine beschränkte Religionsfreiheit zugestanden und ihnen zu ihrer Sicherheit 100 Orte überlassen. Ihr Einfluß blieb weiterhin sehr beträchtlich, bis das absolutistische Königtum unter Ludwig XIV. (1643–1715) das Edikt von Nantes 1685 aufhob und von den Hugenotten die Rückkehr zum Katholizismus forderte. Mehr als 200 000 Hugenotten flüchteten damals um ihres Glaubens willen aus Frankreich. Erst im Zuge der Aufklärung erhielten die Protestanten um die Mitte des 18. Jhs. in Frankreich Religionsfreiheit.

In den Niederlanden entfesselte der politische Gegensatz zu Spanien den Freiheitskrieg (1566–1609), der zugleich die religiös-kirchliche Abkehr von der durch Spanien repräsentierten katholischen Kirche im Gefolge hatte. Im Schatten der kriegerischen Auseinandersetzung drang der Calvinismus ein. 1571 wurde die erste niederländische Nationalsynode in Emden abgehalten. Der Calvinismus wurde Staatsreligion in den nördlichen Niederlanden, während die spanischen Südprovinzen katholisch blieben. Über die Niederlande und von der Kurpfalz her drang der Calvinismus Ende der 50er Jahre an den Niederrhein vor.

Auch in England machte der Calvinismus, von Schottland

aus, große Eroberungen. Mit den beiden damals bedeutendsten Seemächten Holland und England wurde er in die überseeischen Länder übertragen und damit zu weltweiter Bedeutung erhoben.

## § 43
### HEINRICH VIII. UND DIE ENGLISCHE KIRCHENSPALTUNG

Die englische Reformation war in ihrem Ursprung keine primär religiöse, sondern eine kirchenpolitische Angelegenheit. Ihr äußerer Anlaß war das hemmungslose Begehren eines Königs, vom Papste die Auflösung seiner Ehe zu erzwingen. Den Hintergrund bildete das stark entwickelte englische Landeskirchentum, das den Bruch mit Rom erleichterte. So kam es unter Heinrich VIII. zum Schisma; aus ihm entwickelte sich später die englische Staatskirche mit stark reformatorischem Einschlag, die aber stets traditionell-katholische Züge in ihrer hierarchischen Struktur, in Liturgie und Frömmigkeitswesen bewahrte.

Heinrich VIII. (1509–1547) war mit Katharina von Aragon verheiratet. Diese war vorher 1501/02 vier Monate lang als 15jährige mit dem erst 14jährigen Bruder Heinrichs, dem Thronfolger Arthur, verheiratet gewesen, der aber schon sehr krank war und bald an der Auszehrung starb. Sie war nun 1503 aus politischen Erwägungen dem erst 12jährigen Heinrich anverlobt worden, nachdem der Papst die Dispens vom Ehehindernis der Schwägerschaft erteilt hatte. Nach Heinrichs Regierungsantritt fand 1509 die Hochzeit statt. In 18jähriger glücklicher Ehe gebar Katharina ihrem Gatten 7 Kinder, darunter drei Knaben, die aber alle bis auf Maria, die spätere Königin (1553–58), im Kindesalter starben. Da wollte Heinrich 1527 sich plötzlich von ihr scheiden lassen, um ihre Hofdame Anne Boleyn zu heiraten. Sicher war die entfachte Leidenschaft das stärkste Motiv, denn Anne Boleyn wollte ihm nur gehören, wenn er sie heiratete; aber ein anderes Motiv war der Wunsch nach einem männlichen Erben, den er von Katharina nicht mehr erwartete. Indes gab er an, heftigste Gewissensbedenken gegen die Gültigkeit seiner Ehe bekommen zu haben, da nach Leviticus 18, 16 und 20, 21 die Ehe unter Schwägern von Gott verboten sei und auch der Papst davon nicht habe dispensieren können. Außerdem hatte die schlaue englische Diplomatie ihn einen Tag vor seiner Mündigkeitserklärung veranlaßt, einen heimlichen Protest gegen die Verlobung zu den Akten zu geben, um sich auf jeden Fall ein Hintertürchen offenzuhalten; dieser wurde nun hervorgeholt, um einen kirchlichen Ehenichtigkeitsprozeß zu führen. Katharina, eine Tante Kaiser Karls V., setzte sich zur Wehr; sie konnte glaubhaft versichern, daß ihre Ehe mit Arthur nie vollzogen worden war. Der Papst zog den Prozeß an sich. Es nutzte dem König nichts, daß er sich Universitäts- und Theologen-Gutachten zu seinen Gunsten beschaffte. 1531 verbot Clemens VII. dem Parlament und allen anderen Instanzen bei Strafe des Bannes, die Ehe des Königs zu lösen oder für nichtig zu erklären.

Nun entschloß sich Heinrich, ohne den Papst zu handeln. Als sein Lordkanzler Thomas Morus nicht mehr mitmachen wollte, wurde er durch willfährigere Werkzeuge ersetzt. Thomas Cranmer, Hauskaplan der Familie Boleyn, wurde Erzbischof von Canterbury; er traute heimlich im Januar 1533 Heinrich mit Anne und erklärte am 23. Mai 1533 seine Ehe mit Katharina nachträglich für nichtig. Am 11. Juli 1533 drohte der Papst dem König die Exkommunikation an, wenn er nicht bis zum September Anne entlasse und Katharina wieder zu sich nehme. Am 23. Mai 1534 bestätigte das Urteil des kanonischen Prozesses die Gültigkeit der Ehe Heinrichs mit Katharina. Im Juli 1534 wurden Heinrich, Anne und Cranmer vom Papst mit dem Banne belegt. Inzwischen hatte in England eine antipäpstliche Propaganda eingesetzt, und das Parlament hatte durch fünf Gesetze den Bruch mit Rom vorbereitet. In der Suprematsakte vom 3. November 1534 wurde der König zum alleinigen irdischen Oberhaupt der englischen Kirche erklärt und damit der Bruch mit dem Papsttum endgültig vollzogen.

Im September 1534 gebar Anne Boleyn Elisabeth, die spätere Königin (1558–1603); damit wurde die Nachfolgefrage akut. Maria wurde für illegitim erklärt, und alle Beamten und Geistlichen mußten den Sukzessionseid auf die Kinder Annes leisten sowie die Suprematsakte anerkennen. Verweigerung wurde als Hochverrat geahndet. Die ersten Opfer waren drei Kartäuser, die im Mai 1535 gehängt wurden; ihnen folgten im Tode John Fisher, Bischof von Rochester, und Thomas Morus, der am 6. Juli 1535 hingerichtet wurde. Heinrich entwickelte sich immer mehr zum brutalen Despoten. Rund zweihundert Hinrichtungen kennzeichnen den Weg, der England mit Gewalt von der allgemeinen Kirche trennte. Wenn die weitaus größte Mehrheit des Klerus und des Volkes sich fügte, so zeigt dies, daß Kircheneinheit und päpstlicher Primat im Glaubensbewußtsein der englischen Landeskirche nicht mehr tief verwurzelt waren. Der Weg zur Staatskirche war frei. Klosteraufhebungen und Säkularisierung des gesamten Kirchenbesitzes folgten.

In theologischen und liturgischen Fragen blieb Heinrich stets konservativ-katholisch. Schon 1521 hatte er die 7 Sakramente gegen Luther verteidigt und war dafür vom Papst zum „Defensor fidei" ernannt worden. In seinen sog. „Sechs Artikeln des Glaubens" stellte er 1539 die Leugnung der Transsubstantiation in der Messe, der Kommunion unter einer Gestalt, der Seelenmessen, der Ohrenbeichte, des Priesterzölibates und der Ordensgelübde als göttliches Recht unter Todesstrafe. Als Paul III. ihn 1538 exkommunizierte, konnte er dies nicht mit der Anklage auf Häresie, sondern nur mit dem Schisma begründen. In seiner Lebensführung freilich mißachtete er gröblich die Gebote Gottes, zumal in der Ehe: Er hat 6 Frauen gehabt; von zweien ließ er sich scheiden, zwei ließ er hinrichten, eine starb im Kindbett und eine überlebte ihn, obwohl auch gegen sie der Hinrichtungsbefehl bereits ergangen war.

Die Protestantisierung Englands begann erst unter seinem unmündigen Sohn *Eduard VI.* (1547–1553), unter dem Cranmer im Regentschaftsrat dominierte. Das „Allgemeine Gebetbuch" (1549) und die von Cranmer verfaßten 42 Artikel des Glaubens (1553) waren eindeutig protestantisch. *Maria die Katholische* (1553–1558) stellte den Katholizismus wieder her. 273 Hinrichtungen trugen ihr den Namen „die Blutige" ein. Nicht weniger blutig war, zumal seit 1570, unter *Elisabeth I.* (1558–1603) die Rückkehr zum Protestantismus durch Erneuerung der Supremats- und Uniformitätsakte (1559). Doch suchte Elisabeth, in theologischer und liturgischer Hinsicht die Mitte zwischen Katholizismus und Puritanismus zu halten. Bei der Wiederherstellung der anglikanischen Hierarchie wurde großer Wert auf die Erhaltung der apostolischen Sukzession gelegt. Der neue Erzbischof von Canterbury, Matthew Parker (1504–1575), wurde von vier Bischöfen konsekriert, von denen mindestens zwei aus der Zeit Heinrichs VIII. stammten und nach katholischem Ritus geweiht waren. Das von Parker zur Weihe der übrigen neuernannten Bischöfe benutzte anglikanische Ordinale, das auch weiterhin in Gültigkeit blieb, ist getragen von dem

Gedanken, die hierarchische Struktur der Kirche nach der Praxis der alten Kirche weiterzuführen und zu erhalten. Die Ungültigkeitserklärung der anglikanischen Weihen durch Leo XIII. (1896) wird heute überprüft. Seit 1960 bzw. seit 1963 bestehen offizielle neue Kontakte zwischen Rom und Canterbury.

## § 44
## KIRCHLICHE REFORMBEMÜHUNGEN VOR DEM TRIENTER KONZIL

Ecclesia semper reformanda! Die Kirche bleibt stets reformbedürftig und darf sich nie zufrieden geben. Es wäre schlimm um sie bestellt, wenn sie den eigenen Abstand von ihrem Urbild, Jesus Christus, nicht mehr spüren würde. So bedrückend daher die Mißstände im kirchlichen Leben des ausgehenden Mittelalters auch gewesen sein mögen, so ist es doch beruhigend, zu erfahren, wie sehr die Kirche selbst darunter gelitten hat. Das ganze 15. und 16. Jh. ist mit bitteren Klagen nicht nur gegen sie, sondern auch von ihr, d. h. aus ihrem eigenen Schoß kommend, angefüllt. Der Ruf nach Reform erscholl mit immer größerer Kraft; er schwoll zu einem Sturm an und wuchs schließlich zu einer gewaltigen Reformbewegung innerhalb und außerhalb der Kirche. Schließlich ist die Reformation selbst nur Ausdruck dieses kirchlichen Reformverlangens. Der innerkirchliche Reformstoß brauchte länger, war aber nicht weniger gewaltig.

Im einzelnen ist der innerkirchliche Reformvorgang mindestens ebenso vielschichtig und kompliziert wie das Reformationsgeschehen. Er hat schon zu Anfang des 15. Jh. eingesetzt und bis zum Ende des 17. Jhs. gedauert. H. Jedin teilt ihn in vier Stufen ein:

1. Von den Reformkonzilien bis zum Sacco di Roma 1527.
2. Die eigentliche Vorgeschichte des Trienter Konzils.
3. Das Konzil von Trient.
4. Die Durchführung der Trienter Dekrete.

*1. Stufe:* Die Kirchenreform war schon eins der Hauptprobleme in Konstanz und Basel (1414/18 und 1431 ff) gewesen. Damals fehlte es nicht an Kräften, die den ganzen Reformkomplex dem Papsttum entziehen und dem Konzil übertragen wollten; aber Martin V. und Eugen IV. konnten diese Gefahr abwehren. In der Folge sind seitens des Papsttums im 15. Jh. Versuche unternommen worden, die „reformatio in capite et membris" zu verwirklichen. Aber das Renaissancepapsttum war religiös zu schwach, um sie auch durchzuführen. Die Gründe haben wir oben kennengelernt.

Reformentwürfe wurden vorgelegt unter folgenden Päpsten: Unter Martin V. (1417–31) durch den Kardinal Capranica; unter Pius II. (1458–64) durch die Kardinäle Domenichini und Nikolaus von Kues; Nikolaus legte ein umfangreiches Programm für eine Generalreform der ganzen Kirche vor, und Pius hatte die Durchführungsbulle bereits entworfen, als er vom Tode überrascht wurde. Selbst unter Sixtus IV. (1471–84) und unter dem berüchtigten Alexander VI. (1492–1503) sind Anläufe zur Reform unternommen worden. In einer Stunde schwerer Erschütterung nach der Ermordung seines Sohnes Juan im Sommer 1497 besann Alexander sich und dachte eine kurze Zeit lang an eine innere Besinnung und Umkehr. Julius II. (1503–13) setzte 1512 eine achtgliedrige Kardinalskommission ein, die Reformvorschläge für das 5. Laterankonzil (1512/17) ausarbeiten sollte. Unter Leo X. (1513–21) legten die beiden Camaldulensermönche Giustiniani und Quirini das radikalste und umfassendste Reformprogramm vor, das bisher geschrieben worden war.

Waren alle diese Entwürfe nur Schein und Trug? Bei aller Skepsis gegen die Renaissancepäpste wird man dies nicht ohne weiteres behaupten dürfen. Wenn sie scheiterten oder gar nicht zur Ausführung kamen, so hatte es viele Gründe; der wichtigste war, daß den Päpsten selbst und der Kurie die innere religiöse Kraft zur Durchführung fehlte.

Weil aber das Papsttum versagte, griffen die Reformwilligen zur Selbsthilfe. Dem, der gewöhnt ist, im 15. Jh. nur dunkle Schatten zu sehen, bietet sich hier ein z. T. erstaunliches Bild. Gerade Deutschland war in dieser Epoche reich an eifrigen und tüchtigen Reformbischöfen (Dietrich v. Bülow in Lebus, † 1523, Matthias Rammung von Speyer, † 1478). Auch die Orden waren eifrig. In allen Orden entstanden Reformzweige und Observantenbewegungen (Bursfelder Reformkongregation der Benediktiner [1446], Windesheimer Reformbewegung der Augustiner-Chorherren; die Franziskaner und Dominikaner standen nicht nach). Luther gehörte einer strengen Reformgruppe der Augustiner-Eremiten an, in deren Auftrag er 1511 in Rom war. Die Zahl der großen Bußprediger

(Savonarola, Capistrano) war beträchtlich. Im Volke wirkten sie oft wunderbare Bekehrungen, wie das Beispiel Savonarolas in Florenz zeigt.

Die *2. Stufe* der Reform ist durch das Ringen Kaiser Karls V. mit den Päpsten um das Konzil gekennzeichnet.

Karl hat sich den Ruf nach einem Konzil schon frühzeitig zu eigen gemacht. Um das Tauziehen zwischen ihm und den Päpsten richtig zu bewerten, muß man die kirchliche und politische Gesamtsituation im Auge haben.

Luther hatte bereits am 28. November 1518 an ein Allgemeines Konzil appelliert. Auf dem Wormser Reichstag tauchte 1521 der Gedanke, Luthers Sache vor ein Konzil zu bringen, wieder auf. Als dann der edle Hadrian VI. auf dem Nürnberger Reichstag 1523 das erschütternde Schuldbekenntnis der Kurie verlesen ließ und sofortige Reformen versprach, antworteten die deutschen Fürsten mit dem Ruf nach einem „frei christlichen Konzil in deutschen Landen". Im nächsten Jahre wiederholten sie diese Forderung; da sich ein Allgemeines Konzil nicht ohne Papst verwirklichen ließ, beriefen sie kurzerhand ein deutsches Nationalkonzil auf den 11. November 1524 nach Speyer ein. Der Kaiser verbot dieses Nationalkonzil mit dem Bemerken: „Wie kann eine einzelne Nation es wagen, die kirchliche Ordnung zu ändern?" Aber von jetzt an drängte er noch energischer beim Papst auf die Einberufung eines Allgemeinen Konzils.

Papst Klemens VII. (1523–34) fürchtete ein Allgemeines Konzil, weil mit ihm der Gedanke an den Konstanzer und Baseler Konziliarismus verbunden war. Allzu deutlich hatten die Reichsstände zu erkennen gegeben, was sie unter einem „freien, christlichen Konzil in deutschen Landen" verstanden: es sollte papstfrei sein, d. h. dem Papst sollte jeder Einfluß entzogen und die Konzilsväter vorher von ihrem Eid gegen ihn entbunden werden. Die Sorge des Papstes war also nicht unberechtigt.

Aber Klemens hatte noch einen weiteren Grund, der mit seiner Kirchenstaatspolitik zusammenhing. Wie seinen Vorgängern, so war auch ihm die Sorge um den Kirchenstaat höchstes Gesetz. Von Julius II. (1503–13), der als Staatsmann und Feldherr wie auch als Kunstmäzen der bedeutendste der Renaissancepäpste gewesen ist, hatte er ein abgerundetes Staatsgebilde übernommen, das aber dennoch in sich schwach und anfällig war. Der gelehrte und kunstliebende Genießer

Leo X. (1513–21) hatte wenig zu seiner Festigung getan. Der fromme und lautere Hadrian VI. (1522–23), der frühere Lehrer Karls V. und der letzte Deutsche auf dem Papstthron, hatte noch weniger Zeit und Sinn für die Politik gehabt; ihm lag allein die Reform der Kirche am Herzen; er starb zu früh. Nun lenkte Klemens wieder in die Bahnen Julius' II. ein. Persönlich war er untadelig, aber als natürlicher Sproß aus dem Hause Medici (wie Leo X.) rein weltlich und politisch eingestellt. Er wollte das Werk seiner Vorgänger vollenden. Nun schien es ihm durch die habsburgische Universal-Monarchie, die zugleich das Königreich Sizilien-Neapel wie auch Reichsitalien im Norden umfaßte, am meisten gefährdet. Er suchte deshalb Anschluß an Frankreich.

Soeben hatte Karl V. seinen ersten Krieg mit Franz I. siegreich beendet (Schlacht von Pavia 1525; Friede von Madrid 1526) und beabsichtigte nun, nach Deutschland zu ziehen und die deutsche Kirchenfrage zu bereinigen. Sein Einschreiten war dringend erforderlich (Speyerer Reichstag 1526). Da erklärte ihm Franz I. abermals den Krieg, und der Papst schloß sich an (Liga von Cognac 1526). Karl war über soviel Verrat und Treulosigkeit empört. Er drohte dem Papst, er werde ihn vor ein Allgemeines Konzil stellen lassen, wenn er nicht von der Liga ablasse. Dann ließ er seine Truppen auf Rom losmarschieren, um den Papst seine Macht fühlen zu lassen. Er ahnte die Folgen noch nicht. Die rauhen, undisziplinierten spanischen und deutschen Söldner waren durch den Tod ihrer Oberbefehlshaber Jörg von Frundsberg (er lag krank in Ferrara und starb 1528 auf seiner Burg bei Mindelheim) und Connétable von Bourbon führungslos geworden, als sie am 6. Mai 1527 Rom erstürmten. Wochenlang dauerte nun das Rauben, Plündern und Morden in der Ewigen Stadt. Klemens hatte sich in die Engelsburg retten können, mußte aber am 5. Juni kapitulieren und ein halbes Jahr lang eine harte Gefangenschaft erdulden.

Wie eine furchtbare Naturkatastrophe, die über Rom hereingebrochen war, wurde dieser „*Sacco di Roma*" von den Zeitgenossen empfunden. Er war eine entsetzliche Heimsuchung Gottes zur Buße und Umkehr für die verweltlichte Kurie und machte dem Renaissancetreiben in Rom ein Ende. Er leitete zugleich die Reform ein. Zwar ging der Gesinnungswechsel nicht so schnell vor sich. Auch Paul III. (1534–49) war noch ein Renaissance-Mensch; aber er war es auch, der die Reform erstmalig ernst in Angriff nahm.

Im Frieden von Barcelona söhnten Papst und Kaiser sich im Juni 1529 aus. In Bologna, wo sie mehrere Monate zusammen waren (Nov. 1529 bis Februar 1530, Kaiserkrönung am 24. 2. 1530), verhandelten sie über die deutsche Religionsfrage, die Karl besonders am Herzen lag. Hier wurde auch ein Allgemeines Konzil verabredet, falls auf dem Augsburger Reichstag (1530) keine friedliche Einigung zustande käme. Als der Kaiser freilich nach dem ergebnislosen Reichstag die Einlösung des Versprechens forderte, zog Klemens seine Zusage zurück. Seine Angst war zu groß. „Ach, die Deutschen", so stöhnte er, „werden das Konzil und die ganze Welt durcheinanderbringen." Er war auch in der Folge nicht mehr zu bewegen, ein Allgemeines Konzil mit den deutschen Protestanten abzuhalten.

Erst unter Paul III. (1534–49) aus dem Hause Farnese eröffneten sich neue Konzils- und Reformaussichten. Paul war noch nicht von der Reform erfaßt und für sein hohes geistliches Amt ganz und gar nicht geeignet. Er hatte drei uneheliche Söhne und eine Tochter, für die er als Papst in ungezügeltem Nepotismus sorgte. Aber er war schon als Kardinal ernster geworden. Der Sacco di Roma hatte ihn zu der Erkenntnis gebracht, daß Reform und Sinnesänderung nötig seien. Und so setzte er sofort dort an, wo es am nötigsten war, bei der Reform des Kardinalskollegiums. Er ernannte eine Reihe von Vorkämpfern der Reform zu Kardinälen, darunter Contarini, Fisher, Simonetta, Carafa, Sadoleto, Pole, Cervini, Fregoso, Morone und andere, und bildete aus ihnen eine Reformkongregation (1536); diese legte schon 1537 ihr Gutachten vor, das „Consilium de emendanda ecclesia", das später dem Tridentinum als Vorlage gedient hat. Sodann förderte Paul die neuen Reformorden der Theatiner, Barnabiten, Somasker und Kapuziner; 1540 bestätigte er auch den Jesuitenorden und bemühte sich vor allem ehrlich und aufrichtig um das Zustandekommen eines Allgemeinen Konzils. Mit Karl V. verabredete er die Konzilsberufung auf den 23. Mai 1537 nach Mantua.

Nun aber setzte Franz I. alles daran, das Konzil zu hintertreiben. In seinem eigenen Hegemonialstreben über Europa fürchtete er von einem Allgemeinen Konzil eine Stärkung der Position des Kaisers. Er scheute sich nicht, die Türken gegen den Kaiser aufzuhetzen und mit den deutschen Protestanten ein Bündnis zu schließen. Karl blieb auch in diesem 3. Krieg mit Franz I. (1536/38) Sieger; nach dem vergeblichen Versuche der friedlichen Einigung in Hagenau, Worms und Regensburg (1540) schien jetzt das Konzil dringender denn je. Auf Karls Drängen berief es der Papst auf den 29. Juni 1542 nach Trient. Da erklärte Franz zum viertenmal den Krieg (1542/44) an Karl. Erst nach dessen Beendigung konnte der siegreiche Kaiser im Frieden von Crépy (19. 9. 1544) Franz I. zwingen, das Allgemeine Konzil zuzulassen. Es wurde von Paul III. neuerdings auf den 15. März 1545 nach Trient berufen, konnte aber erst im Dezember zusammentreten.

## § 45
### DAS TRIENTER KONZIL 1545–1563

Zeigt schon die Vorgeschichte des Konzils, wie ungeheuer schwer und verwickelt sein Zustandekommen gewesen ist, so ist die *3. Stufe* der Reform, die Arbeit des Konzils selbst, nicht weniger spannungsreich und kompliziert. Als am 13. Dezember 1545 nur 31 stimmberechtigte Konzilsväter unter Anführung der drei päpstlichen Legaten Del Monte, Cervini und Pole die Eröffnung feierten, ahnte niemand, daß hier das größte Ereignis des ganzen neuzeitlichen Katholizismus seinen Anfang nahm.

1. Die Beratungen begannen sogleich mit einer heftigen Debatte zwischen Kaiser und Papst über eine Grundsatzfrage. Die beiden führenden Häupter waren sich nicht einig über das, was das Konzil als seine erste, spezielle Aufgabe betrachten solle. Dem Kaiser ging es um die Reform und Wiedervereinigung mit den Protestanten. Seine Gründe haben wir kennengelernt. Der Papst wollte die Klärung der dogmatischen Fragen in den Mittelpunkt gerückt wissen. Die Besinnung auf den eigenen Glaubensbestand tat not, denn erst jetzt wurde so recht ersichtlich, wie verwirrend der protestantische Angriff im Bereiche der katholischen Theologie gewirkt hatte. Schließlich war Luthers Aufbruch nicht von Reformproblemen ausgegangen, sondern von dogmatischen Fragen. Eine neue Gnadenlehre bildete den Untergrund der Reformation; ein neues Schriftprinzip, eine neue Auffassung von der Rechtfertigung, den Sakramenten und schließlich von der Kirche, sie alle bestimmten das Leben der reformatorischen Gemeinschaften. Eine echte Antwort darauf konnte deshalb nur von der dogmatischen Seite her gegeben werden. Dennoch aber durften die disziplinaren Reformen nicht unterbleiben. So einigte man

sich am 22. Januar 1546 in Trient, Dogma und Reform gleichzeitig nebeneinander zu behandeln.

Das Konzil ist in seiner Gesamtkonzeption vor allem eine innerkirchliche Besinnung, eine rein katholische Angelegenheit geworden. Es konnte deshalb auf die Beteiligung der Protestanten verzichten, weil es weder ein Religionsgespräch nach Art der deutschen Reichstage noch eine kontroverstheologische Auseinandersetzung mit einzelnen Theologen, sondern eine Kundgebung des kirchlichen Lehramtes sein wollte. An keiner Stelle ist in den Konzilsdekreten der Name eines der Reformatoren genannt. Den Beratungen legte man jeweils einen häretischen Artikel zugrunde, der aus den Schriften der Reformatoren oder Kontroverstheologen ausgezogen worden war; man behandelte ihn, indem man in der Antithese zu ihm die katholische Lehre tief und gründlich neu herausarbeitete. Als der Papst gefragt wurde, ob man nicht wenigstens Quellenhinweise beifügen solle, die auf die einzelnen Schriften der Reformatoren verwiesen, entschied er negativ und bemerkte, das Konzil erfülle seine Aufgabe zur Genüge, wenn es die katholische Glaubenslehre eindeutig und klar herausstelle; denn es solle ja sagen, *was* häretisch sei, nicht *wer* als Häretiker zu gelten habe.

So hat das Konzil objektive Arbeit geleistet. Angesichts der subjektiven Gefühlsausbrüche Luthers und der persönlichen, polemisierenden Auslassungen Calvins berührt die rein sachliche Argumentation der Trienter Theologen geradezu wohltuend und beruhigend. Unter ihnen befinden sich Namen von hohem und höchstem Rang, wie Seripando, Dominikus de Soto, die Jesuiten Laynez und Salmerón und der Deutsche Johannes Gropper von Köln.

Man hat bemängelt, daß die Deutschen auf dem Konzil so schwach vertreten gewesen seien und daß hingegen die Romanen keinen Sinn für die echten Anliegen der Reformation gehabt hätten. In der Tat waren deutsche Bischöfe und Theologen in der ersten Konzilperiode gar nicht in Trient gewesen. Erst zur zweiten Periode erschienen im Herbst 1551 die Erzbischöfe von Mainz, Trier und Köln, die Bischöfe von Straßburg, Konstanz, Chur, Chiemsee, Wien und Naumburg und die Weihbischöfe von Mainz, Speyer, Würzburg und Münster; sie brachten ihre Theologen mit: Gropper und Billick aus Köln, Pelargus aus Trier und andere. Besonders Gropper, aber auch Bischof Friedrich Nausea von Wien und der erasmianisch gesinnte Vermittlungstheologe Bischof Julius Pflug von Naumburg genossen hohes Ansehen in Trient. Jedoch das Hauptgewicht lag bei den Romanen: die Italiener stellten durchweg die absolute Mehrheit der Konzilsväter, die Spanier waren ebenfalls gut vertreten, besonders durch ihre ausgezeichneten Theologen. Die Kirche ist universal. Auch die nichtdeutschen Länder sind von der Reformation berührt worden, wenn auch weniger nahe. Aber vielleicht sind sie gerade deswegen um so besser in der Lage gewesen, die objektive Wahrheit zu vertreten, als die stets subjektiven deutschen Theologen.

2. Der Verlauf des Konzils kann in seiner reichen Arbeitsfülle nur kurz angedeutet werden.

*1. Tagungsperiode 1545–48:* In der 4. Sitzung (8. 4. 1546) stellte das Konzil dem protestantischen Sola-Scriptura-Prinzip die Lehre von den zwei Quellen des Glaubens, *Schrift und Tradition* entgegen; „pari pietatis affectu" sei nach uralter katholischer Auffassung auch die Tradition als Glaubensquelle zu achten. Die vereinseitigende Beschränkung auf die Heilige Schrift allein sei häretisch. In der 5. und 6. Sitzung wurde über *Erbsünde und Rechtfertigung* verhandelt. Der protestantischen Sola-Gratia- und Imputationslehre gegenüber wurde die Meinung von der absoluten Verderbtheit der gefallenen menschlichen Natur zurückgewiesen und die Bedeutung der heiligmachenden, der Seele inhärierenden Gnade für den Heilsprozeß herausgestellt; der in der Gnade stehende, im Glauben und in der Liebe handelnde Mensch kann verdienstliche gute Werke verrichten. In der 7. Sitzung wurde die *Lehre von den Sakramenten* im allgemeinen und der Taufe und Firmung im besonderen definiert. Sie betraf wiederum ein Zentralproblem der Reformation.

Im Frühjahr 1547 wurde die Arbeit des inzwischen auf 64 Bischöfe und 7 Ordensobere angewachsenen Konzils jäh unterbrochen. Der Ausbruch einer Seuche in Trient und die Bedrohung durch die schmalkaldischen Truppen veranlaßten das Konzil, seinen Sitz nach Bologna zu verlegen (11. 3. 1547). Vergebens protestierte der Kaiser dagegen. Er stand soeben im Begriff, die Schmalkaldener zu besiegen und sie dann nach Trient zu schicken. Nach Bologna würden sie nicht gehen, wie er wußte. So durchkreuzte die Verlegung seine Pläne. Aber dem Papst war sie nicht unwillkommen. Das Verhältnis zwischen Kaiser und Papst hatte sich wieder einmal zugespitzt. Karl hatte gegen die unselige Familienpolitik Pauls protestiert, als dieser seinem lasterhaften Sohne Pierluigi Farnese einen

Teil des Kirchenstaates, Parma und Piacenza, als selbständiges Herzogtum zuschieben wollte. Das konnte ihm Paul III. nicht vergessen. Von Pierluigi getrieben, entzog er dem Kaiser die päpstlichen Hilfstruppen und Gelder, als dieser gerade im Begriffe stand, zum entscheidenden Schlag gegen die Schmalkaldener auszuholen, und knüpfte verräterische Verbindung mit Heinrich II. von Frankreich an, der die antikaiserliche Politik seines Vaters wieder aufnahm. Als schließlich Pierluigi im September 1547 ermordet wurde, kannte der Zorn des Papstes gegen Karl V. keine Grenzen mehr. Der Gegensatz trat offen zutage. Am 14. September 1549 suspendierte Paul das Konzil, das schon ein Jahr zuvor seine Arbeit eingestellt hatte; Karl aber drohte mit einem neuen Sacco di Roma. Der Tod des Papstes verhinderte den Ausbruch des Krieges.

*2. Tagungsperiode 1551–52.* Der Konzilslegat del Monte wurde zum Nachfolger gewählt; Julius III. (1550–55) eröffnete das Konzil wieder in Trient am 1. 5. 1551. Die Beteiligung war anfangs noch geringer; im Herbst kamen die Deutschen. Man verhandelte über die Eucharistie: die Realpräsenz und die Transsubstantiation wurden klar definiert (13. Sitzung). Dann wurden die Sakramente der Buße und Heiligen Ölung behandelt (14. Sitzung), wobei der sakramentale Charakter der Absolution, die Ohrenbeichte und die Genugtuung besonders herausgestellt wurden.

Im Januar 1552 erschienen endlich die Protestanten. Der siegreiche Kaiser hatte sie zum Besuche des Konzils veranlaßt. Er versprach sich große Erfolge davon. Noch immer lebte er in der Vorstellung, die einheitliche Basis zu gegenseitigen Verhandlungen bestehe noch, man brauche bloß einmal ins Gespräch miteinander zu kommen. Die Abgesandten Sachsens, Brandenburgs, Württembergs und der Stadt Straßburg hatten indes ihre Instruktionen, die sie in der Generalkongregation vom 21. Januar vortrugen: Das Konzil dürfe einstweilen keine weiteren Glaubensdekrete erlassen, bis die protestantischen Theologen eingetroffen seien; sodann müßten alle bisher gefaßten Glaubensbeschlüsse rückgängig gemacht und neu beraten werden, wobei ausschließlich das Schriftprinzip zugrunde gelegt werde. Schließlich müsse sich das Konzil völlig vom Papste lösen, alle Bischöfe von ihrem Treueid gegen den Papst entbinden und die grundsätzliche Überordnung des Konzils über den Papst erklären. Das bisherige Trienter Konzil, so hatte es einer ihrer Theologen zuvor einmal behauptet, sei nicht allgemein, weil nicht alle Nationen vertreten waren, nicht frei, weil es nicht papstfrei war, nicht christlich, weil es in seinen früheren Sitzungen die rechte christliche Lehre verdammt habe (Joh. Brenz, nach H. Jedin). Das Konzil dürfe nicht unter dem Vorsitz des Papstes stehen, war eine ihrer Grundforderungen; deshalb war es den Württembergischen Gesandten ausdrücklich verboten worden, sich bei dem päpstlichen Legaten in Trient vorzustellen und zu melden.

Daß hier keine gemeinsame Gesprächsbasis mehr gegeben war, trat allzu deutlich in Erscheinung. Der Papst untersagte weiteres Verhandeln über die protestantischen Forderungen. Bald darauf brachte der Fürstenaufstand in Deutschland das Konzil zum Erliegen (28. 4. 1552).

*Die 3. Konzilsperiode 1562–63* war die fruchtbarste. Den Anlaß gab die bedrohliche Lage in Frankreich, wo die Hugenotten so große Fortschritte machten und ein französisches Nationalkonzil drohte. Die deutschen Bischöfe nahmen nicht teil, weil sie wegen der gefährlichen konfessionellen Spannungen ihre Bistümer nicht zu verlassen wagten.

Seine wichtigsten Beratungspunkte bildeten wieder Eucharistie und Meßopfer (21. und 22. Sitzung), Priesterweihe (23. Sitzung) und Sakramentalität der Ehe (24. Sitzung); bei den Beratungen über die Ehe machte man sich Gedanken darüber, wie man den geheimen Eheabschlüssen (klandestine Ehen) entgegentreten könne: Im Dekret „Tametsi“ wurde beschlossen, daß künftig alle Ehen ungültig sein sollten, wenn sie nicht vor dem Ortspfarrer und zwei Zeugen abgeschlossen würden. Noch in der 25. Sitzung am 3./4. 12. 1563 wurden die Dekrete über das Fegfeuer, den Ablaß, die Heiligen- und Reliquienverehrung und den Gebrauch der Bilder erlassen. Damit schloß das Konzil. 199 Bischöfe, 7 Äbte und 7 Ordensgeneräle gaben ihre Unterschrift unter die zahlreichen Dekrete und Reformbestimmungen, ehe sie an den Papst weitergeleitet wurden. Pius IV. bestätigte am 26. Januar 1564 ausnahmslos alle Dekrete und Reformerlasse. Die Durchführung der Bestimmungen war nunmehr Sache der Päpste, der Bischöfe und der ganzen Kirche. Sie beschäftigte die nächsten Jahrzehnte.

„Das Konzil von Trient war die Antwort des höchsten kirchlichen Lehramtes auf die protestantische Reformation“ (H. Jedin). Es war keine kontroverstheologische Antwort, sondern eine lehramtlich klare Abgrenzung der katholischen Glaubenslehre, eine innerkirchliche Besinnung, eine echte Reform.

## § 46

### DER WIEDERAUFBAU NACH DEM GROSSEN KONZIL

Die nun beginnende Durchführung der Konzilsdekrete füllte die *4. Stufe* der Reform. Es war ein ungemein zähes Ringen gegen veraltete Mißstände, das jetzt überall in den Ländern und Bistümern einsetzte, ein höchst verwickelter Wachstumsprozeß. Aber dennoch gehört der Neuaufschwung des katholischen Lebens zu den wundervollsten Erscheinungen der Kirchengeschichte. Die Resignation, die das katholische Volk wie eine geschlagene Armee auf dem Rückzug befallen hatte, wich langsam einem neuen Kampfgeist und einem wiedererwachten Selbstbewußtsein. Die schockierende Wirkung der Zeit des großen Abfalls wurde langsam überwunden; der Rest, der geblieben war, wurde seines Glaubens wieder froh.

Zum echten kirchlichen Reformer gehört das Charisma eines Heiligen. Nur ein solcher hat die Kraft, die Überfülle des Menschlich-Armseligen zu ertragen und es Gott zum Opfer anzubieten. Dadurch gerade unterscheidet sich der wahre Reformer vom unwahren, unechten, daß er bereit ist, das Kreuz der Schwächen und Fehler seiner Mitmenschen geduldig zu ertragen und weder selbst daran zu zerbrechen, noch anderes zu zerschlagen. Die Reformatoren sind mit einer „oft so schmerzlich rücksichtslosen Ehrfurchtslosigkeit" (Lortz) über alte Traditionen hinweggeschritten. Der echte geschichtliche Sinn fehlte ihnen wie allen religiösen Schwarmgeistern, wenn sie glaubten, die Kirche mit einigen wenigen Handgriffen reformieren zu können. Sie vermochten einige Mißstände zu beseitigen, aber nicht Heiligkeit und innere Gesundung zu bringen.

Eine schwere, entsagungsvolle Kärrnerarbeit ist das Leben im Dienste der inneren Reform. Nur tiefe Religiösität, heroische Tugenden und unerschütterlicher Glaube an die Heiligkeit der Kirche vermochten den Männern des kirchlichen Wiederaufbaus die Kraft zu geben, die nötig war, um in Ausdauer und Selbstbeherrschung, in Besonnenheit und kluger Anpassung zu heilen und nicht zu zertrümmern, zu sammeln und nicht zu zerstreuen. Bittere Enttäuschungen, Mißerfolge und oft genug auch böse Verleumdungen blieben ihnen auf ihrem Wege nicht erspart. Die Not der Zeit forderte sie, und so wurden sie die großen Not-Wender.

In allen christlichen Ständen begegnen wir in diesem

Jahrhundert nach dem Tridentinum wieder zahlreichen großen Heiligen, so daß wir gerne vom „Zeitalter der Heiligen“ sprechen. Zumeist stehen sie in einer bestimmten Zeitaufgabe und waren in Wahrheit eine „Antwort Gottes auf die Not der Zeit“.

1. Im Papsttum sehen wir in Pius V. (1566–72) zum erstenmal seit 300 Jahren wieder einen Heiligen. Das war besonders wichtig, weil die Ernsthaftigkeit des kirchlichen Erneuerungswillens durch die „reformatio in capite“ überzeugend und glaubhaft dargestellt wurde. Seine Wahl verdankte er dem hl. Kardinal Karl Borromäus. Als Dominikaner blieb er auch auf dem Papstthron ein Asket von heiligmäßigem Wandel, der mystische Gottverbundenheit im Gebete mit glühendem Reformeifer verband. Als seine wichtigste Papstaufgabe betrachtete er die innere Erneuerung der ganzen Kirche nach den Richtlinien des Trienter Konzils. Er begann folgerichtig mit der Reform des Kardinalkollegiums, das durch religiös und sittlich hochstehende Männer ergänzt und dann mit ganzer Verantwortung in die kirchliche Reformarbeit hineingestellt wurde. Die von seinem Vorgänger Pius IV. errichtete Kongregation zur Auslegung und Auswertung des Tridentinums wurde ausgebaut; dann gründete er neue Kardinal-Kongregationen zur Verbreitung (Mission) und zur Erhaltung des Glaubens (1568); eine weitere bekam die Aufgabe, die Bischöfe und Prälaten der Kirche zu beraten, aber auch zu überwachen, was sich in der Zeit des großen Abfalls als dringend erforderlich herausgestellt hatte. Alsbald ordnete er für die ganze Kirche die Abhaltung von Visitationen und Synoden an, die die Reformbestimmungen in den Diözesen einführen sollten. Zur Belehrung für die Geistlichen gab er den vom Tridentinum angeregten *Catechismus Romanus* (1566), ferner ein neues *Römisches Brevier* (1568) und ein neues *Missale Romanum* (1570) heraus. Für das innere Funktionieren des kirchlichen Lebens war die mit rigoroser Strenge durchgeführte Erneuerung des päpstlichen Hofes und die Bekämpfung der simonistischen und sonstigen Mißbräuche in den Kurialbehörden von großer Wichtigkeit. So gilt er mit Recht als der große Reformpapst nach dem Tridentinum.

Wenn er in der Politik versagt hat und der schwierigen Weltsituation nicht gerecht geworden ist, so verzeihen wir ihm diesen Mangel und sehen ihm sein ungeschicktes Verhalten gegenüber Elisabeth von England nach, die er 1570 exkommunizierte und für abgesetzt erklärte, obwohl dieser Akt völlig sinnlos war, da Elisabeth längst außerhalb der Kirche stand; er hat damit nur neue schwere Verfolgungen über die englischen Katholiken heraufbeschworen. Ebenso unglücklich war sein Verhalten gegenüber Spanien und Frankreich. Immerhin erreichte er es in Deutschland, daß der Kaiser und die katholischen Stände auf dem Augsburger Reichstag 1566 die Trienter Dekrete offiziell annahmen und daß zahlreiche Diözesanvisitationen, wie 1569 in Köln, und Provinzialkonzilien tatsächlich durchgeführt wurden. Sein höchster Triumph aber war der Seesieg bei Lepanto über die Türken (7. 10. 1571), den päpstliche, spanische und venezianische Truppen auf seine Initiative hin (Heilige Liga) erringen konnten.

Seine Nachfolger Gregor XIII. (1572–85), Sixtus V. (1585–90) und die nachfolgenden Päpste haben sein Werk in glücklicher Weise fortgesetzt.

2. Der erneuerte *Episkopat* erstrahlte bald in den herrlichen Bischofsgestalten eines Matteo Giberti von Verona († 1543), Gabriele Paleotti, Bischof von Bologna (1566–97) und vor allem eines hl. Karl Borromäus, Erzbischof von Mailand (1560–84). Karl war als Neffe des Papstes Pius IV. (1559–65) schon mit 21 Jahren Kardinal geworden und hatte seinen Oheim, dessen Korrespondenz er führte, im Willen zur Reform bestärkt. Wenn er auch nicht die treibende Kraft des Trienter Konzils in dessen letzter Periode gewesen ist, wie manchmal irrig behauptet wird, so hat er als Bischof die Trienter Reform doch so nachdrücklich an sich und seinem Bistum verwirklicht, daß er geradezu als der Typ des neuen tridentinischen Seelsorgebischofs bezeichnet werden kann. Er hat weit über Mailand hinaus gewirkt. Seine Reformmaßnahmen, die in den „Acta ecclesiae Mediolanensis" (1582) gesammelt und öfters gedruckt worden sind, wirkten fördernd und maßgebend auf die gesamte bischöfliche Reformarbeit in Italien, Schweiz und Deutschland. Neben ihm ist für die spätere Zeit vor allem noch das weithin leuchtende Vorbild des hl. Franz von Sales (1567–1622) wenigstens noch zu nennen; er war Bischof von Genf (1602–22), residierte aber in Annecy, da Genf calvinisch geworden war.

3. Die schönste Blüte brachte die Reform im Ordensstande hervor, der von der Reformation innerlich und äußerlich am schwersten erschüttert worden war. Fast durchweg erlebten die alten Orden tiefgreifende Reformbestrebungen, die meist

an die Bemühungen des 15. Jhs. anknüpften, so die Benediktiner, Franziskaner, Dominikaner, Augustiner; nur die Kartäuser haben keine solche nötig gehabt, weil sie in ihrer ursprünglichen Strenge auch im ausgehenden Mittelalter und in der Reformationszeit nicht schwach geworden waren. Die reformierten Ordenszweige und die ganz neuen Gründungen, die jetzt gewöhnlich in der beweglicheren Form von Ordensgenossenschaften oder Kongregationen mit einfachen Gelübden geschaffen wurden, verbanden mit der Erneuerung des inneren, geistlichen Lebens zumeist den aktiven Einsatz im Dienste der kirchlichen Reformarbeit, sei es, daß sie sich der Volksseelsorge widmeten oder der Kleruserziehung, dem Unterricht oder der Armenpflege und Krankenbetreuung. Italien, Spanien und später Frankreich waren die Hauptzentren der Blüte und des Einsatzes.

Echte Heilige müssen auch echte Menschen sein; durch ihre menschliche Liebenswürdigkeit unterscheiden sie sich von geistig verkrüppelten Fanatikern, die stets vom Teufel sind, auch wenn sie ihren Fanatismus scheinbar in den Dienst der Religion stellen. Der humorvolle, fröhliche hl. *Filippo Neri* (1515–95), der Gründer des Oratoriums (1552), wurde der hinreißende Apostel Roms, dem das Wunder gelang, die Renaissancestadt durch seine neuartigen Seelsorgsmethoden zur religiös-sittlichen Erneuerung zu führen. Er war ein Freund des hl. Ignatius von Loyola, mit dem er zusammen in Rom wirkte. Unter dem finster-fanatischen Paul IV. (1555–59), der die Freude ersticken wollte, mußte er kurze Zeit leiden. Dann aber setzte er sein Wirken mit päpstlicher Zustimmung und Begünstigung fort. Viele Tausende sind durch ihn an Geist, Leib und Seele gesund geworden. Es ist typisch für die Wiedergeburt des Katholizismus, daß sie im frohen Lebensgefühl des Barock sich ihren Ausdruck geschaffen hat.

In Spanien lebte die große hl. *Theresia von Ávila* († 1582), die mit ihrer tiefen Mystik und unerschöpflichen Caritas nicht nur den Karmeliterorden erneuert, sondern weithin den Geist, die Spiritualität, Spaniens und Frankreichs im 17. Jh. bestimmt hat. Der hl. Karmelit *Johannes vom Kreuz* († 1591) stand ihr zur Seite. Die hl. *Angela Merici* († 1540) gründete 1535 in Brescia die *Ursulinen*, die 1544 bestätigt und 1582 in eine Frauenkongregation zur Pflege der Caritas und zur Mädchenerziehung umgestaltet wurden. Aus einem Verein frommer Laien, den der hl. *Johannes von Gott* († 1550) gestiftet hatte, ging 1572 der Orden der *Barmherzigen Brüder* zur Pflege der Kranken hervor. Der *hl. Karl Borromäus* stiftete 1578 eine Kongregation von Weltpriestern, die *Oblaten*. Der hl. *Kamillus von Lellis* († 1614) gründete 1584 die *Kamillianer* zur Pflege der Schwerkranken und Sterbenden. Die hl. *Johanna Franziska Fremiot von Chantal* († 1641) rief 1610 den Orden „Von der Heimsuchung Mariä" ins Dasein; der hl. *Franz von Sales* († 1622) unterstützte sie dabei; nach ihm nannten die Schwestern sich später *Salesianerinnen;* Krankenpflege und Mädchenerziehung waren ihre Aufgaben.

In Frankreich stiftete 1611 *Peter von Bérulle* († 1629, seit 1627 Kardinal) das französische *Oratorium*, das sich besonders der Kleruserziehung widmete. Bérulles Einfluß auf die Geistlichkeit Frankreichs im 17. Jh. war ungemein groß, wie die neuere Forschung immer mehr zeigt. Auf ihn geht die Gründung der „École Française" zurück; man versteht darunter eine ganz bestimmte Art von Priestererziehung, die ihre Wurzel in einer vom Mysterium der Menschwerdung Christi geprägten geistlichen Theologie hat. Mit ihr hat Bérulle eine von innen her bestimmte Erneuerung des französischen Klerus grundgelegt, die der ganzen katholischen Reform in Frankreich einen eigenen Akzent verliehen hat. Die École Française hat dem französischen Klerus eine hohe Seelenkultur und einen ausgezeichneten theologischen Bildungsstand verliehen. Bald lag die Theologenausbildung in Frankreich weithin in den Händen der Oratorianer, *Charles de Condren* († 1641), Generalsuperior der Oratorianer, und *Jean-Jacques Olier* († 1657), Pfarrer an St-Sulpice in Paris und Gründer der Weltpriesterkongregation der „*Sulpizianer*", haben den Geist Bérulles weitergepflegt. Bis in den Anfang des 20. Jhs. hinein war das Seminar St-Sulpice in Paris eine der wichtigsten theologischen Bildungsanstalten Frankreichs, Vorbild und Muster für alle französischen Seminare und bis nach England und Amerika wirksam. Auch der hl. *Jean Eudes* († 1680) ist hier zu nennen; er trat 1643 aus dem Oratorium aus, gründete eine eigene Weltpriesterkongregation und errichtete Priesterseminare. Auch er war einer der großen Erneuerer des religiösen Lebens Frankreichs im 17. Jh.

Die Sorge um den Priesterstand hat sich für Frankreich im hohen Maße als fruchtbar erwiesen. Sein Aufstieg zur geistigen Führungsmacht im 17. und 18. Jh. ist weithin von dem erneuerten kirchlich-religiösen Geist getragen. Die neuen Geistlichen waren auch eifrige Seelsorger, die sich des Volkes in all seinen geistlichen und leiblichen Nöten annahmen. Wie J. Eudes und die „Eudisten" neben der Priestererziehung sich auch mit allem Eifer der Volksmissionen widmeten, so wurde der *hl. Vinzenz von Paul* († 1660) der große Heilige der christlichen Nächstenliebe. Zusammen mit Louise le Gras gründete er 1633 die Genossenschaft der Barmherzigen Schwestern, später „*Vinzentinerinnen*" genannt und 1668 vom Papste bestätigt; sie widmete sich der Armen- und Krankenpflege. Vinzenz stiftete aber auch eine Klerikerkongregation für Volksmissionen, die *Lazaristen* (nach ihrem Mutterhaus St. Lazare in Paris) oder auch *Vinzentiner*, die sich der seelischen Betreuung des einfachen Volkes annehmen sollte.

Um die Mitte des 17. Jh. entstand ferner der strenge *Trappistenorden;* er wurde nach 1644 von dem Zisterzienserabt Armand Jean Le Bouthillier *de Rancé* († 1700) gegründet. In Nancy entstanden 1652 die *Borromäerinnen*, von E. und J. Chauvenel als „weltliche Gemeinschaft" zur Pflege verlassener Kranker gegründet, und schließlich noch 1681 die vom hl. *Jean Baptist de La Salle* († 1719) gestiftete Kongregation der *Christlichen Schulbrüder.*

Eine solche Fülle von großen Heiligen, Ordensgründungen, Werken der Caritas und der Erziehung zeugt vom echt christlichen Geist der Epoche. Das neuerwachte katholische Leben, das viele im 16. Jh. schon vernichtet glaubten, trieb in ihnen zu herrlicher neuer Blüte.

Noch aber ist der wichtigste Orden und sein Gründer Ignatius von Loyola und seine Gesellschaft Jesu nicht erwähnt. Ihm müssen wir uns gesondert zuwenden.

4. *Ignatius von Loyola* (1491–1556) wird oft ganz falsch beurteilt, wenn man in ihm lediglich den großen Strategen, Organisator der Gegenreformation, den Menschenkenner und Psychologen sieht. Er war in erster Linie ein tiefer Mystiker, Beter und Heiliger. 1491 auf Schloß Loyola im Baskenland geboren, erhielt er eine höfische Erziehung (1506–17) und diente als Offizier im Heere des spanischen Vizekönigs von Navarra, also im Dienste Kaiser Karls V. Bei der Verteidigung Pamplonas gegen die Franzosen wurde er 1521 schwer am Beine verwundet. Auf dem langen Krankenbette kam er zur Gesinnungsänderung. Eine anschließende Wallfahrt zur Muttergottes von Montserrat vollendete die Umkehr. In der Stille von Manresa (März 1522 – Februar 1523) erlebte er seine mystische Umformung; hier entstand auch der erste Entwurf

seiner berühmten „Exercitia spiritualia“, seines Exerzitienbüchleins, und der Entschluß, in Zukunft nur noch die größere Ehre Gottes zu suchen. „Omnia ad maiorem Dei gloriam“ war von nun an sein Wahlspruch. Auf einer Wallfahrt ins Heilige Land (Juni 1523 – Januar 1524) reifte in ihm der Plan, noch Priester zu werden. Allen Schwierigkeiten zum Trotz überstand er die Lateinschule in Barcelona (1524/26), die Philosophiestudien in Alcalá und Salamanca (1526/27), mehrfache Verfolgungen durch die spanische Inquisition, die ihn beargwöhnte, und die theologischen Studien in Paris (1528–35); hier wohnte er im Collège Montaigu, in dem schon Erasmus und Calvin ihre Ausbildung empfangen hatten.

In Paris sammelte er einen Freundeskreis um sich: Petrus Faber, Franz Xaver, Jakob Laynez, Alfons Salmerón, Simon Rodríguez und Nikolaus Bobadilla. Mit ihnen legte er am 15. August 1534 auf dem Montmartre die Gelübde der Armut und der Keuschheit ab und fügte noch ein weiteres hinzu: im Heiligen Lande missionarisch zu wirken oder aber, wenn dies innerhalb eines Jahres nicht möglich sein sollte, sich dem Papst bedingungslos zur Übernahme irgendeiner kirchlichen Aufgabe zur Verfügung zu stellen. Sein Pariser Studium schloß er mit dem Magisterdiplom in Philosophie und Theologie ab. Da aus der Überfahrt nach Palästina nichts wurde, begab er sich 1538 mit seinen Genossen nach Rom. Am 24. 6. 1537 hatte er inzwischen die Priesterweihe empfangen. In dieser Zeit wuchs in ihm der Entschluß, einen Orden zu gründen. Paul III. bestätigte die von ihm entworfenen Statuten am 27. 9. 1540. Von seinen Mitbrüdern zum ersten Vorsteher der Genossenschaft gewählt, blieb Ignatius von nun an in Rom und widmete sich ganz seiner Aufgabe, während sein Orden rasch wuchs.

Es ist heute allgemein bekannt und anerkannt, daß er mit seiner Ordensstiftung keineswegs bezweckt hat, den Protestantismus zu bekämpfen; er wollte vielmehr nichts als Christus in der Kirche dienen und an der inneren Erneuerung und Vertiefung des christlichen Lebens arbeiten. Aber dennoch war sein Denken und Wollen dem Protestantismus entgegen, einfach weil seine ganze Grundeinstellung der Luthers und der Reformatoren völlig entgegengesetzt war. Erst jetzt, nachdem die Quellenpublikationen beinahe abgeschlossen sind, ist ein Urteil über ihn möglich. Er war einer der größten Mystiker. Aber seine Mystik war ohne alle subjektivistische Schwärmerei. „Mystik des Dienstes“ hat man sie genannt, nüchterne, selbstvergessene Hingabe an Christus, den Herrn. In der Kirche, und zwar in der Kirche Roms sah er den fortlebenden Christus. Er nahm das Geheimnis der Inkarnation ernst. Das Menschliche, Armselige, Schwache gehört zu dem Gottmenschen Jesus Christus; er hat es ja an sich gezogen, um es zu erlösen. Die Ecclesia spiritualis ist unwirklich und darum auch unchristlich. Ignatius bejahte das Menschliche. Nur die Sünde wollte er bekämpfen. Die institutionelle Kirche war für ihn der fortlebende Christus. Darum zögerte er keinen Augenblick, sich dieser Kirche zur Verfügung zu stellen, nüchtern, realistisch, kühn und ohne Vorbehalte. Sein Blick war für die „Welt", die Christus gehört, geöffnet. In ihr verwirklicht sich ja das Heilsmysterium. Er lebte geradezu in einer „Mystik der Weltfreudigkeit" (K. Rahner).

Auch Ignatius hatte sich an der institutionellen Kirche gestoßen. Schon als Student war er mit der Inquisition in Berührung gekommen und eingekerkert worden. Mit dem fanatischen Kardinal Caraffa war er schwer zusammengestoßen, und als dieser Papst wurde (Paul IV., 1555–59), brach für ihn eine schwere Zeit an. Aber, er ist nie an der Kirche irre geworden, weil er das Menschliche vom Göttlichen zu unterscheiden wußte, es anerkannte und zu ertragen bereit war. Darin unterschied er sich von den Reformatoren, ja darin war er ihnen geradezu entgegengesetzt. So mußte sein Denken und Wollen der Reformation entgegenwirken, weil es „katholisch" war. Ihrem Subjektivismus und Spiritualismus, ihrer Berufung auf das eigene Gewissen stellte er die Bindung an die Kirche als die höhere Autorität entgegen. Sein Gehorsam gegenüber der Kirche, das Herzstück seines eigenen Lebens und seines Ordens, war Gehorsam gegen Christus. Seine unbedingte Ergebenheit gegen den Heiligen Stuhl, das Amt des Stellvertreters Christi, war Dienst an Christus.

Die Maxime seines kirchlichen Verhaltens hat er in seinem Exerzitienbüchlein niedergelegt und dadurch vielen Millionen Menschen weitervermittelt. Die dort erteilten Anweisungen oder „Regeln für die rechte kirchliche Gesinnung" haben den Geist der nachtridentinischen Zeit bestimmt. Alles, was die Reformatoren aus Verständnislosigkeit und in blindem Eifer abgelehnt hatten, weil es ihrem Spiritualismus anstößig war, lehrte er aus einer tieferen inkarnatorischen Sicht verstehen und in einen größeren Zusammenhang hineinstellen: Die Beicht, den Sakramentenempfang, die Meßfeier, die Ordensgelübde, die Heiligenverehrung, Wallfahrten, Ablässe, die liturgischen Zeremonien, Fasten und Abstinenz, Bilder und Kirchenschmuck usw. Man solle nicht immer nur vom Glauben allein reden (sola fides), so betonte er, sondern auch zu guten Werken anhalten, weil sonst das Volk lau und träge werde. Man solle nicht immer nur davon sprechen, daß die Gnade allein (sola gratia) alles mache, weil „daraus das Gift entsteht, die Freiheit aufzuheben". Man solle auch nicht immer nur auf die Prädestination hinweisen; so sicher es eine Gnadenwahl Gottes gebe, ohne die niemand gerettet werde, so sehr solle man doch auch das menschliche Mitwirken mit der Gnade betonen. Im übrigen gelte in dieser und in allen übrigen Heilsfragen das, was die hierarchische Kirche lehre. Niemand habe das Recht, die Heilige Schrift nach seiner eigenen subjektiven Meinung auszulegen (sola scriptura), sondern es komme dem obersten kirchlichen Lehramte zu, sie authentisch zu interpretieren.

Immer wieder betonte Ignatius die alte katholische Lehre vom Zusammenwirken von Gott und Mensch, Gnade und Natur. Den reformatorischen Einseitigkeiten setzte er die katholische Synthese entgegen. „Bete so, als hänge alles nur von Gott ab; aber wirke selbst so mit, als ob es ganz von Dir abhinge, ob Du gerettet wirst." Er wollte keine Restauration der vorreformatorischen Zustände, sondern eine innere Belebung und Erneuerung aus einem gesunden religiösen und kirchlichen Geiste. Von einer Bekämpfung der Irrtümer und Laster versprach er sich nichts. Nirgends bezieht er sich auf die Reformatoren oder bekämpft er die Häretiker in seinen Schriften. Mit Liebe und Belehrung wollte er die Menschen auf den rechten Weg führen und ihre Seelen retten.

In erstaunlich kurzer Zeit haben seine Jünger diesen neuen Geist verbreitet und die katholischen Menschen ihres Glaubens wieder froh werden lassen. Nichts spiegelt diese Freude eindrucksvoller wieder als die neue Kunstbewegung dieser Zeit, der Barock. Man hat ihn den Jesuitenstil genannt; er ist in Wirklichkeit nicht nur eine Kunstform, sondern Ausdruck eines neuen religiös-kirchlichen Lebensgefühls. Als solcher hat er mit der Gegenreform („Kunst der Gegenreform") ganz und gar nichts zu tun, sondern allein mit der katholischen Wiedergeburt nach der Reformation. In Farbe und Form bringt er all das quellende neue Glaubensleben in unerschöpflicher Fülle zum Ausdruck. Bald zierte der Barock die katholischen Gotteshäuser, besonders die der Jesuiten; er teilte seine frohe innere und äußere Bewegtheit dem zum heiligen Gottesdienst in ihm versammelten Volke mit. Es dauerte nicht mehr lange, bis die frohen Prozessionen in barocker Prachtentfaltung wieder durch das Land zogen, die alten Feste wieder gefeiert wurden und katholisches Brauchtum wieder auflebte.

An all dem haben die Jesuiten einen großen Anteil gehabt. Beim Tode des hl. Ignatius (1556) zählte der Orden bereits etwa 1000 Mitglieder; kaum zwanzig Jahre später waren es bereits 4000, um 1600 schon 8520 und am Ende des 17. Jhs. gar 20 000. Die straff zentralistische Leitung des Ordens ließ sie zu einem einsatzbereiten, äußerst wirkungsvollen Instrument im Dienst der kirchlichen Erneuerung werden. Die große Zahl der Heiligen, die er hervorgebracht hat, gibt von seiner inneren religiösen Kraft Zeugnis. Ein hl. *Petrus Canisius* (1521–97), der erste deutsche Jesuit (seit 1543) und „zweite Apostel Deutschlands", ein hl. *Franz Xaver* (1506–52), der große Missionar Indiens und Japans, *Franz Borgia*, der dritte Ordensgeneral (1565–72), *Aloysius von Gonzaga* (1568–91), *Robert Bellarmin* (1542–1621) und viele andere sind zu nennen.

## § 47
## GEGENREFORMATION: INQUISITION, KETZERVERFOLGNG UND HEXENWAHN

1. Calvin und seine Jünger waren harte, verbissene Kämpfer. Sie hatten der alten Kirche kompromißlos den Vernichtungkampf angesagt. „Es ist eine mohammedanische Lehre, daß jeder in seiner Religion gerettet werden kann", so hat Beza, Calvins Nachfolger, gesagt; Gewissensfreiheit wurde in Genf verabscheut. Ihm gegenüber war Luther trotz seines Polterns gegen Papsttum und römische Kirche, gemäßigt, ein Mann der Mitte. Zwingli und Calvin warfen ihm vor, er sei auf halbem Wege stehengeblieben. Demgemäß blieb auch das Luthertum den Katholiken gegenüber kompromißbereiter als der Calvinismus. Bis ins 17. Jh. hinein haben Lutheraner und Katholiken vielfach gegen die Calvinisten zusammengestanden. Aber Gewissensfreiheit im Sinne der Religionsfreiheit ist dem Zeitalter eine unmögliche Annahme. Sie widersprach prinzipiell dem absoluten Wahrheitsbegriff und der religiös-politischen Einheitskultur, die auch für das staatliche Leben eine geschlossene weltanschauliche Grundlage forderte. Erst die

Aufklärung hat die Voraussetzungen für ein anderes Denken geschaffen.

Zu allen Zeiten hat es in der Kirche Häretiker gegeben. Jedoch war ihre Zahl im allgemeinen klein. Man behandelte sie als irrige Glieder der eigenen Kirche; deswegen konnte man mit Kirchenstrafen gegen sie vorgehen und war bisher auch stets mit ihnen fertiggeworden. Erst mit der Reformation änderte sich die Lage. Das Neue war, daß sich jetzt geschlossene religiös-kirchliche Körperschaften herausbildeten, deren Glieder nun nicht mehr als ungehorsame, fehlgeleitete Angehörige der *einen* großen Kirche betrachtet werden konnten, sondern als eigenständige Bekenner einer anderen Religion gewertet werden mußten. In Augsburg waren 1555 die Lutheraner offiziell als Konfessionsgemeinschaft und organisierte Kirche anerkannt worden. Wenn auch Calviner, Täufer und andere noch ausgeschlossen waren, so konnte man sie doch nicht mehr übersehen. Die große Frage war: Wie sollte man sich grundsätzlich den Bekennern einer anderen Konfession gegenüber verhalten?

2. „Die Herausbildung konfessionell unterschiedener Kirchentypen gehört mit zu den Hauptvorgängen der europäischen Geschichte im 16. und 17. Jh." (E. W. Zeeden). Neben den theologischen und kirchlichen Faktoren waren politische, juristische, ja sogar wirtschaftliche Interessen in starkem Maße dabei wirksam. Schon vor der Reformation hatten sich die Landeskirchen entwickelt. Im Gebiete des Luthertums wurden sie bald völlig selbständig. Kirchlich-religiöse und dynastisch-politische Interessen verschmolzen dabei. Spätestens seit 1555 war die Reformation keine religiöse Entscheidung des einzelnen Untertanen mehr. Der Landesherr allein entschied über den Glauben seines Territoriums.

Sechsmal mußten die Bewohner der Kurpfalz ihren Glauben wechseln: Kurfürst Ludwig V. (1508–44) hatte eine erasmianisch-vermittelnde Stellung in der Religionsfrage eingenommen. Friedrich II. (1544–56) ließ die Reformation herein, und Ottheinrich (1556–59) vertrieb alle katholischen Pfarrer, um sie durch lutherische zu ersetzen. Friedrich III. (1559–76) führte das Land dem Calvinismus zu und vertrieb sämtliche lutherischen Pfarrer; 1563 führte er den calvinischen „Heidelberger Katechismus" ein. Ludwig VI. (1576–83) restituierte das Luthertum und verjagte die calvinischen Pfarrer mit großer Härte. Friedrich IV. (1583–1610) machte die Kurpfalz mit

Gewalt wieder calvinisch. Nach wechselvollem Hin und Her im Dreißigjährigen Kriege kam unter den Pfalz-Neuburgern, Philipp Wilhelm (1685–90) und Johann Wilhelm (1690–1716), der Katholizismus wieder zurück, ohne jedoch die anderen Konfessionen zu verdrängen.

Daß unter diesen Umständen auch die sog. „*Gegenreformation*" kirchlich-politische Wege einschlagen mußte, liegt auf der Hand. Seitdem der Augsburger Religionsfriede (1555) den deutschen Fürsten das Religionsbestimmungsrecht übertragen hatte, hing für die katholische Kirche alles davon ab, wie es ihr gelingen werde, die wenigen katholisch gebliebenen deutschen Fürstenhäuser (Habsburg, Wittelsbach und seit 1613 wieder Pfalz-Neuburg) mit dem Geiste der innerkatholischen Erneuerung zu erfüllen und in den Dienst der Erhaltung bzw. Ausbreitung der Kirche in Deutschland zu stellen. Dabei leisteten Jesuiten und Kapuziner als Prinzenerzieher, Beichtväter und Berater wertvolle Aufbauarbeit, nicht nur an den deutschen Fürstenhöfen, sondern auch in Paris, Madrid und in den italienischen Fürstentümern. In immer stärkerem Maße spielten kirchenpolitische Kombinationen nicht nur in die Heiratsverbindungen der Fürstenhäuser hinein, sondern bestimmten auch die Vergabe von Bistümern und Abteien und führten dazu, daß man schließlich sogar über die vom Tridentinum so sehr verurteilte Kumulation (Anhäufung) von Bistümern in einer Hand hinwegsah. Denn wenn man die katholischen Fürstbistümer gegen den weiteren Zugriff protestantischer Nachbarn schützen wollte, so mußte man ihre politische und militärische Position stärken. Das aber war nur durch einen festen Zusammenschluß und Anschluß an eines der mächtigeren Fürstenhäuser möglich. Als Köln zum Beispiel durch den Abfall seines Erzbischofs Johann Gebhard, Truchseß von Waldburg, im Jahre 1582/83 der Kirche verlorenzugehen drohte, scheute sich Rom nicht, das Erzbistum, nachdem es mit bayerischer Hilfe Johann Gebhard entrissen worden war, dem bayerischen Prinzen Ernst zu übertragen und ihm gleich noch vier andere westdeutsche Bistümer hinzuzugeben (Lüttich, Münster, Paderborn und Hildesheim). Fast zweihundert Jahre lang haben bayerische Prinzen von nun an den ganzen nordwestdeutschen Raum als Erzbischöfe von Köln in Personalunion mit den übrigen Bistümern regiert und beschützt. Die Not der Zeit erforderte es, daß man gelegentlich sogar über große moralische Schwächen dieser Prinzen hinwegsah. Es ging um

Sein oder Nichtsein der Kirche in Deutschland. Das war der Geist der Gegenreformation.

3. Nur mit Schmerz nennt man in diesem Zusammenhang die Wirksamkeit der *Inquisition*. Die päpstliche Behörde zur Reinhaltung des Glaubens und der Sitten, auch Sanctum Officium genannt, trat nach ihrer Reorganisation durch Paul III. (1542) neu in Funktion und entfaltete unter dem fanatischen Paul IV. (1555–59) eine neue unheimliche Wirksamkeit. Selbst Kardinäle bekamen sie zu spüren; Sadoleto, Pole und Morone wurden wegen Häresieverdacht angeklagt und verfolgt; Morone schmachtete zwei Jahre im Inquisitionsgefängnis (1557–59). Ignatius zitterte vor Paul IV. Die Inquisition wütete überall dort am furchtbarsten, wo die Spanier herrschten. In Kalabrien wurden im Juni 1561 die Waldenser blutig verfolgt. Die spanische Inquisition selbst ist von der päpstlichen zu unterscheiden. Sie war eine 1481 ins Leben gerufene staatliche Einrichtung, durch die sich das christliche Spanien in seinem Kampfe gegen die mohammedanischen Mauren schützen wollte. Viele Juden und Mauren waren nur zum Schein zum Christentum übergetreten, die sog. Marannos und die Mauriskos, nachdem sie zu den Zwangstaufen befohlen worden waren. Sie galten als politisch unzuverlässig und oft als heimliche Spione. Man verfuhr gegen sie wie gegen Hochverräter. Die Hinrichtungen wurden zur Abschreckung sogar noch mit einem feierlichen Zeremoniell umgeben und als Autos da Fé (= actus fidei) bezeichnet. In einer Zeit, in der das Leben noch als eine Einheit betrachtet wurde, ist schwer abzuschätzen, wie weit religiöse oder politische, wirtschaftliche, menschliche Interessen bei diesen fürchterlichen Hinrichtungen im Spiele waren. Ebenso ist es unmöglich zu sagen, wie viele Menschen ihr Leben haben lassen müssen. Die Zahlenangaben, die oft ins Phantastische gehen, sind sehr kritisch zu betrachten.

In Deutschland richteten die Verfolgungen sich zumeist gegen die „Wiedertäufer“; auch hier ist der politische Hintergrund ersichtlich: man fürchtete sie besonders seit den Münsterer Exzessen (1534/35) als sozialrevolutionäre Störenfriede. Aber auch hier ein Beispiel, das zur Vorsicht mahnt: Die katholische Reichsstadt Köln ist jahrhundertelang als besonders ketzerfeindlich verschrien worden. Eine sehr kritische, juristische Untersuchung von H. Stiasny (Münster 1962) hat jüngst die Strafprozesse und die Strafvollzugsakten aller Täuferprozesse der Stadt im Jahrhundert der Reformation (1529–1618) aufgearbeitet und dabei festgestellt, daß in diesem ganzen Zeitraum rund 170 Täufer in Köln verhaftet worden sind; fast alle kamen mit Ausweisung aus der Stadt oder mit „zeitlich recht kurz bemessener Einsperrung bei Wasser und Brot" davon; nur neun wurden hingerichtet; vier davon im Jahre 1534/35, der Rest in den Jahren 1558–65; beidemal ist der kriegerisch-politische Hintergrund ersichtlich und entscheidend gewesen. In evangelischen Ländern ist die Verfolgung der Täufer härter und die Zahl der Hinrichtungen größer gewesen. Nicht zur Entschuldigung, sondern zur Vorsicht sei dies gesagt. Jedes Opfer ist zu bedauern. Jedoch „macht es sich die Kritik einfach, wenn sie sich unhistorisch auf den Boden des liberalen Staatsdenkens stellt" (Erler, in RGG³, III, 771).

4. *Hexenwahn* und Hexenprozesse belasten indessen die Inquisition noch schwerer als die Ketzerverfolgung. Für diese Massenneurosen und ihre unheimliche Verbindung mit der Religion und dem Inquisitionsverfahren fehlen uns heute alle Vergleichsmöglichkeiten. Katholiken und Protestanten unterschieden sich in der Verfolgung und Verbrennung der Hexen nicht im geringsten voneinander. Im Gegenteil, sie feuerten sich gegenseitig an; denn keine Seite wollte sich in der Verfolgung des eingebildeten Teufels von der anderen Seite übertreffen lassen. Seit dem Erscheinen des „Hexenhammers" (1487), der von den Dominikanern Institoris und Sprenger verfaßt wurde und die Hexenbulle (1484) des Papstes Innozenz VIII. vorgedruckt trug, verbreitete sich der Hexenwahn besonders rasch. Auch Luther, Calvin und die übrigen Reformatoren glaubten an die Existenz von Hexen und bekämpften sie mit Feuer und Tod. Zwischen 1590 und 1630 erreichte der Wahn seinen Höhepunkt; erst im 18. Jh. nahm er ab, um schließlich ganz aufzuhören (letzte Hexenverbrennungen: Kempten 1775, Glarus 1782, Posen 1793). „Kein Alter und Stand entging dem Prozeß. Es bildeten sich regelrechte Mittelpunkte, vornehmlich in Berglandschaften. Der Wahn ergriff in schwankender Intensität u. a. Savoyen, die Schweiz, Tirol, Lothringen, das schottische Hochland. Brennpunkte der Hexenseuche waren der französische Hof (1400), Arras (1461), England (nach 1576), Mainfranken (1623–30), Luxeuil (1628 bis 1660), Vaduz (1634–80), Schottland, Skandinavien und Nordamerika (1645–93) ..." (F. Merzbacher, in LThK²V, 318).

Die ersten Bekämpfer des Hexenwahnes waren der niederrheinische Arzt Johannes Weyer, ein Erasmianer am Hofe des Herzogs Wilhelm von Jülich-Kleve, und die Jesuiten Adam Tanner (1627) und vor allem Friedrich von Spee, der 1630/31 in Paderborn seine berühmte Schrift „Cautio criminalis" (d. h. Vorsicht in den Kriminalprozessen!) schrieb. Spee hätte sein mutiges Eintreten für die Unschuld der Hexen und gegen die unsinnige, verbrecherische Art der Prozeßführung beinahe mit seiner eigenen Verbrennung bezahlen müssen.

Der ganze Wahn ist nur als traurige Verirrung der Menschheit zu charakterisieren, die vielfache Wurzeln gehabt hat.

## § 48
### DAS NEUE ZEITALTER DER WELTMISSION

Die Kirche hat von ihrem Herrn den ausdrücklichen Missionsauftrag erhalten (Jo 17, 18; 20, 21; Mt 28, 18; Lk 24, 47; Apg 1, 8). An der Art und Intensität, mit der eine Epoche sich dieser wesentlichen Verpflichtung bewußt wird und sie verwirklicht, ist ihr wirklich christlicher Charakter erkennbar. Denn in der Mission findet die Kirche als Heilsanstalt und fortgesetzte Inkarnation Christi ihre vollkommenste Verwirklichung. „Katholisch" ist sie nach *innen* durch ihre unverkürzte und unverfälschte, aller häretischen und sektiererischen Verengung widersprechende Verkündigung der vollen Heilsbotschaft, nach *außen* aber durch die Weitergabe an alle Völker und Rassen der Erde.

1. Oft war die Kirche in Gefahr, sich mit dem Kulturkreis, in dem sie gerade heimisch geworden war, zu identifizieren und damit abzufinden. Schon in der Apostelgeschichte klingt die gewaltige Erregung nach, die beim Übergang des Christentums vom Judentum zum Heidentum die ganze Urkirche ergriffen hatte. Noch lange haben dann die Judenchristen geglaubt, das Heidenchristentum bevormunden und in ihre eigenen Denk- und Lebensformen einengen zu dürfen, bis endlich das junge Christentum sich ganz vom Judentum löste und in der hellenistisch-römischen Welt Wurzel schlug. Als später das christliche Altertum zu Ende ging, ergaben sich beim Übergang vom griechisch-römischen Kulturkreis zum germanisch-mittelalterlichen dieselben Spannungen und Schwierigkeiten. Bis das Christentum in der neuen Kultur seine volle eigene Verkörperung fand, vergingen mehrere Jahrhunderte. Beson-

ders das frühe und das hohe Mittelalter waren Zeiten intensiver Missionstätigkeit, durch die ganz Europa verchristlicht wurde. Aber gleichzeitig ereignete sich etwas Bedrückendes. Während im Altertum das Mittelmeer die anliegenden Völker Afrikas, Asiens und Europas zu einer großen Kultureinheit verbunden hatte, schob sich im 7. Jh. der Islam wie ein Riegel zwischen Europa und Asien-Afrika. Nur bescheidene Reste des Christentums konnten sich in den islamischen Ländern Kleinasiens und Nordafrikas erhalten. Byzanz behauptete seine Stellung mit Mühe und Not. Das Christentum aber wurde im wesentlichen auf Europa beschränkt, und als schließlich dieses Europa durch das unselige griechische Schisma von 1054 endgültig in ein östliches und westliches Christentum gespalten wurde, war die römisch-katholische Kirche sogar auf das „Abendland" beschränkt. Der in den Kreuzzügen unternommene Versuch, den islamischen Riegel mit militärischer Gewalt zu sprengen, scheiterte auf die Dauer. Ebenso unglücklich verlief das in sich unselige Unternehmen, Byzanz und die östliche Christenheit gewaltsam in die westliche Gemeinschaft zurückzuführen (1204); das Lateinische Kaisertum des Ostens (1204–61) war eine bedauernswerte Fehlentwicklung. Die Eroberung Konstantinopels (1453) durch die Türken schloß den Ring um das christliche Abendland noch enger.

Den letzten Schritt auf dem Wege der Verarmung und Einengung der abendländischen Kirche brachte schließlich die Reformation des 16. Jhs. Nach dem Verlust des größten Teils der nordischen Länder sah sich die katholische Kirche fast ganz auf Südosteuropa beschränkt. Italien und Spanien waren lange Zeit ihre letzten Bollwerke im christlichen Europa. Ihre Universalität war nur noch ein Torso.

2. Man kann es als eine providentielle Fügung Gottes ansehen, daß der Kirche eben zu dieser Zeit neue Aufgaben einer weltweiten Mission im Zeitalter der großen geographischen Entdeckungen zufielen. Seit etwa der Mitte des 15. Jhs. lenkten die Spanier und Portugiesen ihre Schiffe dem Süden zu. An der Westküste Afrikas entlangfahrend, erreichten die Portugiesen 1486 das Kap der Guten Hoffnung. 1498 nahm Vasco da Gama weiter um Afrika herum seinen Kurs auf Indien zu. 1500 entdeckte der Portugiese Cabral Brasilien. Überall entstanden portugiesische Kolonien: an den Küsten von (Ost-)Indien, Afrika und Brasilien (1505–15). Unter portugiesischer Flagge führte Magalhães 1519–22 die erste Weltumsegelung durch.

1516 gelangten portugiesische Kaufleute auch nach China, wo sie – nicht als Eroberer, sondern in friedlichem Wettbewerb – sich zuerst in Kanton niederließen; mit formeller Erlaubnis der chinesischen Regierung gründeten sie 1567 in Macao eine Niederlassung. Portugiesische Seefahrer drangen 1542/43 auch nach Japan vor.

Die Spanier waren unterdessen nicht weniger erfolgreich. In ihren Diensten entdeckte der Genuese Kolumbus seit 1492 Amerika zuerst die Inseln des mittelamerikanischen Archipels, die er Westindien nannte, da er glaubte, auf seiner Weltumsegelung Indien erreicht zu haben. Fernando Cortez eroberte 1519–21 Mexiko; 1520 folgte die Entdeckung und Eroberung Chiles, 1525 Argentiniens, 1532 Perus. In Kaiser Karls V. Reich ging die Sonne nicht unter.

Bei all diesen Entdeckungen spielte die Religionsfrage eine nicht unbedeutende Rolle. Neben Tatendrang und Abenteuerlust, neben wirtschaftlichen, politischen und militärischen Interessen war auch der Missionseifer eine Haupttriebfeder dieser Unternehmungen. Selbst die wildesten „Conquistadoren“ fühlten sich zur Ausbreitung der christlichen Religion unter den besiegten Völkern innerlich verpflichtet. Ihre Methoden waren freilich oft mehr als bedenklich, beschämend und grausam. Sie setzten ihre Ehre darein, gleichzeitig mit der Eroberung das Heidentum in den Ländern auszurotten und den Christenglauben gewaltsam aufzupfropfen. Sie führten stets Missionare mit sich.

Höchst bedauerlich war dieses enge Zusammenwirken der Missionare mit den Eroberern. Es hat den Missionen selbst nicht zum Segen gereicht und verschuldet, daß es in den überseeischen Ländern nicht zu einer organischen Verschmelzung des Christentums mit den einheimischen Völkern und Kulturen gekommen ist. Infolgedessen konnte die Mission sich nur dort durchsetzen, wo die spanische und portugiesische Kolonialherrschaft gesichert war und die primitiven einheimischen Religionen keinen größeren inneren Widerstand leisteten, etwa in Mittel- und Südamerika. In den alten Kulturländern Indien, China und Japan vermochte das Christentum kaum Fuß zu fassen.

Portugiesen und Spanier bewegten sich noch ganz in dem politisch-religiösen Einheitsdenken des Mittelalters. Ihre Kolonialpolitik und Zwangsbekehrungen ließen das Christentum in den Augen der Eingeborenen als die Religion der

Ausbeuter und Bedrücker erscheinen, ein Vorwurf, der der christlichen Missionstätigkeit vielfach bis in die Gegenwart anhaften blieb. Wie berechtigt die Anklage damals war, beweist der jahrzehntelange Kampf des edlen Dominikanermissionars Las Casas (1474–1566) um eine menschenwürdige Behandlung der Indianer und um die Einführung einer friedlichen Missionsmethode. Er ist nicht der einzige Missionar gewesen, der das Unrecht der Gewaltanwendung empfunden und abgelehnt hat. Das Leben und Wirken des hl. Petrus Claver (1654), des Vaters der Neger und Sklaven, ist eine einzige große Anklage gegen die Gewalt.

3. Unter portugiesischer Herrschaft wirkte auch der große Jesuitenmissionar Franz Xaver (1506–52) in Indien und Japan. Als päpstlicher Legat im Auftrage des portugiesischen Königs Johann III. kam er 1542 nach Goa, missionierte mit großem Erfolg in Malakka (1545/47) und suchte 1549 das neuentdeckte Japan auf. Auf der Fahrt nach China starb er 1552 auf der Insel Sancian. Seitdem bauten die Jesuiten ihre Missionen systematisch aus. Sie machten vor allem den Versuch, mit der portugiesischen Engherzigkeit in der Missionsmethode zu brechen. Der Jesuit Robert de Nobili (1577–1656) führte die *Akkommodation* ein, indem er erstmals ernsthaft daranging, sich in Lebensweise und Denkart ganz der indischen Bevölkerung anzupassen. Seit 1605 lebte er als Brahmane in Madura (Südindien), führte das entsagungsvolle Leben eines indischen Büßers und sonderte sich von allen Europäern, auch von seinen Mitbrüdern, ab. Er wollte Hindu mit den Hindus sein. Er hatte erkannt, wie sehr die Abneigung gegen die Portugiesen und die geistige Bindung der christlichen Theologie an den abendländischen Geist der christlichen Mission im Wege stand. Er lernte Sanskrit, die religiöse Sprache der Inder, knüpfte in seiner Predigt an die heiligen Bücher der Inder an und stellte das Evangelium Christi als fünften Veda ganz in die religiöse Gedankenwelt Indiens hinein. Ähnlich hatten es einst Paulus und die christlichen Apologeten in der Auseinandersetzung mit dem Hellenismus getan. Der Erfolg blieb nicht aus. Bereits 1609 konnte er für die von ihm getauften Brahmanen eine eigene christliche Kirche errichten.

R. de Nobili erlaubte den Neubekehrten, alle ihre hinduistischen Gewohnheiten, soweit sie nicht direkt heidnisch waren, beizubehalten. Selbst in Liturgie und Gemeindeleben übernahm er Hindu-Gebräuche, gestattete das Tragen der

Brahmanenschnur und des Kudumi, den Gebrauch von Sandelholz und die vielfachen Waschungen. Allen einheimischen religiösen Fragen gegenüber übte er äußerste Toleranz. In ähnlicher Weise arbeiteten bald weitere Jesuitenmissionare in den anderen, den niederen Kasten der Bevölkerung. Um 1650 zählte Madura bereits 40 000 Christen. Papst Gregor XV. gestattete 1623 das Vorgehen und ließ die brahmanischen Riten unter gewissen Vorbehalten zu. Dann aber kam Ende des 17. Jh. der Streit um die Erlaubtheit dieser Akkommodationsmethode auf. Er führte nach langen, unerfreulichen Auseinandersetzungen zur Verurteilung der „malabarischen Riten" durch Benedikt XIV. im Jahre 1742. Damit war das Schicksal der indischen Mission besiegelt. Das Christentum fand seitdem keinen Boden mehr in Indien.

Ein gleiches Schicksal erlebte die Jesuitenmission in China, wo der große Matteo Ricci S. J. (1552–1610) die Akkommodationsmethode einführte und außerordentliche Erfolge errang. Als Astronom und Mathematiker lebte er seit 1600 am Kaiserhof in Peking und verkündete als Freund und Ratgeber des Kaisers offen das Christentum. Bei seinem Tode gab es über 2000 Christen in den führenden Schichten Chinas. Sein Ordensgenosse Adam Schall von Bell (1592–1666) stieg sogar zur Würde eines Mandarin auf und wurde 1645 „Direktor des astronomischen Reichsdienstes". 1650 baute er eine öffentliche Kirche in Peking und erwirkte Religionsfreiheit für das Christentum im ganzen Reiche (1657). Bei seinem Tode zählte China fast 270 000 Christen. Das kaiserliche Toleranzedikt von 1692 belohnte die Verdienste der Jesuiten um China und das Kaiserhaus. Eine eigenständige chinesische Kirche war im Werden. Es boten sich die besten Aussichten.

Aber in diesem Augenblick bahnte sich auch hier die Katastrophe an. Nicht äußere Bedrängnisse, sondern der innerkirchliche Streit um die Akkommodationsmethode führte zum Zusammenbruch der Chinamission. Wie kam es dazu?

Schon Ricci hatte in seiner Glaubenspredigt ganz bewußt an die bestehenden Gottesvorstellungen angeknüpft. Bei diesem hochstehenden und religiösen Volk mußte er vermeiden, den christlichen Glauben als etwas völlig Neues hinzustellen, es durfte nicht so aussehen, als hätten die Chinesen bisher noch nie Gott verehrt, also gottlos gelebt. Ricci bestätigte ihnen vielmehr, daß sie schon immer fromm gewesen seien, und zeigte ihnen im Christenglauben die höchste Vollendung jeglicher Gotteserkenntnis schlechthin. Der „Herr des Himmels“, den sie bisher verehrt hätten, sei Christus. Die christliche Offenbarung lehre sie, ihn besser zu verstehen. Soweit der Verdacht heidnischen Götzendienstes ausgeschlossen war, ließ er auch Konfutse-Verehrung und Ahnenkult als Akte bürgerlicher Tradition bestehen. Alle natürlichen Werte der chinesischen Kultur sollten im Christentum ihr Recht behalten. Auf diese Weise sollte dieses den Chinesen vertraut werden.

Ist er darin zu weit gegangen? Dominikaner- und Franziskanermissionare, die seit den dreißiger Jahren in China arbeiteten, behaupteten es und verklagten ihn und die Jesuiten in Rom. Innozenz X. verbot 1645 diese Akkommodation. Alexander VII. milderte 1656 dieses Verbot. Kleinliche Ordensrivalitäten verschärften die Auseinandersetzungen. Unter dem Einfluß des Jansenismus, der die Jesuitenmoral so sehr verleumdet hatte (Blaise Pascal), wurde Rom ängstlicher. Ein Jahr nach dem Toleranzedikt des Kaisers Kangh Hsi 1692 wurde die Akkommodation erneut von Rom scharf verurteilt. Obwohl die Jesuitenmissionare Empfehlungen und Gutachten des Kaisers selbst vorlegten, der sich höchst persönlich für sie einsetzte, blieb es bei dem Verbot, das Klemens XI. 1704 wiederholte. Die Entsendung des päpstlichen Legaten Tournon nach China 1707 und dessen unglückliches Auftreten am Kaiserhof führten schließlich zum Bruch mit Kaiser Kangh Hsi. Tournon starb 1710 in chinesischer Haft. Der Kaiser untersagte die christliche Glaubenspredigt, wenn sie anders geschehe als in der von den Jesuiten gehandhabten Anpassung. Dem nächsten päpstlichen Delegaten Mezzabarba machte er heftige Vorwürfe: „Du hast deine Religion zerstört; die hier lebenden Europäer hast du dem Elend ausgesetzt, den guten Namen derer, die längst tot sind, hast Du geschändet.“ Nachdem Innozenz XIII. 1723 wieder eine Milderung zugestanden hatte, erließ Benedikt XIV. 1742 ein grundsätzliches Verbot jeder Akkommodation. Dieser kurzsichtige Sieg des Europäismus war der Tod der Ostasienmission. Bald begannen die langen Verfolgungen der chinesischen Christen. Der Zeitpunkt war verpaßt. Erst im 20. Jh. konnten langsam wieder christliche Missionare in China Fuß fassen. Pius XI. (1939) und Pius XII. (1940) zogen das Verbot der chinesischen Riten für die chinesische Christenheit endlich zurück. Zu spät! Im neuen, kommunistisch gewordenen China spielen die alten Traditionen und Riten ohnehin keine Rolle mehr. Drei Jahre, nachdem der erste chinesische Bischof Tien zum Kardinal ernannt wurde (1946), rollten die kommunistischen Truppen Mao Tse-tungs 1949 über das Land hin. Die neuen Verfolgungen zerstörten abermals das junge Christentum, und die soeben errichtete kirchliche Hierarchie aus 20 Erzbistümern, 79 Diözesen und 38 Apostolischen Präfekturen sank dahin. Eine Tragik liegt über der Chinamission.

## § 49
### VOM BAROCK ZUR AUFKLÄRUNG

Auf die Zeit der Auflösung, wie sie die Glaubensspaltung brachte, folgte nach dem Tridentinum wieder eine Epoche stärkerer kirchlicher Konzentration. Für das Papsttum war die Reformation Krise und Wende zugleich. Es ging gestärkt und erneuert durch das Trienter Konzil aus dieser harten Zeit hervor. Dadurch, daß die Konzilsväter die Fortsetzung des Reformwerkes zum Schluß ausdrücklich in die Hände des Papstes legten, erkannten sie nicht nur seine leitende Stellung an, sondern gaben ihm auch die Handhabe zu intensiver Einflußnahme auf das Leben der Gesamtkirche. Fortan griff die Kurie reformierend, kontrollierend und visitierend in einem viel größeren Maße, als es früher je geschehen war, in die inneren Verhältnisse der Länder und Diözesen ein. Die päpstliche Jurisdiktionsgewalt wuchs nach innen und nach außen. Die von Sixtus V. (1585–90) durchgeführte Neuordnung der (15) Kardinalskongregationen, deren jede ganz bestimmte Verwaltungsaufgaben erhielt, und die Einrichtung der ständigen Nuntiaturen an den Brennpunkten des kirchlichen Lebens, deren Beamte, die Nuntien, mit umfangreichen Vollmachten ausgestattet waren, trugen zur Festigung des kirchlichen Zentralismus erheblich bei.

Diese Konzentrierung der Kräfte war zunächst durchaus nötig, heilsam und erfolgreich, solange der Aufbau- und kirchliche Erneuerungsprozeß dauerte. Er mußte aber auf steigenden Widerstand stoßen, sobald die Restauration des kirchlichen Lebens durchgeführt war; denn nun empfanden die Bischöfe und Fürsten die päpstliche Unterstützung nicht mehr als Hilfe, sondern als Bevormundung und Gängelung.

1. Seit dem 17. Jh. regten sich die innerkirchlichen Gegenkräfte, und es ist nicht zufällig, daß sie von Frankreich her ihre

entscheidenden Impulse empfingen. Dieses Land erlebte eben gerade einen ungeheuren geistigen Aufbruch, von dem alle Bevölkerungskreise ergriffen wurden; zumal das kirchlich-religiöse Leben nahm einen großen Aufschwung. Gleichzeitig erwachten Nationalismus und Absolutismus; im „Sonnenkönig" Ludwig XIV. (1643/61 bis 1715) erblickte dieses Frankreich seine glorreiche Selbstverkörperung. Es war zu sehr nach innen ausgerichtet, als daß es für Roms Zentralismus Verständnis hätte aufbringen können.

Alle Bewegungen, die der Kirche zwischen 1600 und 1800 am schwersten zugesetzt haben, sind von Frankreich ausgegangen: Gallikanismus, Staatsabsolutismus, Jansenismus und Episkopalismus.

a) Der *Gallikanismus* nahm für die „Ecclesia gallicana" Rechte in Anspruch, die den päpstlichen Primat empfindlich beschnitten. Dem französischen König, so schrieb P. Pithou (Les libertés de l'Eglise gallicane, 1638), komme die Befugnis zu, Nationalkonzilien selbständig zu berufen, die Jurisdiktion der päpstlichen Nuntien in Frankreich zu beschneiden, an ein Allgemeines Konzil auch gegen den Papst zu appellieren und die Geltung päpstlicher Erlasse von seiner Zustimmung (Placet) abhängig zu machen. Die leitenden französischen Minister, die Kardinäle Richelieu (1624–42) und Mazarin (1643–61), griffen diese Ideen auf, und bald stand Frankreich am Rande eines Schismas. Jansenistische und antirömische Affekte verschärften die Lage. Unter der absolutistischen Regierung Ludwigs XIV. erreichten die romfeindlichen, nationalkirchlichen Tendenzen ihren Höhepunkt. Schon 1663 zwang das Pariser Parlament die Theologische Fakultät zur Anerkennung der gallikanischen Lehren, daß das Konzil über dem Papst stehe (Konziliarismus) und daß die autoritativen päpstlichen Lehrentscheidungen (ex cathedra) keine Unfehlbarkeit besäßen. 1682 wurden die „Vier gallikanischen Artikel" feierlich im Namen des französischen Klerus proklamiert. Zwar nahm Ludwig XIV. sie 1693 auf den Protest des Papstes hin zurück; in der Praxis aber blieben sie bestehen und behielten in Frankreich bis ins 19. Jh. Kraft. Erst das 1. Vatikanische Konzil hat sie mit dem päpstlichen Unfehlbarkeitsdogma überwunden.

b) Der *Staatsabsolutismus* griff aufs rücksichtsloseste in die kirchlichen Angelegenheiten ein. Ihm konnte die Beschneidung der päpstlichen Rechte in Frankreich nur willkommen sein; der Gallikanismus diente ihm.

c) Der *Jansenismus* war eine gefährliche Verirrung, die unter dem Schein besonderer Frömmigkeit und Strenge eine einseitig überspitzte augustinische Erbsünden- und Gnadenlehre, nicht ohne Beeinflussung durch den Calvinismus, in die katholische Theologie und Frömmigkeit einführte. Auch die calvinische Prädestinationslehre erschien in katholischer Gewandung wieder. Ihr Gründer war der belgische Bischof Cornelius Jansen († 1638). Aus seinem Buche „Augustinus" (1640) wurden einige Sä ze auf Betreiben der Jesuiten von Rom verurteilt (schon 1642, dann 1653 und 1705/15), und nun setzte der Streit um die Geltung der Sätze und des päpstlichen Verbotes ein. Zentrum des Jansenismus wurde das Zisterzienserinnenkloster Port-Royal bei Versailles, wo die frommen Nonnen unter Angelica Arnauld ein heiligmäßiges Leben führten, das große Anziehungskraft ausübte. Um dieses Kloster bildete sich eine Gruppe von Gelehrten, Theologen und Laien. Anton Arnauld († 1694) und Blaise Pascal († 1662) gehörten ihr an. Sie warfen den Jesuiten eine angeblich zu laxe Moraltheologie vor. Sie selbst führten eine so rigoristische Sakramentenpraxis ein, daß sie dadurch die Durchschnittsgläubigen vom Empfang der heiligen Kommunion tatsächlich ferngehalten haben. Die langen Auseinandersetzungen mit Rom brachten sie in einen erbitterten Gegensatz zum Papsttum, machten sie zu Verbündeten des Gallikanismus und Episkopalismus und verwickelten sie in politische Streitigkeiten. Den Höhepunkt erreichte der Kampf um 1700 durch P. Quesnel († 1719). Ludwig XIV. verbannte ihn 1710 aus Frankreich und ließ Port-Royal niederreißen. Die Jansenisten hielten sich in Holland, wo sie sogar eine eigene schismatische Kirche mit einer gültigen Weihehierarchie bildeten.

d) An der Einengung der päpstlichen Vollgewalt in den Diözesen waren auch zahlreiche Bischöfe interessiert. Die Verfechter des „*Episkopalismus*" setzten dem römischen Zentralismus die Eigenständigkeit ihres bischöflichen Amtes entgegen. Auch in Deutschland kam es schon im 17. Jh. zu einer schweren Krise, die die deutsche Kirche in ein Schisma zu stürzen drohte. Im 18. Jh. faßte der Trierer Weihbischof J. Nikolaus von Hontheim die episkopalistischen Ideen, mit konziliaristischen und staatskirchlichen Prinzipien untermauert, in seinem Buche „De statu ecclesiae et legitima potestate Romani Pontificis" (1763) unter dem Pseudonym Justinus Febronius zusammen. Danach sollte dem Papst nur noch eine sehr beschränkte Leitungsgewalt zustehen. An die Stelle der päpstlichen Monarchie in der Kirche müsse eine Vielzahl von autonomen Nationalkirchen treten, die im Generalkonzil, dem höchsten kirchlichen Organ, zusammengefaßt seien.

Diese Ideen, „Febronianismus" genannt, fanden rasche Verbreitung. Die deutschen Erzbischöfe von Köln, Trier, Mainz und Salzburg schlossen sich in der Emser Punktation 1786 zum gemeinsamen Vorgehen gegen die soeben neuerrichtete Münchener Nuntiatur (1785) zusammen. Ihr Ziel war die grundsätzliche Zurückdrängung der päpstlichen Vollgewalt, als deren Repräsentant der Nuntius angesehen wurde.

Schon seit der Mitte des 17. Jh. war das Ansehen des Papsttums im öffentlichen Leben der Völker mehr und mehr zurückgedrängt worden. Im Kreise der absolutistischen Staaten blieb für seine universalkirchlichen Jurisdiktionsansprüche kein Raum mehr übrig. Bald mußte es machtlos mitansehen, wie der einst so mächtige und hochverdiente Jesuitenorden in den katholischen romanischen Ländern Portugal, Frankreich, Spanien und Neapel-Sizilien einem förmlichen Vernichtungsfeldzug unterworfen wurde. Als die bourbonischen Höfe immer rücksichtsloser die Aufhebung des Ordens forderten, mit einem Schisma und sogar mit einem Angriff auf den Kirchenstaat drohten, blieb dem Papst Klemens XIV. (1769–74) nichts anderes übrig als nachzugeben. Am 21. Juli 1773 verfügte er die Aufhebung des Jesuitenordens.

e) Das Staatskirchentum feierte seinen größten Triumph im katholischen Österreich, wo Kaiser Joseph II. (1780–90), der „aufgeklärte" Sohn der Maria Theresia, sein System der absoluten Staatshoheit über die Landeskirche (= Josephinismus) dazu benutzte, eigenmächtige Reformen durchzuführen, kirchliche Jurisdiktionsrechte in Anspruch zu nehmen und in großem Umfang Klöster und kirchliche Stiftungen aufzuheben. Als Pius VI. (1775–99) persönlich nach Wien reiste, um zu intervenieren, mußte er bittere Enttäuschungen erleben und sogar schwere Kränkungen hinnehmen. Das Ansehen des Papsttums stand um diese Zeit wieder einmal auf einem Tiefpunkt.

2. Ein neuer Geist hatte inzwischen die Länder Europas erobert, die „*Aufklärung*". Von England aus verbreitete sie sich über Frankreich nach Deutschland. Hier machten sie besonders die Philosophen Leibniz (1646–1716), Thomasius (1655–1728) und Wolff (1679–1754) heimisch. Im Namen der Vernunft

kämpfte die Aufklärung für die Freiheit des Geistes und brach radikal mit den alten Traditionen. Ein jahrtausendaltes Weltbild brach zusammen. Immanuel Kant (1724–1804) bezeichnete 1784 die Befreiung und Mündigkeitserklärung des autonomen Menschen, der befähigt sei, „sich seines Verstandes ohne Leitung eines anderen zu bedienen“, als Ziel der neuen Bewegung. In der Tat verdankt ihr die moderne Menschheit sehr vieles. Aus der Geschichte der Neuzeit ist die Aufklärung als Entwicklungsstufe eines fortschrittlichen menschlichen Geistes nicht wegzudenken. Sie war die letzte große, das gesamte abendländische Denken bis zu den beiden Amerika hin umfassende Geistesbewegung und hat durch die Überwindung der immer noch mittelalterlichen Gebundenheit des Menschen in veraltete Denk- und Lebensformen die moderne Entwicklung erst ermöglicht. Nicht nur die Abschaffung der Hexen- und Ketzerprozesse, der Folter im Gerichtswesen und der religiösen Diskriminierung Andersgläubiger im öffentlichen Leben sind Errungenschaften dieser Zeit, sondern auch die Erkämpfung der allgemeinen Menschenrechte, die erstmals in der amerikanischen Unabhängigkeitserklärung von 1776 und in der berühmten Deklaration der französischen Nationalversammlung vom 27. 8. 1789 staatsrechtlich verankert wurden. Ja, die freie Entfaltung der Wissenschaft und der gesamten neuzeitlichen Kultur hat ihre Grundlagen großenteils in der Aufklärung.

Für das offenbarungsgebundene Christentum und für die katholische Kirche insbesondere beschwor der Rationalismus der Aufklärer freilich eine der größten und gefährlichsten Krisen ihrer ganzen Geschichte herauf. Das von dem Franzosen J. Bodin († 1596) und dem Engländer H. E. von Cherbury († 1648) entwickelte System einer „natürlichen Religion“, die allen Menschen angeboren sei und jede spezielle Offenbarung überflüssig, ja schädlich mache, wurde von J. Locke († 1704) und anderen zur Philosophie des „Deismus“ ausgebaut und dem Christentum entgegengesetzt. Das Wissen um das Dasein eines „höchsten Wesens“, die Hoffnung auf ein ewiges Leben und der Glaube an die Vergeltung sollten allein den Wesenskern der wahren Religion ausmachen. Auch das Christentum müsse auf diesen Kern reduziert werden, verkündete M. Tindal („Christianity as Old as the Creation“, 1730), und Lord Shaftesbury († 1713) erblickte das Wesen der Religion nur noch in der harmonischen Entfaltung edlen Menschentums. Von hier bis zu Rousseaus († 1778) Lehre, die echte, wahre Religion bestehe in der Liebe zu allem Guten und Schönen, war nur ein Schritt. Ein Christentum ohne Christus, ohne Offenbarung und ohne Erlösung! Die Religion als rein humanitärer Bildungsfaktor, oder Bildung als Religionsersatz. Der rationale Deismus drang in weiteste Schichten der Gebildeten ein. Er wurde nicht nur von der Freimaurerei, die sich 1717 in London als Bund konstituierte, weitergetragen, sondern wirkte sich auch als Lebensanschauung von Dichtern, Künstlern und Gelehrten noch im 19. und 20. Jh. mächtig aus. Wenn er auch in den angelsächsischen Ländern keine kämpferische Note trug, so gebärdete er sich in Frankreich dafür um so antikirchlicher. Diderot, d'Alembert und andere überschütteten bald alles, was dem gläubigen Christen heilig war, mit ihrem Spott und Hohn; Voltaire († 1778) sagte der Kirche den Todeskampf an („écrasez l'infame"). Die Französische Revolution lieferte das blutige Nachspiel zu dieser Verhetzung.

Doch, wenn schon die radikalen Aufklärungstendenzen in der Kirche keinen Platz beanspruchen konnten, so gab es doch Gründe, sich den berechtigten Forderungen nach Reinigung des kirchlichen Lebens von veralteten Frömmigkeitsformen und sinnlos gewordenen Traditionen nicht zu verschließen. Wollte die Kirche überhaupt noch vor ihrer Umwelt glaubhaft erscheinen, so mußte sie sich der Kritik an den Mißständen in ihrem Brauchtum und an ihren rückständigen Lebensformen offen stellen. Aus dieser Erkenntnis heraus unternahmen nicht wenige gläubig gesinnte Kirchenmänner und Laien den Versuch, die längst fällige Kirchenreform im Geiste der Aufklärung in Angriff zu nehmen. Die Reformen der Kaiserin Maria Theresia und ihres Sohnes Joseph II. waren von gutem Willen getragen. Was sie auf dem Gebiete der Bildungsreform, der kirchlichen Organisation und Verwaltung, der Erneuerung des Predigtwesens, der Liturgie und des Brauchtums geleistet haben, verdient gerade heute wieder unsere Anerkennung. In der zweiten Hälfte des 18. Jh. waren fast alle deutschen Bischofsstühle mit solchen „aufgeklärten" Prälaten besetzt. Die meisten von ihnen waren tadellose, ebenso gebildete wie gläubige Träger ihres Amtes. Auch Abteien und Klöster atmeten vielfach diesen Geist. Fürstabt Gerbert von St. Blasien und der Konstanzer Generalvikar Ignaz von Wessenberg erwarben sich hohe Verdienste um die Erneuerung des kirchlichen Lebens. Leider hat die rücksichtslose, übertriebene Kritiksucht mancher dieser katholischen Aufklärer die ganze Bewegung in Mißkredit gebracht und der Kirche geschadet. Doch sind diese als Außenseiter zu betrachten.

# II. Epoche: 1789–1918
# Von der Französischen Revolution bis zum 1. Weltkrieg

## § 50
## FRANZÖSISCHE REVOLUTION UND SÄKULARISATION

Da brauste der Sturm der Revolution über Frankreich dahin und ergriff bald ganz Europa. Sie brachte auch für die Kirche die große Wende.

In ihren Anfängen war die Französische Revolution nicht kirchenfeindlich ausgerichtet. Als die Generalstände am 5. Mai 1789 in Versailles zusammentraten, war das Einvernehmen zwischen dem Dritten Stand und den Geistlichen, die den Ersten Stand ausmachten, groß. 149 Pfarrer und 4 Bischöfe schlossen sich am 23. Juni 1789 dem revolutionären Dritten Stande an, als dieser sich allein als Nationalversammlung konstituierte. Beim Sturm auf die Bastille (14. 7. 1789) waren noch keine religiösen Interessen im Spiele; freilich im Lande wurden bald danach schon Schlösser, Kirchen und Klöster niedergebrannt. In der berühmten „Opfernacht" (4./5. August 1789) wetteiferte der Klerus in der Nationalversammlung mit dem Adel, seine alten Feudalrechte in Frankreich aufzugeben und auf die Privilegien zugunsten der Bürger und Bauern zu verzichten. So stürzte mit einem Schlage die gesamte mittelalterliche Feudalordnung der französischen Kirche zusammen. Man sang ein Tedeum in der Nationalversammlung, als der Morgen des 5. August graute. Nun gab es keine Standesunterschiede mehr. Alle Bürger waren vor dem Gesetze gleich. Am 27. August 1789 wurden die Bürger- und Menschenrechte feierlich zum Staatsgesetz erhoben: „Freiheit, Gleichheit und Brüderlichkeit". In Artikel 10 wurde allen Franzosen die Gewissens- und Kultfreiheit garantiert.

Aber der radikale Kurs entspann sich schon bald am Gegensatz in der Frage des Kirchengutes. Um die Finanznot des Staates zu decken, griff die Nationalversammlung auf den Vorschlag des Bischofs Talleyrand (1754–1838) zurück, das gesamte Kirchengut zu enteignen und zur Bezahlung der öffentlichen Schulden heranzuziehen. In der Debatte darüber entzweiten sich die Geister. Die Geistlichkeit verließ unter Protest die Versammlung. Von der radikalen Linken wurde ihr

Auszug höhnisch begrüßt, und nun änderte sich das Klima zusehends. Am 13. Februar 1790 wurden alle nichtkaritativen Orden und Klöster aufgehoben. Am 14. April 1790 wurde das Gesetz über die Enteignung und Säkularisierung des gesamten Kirchengutes erlassen. Am 12. Juli 1790 brachte die neue Verfassung die sog. Zivilkonstitution des französischen Klerus, durch die die französische Kirche auf rein nationaler Grundlage neu konstituiert, von Rom getrennt und dem französischen Staate eingegliedert wurde. Noch blieben Glaube und Moral unangetastet. Im November 1790 wurde von allen Geistlichen ein Eid auf diese Konstitution verlangt. Als etwa Zweidrittel des Gesamtklerus diesen Eid verweigerten, kam es zu den blutigen Verfolgungen, in deren Verlauf etwa 40000 Priester eingekerkert, deportiert oder hingerichtet wurden.

Mit den furchtbaren „Septembermorden" (September 1792) begann die Zeit der Schreckensherrschaft, die bis zum Oktober 1795 dauerte. Danton und Marat regierten das Land. Am 21. Januar 1793 wurde König Ludwig XVI. hingerichtet; Königin Marie-Antoinette folgte ihm im Oktober nach. Als am 13. Juli 1793 Marat selbst von einem Mädchen ermordet wurde, übernahm Robespierre die Diktatur des Schreckens. Im November 1793 wurde das Christentum in Frankreich abgeschafft und der „Kult der Vernunft" eingeführt. Das Wüten gegen Royalisten und Geistliche ging unterdessen weiter. Im Frühjahr 1794 beseitigte Robespierre die Macht der blutrünstigen „Jakobiner", nach ihrem Versammlungsort, dem Kloster St. Jakob in Paris, so genannt, und ließ vom Konvent die Anerkennung eines „höchsten Wesens" und der Unsterblichkeit der Seele dekretieren. Am 28. Juli 1794 endete auch er unter dem Fallbeil. Darauf übernahm ein fünfköpfiges Direktorium die Herrschaft (1795–99). Der katholische Klerus wurde langsam wieder toleriert, jedoch die grundsätzliche Trennung von Kirche und Staat zum Gesetz erhoben. (21. 2. 1795). Zwischendurch kam es immer wieder zur Verfolgung und Deportation von Priestern. Erst als der siegreiche, junge General Napoleon Bonaparte durch den Staatsstreich vom 9. 11. 1799 das Direktorium stürzte, hörte die Befeindung des Christentums auf.

Napoleon war religiös völlig indifferent. Er betrachtete die Religion nur als politischen Faktor. Um die Ordnung in Frankreich wiederherzustellen, schloß er mit dem Papst am 15. Juli 1801 ein *Konkordat*. In der Präambel wurde festgestellt, daß die katholische, apostolische, römische Religion das Bekenntnis der großen Mehrheit der französischen Bürger sei und wiederhergestellt werde. Die Kirche verzichtete auf das eingezogene Kirchengut; dafür übernahm der Staat die Besoldung der Pfarrer. Die Bistümer sollten neu umschrieben und besetzt werden. Im geheimen fügte Napoleon dem Konkordat 77 „Organische Artikel" bei, die zum Teil die Errungenschaften des Konkordates wieder rückgängig machten. Der Papst protestierte vergebens dagegen. Pius VII. (1800–23) hat noch viel Schweres von ihm zu erleiden gehabt. 1804 ließ sich Napoleon zum Kaiser der Franzosen wählen; der Papst vollzog die Salbung, die Krone setzte Napoleon sich selbst auf. 1808 ließ er Rom und den Kirchenstaat besetzen; der Papst wurde gefangengesetzt, als er mit dem Bann antwortete; in Fontainebleau bei Paris, wo Pius seit 1812 interniert war, suchte Napoleon von ihm den Verzicht auf den Kirchenstaat zu erpressen. Nachdem die Herrschaft Napoleons nach dem mißglückten Rußlandfeldzug (1812) in der Völkerschlacht bei Leipzig (Oktober 1813) zusammengebrochen war und die verbündeten Truppen Paris erobert hatten (31. 3. 1814), konnte auf dem Wiener Kongreß (1814/15) die Neuordnung Europas vorgenommen werden.

2. Überall, wohin die französischen Truppen vorgedrungen waren, wurden die Errungenschaften der Revolution eingeführt. Für Deutschland wurde die Säkularisation von größter Bedeutung. Der *Reichsdeputationshauptschluß* zu Regensburg (25. 2. 1803) ordnete die Enteignung und Säkularisierung von 22 Erzbistümern und Bistümern, 80 reichsunmittelbaren Abteien und über 200 Klöstern an. Dadurch verlor die deutsche Kirche ihre materielle Basis und ihren Rückhalt im Reich. Mit den geistlichen Staaten sanken 18 katholische Universitäten dahin; die verarmte Kirche konnte nur noch wenig für die Bildung ihrer Glieder tun. Dort, wo die bisher geschlossenen katholischen Territorien evangelischen Staaten einverleibt wurden, gerieten sie in eine hoffnungslose Minderheit. Die neu auftauchenden Spannungen zum protestantischen Staat und seiner protestantischen Bevölkerungsmehrheit führte zu heftigen Kämpfen mit dem Staatskirchentum und ließ den typischen deutschen Konfessionalismus im öffentlichen Leben entstehen. Andrerseits wurde die Kirche von Fesseln und veralteten Zöpfen befreit: Das Adelsmonopol bei der Besetzung von Bischofssitzen und höheren Pfründen wurde beseitigt; die

ganze mittelalterliche Feudalordnung mit ihrem vielgestaltigen Benefizienwesen und ihrem Unterschied zwischen dem hohen und niederen Klerus sank mit einem Federstrich dahin. Die entmachtete und verarmte Kirche trat in ein neues Verhältnis zum Volk. Bischöfe, Priester und Gläubige fühlten sich viel enger verbunden; die Volkskirche des 19. Jh. konnte entstehen. Die „Gnade des Nullpunktes" bot die Chance zu einem gesunden Neuaufbau.

## § 51

### DIE RESTAURATION DER DEUTSCHEN KIRCHE IM 19. JH.

Der Wiederaufbau umfaßt einen doppelten Vorgang:
die materielle Neuordnung der deutschen Kirche in kirchen- und staatsrechtlicher Beziehung und den inneren Aufbau des kirchlich-religiösen Lebens.

1. Auf dem Wiener Kongreß verzichtete die Kurie stillschweigend auf die Rückerstattung des säkularisierten Kirchengutes, obwohl sie die Säkularisation selbst grundsätzlich als einen Kirchenraub verurteilte. Durch Konkordate und Zirkumskriptionsbullen suchte sie stattdessen in Verhandlungen mit den einzelnen Staaten eine Reorganisation der Bistümer sicherzustellen. Ein Konkordat ist ein völkerrechtlicher Vertrag zwischen einem Staate und der Kirche, der die gegenseitige Anerkennung als souveräne Rechtspersonen zur Voraussetzung hat. Daß eine solche Anerkennung manchen Staaten von ihrem konfessionellen Standpunkt aus oder aus staatskirchlichen Bedenken schwerfiel, ist begreiflich; sie wichen deshalb lieber Konkordaten aus. Die Kurie begnügte sich in diesen Fällen mit einer verwaltungsrechtlichen Regelung durch sog. Zirkumskriptionsbullen. Konkordate kamen zustande mit Spanien, Neapel, Sardinien, Frankreich, Rußland und Bayern. Mit Zirkumskriptionsbullen begnügten sich Österreich und die übrigen deutschen Staaten. So regelte die Bulle „De salute animarum" (1821) für Preußen, die Bulle „Provida sollersque" (1821) für Württemberg, Baden, Hessen und Nassau, die Bulle „Impensa" (1824) für Hannover die neue Bistumsorganisation.

2. Der *innere Aufbau* des kirchlichen Lebens und die Entstehung einer großen katholischen Bewegung, die nicht nur Deutschland, sondern auch alle übrigen europäischen Länder

ergriff, hat viele Wurzeln. In Deutschland war die Romantik geistesgeschichtlich für das Erwachen der Religiosität im allgemeinen und für die neue Wertschätzung des Katholischen im besonderen von großer Bedeutung. Mit ihrer Begeisterung für die mittelalterliche Kunst und Literatur weckte sie auch das Interesse für die Kirche. Zahlreiche Romantiker traten selbst zum Katholizismus über. Bald entstanden katholische „Erweckungskreise" als Keimzellen neuen religiösen Lebens: In Süddeutschland der Freundeskreis um J. Michael Sailer (1751–1832); in Münster die „familia sacra" der Fürstin Gallitzin (1748–1806); in Wien der Kreis um den hl. Klemens Maria Hofbauer (1751–1820); ähnlich arbeiteten der Weihbischof Georg Zirkel von Würzburg († 1817) und andere. Am nachhaltigsten hat wohl Sailer, Pastoraltheologe und später Bischof von Regensburg, gewirkt. Daneben aber waren auch Theologen fruchtbar, wie Johann Adam Möhler († 1838) in Tübingen und München und die „Tübinger Schule". Auf ihre Weise haben selbst die noch halb in der Aufklärung stehenden Theologen Georg Hermes († 1831) und seine Schüler, die „Hermesianer", in Bonn gewirkt, wenn auch ihre Methode, den Glauben mit den Denkkategorien Kants und Fichtes zu durchleuchten und ihren Mitmenschen nahezubringen, später (1835) als semirationalistisch verurteilt wurde.

Die breiten Massen des Volkes wurden erstmals durch das sog. „*Kölner Ereignis*" wachgerüttelt. Der Kölner Erzbischof Clemens August von Droste-Vischering wurde 1837 von der preußischen Regierung verhaftet, weil er in der Mischehenfrage den kirchlichen Standpunkt vertreten hatte. Gegen diese Gewaltanwendung erhob Papst Gregor XVI. sofort feierlichen Protest, und Joseph Görres schleuderte mit seinem „Athanasius" (1837/38) eine ungemein zündende Anklageschrift in alle Welt hinaus. Das Echo war sehr groß. Das katholische Gemeinschaftsbewußtsein wurde wach. Überall erkannte man die Notwendigkeit eines stärkeren Zusammenschlusses. So entstanden in den vierziger Jahren plötzlich zahlreiche neue Organisationen, die alle rein kirchlich-religiösen Charakter trugen, wie der Borromäusverein (1844), der Gesellenverein (1846), der Bonifatiusverein (1849), ebenso auch der Elisabethverein (1840), der Franz-Xaverius-Missionsverein (1842), der Piusverein und die durch ihn ins Leben gerufenen alljährlich wiederkehrenden Katholikentage (1848). Aber auch die katholischen Orden bekamen neuen Auftrieb. 1847 zogen die Jesuiten wieder in Köln ein; Pius VII. hatte ihren Orden 1814 wiederhergestellt. Ihnen folgten Redemptoristen, Pallottiner, und zahlreiche Frauenkongregationen mit ihren Niederlassungen. Alte Benediktinerklöster lebten wieder auf und wurden neu besiedelt. Das Revolutionsjahr 1848 brachte mit den neuen Verfassungen auch der katholischen Kirche vielfach größere Bewegungsfreiheit und Selbständigkeit. Bald wurden große Volksmissionen abgehalten; ein reiches Wallfahrts- und Andachtswesen entfaltete sich, und allenthalben zeigte sich neues kirchliches Leben. Langsam entstand eine katholische Presse. 1852 schlossen sich erstmals katholische Abgeordnete im Preußischen Landtag zur „Katholischen Fraktion" zusammen; sie nannte sich seit 1858 „Zentrumspartei".

So entwickelte sich überall ein neues kirchliches Leben. Im heraufziehenden Zeitalter der Industrialisierung und der Massen war es wichtig, daß die Kirche sich den Gesellschaftsproblemen öffnete. Mit ihren neuen Seelsorgemethoden stellte sie sich auf die Menschen ein und suchte sie karitativ und erzieherisch zu betreuen. Der Typ des neuen Volksseelsorgers ist der „Gesellenvater" Adolf Kolping († 1865) geworden. Neben ihm sind die zahllosen Pfarrer und „Volkskapläne" zu nennen, die besonders in den industriellen Ballungsgebieten an Rhein und Ruhr unermüdlich tätig waren. In einer Zeit, in der es noch keine Sozialgesetzgebung gab und die Lösung der sozialen Probleme noch durchweg der christlichen Nächstenliebe überlassen blieb, war die Wirksamkeit der neuen karitativ tätigen Schwesternkongregationen und Krankenpflegeorden besonders wichtig. Überall in Deutschland entstanden Karitaskreise und Wohltätigkeitsvereine. Auch die großen Volksschriftsteller regten zur Nächstenliebe an. Der Borromäusverein faßte seine Tätigkeit als ein „Werk der geistigen Barmherzigkeit" auf.

## § 52
### DIE PÄPSTE UND DER KIRCHENSTAAT

Am Anfange des 19. Jh. unterhielt man sich darüber, ob Papsttum und katholische Kirche überhaupt noch eine Zukunft hätten. Pius VI. starb als Gefangener der französischen Revolutionsregierung 1799 in Valence an der Rhone, völlig einsam und verlassen. Aber schon Pius VII. (1800–23) erlebte den

Umschwung. Napoleon bemühte sich um ihn. Daß er bei der Neuordnung der französischen Kirche 1801 insgesamt 36 legitime Bischöfe, die außerhalb Frankreichs im Exil lebten und von Napoleon nicht mehr zugelassen wurden, absetzen konnte, weil es die Notlage der Kirche erforderte, zeigt die Machtfülle, die das Papsttum trotz allem noch besaß. Die anschließenden Gewalttätigkeiten, die Napoleon sich später gegen den Papst erlaubte, stärkten dessen moralisches Ansehen. So konnte auf dem Wiener Kongreß im Juni 1815 auch ohne große Schwierigkeiten die Wiederherstellung des von Napoleon geraubten Kirchenstaates erreicht werden.

Aber der Kirchenstaat erwies sich als eine große Belastung für das Papsttum. Er war auf die Dauer nicht zu halten. Italien drängte nach nationaler Einheit. Die revolutionäre Gärung, die sich in den Geheimbünden der Carbonari und Freimaurer Luft machte, konnte sich nicht mit der Existenz eines geistlichen Staates abfinden, der nach streng absolutistisch-monarchischen Prinzipien regiert wurde. Hinzu kam, daß die folgenden Päpste, Leo XII. (1823–29), Pius VIII. (1829/30) und Gregor XVI. (1831–46), den reaktionären Kurs Metternichs verfolgten und sich dadurch die nationale Bewegung des „Risorgimento" („Wiedererwachen") nicht nur entgleiten ließen, sondern sich auch zum Feinde machten. Seit 1849 war der Kirchenstaat so verhaßt, daß er sich nur noch mit französischer Hilfe halten konnte.

Pius IX. (1846–78) wurde anfangs begrüßt, weil er als liberal und national galt. Als er am 14. März 1848 dem Kirchenstaat eine Verfassung gab, durch die das Volk endlich wenigstens in bescheidenem Maße an der Regierung mitbeteiligt werden sollte, weckte dies Jubel und Begeisterung. Jedoch, als der erste päpstliche Ministerpräsident, Graf Pellegrino Rossi, bei der Eröffnung der Abgeordnetenkammer im November 1848 von radikalen Revolutionären ermordet wurde, der Papst nach Gaeta flüchten mußte und in Rom die Revolution ausbrach, änderte Pius seine Einstellung. Mit französischer Militärhilfe eroberte er Rom und den Kirchenstaat zurück und stellte das alte absolutistische Regiment wieder her. Dadurch reizte er erst recht die Gegner. Die nationale Einigungsbewegung, an deren Spitze nun König Viktor Emanuel II. (1849–78) trat, wuchs zu einer Lawine an, die nicht mehr aufzuhalten war. Der piemontesische Ministerpräsident Cavour (1852–1861) leitete die Bewegung. 1859 ging die Romagna dem Kirchenstaate verloren. Nach der Niederlage bei Castelfidardo (18. 9. 1860) mußten die päpstlichen Truppen auch Umbrien und die Marken räumen. Im März 1861 ließ sich Viktor Emanuel in Florenz zum König von Italien proklamieren.

Noch war Rom durch eine französische Besatzung geschützt. Einfälle des Freischarenführers Garibaldi konnten 1862 und 1867 mit französischer Hilfe zurückgeschlagen werden. Als aber infolge des Deutsch-Französischen Krieges (1870/71) die französischen Truppen im eigenen Lande gebraucht und von Civitavecchia, wo sie ihr Standquartier hatten, abgezogen wurden, fielen die Piemontesen sofort über Rom her und eroberten es nach kurzer Beschießung am 20. September 1870. Damit hatte der Kirchenstaat nach über tausendjährigem Bestand ein Ende gefunden.

Pius IX. zog sich in den Vatikan zurück. Im Juni 1871 machte Viktor Emanuel Rom zu seiner Residenz und zog in den Quirinal ein. Die Proteste und Exkommunikationen des Papstes wurden ignoriert. Zwar bot die neue Regierung im sog. Garantiegesetz vom 13. Mai 1871 dem Papste eine Jahresrente als Ersatz und sicherte ihm die freie und ungehinderte Ausübung aller geistlichen Funktionen, verbunden mit persönlicher Unverletzlichkeit, und Souveränitätsrechte zu. Jedoch wies Pius diese Angebote energisch zurück und blieb als „Gefangener des Vatikans" weiterhin bei seinem Protest. Den Katholiken Italiens verbot er durch das Dekret „Non expedit" die Teilnahme an den politischen Wahlen (1874); er erreichte aber damit nur, daß die Gutgesinnten fernblieben und den Radikalen das Feld überließen. Die Folge war ein zunehmend antikirchlicher Kurs der italienischen Regierung. Erst Pius XI. machte den unerfreulichen Zuständen, der „Römischen Frage", ein Ende, indem er mit Mussolini den *Lateranvertrag* vom 11. 2. 1929 abschloß. Darin verzichtete der Papst auf den ehemaligen Kirchenstaat; er erhielt die volle Souveränität im kleinen Vatikanstaat und die exterritorialen Bereiche der Hauptbasiliken (Lateran, S. Maria Maggiore und S. Paul), der Verwaltungsgebäude der kurialen Behörden und der Villa Castel Gandolfo. Außerdem wurde ein Konkordat mit der italienischen Regierung geschlossen, durch das die Kirche Italiens wieder in ein geordnetes Verhältnis zum Staate kam.

## § 53
### DAS I. VATIKANISCHE KONZIL

Der Pontifikat Pius' IX. (1846–78) war ebenso reich an Höhepunkten wie an Erschütterungen. In dem Maße, in dem die äußere, politische Macht des Papsttums dahinsank, wuchs sein innerkirchliches und moralisches Ansehen. Unfehlbarkeitsdefinition und Primatserklärung fallen zeitlich mit der Eroberung Roms und dem Untergang des Kirchenstaates zusammen. Das I. Vatikanische Konzil stellte einen Höhepunkt dar; gleichzeitig aber war es für viele ein Stein des Anstoßes; es war von Anfang an spannungsgeladen.

1. *Vorgeschichte:* Am 8. Dezember 1854 hatte Pius den alten Glauben daran, daß Maria ohne Erbsünde empfangen worden sei, zum *Dogma* erklärt: „Es ist eine von Gott geoffenbarte Glaubenswahrheit, daß Maria im ersten Augenblick ihrer Empfängnis durch besondere Gnade . . . im Hinblick auf die Verdienste Christi vor aller Makel der Erbsünde bewahrt worden ist." Er entschied damit einen theologischen Schulstreit, der jahrhundertelang vor allem die Dominikaner und die Franziskaner beschäftigt hatte, zugunsten der letzteren. Nicht also die Sache, sondern nur die Art der Verkündigung war neu: Es war keine Konzilsentscheidung, sondern eine Ex-Cathedra-Definition des Papstes. Sie mußte das Problem neu zur Diskussion stellen, inwieweit der Papst allein, ohne Konzil, unfehlbare Glaubenswahrheiten entscheiden und verkünden könne. Damit war das eine große Thema des I. Vatikanischen Konzils bereits angeschnitten. Zwar hatte der Papst vor der Dogmatisierung schriftlich alle Bischöfe der Welt um ihre Meinung gefragt. 536 von ihnen hatten sich dafür ausgesprochen, 4 dagegen und 36 „iuxta modum", d. h. die Sache bejahten sie, hielten aber den gegenwärtigen Zeitpunkt für ungeeignet (inopportun). Bei der feierlichen Verkündigung waren 54 Kardinäle und 140 Bischöfe anwesend. Entschieden aber hat der Papst allein. Irgendein Widerspruch hatte sich in der Kirche nicht erhoben.

Zehn Jahre später, am 8. Dezember 1864, übersandte Pius mit seiner Enzyklika „Quanta cura" allen Bischöfen einen „Syllabus", d. h. eine Zusammenstellung von 80 Zeitirrtümern, die vom katholischen Standpunkte aus zu verwerfen seien. Sie betrafen Lehren des Pantheismus, Naturalismus und Rationalismus, aber auch des Sozialismus und des Kommunismus; ferner irrige Meinungen über das Verhältnis von Kirche und Staat, über die Natur der christlichen Ehe und über die Notwendigkeit bzw. Nicht-Notwendigkeit des Kirchenstaates. Besonders scharf wurden der Liberalismus und der ungezügelte Fortschrittsglaube zurückgewiesen.

Diesmal blieb die Reaktion nicht aus. Katholiken und noch mehr Protestanten beschuldigten den Papst und die katholische Kirche der bewußten Rückständigkeit und Kulturfeindschaft. Zwar beanspruchte der Syllabus noch keine dogmatische Geltung; er wollte nur richtungweisend sein. Wie aber würde es werden, wenn der Papst einzelne dieser Sätze oder auch den ganzen Syllabus wiederum durch Ex-Cathedra-Entscheidung zu Dogmen erklären würde? Diese Angst ging plötzlich um und knüpfte sich bald an die Konzilsankündigung des Papstes.

Zwei Tage vor dem Syllabus, am 6. Dezember 1864, hatte Pius zum erstenmal etwas von der Idee, ein Allgemeines Konzil abhalten zu wollen, verlauten lassen. Unter dem Siegel der Verschwiegenheit forderte er zunächst die 21 in Rom wohnenden Kurienkardinäle auf, ihm ihre Meinung zu diesem Plan zu sagen. Da die Mehrzahl mit Ja antwortete, nur zwei dagegen waren, und sechs zwar Bedenken äußerten, aber nicht grundsätzlich widersprachen, bestellte der Papst jetzt eine vorbereitende Kardinalkommission (9. 3. 1865), zog weitere Bischöfe ins Vertrauen und verkündete bei Gelegenheit der 1800-Jahrfeier des Todes von Petrus und Paulus (67) vor mehr als 500 Bischöfen seinen Konzilsplan. Am 29. Juni 1868 erging die Berufungsbulle; das Konzil sollte am 8. Dezember 1869 in Rom eröffnet werden.

Die Frage der Unfehlbarkeitsdefinition lag in der Luft. Der deutsche Kardinal Reisach hatte sie schon im Dezember 1864 erwähnt, und acht von den Bischofsgutachten des Jahres 1865 hatten sie gefordert. Über das Faktum ließ sich reden; daß der Papst als Amtsnachfolger Petri nach Lk 22, 32 eine besondere Lehrgewalt ausübe, wurde von Katholiken kaum ernsthaft bezweifelt. Die Frage war nur, wie weit sie reiche, ob sie unabhängig vom Konzil und vom Bischofskollegium ausgeübt werden könne und welche besonderen Voraussetzungen gegeben sein müßten?

Da brachte die römische Jesuitenzeitschrift Civiltà Cattolica am 6. Februar 1869 eine Zuschrift aus Frankreich, in der die Unfehlbarkeitsdefinition in einer Weise gefordert wurde, die nach Inhalt und Form verfehlt war. Im Lande des Gallikanismus hatte sich der „Ultramontanismus" (= ultra montes, romzugewandt) entwickelt. Der Laie *Joseph de Maistre* (1754–1821) pries das Papsttum („Du Pape", 1819) als den einzigen Hort der Gesittung und Ordnung in der Revolutionszeit. In dem mit unfehlbarer Autorität ausgestatteten Papsttum allein sah er den Bestand der christlich-abendländischen Ordnung gesichert. Die Monarchie galt ihm als die einzige gottgewollte Regierungsform. Was im staatlichen Bereiche die Souveränität des Herrschers, das sei im geistigen die Infallibilität des Papstes. Die Unfehlbarkeit sei die unabdingbare Voraussetzung jeder geistig-geistlichen Regierung. Auch der Priester *F. R. de La Mennais* (1782–1854) forderte in seinem mehrbändigen „Essai" über die Religion (1817–1823) die päpstliche Unfehlbarkeit als normgebend für das individuelle Urteil in Glaubensfragen. Er folgerte: „Ohne Papst keine Kirche, ohne Kirche kein Christentum, ohne Christentum keine Gesellschaft".

La Mennais hat später seinen Standpunkt revidiert. Vom fanatischen Monarchisten und Autoritätsprediger wurde er seit 1828 zum Fanatiker des Freiheitsgedankens. In seiner Zeitung „L'Avenir" (seit 1830) forderte er nun, daß auch die Kirche sich den freiheitlich-demokratischen Ideen öffne. Er verlangte Trennung der Kirche vom (monarchisch-despotischen) Staate, ihre Aussöhnung mit der modernen Zivilisation, Presse-, Unterrichts- und Gewissensfreiheit. Er fand eine begeisterte Schülerschar (Montalembert, Lacordaire, Ozanam u. a.). Doch im restaurativ-reaktionären Rom, wo unter Gregor XVI. und Pius IX. jede liberale Regung verpönt war, fand er Ablehnung („Mirari vos", 1832) und Maßregelung (1834). Er kehrte daraufhin der Kirche den Rücken. „Die große verpaßte Chance" der Kirche, mit der modernen Welt in lebendigen Kontakt zu kommen, hat man das Scheitern des „liberalen Katholizismus" genannt. Von den „Ultramontanen" als „rote" Katholiken verschrieen, haben sich liberal-katholische Kreise bis in die Zeit des Vaticanums gehalten. Auch Döllinger und sein Kreis wurden zu ihnen gerechnet.

Während in Deutschland *J. A. Möhler* („Einheit in der Kirche", 1825) die Stellung des Papstes organisch mit dem Corpus Christi mysticum verband, wurde in Frankreich seine Isolierung durch den Laien Louis Veuillot (1813–1883) fortgesetzt („Univers", seit 1840). In gefährlich übertreibenden Weise, die auf einen regelrechten Kult des Papsttums hinauslief, dehnte er Primat und Unfehlbarkeit auf alle Bereiche des amtlichen und persönlichen Sprechens und Handelns des Papstes aus und vertrat den Gedanken einer positiven Inspiration durch den Heiligen Geist, die alle päpstlichen Handlungen begleite und leite. Mit seiner zahlreichen Anhängerschaft wünschte nun Veuillot, daß diese seine Vorstellungen vom Konzil akzeptiert und dogmatisiert würden. Darauf lief der Civiltà-Artikel hinaus.

In Deutschland beobachtete eine Gruppe von Theologen und Gelehrten diese ultramontane Entwicklung in Frankreich mit Sorge. An ihrer Spitze stand Ignaz von Döllinger (1799 bis 1890), ein Kirchenhistoriker von internationalem Ruf. Bis etwa 1860 war er stets einer der entschiedensten Verfechter des deutschen Katholizismus im öffentlichen Leben gewesen; dann aber hatte er mehr und mehr seine warnende Stimme im eigenen Lager erhoben; seine Kritik an den rückständigen Verhältnissen im Kirchenstaat und an den Globalverurteilungen des „Syllabus" brachten ihn in den Ruf, ein „liberaler" Katholik zu sein. Deswegen war er von Rom auch nicht zu den theologischen Vorarbeiten zum Konzil herangezogen worden. Nun erhob er seine Stimme mit leidenschaftlicher Schärfe gegen die ultramontanen französischen Tendenzen in der Unfehlbarkeitsfrage. In ungemein harten Worten bekämpfte er in einer Artikelserie in der Augsburger Allgemeinen Zeitung unter dem Pseudonym „Janus" die päpstliche Infallibilität. Aus der Geschichte wollte er nachweisen, daß es eine solche Unfehlbarkeit nie gegeben habe; im Gegenteil könne man zeigen, daß die Päpste oftmals geirrt hätten und in Häresien verfallen seien, wie besonders der Fall des Papstes Honorius I. (625–38) beweise. Er bestritt dem Papste jede Art von unfehlbarer Lehrgewalt und griff darüber hinaus auch seine primatiale Stellung und Autorität in der Kirche an. Er schoß damit weit über das Ziel hinaus.

Im Juli 1869 erschienen Döllingers Artikel in Buchform unter dem Titel „Der Papst und das Konzil" von „Janus". Ihr polemischer Ton wirkte ungeheuer aufreizend. Auf liberaler und protestantischer Seite stachelte der Angriff Döllingers gegen das Papsttum – als solcher wurde er überall gewertet – in der konfessionell gespannten Zeitsituation den Haß gegen alles Katholische an. Im katholischen Lager fand er geteilte Aufnahme; die einen stimmten mehr oder weniger zu, wobei sie hauptsächlich von Veuillots häretischen Übertreibungen abgeschreckt waren, die anderen empfanden ihn als einen Verrat; der große Kölner Theologe M. J. Scheeben nannte das Buch ein Pamphlet gegen das Papsttum. Am folgenschwersten war die Wirkung in der Öffentlichkeit. Mit einem Male war das Konzil zu einem politischen Ereignis geworden. Im April 1869 übersandte der bayerische Ministerpräsident Fürst Hohenlohe allen europäischen Regierungen eine Zirkulardepesche, in der er vor den politischen Folgen einer päpstlichen Unfehlbarkeitserklärung warnte und ein gemeinsames Vorgehen der Staaten gegen das Konzil anregte. Das Unternehmen scheiterte daran, daß Preußen (Bismarck) und Österreich nicht mitmachen wollten. Als die deutschen Bischöfe Ende August 1869 zur Bischofskonferenz nach Fulda reisten, wurden sie unterwegs im protestantischen Hessen vom Volke beschimpft und belästigt. Sie mußten in ihrem anschließenden Hirtenschreiben beruhigende Erklärungen abgeben. Da auch sie in ihrer Mehrheit die Unfehlbarkeitsdefinition für inopportun hielten, baten sie den Papst dringend, wegen der allgemeinen Spannung von der Behandlung dieses Themas auf dem Konzil abzusehen.

2. *Konzilsverlauf.* Weil auch in England, Frankreich und in anderen Ländern die Spannung zwischen Zustimmung und Ablehnung ähnlich groß war, setzte der Papst die Unfehlbarkeitsfrage tatsächlich von der Tagesordnung ab. Kaum aber hatte das Konzil seine Arbeit im Dezember 1869 begonnen, da wurde sie von den eifrigen Verfechtern der Infallibilität doch hochgespielt. Erzbischof Dechamps von Mecheln stellte am 25. Dezember den Antrag, vierhundert Bischöfe stimmten ihm bei einer Unterschriftensammlung zu und baten den Papst, nachträglich die Unfehlbarkeitsfrage zur Behandlung zu stellen. Die ungemein heftige Reaktion der Opposition, die es auf 136 Gegen-Unterschriften brachte, konnte nicht verhindern, daß Pius zustimmte, zumal auch die „Kongregation zur Prüfung der Vorschläge“ sich dafür erklärte.

So begannen am 9. Mai 1870 die Konzilsberatungen über die päpstliche Unfehlbarkeit. 37 Sitzungen der Generalkongregation fanden statt. 140 lange, harte Reden für und wider wurden gehalten. Immer leidenschaftlicher entspann sich die Diskussion; von außen wurde sie lebhaft angefacht; vor allem schrieb Döllinger, diesmal unter dem Pseudonym „Quirinus“, wieder heftige und nun immer unsachlicher werdende Gegenartikel. Auf dem Konzil kämpften besonders Bischof Hefele von Rottenburg, der gelehrte Verfasser der berühmten „Konzilsgeschichte", und Bischof Strossmayer von Djakovar in Bosnien gegen eine Definition. Aber auch Kardinäle und zahlreiche andere Bischöfe standen in der Opposition, darunter die Mehrheit der deutschen Oberhirten. Aber weitaus die meisten von ihnen bejahten das Faktum der päpstlichen Unfehlbarkeit an sich; sie waren nur der Meinung, daß es im gegenwärtigen Augenblick inopportun sei, es als Dogma zu verkündigen. Die Debatte wurde mit großer Offenheit und Freiheit geführt. Sie hatte den Vorteil, daß wirklich alle Argumente und Gegenargumente ungehindert zu Wort kamen und nichts verheimlicht oder verschwiegen wurde, was zur Klärung nötig war. Ja, die leidenschaftliche Heftigkeit der Opposition, die auf dem Konzil, wie gesagt, glänzend vertreten war, hatte zur Folge, daß ihre Einwände besonders sorgfältig geprüft wurden. Ihr war es zu danken, daß der unsinnige Ballast der Veuillotschen Überspannung schon bald herausgenommen wurde. Der Kern, der übrigblieb, war um so einwandfreier und sicherer.

In einer Vorabstimmung am 13. Juli 1870 stimmten 451 Konzilsväter für die Unfehlbarkeitsdefinition, 88 dagegen und 62 mit bedingtem Ja. Dann folgte die Schlußabstimmung am 18. Juli 1870. Es zeigte sich, daß von den Opponenten die weitaus größte Mehrheit aus Gründen der Inopportunität dagegen gestimmt hatten. Sie hatten keine Schwierigkeit, nunmehr grundsätzlich mit Ja zu stimmen. Andere waren noch unklar. Sie wollten aber die Definition nicht verhindern; so reisten 55 Bischöfe mit Erlaubnis des Papstes vor der Endabstimmung von Rom ab. In der feierlichen 4. Konzilssitzung aber wurde an diesem Tage die Konstitution *Pastor Aeternus*, die die Lehren vom Primat und der Unfehlbarkeit des Papstes enthielt, mit 533 Ja-Stimmen und nur 2 Nein-Stimmen angenommen. Sie besagte: 1. Der Papst übt als Nachfolger Petri, Stellvertreter Christi und oberstes Haupt der Kirche die volle ordentliche, unmittelbare bischöfliche Gewalt über die Gesamtkirche und über die einzelnen Bistümer aus (Primat, Universalepiskopat). Diese erstreckt sich sowohl auf Sachen des Glaubens und der Sitten als auch auf die Disziplin und Kirchenleitung. Damit soll die ordentliche, nach göttlichem Willen rechtmäßig eingesetzte lokale bischöfliche Jurisdiktionsgewalt, die jeder einzelne Bischof jeweils für seine Diözese besitzt, nicht beseitigt werden. Aber diese ist ein- und untergeordnet in das Gesamte der Universalkirche; daher ist der Einzelbischof dem Papst wahren Gehorsam schuldig, „nicht nur in Sachen, die Glauben und Sitten, sondern auch Lebensweise und Regierung der Kirche ... betreffen".

2. Wenn der Papst als Amtsperson (= ex cathedra) für die ganze Kirche eine endgültige Entscheidung über eine Sache des Glaubens oder der Sitte trifft, so ist diese in sich (ex sese) unfehlbar und unabänderlich, ohne daß sie dazu erst noch der Zustimmung der Kirche bedürfte.

3. Unmittelbar nach dieser Definition mußte das Konzil abgebrochen werden. Der Ausbruch des Deutsch-Französischen Krieges (19. Juli 1870) zwang viele Konzilsväter zur Heimkehr. Später machte die Besetzung Roms durch die Piemontesen am 20. September 1870 eine Fortsetzung unmöglich. So kam es über wichtige andere Punkte des Schemas „Über die Kirche" nicht mehr zur Debatte. Vor allem blieb eine Definition der Kirche selbst und eine genauere Festlegung der Stellung des Episkopates in der Gesamtkirche unerledigt. Der Primat war definiert, aber sein Verhältnis zum Episkopat nur angedeutet, nicht genauer umschrieben worden. Der primatiale Aspekt dominierte über dem kollegialen. Ein gewisses Unbefriedigtsein blieb notwendig bestehen. Es war eine Folge des abrupten Abbruches.

Es waren auch noch andere Fragen vom Konzil behandelt und in seinen Kommissionen bearbeitet worden. So vor allem die wichtige dogmatische Konstitution „Über den katholischen Glauben", die am 24. April angenommen und vom Papst bestätigt wurde. Von insgesamt 51 Schemata wurden überhaupt nur zwei erledigt. Aber die Bedeutung der Primats- und Unfehlbarkeitsfrage hat alles andere in den Schatten treten lassen. Sie sollte noch ein Nachspiel haben.

## § 54
### NACH DEM KONZIL: ALTKATHOLIZISMUS UND KULTURKAMPF IN DEUTSCHLAND

Es ist ein gutes Recht in der Kirche, daß jeder seine Meinung sagen kann, solange über eine Glaubensfrage noch keine endgültige Entscheidung gefällt worden ist. Nur ein Dogma zu leugnen ist formelle Häresie. Wie würde die Konzilsopposition jetzt nach der Definierung der Unfehlbarkeit sich zu diesem neuen Dogma stellen, das war die bange Frage, die sich manche stellten? Nun es ist sicher ein Zeichen echter katholischer Glaubenshaltung, daß der gesamte Episkopat ohne Ausnahme entweder sofort oder nachträglich seine Zustimmung gegeben hat. Diejenigen, die vor der Abstimmung abgereist waren, unterwarfen sich der höheren Glaubensentscheidung der Kirche; von ihnen waren die meisten ohnehin nur aus Gründen der Inopportunität gegen die Definierung gewesen, wie Erzbischof Melchers aus Köln, Scherr von München-Freising und weitere. Aber es gab auch andere. Hefele von Rottenburg und Förster von Breslau z. B. hatten eine grundsätzlich andere Meinung gehabt. Beiden ist es nicht leicht gefallen, sich zu unterwerfen. Nach hartem seelischen Konflikt veröffentlichte Bischof Hefele im April 1871 die Dekrete in seiner Diözese. In einer öffentlichen Antwort an die ihn deswegen beschimpfenden Döllinger-Anhänger schrieb er: Es hat mehrere Monate inneren Kampfes gedauert, „bis ich imstande war, mich mit dem Konzilsdekret auszusöhnen, indem ich mich frank und frei der höchsten Autorität der Kirche unterwarf. Was ich gar wohl voraussah, ist eingetreten: Es hat mir dieser Schritt viel Verfolgung zugezogen, aber er hat mir dafür die innere Ruhe wiedergebracht." Das katholische Prinzip hatte über das private Urteil gesiegt.

1. Um so enttäuschter war die oppositionelle Gruppe in Deutschland. Bis zum Schluß hatte sie geglaubt, auch nach der Konzilsdefinition mit den deutschen Bischöfen gemeinsam gegen die Konzilsentscheidung angehen zu können. Viele schmeichelten sich, mit dem Gewicht ihres wissenschaftlichen Ansehens die Glaubensentscheidung nachträglich sogar umstoßen zu können. Sie drängten auf ein Schisma zu. Es darf nicht in Abrede gestellt werden, daß auch sie zum Teil schwere innere Seelenkämpfe durchgemacht haben; einige fanden später den Weg zur Einheit zurück; andere verharrten in der Opposition. Tiefe Tragik liegt über diesen Ereignissen.

Am 14. August veranstalteten die oppositionellen Bonner katholischen Theologieprofessoren eine Prostestkundgebung in Königswinter, auf der man sich in heftigen Anschuldigungen gegen die vatikanische „Versammlung", der man den Charakter eines freien Konzils absprach, gegenseitig überbot. Am 27. August 1870 fand eine solche, in einem weiteren Rahmen, in Nürnberg statt. Man sammelte Unterschriften und Anhänger. In Köln und München bildeten sich zu diesem Zweck sog.

„Zentral-Comitées". Döllinger hatte das Stichwort von der „alten katholischen Kirche" gegeben, die durch das Vatikanische Konzil in ihrem Wesen verändert worden sei. Für die „Altkatholische Kirche" wollte man jetzt kämpfen. Von ihren Bischöfen zur Unterwerfung unter das Dogma aufgefordert, verweigerten zahlreiche Professoren der theologischen Fakultäten in Bonn, Breslau, München und Braunsberg den Gehorsam und wurden exkommuniziert. Im September 1871 hielten sie den ersten „Altkatholikenkongreß" in München ab. Döllinger warnte jetzt davor, Altar gegen Altar zu stellen und eine Kirchenspaltung herbeizuführen. Es kam dennoch zur Gründung der „Altkatholischen Kirche"; Döllinger ist ihr nie offiziell beigetreten, wenn er ihr auch verbunden blieb.

Im Juni 1873 wurde der Breslauer Theologieprofessor Reinkens zum „altkatholischen" Bischof geweiht. Um eine echte apostolische Sukzession sicherzustellen, ließ er sich von dem Jansenistenbischof Heykamp in Deventer konsekrieren. Die Spaltung war damit vollendet. Doch war man bestrebt, am katholischen Glaubensgut, mit Ausnahme der letzten Dogmen, festzuhalten. „Reformen", die in den nächsten Jahren hinsichtlich der Beicht- und Bußpraxis (1874), hinsichtlich der Ehebestimmungen, der Feiertagspraxis etc. (1875) und hinsichtlich der Freistellung des Priesterzölibates (1878) eingeführt wurden, berührten den Glaubenskern nicht wesentlich. So konnte neuerdings die seit Januar 1968 arbeitende Kommission von offiziellen Vertretern der altkatholischen Kirche in Deutschland und der Fuldaer Bischofskonferenz zur Überwindung der Spaltung an viele Gemeinsamkeiten im dogmatischen und liturgischen Bereiche anknüpfen.

Die Hoffnungen der „Altkatholiken", große Teile der katholischen Kirche auf ihre Seite ziehen zu können, erfüllten sich nicht. Ihre Zahl blieb klein und schrumpfte nach gewissen Anfangserfolgen im Laufe der Zeit immer mehr ein. Der mit Erbitterung auf beiden Seiten geführte Kampf verhärtete die Fronten. Die Regierungen, vielfach von den Altkatholiken zu Hilfe gerufen, mischten sich ein. Der Kulturkampf deutete sich an. Bismarck erblickte in der altkatholischen Bewegung ein Mittel zur Verwirklichung seiner Vorstellung von einer romfreien deutschen Nationalkirche und förderte sie nach Kräften. Das wiederum erbitterte die Katholiken und schürte die gegenseitige Abneigung, die erst jetzt überwunden ist.

2. Der „Kulturkampf" in Deutschland hatte viele Wurzeln: die

Spannungen zwischen den (protestantisch-preußischen) Kleindeutschen, deren Führer Bismarck war, und den (zumeist katholischen) Großdeutschen in der Reichspolitik; die Feindseligkeit des Liberalismus gegen die Kirche, besonders seit dem Syllabus und dem Vaticanum; und nicht zuletzt auch die kirchliche Opposition der Altkatholiken in Deutschland, die den Kampf gegen die katholische Kirche zu ihren eigenen Gunsten lebhaft schürten. Das neue Reich, das Bismarck nach dem Sieg über Frankreich soeben zu schmieden begann, sollte möglichst einheitlich werden. In staatskirchlichen Gedanken aufgewachsen, konnte er sich dies nur vorstellen, wenn auch die katholische Kirche, ähnlich wie die evangelische Landeskirche, sich dem Staatswillen ganz und ausschließlich unterordnete. Dabei war ihm speziell die Existenz einer eigenen politischen Vertretung der Katholiken in der Zentrumspartei, die sich 1870 neu gebildet hatte und in den neuen Reichstag gleich mit beträchtlicher Stärke einzog, ein Dorn im Auge.

So kam es in dem neuen Reiche, von Preußen inspiriert, bald zu dem erbitterten Ringen, das als „Kulturkampf" gegen die katholische Kirche deklariert wurde: 1871 wurde die katholische Abteilung im preußischen Kultusministerium aufgehoben. Der Kanzelparagraph (10. 12. 1871) schränkte die freie Predigt ein; das Schulaufsichtgesetz (11. 3. 1872), das Reichs-Jesuitengesetz (4. 7. 1872), das die Jesuiten und „verwandte Orden" (Redemptoristen) aus ganz Deutschland vertrieb, und schließlich die Maigesetze (1873) folgten; die letzteren erließen staatliche Anweisungen über Ausbildung und Anstellung der Geistlichen, über die Handhabung der rein kirchlichen Disziplinargewalt und über erleichterten Kirchenaustritt. Im März 1874 wurde zunächst in Preußen, dann (6. 2. 1875) im ganzen Reiche die obligatorische Zivilehe eingeführt. Im Mai 1874 schlossen sich weitere „Maigesetze" an, u. a. auch das „Altkatholikengesetz", das am 4. 7. 1875 dahingehend spezifiziert wurde, daß den Altkatholiken das Mitbenutzungsrecht an den katholischen Kirchen zugesprochen wurde, auch wenn ihre Zahl nur gering war. Im Mai 1875 wurden alle Klöster und Ordensniederlassungen in Preußen aufgehoben und die Ordensleute ausgewiesen; mit ausdrücklicher ministerieller Genehmigung durften nur die in der Krankenpflege tätigen Orden bleiben. Das „Brotkorbgesetz" (22. 4. 1875) sperrte alle finanziellen Pflichtleistungen des preußischen Staates an die Kirche. Die weiteren Zahlungen wurden von der unterschriftlichen

Erklärung, die Kulturkampfgesetze anerkennen und befolgen zu wollen, abhängig gemacht; da hierzu nur die altkatholischen „Staatspriester“ bereit waren, flossen ihnen diese Gelder zu. Die Durchführung aller dieser Gesetze wurde mit staatlichen Polizeimaßnahmen, mit Geld- und Gefängnisstrafen sowie mit Landesverweisungen u. a. m. betrieben.

Mit geschlossener Einmütigkeit regte sich allenthalben der Widerstand des katholischen Volkes, des Klerus und des Episkopates gegen diese Zwangsmaßnahmen. Wie in Preußen, so tobte der Kampf auch in Baden, Hessen-Darmstadt und Sachsen. Selbst das katholische Bayern, das unter Döllingers Einfluß die vatikanischen Entscheidungen ablehnte und den Altkatholizismus eifrig förderte, schloß sich nicht aus. Unendlicher Schaden wurde angerichtet; erreichen konnten die Regierungen nichts. Im Gegenteil, das katholische Volk wuchs enger und enger zusammen. Die Zentrumspartei stieg 1873/74 auf 91 Sitze im Reichstag an; ihre genialen Führer waren Windthorst († 1891), die Gebrüder Reichensperger, von Mallinckrodt und andere. Schließlich war Bismarck froh, daß er klein beigeben und einlenken konnte. 1880 begann er mit dem Abbau der Kulturkampfgesetze. Papst Leo XIII. (1878–1903) bot ihm dazu seine Hand.

## § 55

### DIE PÄPSTE NACH DEM I. VATIKANISCHEN KONZIL

In einem seltsamen Kontrast zu der äußeren Ohnmacht des Papsttums nach dem Untergang des Kirchenstaates stand das Anwachsen seines moralischen Ansehens innerhalb und außerhalb der Kirche. Die Definition der beiden Dogmen vom Primat und von der Unfehlbarkeit in Sachen des Glaubens und der Sitte wirkten sich nicht schädigend, sondern eher positiv auf das Verhältnis der Kirche zu den Völkern aus. Zu Feindseligkeiten kam es nur in Deutschland. In Frankreich erhob sich kein Widerspruch; unter der Präsidentschaft Mac Mahons (1873–79) hatte die französische Kirche Frieden. In England, Irland, Belgien und Amerika wurden die heimkehrenden Bischöfe mit allen Ehren empfangen.

Die Regierung *Leos XIII. (1878–1903)* brachte einen stetig anwachsenden Prestigegewinn des Papsttums; er äußerte sich in der ständig zunehmenden Zahl der diplomatischen Vertretungen beim Heiligen Stuhl (auch nichtkatholische Länder unterhielten diplomatische Beziehungen zu ihm in Rom); er zeigte sich auch in den einstimmigen Huldigungen, die ihm bei seinen persönlichen Jubiläen (1883, 1887, 1893, 1903: 50-jähriges Kardinals- und 25jähriges Papstjubiläum) von allen Seiten dargebracht wurden. 1890 besuchte ihn der deutsche Kaiser Wilhelm II. persönlich im Vatikan. Das Ergebnis ihrer Unterhaltung über die schwierigen sozialpolitischen Probleme in den Industriestaaten war die berühmte Sozialenzyklika des Papstes zur Arbeiterfrage, „Rerum novarum" (1891), die zum erstenmal eine katholische Lösung der sozialen Frage entwickelte, ohne sich, wie bislang, auf karitative Maßnahmen zu beschränken.

Leos Bemühen war darauf gerichtet, in den akuten sozialen, politischen und kulturellen Fragen mit dem reaktionären Kurs seines Vorgängers zu brechen. Vor allem beschäftigte ihn das Problem Kirche und Staat. In mehreren Enzykliken entwickelte er seine zumeist an Thomas von Aquin orientierte Lehre vom christlichen Staat (1881, 1885, 1888, 1890); das Auffallende an ihr war die Betonung der Eigenständigkeit und Würde des Staates, die er nachdrücklich hervorhob. In einer Enzyklika (Aeterni Patris) stellte er schon 1879 die Bedeutung der thomistischen Theologie und Philosophie heraus und erklärte sie zur Grundlage der kirchlichen Theologie. Fortschrittlich zeigte er sich auch in den Fragen der Bibelwissenschaft (Enz. Providentissimus Deus, 1893). Große Verdienste erwarb er sich außerdem durch die Öffnung der Vatikanischen Archive 1881 für Gelehrte aller Konfessionen um die Geschichtswissenschaft. Schon 1879 hatte er den Würzburger Historiker Josef Hergenröther (1824–90) zum Präfekten des Archivs ernannt und ihn gleichzeitig zum Kardinal erhoben; neben diesem wirkte der gelehrte Heinrich Denifle O.P. (1883–1905) als Unterarchivar; Präfekt der Vatikanischen *Bibliothek* wurde der ebenso gelehrte Franz Ehrle S.J. (1895–1914, seit 1922 Kardinal, gest. 1934). Archiv und Bibliothek des Vatikans wurden seitdem Zentren der historischen Forschung von internationaler Bedeutung; seit 1886 schrieb dort Ludwig von Pastor seine berühmte monumentale „Geschichte der Päpste seit dem Ausgang des Mittelalters" (22 Bände, letzte Auflage Herder 1961).

Leos Aufgeschlossenheit, die mit der starren Haltung Pius' gegenüber den Staaten brach, zeitigte auch auf diplomatischem Gebiete große Erfolge. Er erreichte die Beendigung des Kulturkampfes in Deutschland, und nichts deutete die neue Lage besser an als die Tatsache, daß sogar Bismarck selbst sich 1885 mit der Bitte an den Papst wandte, er möge in dem Streit zwischen Deutschland und Spanien um den Besitz der Karolinen-Inseln vermitteln und entscheiden. Auch in Belgien (1885) und in der Schweiz (1888) konnte er die aufgetretenen Schwierigkeiten zwischen Staat und Kirche beilegen.

Wichtig war, daß Leo in all seiner reichen Lehrtätigkeit nicht ein einziges Mal von der im Vatikanum definierten unfehlbaren Ex-Cathedra-Entscheidung Gebrauch machte. Er entschärfte dadurch die in der Hitze des Kampfes um 1869/70 erhobenen Anschuldigungen und Zukunftsprognosen; dogmatische Definitionen finden nur in außergewöhnlichen, zentralen Fragen des Glaubens und der Moral statt; die in päpstlichen Enzykliken niedergelegten Lehren erheben keinen Anspruch auf unfehlbare Gültigkeit. Die nächste unfehlbare Glaubensentscheidung wurde erst von Pius XII. 1950 vorgenommen.

Nur in Frankreich spitzten sich die kirchenpolitischen Verhältnisse wieder zu. Dort kamen seit 1879 die Republikaner zur Macht; sie eröffneten sofort einen neuen Kirchenkampf, der 1900–1906 seinen Höhepunkt erreichte. Er zielte auf die Entchristlichung von Unterricht und Erziehung und auf die vollständige Säkularisierung des öffentlichen Lebens. Trennung von Kirche und Staat war die Parole. Das Vereinsgesetz von 1901 wies die Ordensleute, mit Ausnahme einiger weniger, in der Krankenpflege tätiger Kongregationen, aus Frankreich aus. 1904, nach Leos Tod, kam es zum Abbruch der diplomatischen Beziehungen zwischen Frankreich und dem Vatikan. Leo hatte die noch stark monarchistisch und antirepublikanisch gesinnten französischen Katholiken zur Zusammenarbeit (Ralliement) mit der Republik gedrängt, war aber bei ihnen nicht durchgedrungen. So vermochten seine Bemühungen nur eine Verzögerung, nicht aber eine Abwendung des offenen Kampfes zu erwirken.

In den letzten Jahren machten sich auch bei ihm, dem 90-jährigen (1810–1903), gewisse reaktionäre Tendenzen bemerkbar, die jedoch mehr auf seine reaktionäre Umgebung zurückgingen. So gründete er 1903 die Bibelkommission aus mehreren Kardinälen und einer Anzahl von Konsultoren, die „dazu bestimmt war, die katholischen Exegeten scharf zu überwachen" (R. Aubert). Daß seine starke autoritäre Persönlichkeit auch den römischen Zentralismus in der Kirche förderte, lag in der Natur der Sache. Seine immer häufiger notwendigen Interventionen in kirchenpolitische Streitigkeiten einzelner Länder, in denen er unter Umgehung der Bischöfe unmittelbar über seine Nuntien mit den Regierungen verhandelte, trugen ebenso dazu bei, wie seine zahlreichen Instruktionen an die Diözesanbischöfe. Auch die nachdrückliche Pflege der Pilgerfahrten der Gläubigen aus allen Ländern nach Rom, wozu der moderne Verkehr die Voraussetzungen schuf, führten dazu, Rom als den Mittelpunkt der Christenheit ins allgemeine Bewußtsein zu bringen.

*Pius X. (1903–14)* war von ganz anderer Art als Leo, eine unpolitische, innerlich-fromme und religiöse Natur; so „hinterließ er überall den Eindruck eines Heiligen". Er war in der Tat ein Heiliger und wurde 1954 heiliggesprochen. „Instaurare omnia in Christo" (Enz. 1903) war seine Devise. Er konzentrierte sich ganz auf die innerkirchlichen, religiösen Probleme und hat als Seelsorgepapst und als einer der größten Reformer der Geschichte ungeheuer viel für die Kirche geleistet. Seine intensive Reformtätigkeit knüpfte an das I. Vatikanische Konzil an. Die zahlreichen Reformbestimmungen, die wegen des Abbruchs des Konzils 1870 nicht mehr realisiert worden waren, wurden aufgegriffen und verwirklicht. Unendlich segensreich wirkten seine Kommuniondekrete (seit 1905), mit denen er die häufige Kommunion und die Frühkommunion der Kinder förderte, seine liturgischen Reformen hinsichtlich des Breviers, des Missales und des Choralgesanges, seine Pastoralschreiben zur aszetischen und wissenschaftlichen Erneuerung des Klerus. Wichtig war auch seine Kurialreform, durch die er den römischen Behördenapparat neu ordnete und modernisierte, und seine Vorarbeiten zur Neufassung des gesamten Kirchenrechts. Er entnahm das Material auch hierzu großenteils den Vorarbeiten des Vatikanischen Konzils. Insgesamt hat er eine für den inneren Aufbau der Kirche unschätzbare Leistung vollbracht.

Aber auch Heilige sind Menschen und haben ihre Grenzen. Sein unbeirrbares Eintreten für die Reinheit des Glaubens und für die Rechte der Kirche hatte als Kehrseite eine gewisse Enge und Starre, die sich auf kirchenpolitischem Gebiete verhängnisvoll auswirkte. Das Prestige, das Leo gewonnen hatte, hat Pius in kurzer Zeit verspielt. Eine Verschlechterung der Lage der Kirche in vielen Ländern war die Folge. In Frankreich führte der Streit über das Nominationsrecht der Bischöfe zum

Abbruch der diplomatischen Beziehung im Jahre 1904; die kirchenfeindliche Regierung ordnete im Dezember 1904 im Zuge ihrer Maßnahmen zur Trennung von Kirche und Staat im ganzen Lande die Gründung von Kultusvereinen an, denen die Verwaltung des Kirchenvermögens und die Anstellung und Besoldung der „Kultdiener" übertragen werden sollte; da Pius X. die Beteiligung der Katholiken an diesen Gründungen untersagte, wurden die Kultusvereine bald von Nichtkatholiken und Kirchenfeinden beherrscht. Das Gesetz über die völlige Trennung von Kirche und Staat trat am 1. 1. 1906 in Kraft. Das Kirchengut wurde herrenlos, und seine Verwaltung ging an den Staat über. Der materielle Schaden der katholischen Kirche in Frankreich war groß. Ihre völlige Verarmung führte zu ihrer Verdrängung aus dem öffentlichen Leben; sie verlor den Kontakt mit den republikanisch eingestellten Massen des französischen Volkes. Die Entchristlichung Frankreichs nahm bald einen erschreckenden Umfang an.

Auch mit Rußland, Deutschland und den USA entstanden neue Spannungen. 1910 wurden die diplomatischen Beziehungen zu Spanien abgebrochen; mit Portugal kam es 1911 zum offenen Streit. Streng monarchisch ausgerichtet, lehnte Pius, wie seine Vorgänger, die demokratischen Ideen ab und verpaßte den Anschluß an die republikanischen Strömungen der Zeit.

Innerkirchlich führte die Verurteilung des sog. *Modernismus* durch das Dekret „Lamentabili" und die Enzyklika „Pascendi" (1907) zu einer schweren Krise. Sie entstand dadurch, daß sich fortschrittlich gesinnte katholische Theologen und Wissenschaftler ernsthaft um einen Ausgleich mit der modernen Kultur bemühten und zum Teil falsche Wege gingen. In Amerika verlangte der Konvertit Hecker energisch eine stärkere Beteiligung der Katholiken am Kulturleben (= Amerikanismus). In Frankreich machte sich der Exeget Loisy die „moderne" Bibelkritik der liberalen protestantischen Theologie zu eigen; Blondel, Laberthonnière und Le Roy bauten Gedankengänge der modernen evolutionistischen Philosophie in die christliche Glaubens- und Sittenlehre ein und kamen zu einer Relativierung des Dogmas. In Italien folgten ihnen Minochi, in England vor allem der Konvertit Tyrrell. Zweifellos war es nötig, daß das kirchliche Lehramt Stellung nahm und die Irrtümer verurteilte. Leider aber unterschied es nicht genug zwischen den berechtigten Anliegen derer, die lediglich eine größere

Aufgeschlossenheit der Kirche gegenüber dem modernen Kulturleben wünschten, und denen, die entweder in ihrer Anpassung schon sehr weit gingen (in Deutschland etwa J. Müller, J. Schnitzer) oder sogar schon häretisch geworden waren (Loisy). Ein streng reaktionärer Kreis um Pius X. witterte überall Häresie. Bald entwickelte sich eine regelrechte Jagd der kirchlichen Integralisten auf echte und angebliche Modernisten. Zur Überwachung der theologischen Lehrer wurde 1910 der Antimodernisteneid vorgeschrieben, den sämtliche mit Seelsorge oder Lehrtätigkeit betraute Priester zu leisten hatten. Später wurde er dahin festgelegt, daß er von Klerikern vor dem Empfang der höheren Weihen, von den theologischen Lehrern bei der Übernahme ihres Lehramtes, von den Pfarrern, Prälaten und Oberen vor ihrer kanonischen Amtseinsetzung gefordert wurde. Er wurde erst 1967 abgeschafft. In der Anfangszeit führten anonyme Anklagen und blindwütiges Vorgehen oft zu unbegründetem Mißtrauen gegen Männer von lauterer, kirchlicher Gesinnung, wie Hermann Schell, Albert Ehrhard und viele andere. Eine peinliche gedrückte Stimmung war die Folge dieser engherzigen Haltung im katholischen Lager. Benedikt XV. schritt gleich in seiner ersten Enzyklika (1. 11. 1914) gegen die Verketzerungssucht der Integralisten ein.

Der Pontifikat *Benedikts XV.* (1914–22) wurde vom ersten Weltkrieg überschattet. Der Papst versuchte unermüdlich und mit allem Freimut dem Völkerhaß entgegenzuwirken. Als er am 1. August 1917 den kriegführenden Mächten eine lang vorbereitete Friedensnote überreichte, wurde sein Vermittlungsvorschlag von den Parteien in unverständlicher Verblendung abgelehnt. Nach dem Kriege hat er in einem großangelegten Hilfswerk, das besonders dem geschlagenen Deutschland zugute kam, die Not nach Kräften zu lindern und die Wunden zu heilen versucht. Eindringlich warnte er davor, Europa in Sieger und Besiegte aufzuspalten. Den Versailler Vertrag billigte er nicht. Leider fand er kein Gehör. Die Zahl der diplomatischen Vertretungen beim Vatikan stieg nach dem Kriege auf 25 an, darunter das protestantische Holland, England und selbst Japan. Innerkirchlich ist die Publikation des neuen kirchlichen Gesetzbuches, des Codex Juris Canonici (1917), von Bedeutung; es trat 1918 in Kraft.

# III. Epoche: 1918–1965

## Vom 1. Weltkrieg bis zur Gegenwart

Rund 10 Millionen Tote und 20 Millionen Verwundete waren die traurige Bilanz des Völkermordens. Die Erschütterung darüber einerseits, das Kriegserlebnis selbst andrerseits schufen nach dem Kriege eine neue geistige Situation. Alte Bindungen wurden abgeworfen, ein neuer Anfang sollte gemacht werden. Auch für die Kirche war diese Zeit eine Epoche gewaltigen Umbruches. Man gab sich Rechenschaft über die Fehler der Vergangenheit und suchte nach neuen Wegen. Dabei kam es zur Wiederentdeckung der gemeinsamen Grundlagen des Christentums und zu einem tiefen neuen Kirchenerlebnis. Die „Zeit der Kirche" hub an.

### § 56

### RÜCKKEHR AUS DEM EXIL UND NEUER AUFBRUCH

1. In Deutschland drang die Erkenntnis durch, daß der Katholizismus in eine größere Mitverantwortung zur Weltzivilisation eintreten und seinen alten Rückstand aufholen müsse. Schon seit der Jahrhundertwende hatten Männer, wie Georg von Hertling, Schell, Ehrhard und Carl Muth, der Herausgeber des „Hochland" (seit 1903), unermüdlich auf die tatsächliche „Inferiorität" der Katholiken im kulturellen, wissenschaftlichen und politischen Leben hingewiesen und an das katholische Volk appelliert, sich den modernen Aufgaben zu stellen. Sie hatten unter der Antimodernisten-Psychose Pius' X. wie viele andere schwer leiden müssen. Aber nun forderten sie energische Abhilfe. Der Philosoph Peter Wust stellte die darüber in Gang gekommene Diskussion unter das Motto „Rückkehr aus dem Exil".

Beim Rückblick auf die Vergangenheit stellte man fest, daß der Katholizismus im 19. Jh. bei all seinen Erfolgen innerlich doch in eine Verkümmerung geraten war. Staatskirchentum, Konfessionalismus, Nationalismus und liberale Arroganz hatten ihm einen ständigen Kleinkrieg geliefert, der bisweilen allerdings auch bis zur Existenzbedrohung ausarten konnte, wie etwa im deutschen Kulturkampf, im italienischen Risorgimento mit seinem Kampf gegen Papsttum und Kirchenstaat und im französischen Kirchenkampf um die Jahrhundertwende. Dadurch war er in eine permanente Defensivhaltung gedrängt worden. Die Katholiken hatten sich aus dem öffentlichen Leben zurückgezogen. Der Weg ins Ghetto aber bedeutete für sie Ausschluß und Verzicht auf Mitgestaltung in Wissenschaft, Kultur und Politik. So hatten sie den Anschluß an die wichtigsten Errungenschaften der neuen Zeit verpaßt. Dafür zwei Beispiele:

Die *republikanisch-demokratischen* Bestrebungen des 19. Jh. waren an der katholischen Kirche vorübergegangen. Die Päpste standen grundsätzlich allen demokratischen Gedanken ablehnend gegenüber. Seit der Französischen Revolution waren sie von einem „Schock und Angstkomplex vor der Demokratie" befallen (H. Meier). In der Zeit der Restauration knüpften sie den „Bund zwischen Thron und Altar" wieder enger. De la Mennais und de Maistre hatten die Monarchie als die einzige gottgewollte Regierungsform erklärt, und aus falsch verstandenem Konservativismus wurde diese Meinung zu einem Grunddogma des ultramontanen Katholizismus. Die Päpste haben alles getan, um sie zu bestärken. Die Ablehnung der französischen Katholiken gegenüber der Republik führte noch Ende des 19. Jh. zum Kirchenkampf in Frankreich. In Deutschland verhinderte sie sogar noch nach dem 1. Weltkrieg bei vielen Katholiken die Bildung eines rechten demokratischen Verständnisses gegenüber der Weimarer Republik.

Auch die *soziale Frage* ist von der Kirche in ihrer Eigenart nicht früh genug erkannt worden. In naivem Konservatismus haben katholische Sozialtheoretiker der ersten Hälfte des 19. Jh. geglaubt, einerseits die aufkommende kapitalistische Gesellschaftsform als solche bekämpfen zu müssen, andrerseits dem Elend der Industriearbeiterschaft allein durch die Caritas abhelfen zu können. Sie forderten Erneuerung des altkirchlichen Zinsverbotes, Ausrottung des Kapitalismus und Rückkehr zur ständischen Ordnung des Mittelalters. Noch 1848 verkündete Pfarrer Wilhelm von Ketteler, der spätere „soziale Bischof", auf der ersten Katholikenversammlung in Mainz emphatisch, es werde sich jetzt zeigen, „daß der katholischen Kirche die endgültige Lösung der sozialen Frage vorbehalten ist; denn der Staat, mag er seine Bestimmungen treffen, wie er will, hat dazu nicht die Kraft".

Freilich sollten noch fast vier Jahrzehnte bis zur staatlichen

Sozialgesetzgebung (1882/83ff) vergehen; aber auch die Kirche brauchte lange, allzu lange, bis sie zu einer klaren gesellschaftspolitischen Konzeption gelangte und bis sie erkannte, daß hier ein Strukturproblem vorlag, dem nicht nur durch Nächstenliebe abgeholfen werden könne. Unterdessen eroberten Marx und Engels die Arbeitermassen, die mehr und mehr der Kirche verlorengingen. Leos XIII. Sozialenzyklika kam zu spät (1891); auch die katholische Arbeiterbewegung, die sich in München (1892), in Berlin (1895) und in Mönchen-Gladbach (1904) organisierte, vermochte nur noch einen Bruchteil von ihnen aufzufangen. Während die Kirche in ihrem bürgerlichen Milieu verharrte, fiel das Proletariat dem atheistischen Marxismus zu.

2. Mit der Besinnung auf die eigene Verantwortung in Kirche und Staat ging ein innerkirchlicher Vorgang parallel, der die katholische Spiritualität der Nachkriegszeit entscheidend bestimmte und mit der Kirche verknüpfte. „Ein religiöser Vorgang von unabsehbarer Tragweite hat eingesetzt: Die Kirche erwacht in den Seelen", so verkündete Romano Guardini 1922 prophetisch und hat recht behalten. Die erlebte Gemeinschaft der Kriegskameradschaft und die Ideale der gemeinschaftsbezogenen Jugendbewegung führten zu einer Wiederentdeckung der Kirche als Gemeinschaft. Liturgische Bewegung und „ökumenische" Verständigung der Konfessionen untereinander gingen mit ihr Hand in Hand. Dem neuen Kirchenbewußtsein lag ein Wandel des Kirchenbildes zugrunde.

Dieses neue *Kirchenbild* löste sich von der bislang immer noch geltenden, rein gegenreformatorisch und juridisch akzentuierten Definition Bellarmins, der die Kirche als die unter der Leitung des Papstes stehende Konfessions- und Heilsgemeinschaft faßte. Man entdeckte stattdessen die Kirche wieder als den fortlebenden Christus und als das Volk Gottes. Die antiindividualistische Einstellung begeisterte sich an der gemeinschaftsbezogenen Vorstellung des Corpus Christi mysticum, dessen Glieder die einzelnen lediglich sind. Der Sinn für das Gemeinschaftsgebet führte zu einer Neuentdeckung der Liturgie, in der das Volk Gottes mittätig und mitverantwortlich den Gottesdienst feiert.

Die *neuere liturgische Bewegung* nahm 1909 in Mecheln ihren Anfang. Auf dem belgischen Katholikentag wurde erstmals die Forderung erhoben, daß man die Meßgebete dem Volke zugänglich machen solle. „Il faudrait démocratiser la liturgie", so verlangte L. Beauduin OSB; er bahnte damit eine Entwicklung an, die bald auf Deutschland, Österreich und andere Länder übergriff. Die Abtei Maria Laach und das Stift Klosterneuburg (Pius Parsch) wurden ihre Vorkämpfer. Die deutsche katholische Jugendbewegung bemächtigte sich ihrer. Romano Guardini, der geistige Führer des Quickborn, hat in zahllosen Schriften und Vorträgen den Geist der Liturgie gepflegt und vertieft weitergetragen. Die Mehrheit des jüngeren Klerus ließ sich von ihr ergreifen. Als in der Zeit der nationalsozialistischen Kirchenverfolgung die äußere Betätigung unterbunden war, wurde die gemeinschaftsbildende Kraft der kirchlichen Liturgie neu erlebt; in der Not des 2. Weltkrieges und im Elend der Nachkriegsjahre war die liturgische Mitfeier des Gottesdienstes vielen Menschen Stärke und Halt.

Nach anfänglichem Zögern hat auch die Hierarchie sich der Bewegung geöffnet. Von der Enzyklika „Mystici Corporis" (1943) über die Enzyklika „Mediator Dei" (1947) bis hin zur Liturgie-Konstitution des 2. Vatikanischen Konzils vom 4. Dezember 1963 zieht sich eine große Linie. Die liturgische Bewegung will mehr sein als eine Erneuerung der Liturgie, sie will eine Erneuerung der Gläubigen aus dem Geiste der Liturgie bewirken und sie den „Durchgang des Heiligen Geistes durch seine Kirche" (Pius XII.) erleben lassen. Sie ist die stärkste Kraftquelle für die Kirche der Gegenwart.

Auch die *Una-Sancta-Bewegung* und der katholische „*Ökumenismus*" haben ihre Wurzeln in dem neugewonnenen Kirchenbild. Mit der Überwindung der gegenreformatorischen Position und mit der Begegnung der Christen verschiedenen Bekenntnisses untereinander, die der Krieg mit sich brachte, erwachte das Bedürfnis, sich gegenseitig besser kennen und verstehen zu lernen.

In der nicht-katholischen Welt hatte diese Begegnung bereits feste, organisatorische Form angenommen. In der „Ökumenischen Bewegung" war schon 1910 auf einer protestantischen Missionskonferenz in Edinburgh angeregt worden, in den Missionsgebieten, wo man das Gegeneinander der vielen christlichen Gruppen am schmerzlichsten zu spüren bekam, sich auf eine gewisse Basis der Zusammenarbeit zu einigen. Daraus war der Entschluß entstanden, eine Weltbegegnung aller Christen zu organisieren, auf der man Fragen des gemeinsamen Glaubens und der kirchlichen Verfassung miteinander besprechen wollte. Die Fragenkomplexe wurden in der Folge von zwei Bewegungen aufgegriffen; die erste stellte sich unter das Thema „Faith and Order“ und behandelte die Fragen der Lehre und der kirchlichen Struktur. Die letztere, „Life and Work“, wollte zunächst nichts als die praktische Begegnung der Christen und ihr gemeinsames Handeln erwirken. Ihre ersten Weltkonferenzen hielten sie 1927 in Lausanne und 1937 in Edinburgh ab. In Utrecht 1938 und in Amsterdam 1948 vereinigten sich beide Bewegungen zu einem „Weltrat der Kirchen“, der seinen Sitz in Genf nahm. In Lund 1952 definierte die Bewegung sich als „eine Gemeinschaft von Kirchen, die Christus als Gott und Erlöser annehmen“. Auf der Weltkonferenz in Neu-Delhi 1961 fügte sie das Bekenntnis zur Trinität hinzu: „Der Ökumenische Rat ist eine brüderliche Assoziation von Kirchen, die den Herrn Jesus Christus als Gott und Erlöser gemäß der Schrift bekennen und sich bemühen, gemeinsam ihrer gemeinsamen Berufung zu entsprechen zur Ehre des einzigen Gottes des Vaters, des Sohnes und des Heiligen Geistes.“ 198 christliche Kirchen sind heute in ihm vereint, die katholische Kirche ist nicht Mitglied.

Rom hat sich der protestantischen ökumenischen Bewegung gegenüber zunächst sehr negativ verhalten. Der Gedanke an eine Art interkonfessioneller „Überkirche“, die sich als „Weltkirche“ konstituierte, widersprach allzusehr der katholischen Glaubenslehre von der „einen wahren, katholischen und apostolischen Kirche“, die im Nachfolger Petri ihr einziges Haupt hat. Deshalb konnte sich die katholische Kirche nicht wie eine gleiche unter gleichen mit den anderen Kirchen zusammensetzen; die sog. Branch-Theory, nach der alle Einzelkirchen nur Zweige ein und desselben Stammes seien, lehnte sie folgerichtig ab, da sie sich selbst als den einzigen von Gott gesetzten Stamm betrachten muß. Alle Versuche zur Wiedervereinigung im Glauben konnten deshalb nur darauf hinauslaufen, die „Irrenden“ einzuladen und aufzufordern, sich bedingungslos der römisch-katholischen Kirche wieder anzuschließen. So geschah es, daß noch die Enzyklika Humani generis (1950) mehr vor einem falschen „Irenismus“ (Frieden und Wiedervereinigung um jeden Preis) warnen zu müssen glaubte, als zur Öffnung zu raten.

Unterdessen aber wuchs in der katholischen Kirche von Jahr zu Jahr ein lebhafteres und tieferes Interesse für die anderen christlichen Brüder und für die Wiedervereinigung. Ein neues Verständnis für Luthers reformatorisches Anliegen, wie auch für die tieferen Gründe der Spaltung zwischen Ost- und Westkirche schuf die Grundlagen für eine aufgeschlossenere Begegnung.

Zuerst kam das Gespräch mit der Ostkirche in Gang; mit ihr verbindet die katholische Kirche dieselbe sakramentale und im allgemeinen auch dogmatische Grundlage, vom päpstlichen Primat und der Unfehlbarkeit abgesehen. Die Gründung besonderer Zentren zur Pflege der ostkirchlichen Beziehungen diente dem Zwecke der gegenseitigen Kenntnisnahme und Wertschätzung (Orientalisches Institut 1917 und Russicum 1929 in Rom; Unionskloster Amay-Chevetogne 1925 in Belgien, Istina 1927). Immer wieder haben die Päpste der Neuzeit die Friedenshand nach Osten ausgestreckt; aber erst heute, nachdem Johannes XXIII. und vor allem Paul VI. bewußt auf die Herausstellung des Legitimitätsbewußtseins Roms verzichtet und eigenes früheres Unrecht zugegeben haben, ist das Gespräch in ein fruchtbares Stadium getreten. Die Begegnung Pauls VI. mit dem Patriarchen Athenagoras von Konstantinopel in Jerusalem (4.–6. Jan. 1964) war mehr als eine äußere Geste. Das Schuldbekenntnis auf Golgotha und die gegenseitige Umarmung waren realistisch und symbolisch zugleich, verheißungsvoll für eine bessere Zukunft in einer wiedergewonnenen Einheit.

Mit den Protestanten entwickelte sich die Annäherung zunächst in „Gesprächen über den Zaun“, die von Einzelnen und von kleineren Gruppen ausgingen. In Deutschland wurden sie in der Zeit der gemeinsamen Bedrohung der Kirchen durch den Nationalsozialismus immer intensiver. Max Josef Metzger gab ihnen 1938 in der *Una-Sancta-Bruderschaft* eine feste Form. Die von ihm gegründete „Christkönigsgesellschaft“ in Meitingen sollte Zentrum der Bewegung werden. Metzger selbst, ein ebenso unermüdlicher Vorkämpfer der Friedensbewegung, wurde 1944 hingerichtet; er starb als Märtyrer unter Hitlers Diktatur, die er kompromißlos bekämpft hatte.

Eine päpstliche Instruktion vom 20. 12. 1949 übertrug den Bischöfen die Verantwortung für die katholische Una-Sancta-Bewegung und verankerte damit die inoffiziellen Kontakte erstmalig positiv in der Kirche. 1952 erfolgte die Gründung der zunächst nichtamtlichen „Katholischen Konferenz für die ökumenischen Fragen“, aus der 1960 das von Johannes XXIII. errichtete „Sekretariat zur Förderung der Einheit der Christen“ mit dem Sitz in Rom hervorging und dessen Leitung Kardinal

Bea übertragen wurde. Die Ankündigung des 2. Vatikanischen Konzils gab der ökumenischen Bewegung einen ungeahnten Auftrieb.

3. Auch sonst brachte die Zeit nach dem ersten Weltkrieg der Kirche überall Auftrieb. In *Frankreich* konnten die Ordensleute in ihre Häuser zurückkehren. Die Laiengesetze wurden nicht mehr angewendet. Der Staat übergab die Verwaltung des Kirchengutes den neugegründeten bischöflichen „Diözesanassoziationen". Nun konnten zahlreiche neue Kirchen gebaut und das Land mit einem Netz von katholischen Schulen überzogen werden. Liturgische und biblische Bewegung kamen zwar erst spät zum Zuge, entfalteten aber dann, besonders seit der Gründung des „Centre de Pastorale liturgique" in Paris (1943), eine ungewöhnliche Aktivität. Eine Zeitlang schien der übersteigerte Nationalismus der Action française eine Gefahr zu bedeuten; sie wurde durch das Verbot Pius' XI. 1926 behoben. Die Katholische Aktion war seit 1927 um so reger und wirksamer. Die Rückgewinnung Frankreichs und die Milieu-Verchristlichung waren das Ziel, an dem die zahlreichen neuen Standes- und Jugendverbände arbeiteten (Mission de France und Arbeiterpriester). Die Erfolge waren groß. Nach dem 2. Weltkrieg hatte Frankreich nicht nur eine große katholische politische Partei und christliche Gewerkschaften, die bald 40 % der organisierten Arbeiterschaft umfaßten, sondern ist heute mit 3500 Missionaren auch führend in den katholischen Missionen, durch seine intensive pastorale Tätigkeit maßgebend in der liturgischen und biblischen Bewegung und durch seine Theologen tonangebend in der katholischen Theologie.

In *Italien* gewann die 1922 gegründete Katholische Aktion auch unter faschistischer Herrschaft und in der Nachkriegszeit eine einzigartige Bedeutung. Die Beilegung der „Römischen Frage" durch die Lateranverträge und das Konkordat vom Jahre 1929 schufen günstigere Bedingungen, die sich bald vorteilhaft auf das gesamte kirchliche Leben auswirkten. In *England* wuchs die Zahl der Katholiken beständig an. Der Priesternachwuchs war und ist heute noch überraschend gut. Ein hervorragend ausgebautes katholisches Schulwesen und eine angesehene katholische Presse verschaffen dem englischen Katholizismus Gewicht. Jedoch ist das Laienapostolat erst schwach entwickelt. Die liturgische Erneuerung steckt noch ganz in den Anfängen. In den *Vereinigten Staaten* von Nordamerika hat die mit der Unabhängigkeitserklärung (1776) gewährleistete Religionsfreiheit im 19. Jh. zu einer starken Vermehrung der Katholiken geführt, die im 20. Jh. unvermindert angehalten hat. Etwa ein Fünftel der Gesamtbevölkerung (160 Millionen) ist heute katholisch. Die Opferfreudigkeit und Aktivität der amerikanischen Katholiken hat sich besonders in der Entwicklung eines ausgedehnten katholischen Grund- und Höheren Schulwesens bewährt. Nicht weniger als 23 katholische Universitäten wurden ins Leben gerufen und werden ohne staatliche Subventionen von den Gläubigen selbst getragen. Die bestehende Vereinsfreiheit ist den Orden zugute gekommen. Seit dem 2. Weltkrieg ist auch die Tätigkeit nordamerikanischer Missionare bedeutungsvoll geworden.

Schon das 19. Jh. hatte eine neue Blüte der katholischen *Mission* begründet. Nach dem Zusammenbruch der portugiesischen und spanischen Kolonialherrschaft, die mit ihrer staatlich gelenkten Mission im 18. Jh. lähmend gewirkt hatte, übernahm die 1622 gegründete römische Propagandakongregation endgültig die oberste Leitung der Weltmission. Zahlreiche neue Orden wurden gegründet und neue Missionsgebiete hinzugenommen. Afrika, Indien, China und die Südsee-Inseln waren die bevorzugten Missionsgebiete. Nach dem ersten Weltkrieg legte man besonderen Wert auf den Aufbau und die Festigung einheimischer Kirchen. 1926 wurden die ersten eingeborenen Bischöfe geweiht.

## § 57

### DIE PONTIFIKATE PIUS' XI. UND PIUS' XII.

Die beiden Pius-Päpste haben vieles gemeinsam, wenn sie sich auch in Herkunft, Vorbildung und Charakter wesentlich voneinander unterscheiden. Die Kontinuität der Pontifikate war schon dadurch garantiert, daß Pius XII. als Staatssekretär seit 1930 die Politik seines Vorgängers führte.

*Pius XI. (1922–39)* war ein stiller Gelehrter und ein berühmter Alpinist gewesen, bevor er Papst wurde; in dieser seltsamen Zusammensetzung drückt sich etwas von seinem Wesen aus. Nüchtern, sachlich, intelligent und gründlich auf der einen Seite, temperamentvoll, zielsicher, stark und zäh auf der anderen Seite, beides verbunden durch ein festes Gottvertrauen und durch einen wagemutigen Optimismus. So erschien er als der

Mann, der einer in Unordnung geratenen Welt Frieden und Auftrieb zu geben vermöchte.

Achille Ratti war 1857 in Desio bei Mailand geboren, 1879 Priester geworden und hatte sein Leben nach kurzer Lehrtätigkeit in Bibliotheken verbracht, zuerst als Bibliothekar an der Ambrosiana in Mailand, dann seit 1914 als Präfekt der Vatikanischen Bibliothek in Rom. Zwischendurch unternahm er seine Bergtouren; seine Besteigung der Dufourspitze des Monte Rosa (1889) fand ihren literarischen Niederschlag in seinen Scritti alpinistici und machte ihn berühmt. Nach kurzer, nicht sehr erfolgreicher diplomatischer Tätigkeit als Nuntius in Polen (1918–20) wurde er 1921 Erzbischof von Mailand und Kardinal und schon im nächsten Jahre Papst.

Sein Regierungsprogramm verkündete er in seiner Enzyklika „Ubi arcano" 1922: Pax Christi in regno Christi! Unermüdlich predigte er den Gedanken des Königtums Christi. 1925 führte er das Christkönigsfest ein (letzter Sonntag im Oktober); 1925 und 1933 stellte er das Heilige Jahr unter den Gedanken: „Christus muß herrschen" (1 Kor 15, 25). Man hat einen gewissen Anachronismus darin gesehen, daß er einer Zeit, in der die Monarchien dahinsanken, den Königsgedanken vor Augen stellte. Im Reiche Gottes mißt man mit anderen Maßstäben als in dieser Welt. Von der Offenbarung her nahm er bald in seinen großen Lehrschreiben Stellung zu brennenden Zeitproblemen, in seiner Enzyklika „Divini illius Magistri" (1929) behandelte er die christliche Erziehung, in „Casti connubii" (1930) die christliche Ehe, in „Quadragesimo anno" (1931) die christliche Gesellschaftsordnung und in „Ad catholici sacerdotii" (1935) das Priestertum der Kirche. Seine besondere Sorgfalt galt der *Katholischen Aktion*, der er 1925 eine feste Form gab. Der Gedanke der „Mitarbeit und Teilhabe der *Laien* am hierarchischen Apostolat der Kirche", wie er es vor der Deutschen katholischen Jugend im Oktober 1933 in Rom formulierte, war „einer der Leitgedanken seines Pontifikates" (Pacelli). Er gab dadurch den Anstoß, über die Stellung und Aufgabe der Laien in der Kirche neu nachzudenken, und wenn wir heute wieder über eine „Theologie des Laientums" (Y. Congar) verfügen und das 2. Vatikanische Konzil sich dem Laien geöffnet hat, so verdanken wir diese Entwicklung seiner Anregung. Ein jahrhundertelanger Prozeß, der seit dem Mittelalter zu einer immer stärkeren Klerikalisierung der Kirche geführt hat, wurde gestoppt und die mündige Mitverantwortung des Laien in der Kirche, wie einst im Urchristentum, neu gesehen.

Dem Weitblick und der Tatkraft Pius' XI. verdankte die Missionsarbeit starken Auftrieb und eine neue Ausrichtung, die auf eine Verselbständigung der einheimischen Kirchen hinzielte. Nüchternen Blick für die Realitäten des Lebens verriet seine Kirchenpolitik. Wie ein Bergsteiger sich durch seine Kletterhaken absichert, so suchte er durch Konkordate und Verträge feste Grundlagen zu schaffen. Sein größtes Verdienst ist die Beilegung des alten Streites mit der italienischen Regierung; am 11. 2. 1929 schloß er die *Lateranverträge*, die den Papst aus der freiwilligen Gefangenschaft befreiten und seine volle Souveränität über den kleinen Vatikanstaat wiederherstellte. Eine neue Konkordatsära begann unter seiner Regierung: 1922 Konkordat mit Lettland, 1924 mit Bayern, 1925 mit Polen, 1927 mit Rumänien und Litauen, 1929/31 mit Italien, 1929 mit Preußen, 1932 mit Baden, 1933/34 mit Österreich und schließlich ebenfalls 1933 mit dem Deutschen Reich.

Das so heftig umstrittene Reichskonkordat vom 20. 7. 1933 nimmt sich in dieser gesamtkirchlichen Sicht ganz anders aus, als wenn man es, wie meistens, isoliert betrachtet. Sein Abschluß lag im Rahmen einer bewährten und ausgiebig praktizierten Vertragspolitik des Vatikans. Der durch Hitlers Machtübernahme und durch die Gleichschaltung der Länder in seinem Einheitsreich faktisch hinfällig gewordene Vertragsabschluß mit den Ländern Bayern, Preußen und Baden, stellte die Kurie vor die Frage, entweder die bestehenden Konkordate preiszugeben oder aber auf Hitlers Angebot eines Reichskonkordates einzugehen. Was lag näher, als das letztere zu wählen. Pius XII. hat später (19. 7. 1947) das Reichskonkordat als den „Versuch einer Rettung der Länderkonkordate mit räumlichen und inhaltlichen Erweiterungen in eine ganz unsichere Zukunft hinein" bezeichnet. Niemand wußte damals, wie heimtückisch, unwahrhaftig und verlogen die deutsche Politik in Wirklichkeit war. Der Vatikan ist ihr dennoch nicht blindlings auf den Leim gegangen. Gerade weil er dem wilden ungestümen Mann, Hitler, kritisch gegenüberstand, mochte er glauben, ihn durch Bindung an formelles Recht wenigstens zur Mäßigung zwingen zu können. War es ihm nicht soeben gerade mit Mussolini geglückt? Lateranverträge und Konkordat mit Italien hatten in der Tat die Schwierigkeiten zwischen Staat und Kirche weithin behoben und ein erträgliches Verhältnis entstehen lassen. Noch galten Anstand und Völkerrecht, nach dem die Verträge zu halten waren (pacta sunt servanda); die deutsche Lüge war noch nicht offenkundig. So tief beschämend diese Feststellung für uns Deutsche ist, so wenig haben wir gerade das Recht, den Vatikan für seine Konkordatspolitik zu kritisieren. Für Pius war die spätere Erfahrung der Lüge eine der bittersten Erkenntnisse. Sie hat sich in zahllosen Noten an die Reichsregierung und in seiner heftigen Entladung in der Enzyklika „Mit brennender Sorge" (4. 3. 1937) niedergeschlagen.

Sein Pontifikat war reich an Bedrängnissen für die Kirche in aller Welt. Märtyrer gab es in größter Zahl in Rußland, in Mexiko, in Spanien (Bürgerkrieg 1936) und in Deutschland. Er litt ungeheuer darunter. Den Hauptfeind des Christentums erblickte er im atheistischen Kommunismus (Enzyklika „Divini Redemptoris" vom 19. 3. 1937). Daß der Nationalsozialismus dem Kommunismus in nichts an Bosheit nachstand, war 1933 noch nicht zu erkennen; dazu bedurfte es erst der Erfahrungen der folgenden Jahre und der unvorstellbaren Brutalitäten und Bestialitäten des NS-Regimes. Pius starb kurz vor dem Ausbruch des 2. Weltkrieges, am 10. 2. 1939. Man kann ihn getrost zu den besten und tüchtigsten Päpsten der neueren Zeit rechnen.

*Pius XII. (1939–58)* wurde einstimmig im zweiten Wahlgang von den Kardinälen zum Nachfolger gewählt, weil niemand außer ihm in der Lage schien, das Schifflein Petri durch die furchtbare Zeit der Bedrängnis hindurchzusteuern. Seine Wahl löste allgemeine Zustimmung aus.

Eugenio Pacelli war 1876 als Sohn einer alteingesessenen und seit Generationen im Dienste der Kurie tätigen Juristenfamilie geboren. Sein Bruder hatte als päpstlicher Justitiar entscheidenden Anteil an der Ausarbeitung der Lateranverträge 1926–1929. Er selbst hat seit seiner Priesterweihe (1899) im diplomatisch-juristischen Dienst der Kurie gestanden und sich als Nuntius in Bayern (1917–20) und zugleich bei der Reichsregierung in Berlin (1920–30) nicht nur Erfahrung und Erfolge (Konkordate mit Bayern und Preußen) gesammelt, sondern auch eine besondere Vorliebe für Deutschland gewonnen. Als Kardinal-Staatssekretär bestimmte er unter Pius XI. seit 1930 in Rom den politischen Kurs der Kurie, auch gegenüber dem Hitlerreich.

„Gerechtigkeit schafft Frieden" war das Motto, das er seiner

Regierung voranstellte. Eine vornehme, edle, ebenso kluge wie auch tiefreligiöse und fromme Natur, war er doch zugleich ein nüchterner Realpolitiker, der nur mit den gegebenen Möglichkeiten zu rechnen gewöhnt war und nicht leichtfertig etwas aufs Spiel setzte, bevor er nicht alle Konsequenzen vorher reiflich abgewogen und durchdacht hatte. Vielleicht unterschied er sich dadurch am meisten von seinem Vorgänger und noch mehr von seinem Nachfolger, die spontan reagierten und deshalb oft mehr wagten. Seine Politik war zielbewußt und klar, seine Waffe das zähe Verhandeln. Daß sie gegenüber einer von Grund auf verlogenen und heimtückischen deutschen Gewalt-Diplomatie versagte, war nicht seine Schuld. Wie hätte ein Papst anders handeln können, da er keinerlei reale Macht einzusetzen hatte wie die großen Staaten und Weltmächte? Er konnte sich nur auf Recht und Gerechtigkeit berufen, wie er es getan hat, und sein moralisches Ansehen geltend machen. Unermüdlich hat er in seinen zahllosen Ansprachen und Enzykliken zum Rechten ermahnt, Weisungen gegeben und die christlichen Grundsätze gepredigt. Durfte er zu den Untaten der Nazis, vor allem der Judenvernichtung, schweigen? Das ist die bittere Frage, die man an ihn heute richtet. Hat er geschwiegen? Konnte er mehr sagen? Wir wollen im nächsten Paragraphen darauf zurückkommen.

Pius XII. hat versucht, den Ausbruch des Krieges noch in letzter Minute zu verhindern und wenigstens Italien herauszuhalten. Seine diplomatische Aktion bei Hitler schlug Anfang Mai 1939 fehl. Mussolini reagierte ebenfalls negativ; seitdem auch er sich auf Hitlers Rassenwahn festgelegt hatte, war das Verhältnis des faschistischen Italien zum Vatikan wieder schlechter geworden. Im Kriege mußte der Papst auf peinlichste Neutralität bedacht sein. Dazu verpflichteten ihn nicht nur die Lateranverträge von 1929 ausdrücklich, sondern auch seine eigene hilflose Lage inmitten eines kriegführenden Landes und seine Stellung als Oberhaupt einer übernationalen Glaubensgemeinschaft, deren Angehörige auf beide Parteien verteilt waren. Politische Entscheidungen zu fällen ist nicht Aufgabe eines Papstes. Über die moralische bzw. unmoralische Seite der Hitlerschen Kriegführung zu sprechen war im internen Bereiche nicht nötig, da alle Verantwortlichen, vor allem auch die Bischöfe und Katholiken Deutschlands, sich darüber im klaren waren und sie bedingungslos verurteilten; im externen Bereiche wäre eine dementsprechende päpstliche

Verlautbarung lediglich politisch ausgeschlachtet worden; denn nur darum ging es ja allen denen, die den Papst aus seinem Schweigen herauszudrängen suchten. So verhielt sich Pius politisch neutral; um so eindringlicher aber appellierte er an das Gewissen beider Seiten, zu Humanität und christlicher Liebe im Frieden zurückzukehren.

Wenn er dem Hitler-Kriege selbst im Anfange ein Fünkchen von Sinn und Berechtigung beimaß, so war es die Verteidigung des christlichen Europa gegen den atheistischen Bolschewismus; natürlich betraf dies nur Rußland, nicht Polen und die übrigen Völker, mit deren Geschick er stets tiefstes Mitgefühl zeigte. In der Ablehnung und Furcht vor dem Bolschewismus stand er nicht allein. Millionen in und außerhalb Deutschlands dachten wie er, und die Nachkriegsentwicklung in den Ländern hinter dem Eisernen Vorhang hat ihnen Recht gegeben. Aber konnte man Beelzebub mit dem Teufel austreiben? Das war die Frage! Vielleicht wäre es gelungen, wenn die Alliierten ihre Sieges-Chance im Jahre 1945 besser genützt hätten! So weit aber dachten sie damals nicht.

Pius hat nach dem Kriege unermüdlich weiter zum Frieden ermahnt, den schwergeprüften leidenden Völkern durch organisierte Caritas Hilfe gebracht, gegen die These von der Kollektivschuld aller Deutschen und gegen die daraus abgeleiteten Haßkampagnen Stellung genommen. Gleichzeitig wandte er den Kriegsgefangenen und Flüchtlingen seine liebende Sorge zu. Schmerzlichst traf ihn das Versinken ganzer katholischer Völker wie der Polen, der Ungarn u. a. in den kommunistischen Machtbereich; die bald in diesen Ländern ausbrechende Christenverfolgung und die Einkerkerung der Bischöfe und Geistlichen beantwortete er mit der Exkommunikation der Verantwortlichen. Unversöhnlich war seine Haltung gegenüber dem Bolschewismus, der dem Christentum und der Kirche die größten Verluste gebracht hat.

„Kaum unter einem früheren Papst hat die römische Kirche mehr äußere Einbußen erlitten und ist doch gleichzeitig zu höherem Ansehen in der Welt gelangt als unter Pius XII.", so urteilt ein nichtkatholischer Historiker (K. G. Steck, in $RGG^3$, V, 400). Selten hat ein Papst durch seine fundamentalen Reden und Schriften eine so tiefgreifende und weltumspannende Wirkung ausgeübt wie Pius XII. Überall wurden sie gehört und beachtet, nicht nur innerhalb, sondern auch außerhalb der Kirche und selbst in der nichtchristlichen Menschheit.

Als er am 9. Oktober 1958 starb, hielt die ganze Welt tagelang den Atem an. Sie fühlte, daß ein Großer von ihr gegangen sei.

Groß war Pius vor allem im innerkirchlichen Bereich. Er öffnete das Kardinalskollegium, das bisher immer noch von Italienern beherrscht war, allen Völkern und allen Rassen. Die zahlreichen neuen Ernennungen spiegelten bald die Universalität der Kirche wider. In seiner Enzyklika „Mystici Corporis“ (1943) legte er ein neues Kirchenverständnis vor, das am Corpus Christi Mysticum orientiert war und mit der juridisch-hierarchischen Auffassung brach; auch dem Laien wurde Anteil gegeben. Die Bibelenzyklika „Divino afflante Spiritu“ (1943) und die Liturgieenzyklika „Mediator Dei“ (1947) nahmen auf die großen Zeitbestrebungen in der Kirche Rücksicht. Über die Heiligkeit des Priestertums handelte „Menti nostrae“ (1950), über die Jungfräulichkeit „Provida mater“ (1950), in der er zugleich die Säkularinstitute kirchenrechtlich anerkannte, jene neuartigen kirchlichen Genossenschaften, deren Apostolat sich in der Welt, in den Berufsformen, Arbeitsweisen und Situationen des weltlichen Daseins vollzieht. Darüber hinaus gab es kaum eine religiöse und kirchliche Grundsatzfrage, die Pius nicht berührt und aus tiefer christlicher Sicht behandelt hätte. Seine nie erlahmende Arbeitskraft setzte überall an, besonders bei der Neuordnung der kurialen Verwaltung. Den theologischen Höhepunkt seines Pontifikates bildete am 1. 11. 1950 die Dogmatisierung der *Assumptio Mariae*, d. h. der leiblichen Verklärung der Unbefleckt Empfangenen Gottesmutter. 33 Heiligsprechungen hat er in seinem Pontifikat vorgenommen.

Dennoch war Pius XII. ein Mann der älteren Generation. Die letzten Türen zu einem neuen Kirchenverständnis und zu einer neuen Weltbegegnung aufzustoßen sollte seinem genialen Nachfolger Johannes XXIII. vorbehalten sein. Dem ökumenischen Gedanken und den neuen theologischen Bestrebungen brachte er nur bedingtes Verständnis entgegen (Enzyklika „Humani generis“, 1950). Bei all seiner Leutseligkeit und Aufgeschlossenheit, mit denen er sich unermüdlich in Audienzen und liturgischen Feiern dem Volke zeigte, blieb er doch Autokrat, der die Kirche zentralistisch leitete. Zwar widmete er seine Weihnachtsansprache 1944 eigens dem demokratischen Gedanken; in seiner Grundanschauung neigte er dennoch dem monarchischen Prinzip zu; das mag es auch gewesen sein, was ihm eine gewisse Schwäche für große „Führer“-Persönlichkeiten einflößte.

# § 58
## DIE KIRCHE IM DRITTEN REICH

Politik und Weltanschauung sind selten so eng miteinander verknüpft gewesen und gegeneinander ausgespielt worden wie im Dritten Reich, der schmachvollsten und finstersten Periode deutscher Vergangenheit. Selten hat ein Mensch die Lüge so unbedenklich in den Dienst seiner Politik und Diplomatie gestellt wie Adolf Hitler. Diese Bemerkungen an den Anfang zu stellen ist zum Verständnis der Lage, in der sich die Kirche im Dritten Reiche befand, unerläßlich.

1. *Die Politik Hitlers:* Am 20. 4. 1889 in Braunau (Oberösterreich) geboren, lebte Hitler 1906–1912 als beruflich gescheiterte Existenz in Wien, wo er sich mit antisemitischen und antikirchlichen Parolen vollsog. 1914–1918 diente er als Freiwilliger in einem bayrischen Regiment. Nach Kriegsende wieder arbeits- und stellenlos, „beschloß" er, „Politiker zu werden". Gründung der „Deutschen Arbeiterpartei", die sich seit 1920 „nationalsozialistisch" nannte (NSDAP) und deren Führung Hitler 1921 übernahm, Beteiligung am Putschversuch Ludendorffs (8. 11. 1923), 9 Monate Haft in Landsberg und Neugründung der NSDAP 1925 waren die Etappen seines politischen Werdegangs. Auf dem Boden der allgemeinen Wirtschaftskrise wuchs die Partei langsam und wurde schließlich seit 1929 eine Massenpartei, weil Hitler allen Unzufriedenen bedenkenlos alles versprach. 1930 zählte sie bereits 6,5 Millionen Stimmen und 107 Sitze im Reichstag; 1932 wurde sie mit 13,75 Millionen und 230 Mandaten die stärkste Partei. Terror, Blut und Schrecken kennzeichneten den Weg dieser radikalen Partei. Die Unzufriedenheit von über 6 Millionen Arbeitslosen und weiteren vielen Millionen Notleidenden gibt die Erklärung für diese tragische Entwicklung. Reichspräsident Hindenburg weigerte sich, Hitler den Kanzlerposten zu übertragen, den er als Führer der stärksten Partei beanspruchen konnte. Von Papen und andere bearbeiteten ihn; am 30. Januar 1933 ernannte er Hitler zum Reichskanzler. Dies war der unglückselige Tag der „Machtergreifung".

Vor 1933 hatten kirchliche Kreise mit aller Klarheit gegen den Nationalsozialismus gekämpft. Pater Friedrich Muckerman SJ. warnte schon 1931 vor „dem weitverbreiteten Mißverständnis", die Partei Adolf Hitlers lediglich als eine politische, und nicht als eine zutiefst weltanschauliche, pseudoreligiöse Bewegung zu betrachten; er nannte die „Prophetie vom Dritten Reich“ und die verkündete Welterlösung durch Rasse und Blut des Germanentums „die Häresie des 20. Jh.“. Weniger Hitlers Buch „Mein Kampf“ als vielmehr A. Rosenbergs „Mythus des 20. Jahrhunderts“ öffnete die Augen für die finsteren Hintergründe dieser Bewegung. Das Werk erschien 1930 in München, wurde aber erst 1934 weiteren Kreisen bekannt. Die Bischöfe warnten und verboten den Beitritt zur NSDAP (Kölner Kirchenprovinz am 5. 3. 1931; Mainz usw.). Der Weltanschauungskampf war unvermeidlich.

Aber nun verfolgte Hitler nach der Machtergreifung plötzlich eine ganz andere Politik. In seiner ersten Regierungserklärung am 1. Februar 1933 verkündete er feierlich, seine „nationale Regierung“ werde es als ihre „oberste und erste Aufgabe ansehen, die geistige und willensmäßige Einheit unseres Volkes wiederherzustellen. Sie wird die Fundamente wahren und verteidigen, auf denen die Kraft unserer Nation beruht. Sie wird das Christentum als Basis unserer gesamten Moral, die Familie als Keimzelle unseres Volks- und Staatskörpers in ihren festen Schutz nehmen ...“ Kampf sagte er nur dem Anarchismus und Kommunismus an. Sofort stoppte er auch die Agitation gegen das Christentum in seinen eigenen Reihen. Er ließ die Meinung aufkommen, daß er und seine Partei jetzt, nachdem sie die Staatsverantwortung übernommen hatten, rein realpolitisch dächten und sich nicht mit dem Ballast des Weltanschaulichen, das als eine Übergangserscheinung der „Kampfzeit“ deklariert wurde, belasten wollten. Schon im Parteiprogramm vom Jahre 1925, Artikel 24, stand zu lesen: „Wir fordern die Freiheit aller religiösen Bekenntnisse im Staat ... Die Partei als solche vertritt den Standpunkt eines positiven Christentums, ohne sich konfessionell an ein bestimmtes Bekenntnis zu binden.“ Der Hinweis auf die germanische Rasse und die Bekämpfung des jüdisch-materialistischen Geistes wurde geflissentlich übergangen. Dagegen hieß es in der Begründung zum Ermächtigungsgesetz am 23. März 1933 noch deutlicher: „Die nationale Regierung sieht in den beiden christlichen Konfessionen die wichtigsten Faktoren zur Erhaltung unseres Volkstums. Sie wird die zwischen ihnen und den Ländern abgeschlossenen Verträge respektieren. Ihre Rechte sollen nicht angetastet werden ... Ebenso legt die Reichsregierung, die im Christentum die unerschütterlichen Fundamente der Moral und Sittlichkeit des

Volkes sieht, größten Wert auf freundschaftliche Beziehungen zum Heiligen Stuhl und sucht sie auszugestalten ...".

Solche Worte mußten Verwirrung schaffen. Sollte man sich doch in diesem Manne getäuscht haben? Wenn man ihn bei seinem Worte nahm und an Verträge band, konnte man ihn vielleicht tatsächlich bändigen und fesseln zugleich. So fand Hitler in Rom bereite Ohren, als er, wohl von Papen dazu animiert, mit dem Angebot eines Reichskonkordates hervortrat. Nicht der Abschluß des Vertrages muß Befremden erregen – er lag ja, wie wir sahen, ganz in der Linie der kurialen Politik –, sondern daß man um der Vorteile willen, die darin auf religiös-kulturellem Gebiet der Kirche zugestanden wurden, alle politischen Bedenken gegen eine diktatorische Regierung außer acht ließ. Hier rächte es sich, daß man in katholischen Kreisen nie ein positives Verhältnis zur Demokratie gefunden hatte. Aus einem falsch verstandenen, vom monarchistischen Denken geprägten „Führer"-Bild öffnete man sich dem nationalsozialistischen Phantom vom parteilosen Einheitsstaat. In der Zustimmung der Zentrumspartei zum *Ermächtigungsgesetz* (24. 3. 1933) und in der (erzwungenen) *Selbstauflösung des Zentrums*, die im Rahmen der allgemeinen Auflösung der Parteien im Juni/Juli 1933 vollzogen wurde, fand die Unsicherheit und Ratlosigkeit in den Kreisen der katholischen Politiker ihren Ausdruck.

Anstelle der preisgegebenen Mitsprache im politischen Raum setzte man jetzt kirchlicherseits alle Hoffnung auf Abschluß des *Reichskonkordates* (22. 7. 1933). Die vertragliche Sicherung schien im Augenblick zu genügen, um die nötige und allein erstrebte Bewegungsfreiheit im religiös-kulturellen Sektor zu behaupten. Vielen Katholiken, die mit der Zentrumspolitik ohnehin unzufrieden gewesen waren, erschien diese Lösung der zwischen Kirche und Staat strittigen Fragen sogar noch besser als der beständige parlamentarische Kleinkrieg, den man aus der Erfahrung der Weimarer Republik kannte. So großzügig, wie Hitler sich in den Konkordatsverhandlungen zeigte, hatte sich noch keine Regierung der katholischen Kirche gegenüber zu Zugeständnissen bereitgefunden, obwohl in ihnen nichts gefordert worden war, was nicht recht und billig gewesen wäre. Der Dank der Bischöfe, den sie Hitler dafür zollten, ist verständlich.

Freilich wußte damals niemand, daß die Verhandlungen über das Reichskonkordat für Hitler nur ein taktisches Manöver waren; sie dienten ihm dazu, Zeit zu gewinnen und einen Keil zu treiben zwischen der Zentrumspartei und dem Episkopat. Zeit brauchte er, um sich und seine Regierung zu etablieren und die katholischen Wähler zu gewinnen. Unentwegt hämmerte er diesen die Parole von der Verwerflichkeit des „politischen Katholizismus" ein; er wolle der Kirche geben, was sie brauche; dafür solle die Kirche auf jede politische Vertretung verzichten. Dies klang loyal und einleuchtend.

Wie Hitler wirklich dachte, zeigen erst die jüngsten Quellenpublikationen, vor allem die Aufzeichnungen über seine Tischgespräche und die Tagebücher aus seiner Umgebung. Danach kann kein Zweifel bestehen, daß er von Jugend auf von Haß und Vernichtungswillen gegen das Christentum erfüllt war. Rauschning (Gespräche mit Hitler, Zürich 1940, 188ff) berichtet authentische Äußerungen Hitlers über seine Jugend, die deutlich machen, daß seinem Haß gegen die Juden nur noch der Haß auf das Christentum gleichkam und daß er es in der „Endlösung" ebenso auszurotten gedachte wie das Judentum. In seinem Reiche sollte nur noch der „arische Herrenmensch" Existenzberechtigung haben, den er sich freilich zuerst noch heranziehen mußte. „Meine Pädagogik ist hart", so erklärte er, „das Schwache muß weggehämmert werden. In meinen Ordensburgen wird eine Jugend heranwachsen, vor der sich die Welt erschrecken wird. Eine gewalttätige, herrische, unerschrockene, grausame Jugend will ich ... Das freie, herrliche Raubtier muß erst wieder aus ihren Augen blitzen ... Ich will keine intellektuelle Erziehung. Mit Wissen verderbe ich mir die Jugend ... Aber Beherrschung müssen sie lernen. Sie sollen mir ... die Todesfurcht besiegen lernen. Das ist die Stufe der heroischen Jugend. Aus ihr wächst die Stufe des Menschen, der Maß und Ziel der Welt ist, des Gottmenschen ... In meinen Ordensburgen wird der schöne, sich selbst gebietende Gottmensch als kultisches Bild stehen ..." (Rauschning, ebd.).

Auf diesem weltanschaulichen Hintergrund allein ist seine Politik zu sehen. „Innerhalb von 10 Jahren wird es uns möglich sein, Europa das Gesetz Adolf Hitlers zu diktieren", so erklärte der Reichsführer der SS, Heinrich Himmler. Alles war auf die Züchtung eines neuen nordisch-germanischen Rassentyps und auf die Schaffung eines heidnisch-germanischen Großreiches ausgerichtet.

Im Christentum sah Hitler die Fortsetzung des Judentums, eine Erfindung des Juden Paulus; die christliche Moral widersprach seinem Menschenbild. Die kompromißlose Ablehnung und Vernichtung war sein Programm. Er betrachtete sich gerade dazu berufen, insbesondere die katholische Kirche ebenso wie Judentum und Bolschewismus, die er als eins bezeichnete, zu vernichten. Wie er über das Reichskonkordat dachte, ist uns ebenfalls authentisch überliefert. Knapp zwei Wochen nach der Reichstagssitzung vom 23. März 1933, in der er es als die erste Aufgabe seiner Regierung bezeichnet hatte, Christentum und Kirchen zu schützen, erklärte er vor seinem engsten Mitarbeiterkreis in der Reichskanzlei: „Der Faschismus mag in Gottes Namen seinen Frieden mit der Kirche machen. Ich werde das auch tun. Warum nicht! Das wird mich nicht abhalten, mit Stumpf und Stiel, mit allen seinen Wurzeln das Christentum aus Deutschland auszurotten. Man ist entweder Christ oder Deutscher. Beides kann man nicht sein" (Fr. Zipfel, Kirchenkampf in Deutschland 1933–1945, Berlin 1965, 9).

Auf diesem Hintergrund erhält der schon unmittelbar nach dem Abschluß des Reichskonkordates beginnende Kirchenkampf sein Profil. Er vollzog sich in drei Stufen: *1. Phase (1933/34)* getarnte Maßnahmen. Hitler selbst hielt sich nach außen zurück, überließ den Weltanschauungskampf seinen Gefolgsleuten und erklärte, nichts davon zu wissen (Rosenberg seit Januar 1934 offizieller Schulungsleiter der NSDAP). Im Zusammenhang mit der „Röhmrevolte" (30. 6. 1934) ließ er auch katholische Kirchenführer, wie Klausener, Jung, zwei hervorragende Laien, ermorden. Boykott jüdischer Geschäfte gab es schon seit April 1933. *2. Phase (1934–39)*: Ein offener Kirchenkampf, zunächst getarnt als „Entkonfessionalisierung des öffentlichen Lebens", schränkte die kirchliche Wirksamkeit auf allen Gebieten ein: Verbot der kirchlichen Verbände und Jugendorganisationen, Erschwerung und örtliches (1937) Verbot des Religionsunterrichtes in den Schulen, Entzug finanzieller Zuschüsse zu kirchlichen Kindergärten und anderen sozialen und karitativen Einrichtungen, Unterdrückung der kirchlichen Presse, Predigtverbote und Verhaftungen von Priestern und Laien. 1936 begannen die Devisenprozesse gegen katholische Ordensgenossenschaften; Sittlichkeitsdelikte wurden zu großen Schauprozessen aufgebauscht mit der Propaganda-Tendenz: „so sind sie alle", um dadurch das immer noch bestehende Vertrauen des Volkes zu Klerus und Kirche zu unterhöhlen. 1938/39 wurden die letzten Bekenntnisschulen und viele Klöster, auch kath. Hochschulen und Theologische

Fakultäten (München), aufgehoben; die letzteren sollten durch „Fakultäten für Rassenlehre“ ersetzt werden. Die „Nürnberger Gesetze“ (September 1935) stellten die Juden unter Ausnahmerecht, d. h. machten sie rechtlos; bis Herbst 1938 wanderten etwa 170 000 Juden (ein Drittel der Gesamtzahl) aus Deutschland aus. In der „Kristallnacht“ (9. Nov. 1938) kam es zu den ersten großen, organisierten Judenpogromen. *3. Phase (1940 bis 45)*: Trotz des Krieges gingen die Schikanen gegen die Kirche weiter. Im eroberten Polen (Warthegau) wurden Christentum und Kirche völlig ausgerottet (1940ff). Ein Klostersturm im Reich (1940/41) wurde von Hitler selbst gestoppt, da er besonders im Münsterland (Bischof v. Galen) zu viel Unruhe schuf. Als „kriegsbedingte Maßnahmen“ wurden auch die Beschränkung des Ordensnachwuchses und der Theologiestudenten sowie die Ermordung der Geisteskranken (Euthanasie) und die brutalen kirchenfeindlichen Maßnahmen im Elsaß (1943) deklariert. Reichsleiter Martin Bormann, wohl der fanatischste Gegner der Kirche, übernahm 1941 die Führung in dem Vernichtungskampf, der nach Kriegsende zur Liquidation der Kirche und des Christentums im ganzen Bereich der NS-Herrschaft führen und den „Endsieg“ krönen sollte.

Die „Endlösung“ der Juden hatte bereits 1941 begonnen. SS-Sonderkommandos wurden zunächst in den besetzten Gebieten beauftragt, die Juden auszurotten. Juden-Ghettos (in Warschau seit Oktober 1940) und Vernichtungslager (seit Herbst 1941) entstanden. Juden aus Holland, Belgien, Frankreich, Norwegen, Ungarn und anderen südosteuropäischen Ländern wurden dorthin deportiert; seit Oktober 1941 auch aus Deutschland. In Auschwitz allein wurden seit Ende 1941 drei bis vier Millionen in Gaskammern umgebracht. Andere Todeslager waren Chelmno, Treblinka, Belsec, Sobibor und Maidanek. Die Zahl der ermordeten Juden beläuft sich auf fast 6 Millionen. Dazu kamen die gewöhnlichen Konzentrationslager, Dachau, Sachsenhausen, Belsen, Oranienburg, Buchenwald, Theresienstadt, Mauthausen usw., mit ihren Massenmorden durch Hinrichtungen, Folterungen, Unterernährungen, Seuchen und Erschießungen. Wer diese entsetzliche Bilanz eines gottlosen, in sich widerchristlichen Systems liest, ist immer wieder zutiefst erschüttert. Dieses millionenfache Leid, zu dem die Kriegsgreuel in aller Welt hinzukommen, übersteigt menschliche Vorstellungskraft.

2. Der *Widerstand* der Kirchen gegen ein solches Verbrechertum mag sich angesichts der Größe der Untaten aus heutiger Sicht als unzureichend ausnehmen. So wenigstens lautet der Vorwurf, der gegen sie erhoben wird. In Wirklichkeit sind sie die einzigen Kräfte gewesen, die unentwegt im heftigsten Kampf gegen das NS-Regime gestanden haben und die von diesem, wie aus den jetzt veröffentlichten Gestapo-Geheimberichten hervorgeht, auch als die gefährlichsten Gegner erkannt worden sind (Zipfel, Kirchenkampf, S. 272ff). Katholische und evangelische Christen standen in diesem Kampf zusammen; ging es doch der „Bekennenden" evangelischen Kirche nicht anders als der katholischen in dieser Zeit. Es war die Epoche, in der die gläubigen Christen sich in der Not begegneten.

Die Zahl der bischöflichen Protestnoten an die Regierung und der Hirtenschreiben ist groß. Sie begannen bereits im Herbst 1933 und nahmen mit den Jahren ständig an Schärfe und Bedeutung zu. Es gab keine kirchenfeindliche Aktion, die nicht mit heftigen Protesten beantwortet worden wäre. Die Ernennung Rosenbergs zum Weltanschauungsleiter (Januar 1934) wurde sofort mit einer Flut von Gegenschriften und bischöflichen Protesten quittiert. Kardinal Schulte von Köln reiste Anfang Februar persönlich zu Hitler, nannte Rosenbergs „Mythus" ein Pamphlet gegen das Christentum und verlangte dessen Abberufung. Hitler distanzierte sich dem Scheine nach von Rosenbergs Ansichten, unternahm aber natürlich nichts gegen ihn. Schulte erklärte nach seiner Rückkehr erschüttert: „Hitler ist eine Sphinx, ein unheimlicher Mann. Wir werden von ihm noch furchtbare Dinge erleben" (Festschrift Frings, 1960, 574). Ein Jahr nach dem Konkordatsabschluß warfen die Bischöfe in einem Hirtenschreiben der Regierung bereits Konkordatsverletzungen vor. Von nun an bildete die Berufung auf das Konkordat den ständigen Untergrund ihrer Beschwerden.

Es zeigte sich, daß das Konkordat eine nicht unbedeutende Stütze im Kirchenkampf war. Es gab vor allem dem Papst das Recht, in der innerdeutschen Kirchenfrage mitzureden. Tatsächlich einigten sich die Bischöfe schon bald aus taktischen Gründen darauf, daß sie das Wichtigste und Schwerwiegendste an Beschwerden als Konkordatsverletzungen durch den Vatikan auf dem Wege des diplomatischen Notenwechsels vorbringen ließen. Die Sprache dieser vatikanischen Noten ist unglaublich hart, wie sich aus den erst jetzt vorliegenden

Publikationen ergibt (D. Albrecht, Der Notenwechsel zwischen dem Heiligen Stuhl und der deutschen Reichsregierung, I, 1965). In einer Note vom 14. Mai 1934 wurde bereits über schwerste Konkordatsverletzungen offizielle Beschwerde geführt. Der „Osservatore Romano" sprach am 26. 7. 1935 von einem offenen Kulturkampf in Deutschland. Einen Höhepunkt erreichte der Kampf mit der ungeheuer scharfen Enzyklika „Mit brennender Sorge" (14. 3. 1937). Wir kennen neuerdings die Geschichte ihrer Entstehung. In ihrem Grund-Entwurf wurde sie von Kardinal Faulhaber bei einem Besuch in Rom auf dringendes Ersuchen des Papstes verfaßt. Diese Vorlage erschien jedoch dem damaligen Kardinalstaatssekretär Pacelli zu zahm. Er arbeitete selbst die wichtigsten Passagen mit konkreten, äußerst scharf formulierten Vorwürfen ein, und so ging sie im Namen der Kurie in alle Welt. Sie war eine einzige große Anklage gegen das Hitler-Regime.

Kurz vor der Enzyklika hatte der Heilige Stuhl bereits erwogen, das Konkordat wegen ständigen einseitigen Bruches zu kündigen. Die deutschen Bischöfe sprachen sich dagegen aus. Auf die genannte Enzyklika reagierten die Nazis ihrerseits so scharf wie noch nie; auch sie dachten daran, das Konkordat aufzugeben. Hitler aber sprach sich dagegen aus. So hielten beide Seiten an ihm fest. In einem Tischgespräch erklärte Hitler am 4. 7. 1942 mit Bedauern das Konkordat als „eine zentrale Fessel" für seine Kirchenpolitik im Reich; aber „mit Rücksicht auf den Krieg" habe er noch an ihm festgehalten; „nach Beendigung des Krieges werde es mit dem Konkordate aus sein" (H. Picker, Hitlers Tischgespräche, 1965, 435/437). Für den Vatikan hingegen war das Festhalten am Konkordat nötig, weil es ihm das Recht und die Möglichkeit zum direkten Eingreifen in den deutschen Kirchenkampf gab, was ganz im Sinne der deutschen katholischen Kirche lag. Daß diese auch selbst nicht „geschwiegen" hat, kann schon mit dem Hinweis auf die mutigen Predigten des Münsterer Bischofs von Galen, aber auch vieler anderer Bischöfe behauptet werden. Galens Predigten vom 13. und 20. Juli und vom 3. August 1941 machten die Runde durch ganz Deutschland, ja durch die ganze Welt. Bormann wollte ihn dafür „aufhängen" lassen; man wagte aber wegen der Bevölkerung nicht, etwas gegen ihn für die Dauer des Krieges zu unternehmen.

Hätten Papst und Bischöfe noch mehr tun können? Vor allem in der Judenfrage? Das ist eine Frage, die nicht leichtfertig propagandistisch gestellt und noch weniger leichtfertig beantwortet werden kann. Vorerst sind auf jeden Fall die Publikationen weiterer Quellen, vor allem aus den kirchlichen Archiven, abzuwarten. Der redliche Forscher hütet sich, voreilige Urteile zu fällen.

## § 59

### DIE PONTIFIKATE JOHANNES' XXIII. UND PAULS VI.

1. Die kurze Regierungszeit Johannes' XXIII. (28. 10. 1958 bis 3. 6. 1963) stellt einen Wendepunkt dar. In charismatischer Unbekümmertheit brach der Papst mit alten Traditionen, schenkte der Kirche ein neues Bild des Papsttums und öffnete ihre Fenster und Türen zu den getrennten Brüdern in der Ostkirche und im Westen.

Aus ärmlicher, kinderreicher Bauernfamilie am 25. 11. 1881 in Sotto il Monte (Bergamo) geboren, war er 1904 in Rom Priester, 1905 Bischofssekretär und Professor am Priesterseminar in Bergamo und während des 1. Weltkrieges 1914–1918 Soldat und Lazarettpfarrer geworden; im Dienste des Päpstlichen Werkes der Glaubensverbreitung in Rom (1921–1925) und als Apostolischer Delegat im Osten (zehn Jahre in Bulgarien, 1925–34, und zehn Jahre in der Türkei und in Griechenland, 1934–44) hatte er diplomatische Erfahrung gesammelt und Verständnis und Liebe zur Ostkirche gewonnen. 1944 wurde er zum Nuntius in Paris ernannt, wo er sich besonders für die deutschen Kriegsgefangenen einsetzte, das Kriegsgefangenen-Seminar in Chartres gründete und die französische Arbeitermission förderte. Als Kardinal und Patriarch von Venedig (1953–58) ließ er sich die Seelsorge besonders angelegen sein. So war vorauszusehen, daß er auch als Papst mehr Bischof und „il parroco del mondo" sein wollte als Oberhaupt. In allem war er das gerade Gegenteil des strengen, aristokratischen Autokraten Pius XII.

Er wollte wieder ganz Bischof von Rom und als solcher Hirt der universalen Kirche sein. Deshalb brach er die Enge des Vatikans, mischte sich unter das römische Volk, besuchte römische Waisen- und Krankenhäuser, verbrachte Stunden mit den Gefangenen des Gefängnisses Regina Coeli im Gespräch und feierte mit den römischen Vorstadtpfarreien die Liturgie. Vor allem hielt er im Januar 1960 zuerst einmal eine rein *römische Diözesansynode* ab, die die Seelsorge der Stadt den völlig veränderten, modernen Verhältnissen anpassen sollte. So war sein Plan: Aus dem Bischofsamt über Rom sollte sich das Petrusamt, der Universalepiskopat, entwickeln; zuerst darum römische Diözesansynode, dann ein Allgemeines Konzil und als Frucht von beiden die „Anpassung“ (aggiornamento) der ganzen Kirche an die heutigen brennenden Zeiterfordernisse, die in einer Neufassung des Kirchenrechts ihren Niederschlag finden sollte. Die erste Stufe hat er glücklich vollendet; die zweite hat er durch die Berufung des *21. ökumenischen Konzils*, des II. Vatikanischen, das am 11. Oktober 1962 unter seiner Leitung in St. Peter zusammentrat, wenigstens begonnen; zur dritten hat die Kürze seines Pontifikates nicht mehr gereicht, obwohl er noch die Kommission zur Neufassung des Codex Juris Canonici im April 1963 bestellt hat.

Überall ergriff er Maßnahmen zur Anpassung an die Zeitnotwendigkeiten; sie erstreckten sich nicht nur auf Aktionsmethoden, sondern auch auf die kirchlichen Strukturen selbst. Das Petrusamt, der Primat, erhielt ganz bewußt wieder seine Verankerung im Kollegium der Mitbischöfe. Der Wandel war eklatant. Unter Pius XII. hatte die Konzentration der kirchlichen Verwaltung in der römischen Kurie soeben ihre höchste Perfektion gefunden. Nun kehrte Johannes zum Kollegialitätsprinzip zurück und leitete eine Dezentralisierung ein. Bischöfe wurden mit gesamtkirchlichen Aufgaben betraut, das Kardinalskollegium durch Aufnahme zahlreicher Bischöfe stark erweitert und außerdem bestimmt, daß die Römischen Kongregationen künftig zu ihren Plenarsitzungen alle in Rom weilenden Erzbischöfe und Bischöfe der Welt, die Kardinäle sind, einzuladen haben; auf diese Weise sollte die Arbeit dieser höchsten Verwaltungsgremien stärker mit dem Gesamtepiskopat verknüpft und vor jeder absolutistischen Introvertierung bewahrt werden.

Anpassung der Seelsorgemethoden in den Diözesen und in den Orden war sein Ziel. Ganz besonders wurde nun endlich in den Missionen das Akkommodationsproblem mit größter Weitherzigkeit und Dringlichkeit in Angriff genommen; einheimische Hierarchien wurden errichtet und mit dem „Europäismus“ in der Missionierung endgültig gebrochen. Die Kirche solle den Völkern und Kulturen entgegengehen, nicht sie entwurzeln und aufsaugen. Entgegengehen müsse sie auch den getrennten Brüdern in der Ostkirche und den Reformationskirchen; sie dürfe sich nicht in ihren eigenen Turm zurückziehen und auf die anderen warten. Johannes war sich bewußt, daß mit der Einladung zur reuigen Rückkehr ins Vaterhaus das Problem der Einheit in der gespaltenen Christenheit nicht gelöst werden könne. Er sprach von einem *gemeinsamen* Suchen nach der Einheit und stellte eben diese Aufgabe auch dem Ökumenischen Konzil. Zuerst solle jede Gemeinschaft bei sich selbst suchen, wo ihre eigenen Hindernisse seien und wo sie selbst den anderen solche biete, auch die katholische Kirche. Dabei scheute er sich nicht, ein lautes „Mea culpa" zu sprechen und an die eigene Brust zu schlagen. Seit Hadrians VI. Bekenntnis auf dem Nürnberger Reichstag 1523 waren solche Töne von einem Papste nicht mehr gehört worden. Sie verfehlten ihre Wirkung in der nichtkatholischen Christenheit nicht. Das Echo in der Ökumenischen Bewegung war groß. Der Papst öffnete auch zu ihr hin die Tür. Auf der Höhe seines Pontifikates verkündete er klar und eindringlich, daß die Kirche die Aufgabe habe, den getrennten Christen den Weg zur Einheit dadurch zu ebnen, daß sie selbst zur Reinheit ihres Ursprunges zurückkehre; er forderte die Katholiken auf, sie sollten sich ernsthaft und liebevoll um eine größere Wertschätzung und genauere Kenntnis der getrennten Christen bemühen. Er gründete ein eigenes Sekretariat zur Förderung der Einheit, das Kardinal Bea unterstellt wurde.

Alle seine Worte waren so schlicht, einfach und aufrichtig gemeint und gesprochen, daß sie überall in die Herzmitte trafen. Er konnte es wagen, sogar über den Eisernen Vorhang hinweg zu den Regierungen des Ostblocks zu sprechen. Auch hier suchte er elastischere Methoden und löste sich von der starr ablehnenden Haltung seiner Vorgänger gegenüber den Kommunisten, nicht freilich gegenüber dem atheistischen Kommunismus als solchem. Der Besuch des Schwiegersohnes von Chruschtschow, Adschubey, im Frühjahr 1963 im Vatikan und die Entsendung von Kardinal König nach Budapest, die neugeknüpften Beziehungen zu den Patriarchen und Bischöfen der autokephalen orthodoxen Kirchen des Ostens und das Beileidstelegramm Chruschtschows zum Tode des Papstes, sie alle kennzeichnen den Klimawechsel, der seiner Initiative zu verdanken war.

Im römischen Volksmund lebt er als „Johannes der Gute" und als der „Vater der Armen" fort. Das Geheimnis seiner Macht war seine Güte. Er starb am Pfingstmontag 1963.

2. *Paul VI.*, der ihm am 21. Juni 1963 im obersten Hirtenamte folgte, hatte es schwer, sein Erbe zu verwalten und fortzusetzen. Er hat es auf seine Weise, nicht weniger konsequent, bisher getan.

G. B. Montini war 1897 in Concesio bei Brescia geboren. Er wurde 1920 zum Priester geweiht, bereitete sich anschließend in Rom (Accademia dei Nobili) auf den päpstlichen Kurialdienst vor und trat 1924 in das Staatssekretariat ein. Hier arbeitete er sich in der Folge zum Unterstaatssekretär (1937) hoch und versah seit 1944 hauptsächlich die innerkirchlichen Geschäfte des Amtes unter Pius XII, der bis zu seinem Tode die Führung des Sekretariates selbst in der Hand behielt. 1954 wurde er Erzbischof von Mailand, 1958 Kardinal. Seine Mailänder Bischofsjahre haben ihn engstens mit den Problemen der Seelsorge, und zwar in allen sozialen Schichten, zusammengebracht und vertraut gemacht. Für alle modernen Fragen war er aufgeschlossen, liebte den Dialog mit den „Fernstehenden" und war aus innerster Verantwortung gewillt, die Linie seines Vorgängers fortzusetzen. Gleich die Ansprache in der Krönungsmesse brachte dies zum Ausdruck. Die Fortsetzung des Konzils, das Gespräch mit den Kirchen des Ostens, die Öffnung zu den getrennten christlichen Kirchen des Westens hin und den Dialog der Kirche mit der modernen Welt stellte er als seine besonderen Ziele heraus. Seine Pilgerreise ins Heilige Land (4.–6. Jan. 1964) war ein Ereignis von welthistorischer Bedeutung. Die historischen Höhepunkte stellten das Schuldbekenntnis auf Golgotha, in das die Sünden und Fehler der Vergangenheit eingeschlossen waren, und die Begegnung mit dem „Ökumenischen" Patriarchen Athenagoras, dem geistlichen Haupt der orthodoxen Kirchen, und den Patriarchen Benediktos und Derderian dar. Immer wieder betonte und wiederholte der Papst seinen Appell, Vergangenes zu vergessen und zu verzeihen, alle Anstrengungen auf die Zukunft und die Wiederherstellung der Einheit zu konzentrieren. Die Patriarchen antworteten im gleichen Sinne.

„Die Wege, die zur Einheit führen können, werden zwar auf beiden Seiten lang sein und durch viele Schwierigkeiten behindert werden. Aber die Wege beider neigen sich zueinander und treffen sich an den Quellen des Evangeliums", so sprach der Papst. Die Begegnung diente der „Vertiefung der brüderlichen Liebe" und dem „Nachdenken". Sie war ein verheißungsvoller Anfang.

## § 60

## DAS II. VATIKANISCHE KONZIL UND SEINE AUSWIRKUNGEN

Die Ankündigung des II. Vatikanischen Konzils durch Johannes XXIII. am 25. Januar 1959 entsprang seiner ganz persönlichen Initiative und, wie er mehrfach versichert hat, einer plötzlichen Eingebung Gottes. Bedächtige Zeitgenossen schüttelten den Kopf, als sie vernahmen, daß der Papst seinen Konzilsplan, wohl in der Vorahnung seines baldigen Todes, schon in zwei bis drei Jahren verwirklichen wolle. Dazu kam noch ein Mißverständnis. Während im altkirchlichen und katholischen Sprachgebrauch „ökumenisch" so viel bedeutet wie „allgemein", d. h. die ganze Weltkirche umfassend, verstand man in Verbindung mit der neuzeitlichen „ökumenischen Bewegung" die Ankündigung eines „ökumenischen Konzils" vielfach so, als wolle der Papst ein großes Unionskonzil zur Wiederherstellung der kirchlichen Einheit aller Christen auf Erden abhalten, eine Vorstellung, die teils große Begeisterung, teils ungläubiges Erstaunen auslöste. Es war daher nötig, von höchster Stelle eine Richtigstellung anzubringen. Das Konzil sei nicht als Versammlung aller christlichen Gemeinschaften zum Zwecke der Wiedervereinigung gedacht, so ließ der Vatikan verlauten, sondern als rein innerkatholische Angelegenheit. Der Papst aber griff die allgemeine Sehnsucht nach Einheit im Glauben sofort auf. Um überspannte Erwartungen abzubiegen, versicherte er, das angekündigte Konzil könne und wolle die Wiedervereinigung zwar nicht unmittelbar erwirken, weil dazu die Zeit noch nicht reif sei; um so mehr aber wolle es sie vorbereiten, indem es zunächst im eigenen katholischen Raum das innerkirchliche Leben von alten Vorurteilen und Hindernissen, die der Wiedervereinigung im Wege stünden, befreie und einen neuen Geist grundlege. Er gab dem Konzil damit die klare Tendenz zur Besinnung nach innen und zur Öffnung nach draußen, d. h. zunächst den nichtkatholischen Mitchristen gegenüber, und legte den Grund zu einem ungeahnten Auftrieb des ökumenischen Gedankens innerhalb und außerhalb der katholischen Kirche.

Die wagemutige Tat Johannes' XXIII. fand in dem Leitwort vom „aggiornamento" ihren Ausdruck. Es besagte nicht nur „Anpassung" des äußeren Lebens an die heutige Zeit, sondern setzte ein völliges Umdenken voraus. Von den Kategorien der Vergangenheit solle man sich abwenden und den Erfordernissen der Gegenwart und unserer völlig veränderten Umwelt Rechnung tragen. Richtig verstanden mußte es zu einem Umbruch des kirchlichen Lebens führen, wie ihn die Geschichte vielleicht nur in der Zeit der „Konstantinischen Wende" oder der Reformation einmal erlebt hat. Überwindung des Konstantinischen Zeitalters mit seiner engen Verknüpfung von Religion und Politik, Macht und Kirche, Absage an den gegenreformatorisch verengten Geist des Konfessionalismus in der Kirche und Übergang von einer Epoche tridentinisch bestimmter Theologie und Lebensformen zu einer, der heutigen Mentalität und den modernen Erkenntnissen entsprechenden Existenz der Kirche in dieser Welt. All dies lag im Begriff des „aggiornamento" umschlossen. Es war ein gewaltiges Programm! Würde das Konzil es nach einer so kurzen Vorbereitungszeit erfüllen können?

Skeptiker beobachteten die in zehn vorbereitenden Kommissionen geleistete Arbeit nicht ohne Sorge. Wußte man doch, daß in ihnen trotz der Hinzuziehung auswärtiger Theologen der Einfluß einer streng römischen Theologie, wie sie an den päpstlichen Universitäten und in den kurialen Behörden vertreten wurde, vorherrschte. In ter Tat nahmen sich die von diesen Kommissionen erarbeiteten 69 Entwürfe, die zu Beginn des Konzils vorgelegt wurden, vielfach eher wie eine Zusammenfassung der rückwärts gerichteten theologisch-kirchlichen Anschauungen aus, denn als richtungweisende Hilfen für Gegenwart und Zukunft. Die Frage war also: Würde das kommende Konzil Abschluß, Ende und Zementierung veralteter Zustände bringen, oder aber das Tor zu neuer Entwicklung aufstoßen? Daß es auf ihm zu dramatischen Auseinandersetzungen zwischen Konservativen und Progressiven kommen werde, war vorauszusehen. Nicht aber war zu ahnen, wie die Mehrheitsverhältnisse liegen und wie schließlich die Ansichten der Kurie und des Papstes selbst ins Gewicht fallen würden.

Die Zuversicht der Optimisten war in erster Linie auf die Person des Papstes abgestellt. Wie keiner seiner Vorgänger hatte Johannes XXIII. von Anfang an zu erkennen gegeben, daß er mit dem herkömmlichen und seit dem I. Vaticanum absolut herrschenden Autoritätsprinzip eines streng juristischen Primatdenkens brechen wolle. Er beabsichtigte, auch auf dem Konzil zu zeigen, daß es ihm mit der Durchführung des Kollegialprinzips in der Kirche ernst sei. Ohne etwas von der nach kirchlicher Lehre durch den Willen Gottes begründeten Primatstellung des römischen Bischofs in der Gesamtkirche preiszugeben, betonte er nicht nur stets die universalkirchliche Mitverantwortung der Bischöfe, sondern stellte sich selbst als Bischof von Rom mitten unter sie. „Wir Bischöfe“, so pflegte er zu sagen, wenn er zu ihnen sprach. Aber, so fragte man sich besorgt, würde er sich auf dem Konzil gegenüber einem eingespielten kurialen Behördenapparat durchsetzen können? Wie gedachte er überhaupt, seine Primatstellung auf dem Konzil in ein rechtes Verhältnis zur kollegialen Mitverantwortung des Gesamtepiskopates in der obersten Kirchenleitung zu bringen? Lauter Fragen, die sich nicht nur Katholiken, sondern auch Nichtkatholiken stellten. Für viele nichtkatholische Christen mochte es ein Testfall sein, an dem man die Echtheit der katholischen Wiedervereinigungsabsicht und den Willen zur Öffnung gegenüber den Vorstellungen der orthodoxen wie auch der reformatorischen Kirchen erkennen konnte.

Gleich zu Beginn des Konzils fiel die Entscheidung. Nach der eindrucksvollen und von Rundfunk und Fernsehen in alle Welt hinausgestrahlten Eröffnungssitzung am 11. Oktober 1962, zu der 2540 stimmberechtigte Konzilsväter mit dem Papste in die zur Konzilsaula hergerichtete Peterskirche einzogen, stand auf der ersten Arbeitssitzung, der „Generalkongregation“ vom 13. Oktober, die Wahl der neuen Konzilskommissionen zur Debatte. Die Kurie schlug vor, die bisher in den Vorbereitenden Kommissionen schon tätigen Mitglieder in ihren Funktionen zu bestätigen. Das aber hätte bedeutet, daß mit den alten Kommissionen auch der alte Geist in die neuen Konzilskommissionen eingezogen wäre. Zur allgemeinen Überraschung lehnte das Konzil dieses Ansinnen ab und wählte am 16. 10. neue Mitglieder in die Kommissionen, die sich nun aus Theologen der ganzen Welt zusammensetzten. Damit war nicht nur zum Ausdruck gebracht, daß sich die Konzilsväter die freie Entscheidung vorbehalten wollten, sondern auch die Richtung gewiesen, die nach vorne führen sollte. Der Papst ließ es geschehen, auch wenn er, wohl um die erschrockene Kurie zu beruhigen, verfügte, daß jeder der neun Kommissionen noch ein weiteres Mitglied aus dem Kreise der italienischen Kurialbeamten hinzugefügt werden solle. So konnte nun die Arbeit beginnen.

War schon die weltweite Begegnung so zahlreicher Bischöfe ein echtes Kirchenereignis, so bewirkte der geistige Austausch in zunehmendem Maße und in kürzester Frist einen Fortschritt und Wandel, der nach dem übereinstimmenden Urteil zahlreicher Konzilsteilnehmer und Beobachter ans Wunderbare grenzte. Viele Bischöfe weitentlegener Diözesen kamen jetzt erstmalig überhaupt mit der neuen Theologie in Berührung, und sie „fanden es nicht unter ihrer Würde, auf dem Konzil zu lernen und tiefer in theologische und seelsorgliche Probleme einzudringen" (H. Jedin). Mehr noch, sie brachten auch den Mut auf, sich bei den Abstimmungen selbständig zu entscheiden und für ihre neugewonnenen Einsichten einzutreten. „Erst dadurch wurde das Zweite Vatikanische Konzil die Pforte zu einem neuen Abschnitt der Kirchengeschichte."

Die Arbeit des Konzils ging in vier, zeitlich getrennten Tagungsperioden vor sich.

Die *1. Session* dauerte vom 11. Oktober bis zum 8. Dezember 1962. Gleich zu Beginn entzündeten sich die Gegensätze am Schema „*Über die Liturgie*". Die Wünsche der Progressisten, zu denen vor allem die Bischöfe jener Länder gehörten, in denen die „liturgische Bewegung" seit langem heimisch war wie in Deutschland und den deutschsprachigen Ländern, in Frankreich und Norditalien, gingen auf Einführung der Volkssprache anstelle des Lateins in den Wortgottesdienst der Messe, auf aktivere Beteiligung des Volkes, Gewährung der Laienkommunion unter beiden Gestalten, wenigstens bei besonderen Anlässen (Trauungen etc.), und auf anderes mehr hinaus. Überraschenderweise stellten sich die Bischöfe der Missionsländer und Lateinamerikas auf ihre Seite; sie erkannten die Bedeutung eines volksnahen Gottesdienstes für ihre missionierende Tätigkeit. So obsiegte die auf liturgische Reformen drängende Richtung. Das Schema wurde zur Überarbeitung an die Kommission zurückverwiesen und damit der Weg zu den entscheidenden Entwicklungen unserer Tage freigelegt. Wichtiger und schwerwiegender war die anschließende Debatte über das Schema „*Von den Quellen der Offenbarung*". Hier stießen nicht nur theologische Ansichten aufeinander, sondern es ging um Grundsätzliches. Die Begriffe „Schrift" und „Tradition" waren nicht zuletzt in der Auseinandersetzung mit der ökumenischen Theologie neu durchdacht worden; im Dialog mit den Protestanten spielten sie eine große Rolle. Während die konservative, kuriale Gruppe gerade dem Eindringen der modernen protestantischen Bibelkritik vorbeugen zu müssen glaubte, kämpften die Progressisten, unter ihnen die Kardinäle Frings, Döpfner, König und Alfrink, für Öffnung und Anerkennung der unleugbaren Ergebnisse der kritischen Exegese; sie hatten einen eigenen Entwurf mitgebracht. Da keiner der beiden Entwürfe im Plenum die erforderliche Zweidrittelmehrheit erhielt, setzte der Papst das Thema von der Tagesordnung ab und verwies es an die Kommission zurück. Da im folgenden auch die Schemata über die modernen Massenmedien (Rundfunk, Fernsehen, Presse, Film) und über die orientalischen Kirchen nicht zur Annahme kamen, endete die 1. Periode ohne greifbaren Erfolg.

Mitten in der Vorbereitung der nächsten Sitzungsperiode starb der Konzilspapst Johannes XXIII. am 3. Juni 1963, von der ganzen Welt tief betrauert. Ihm folgte am 21. Juni 1963 der Mailänder Erzbischof und Kardinal Montini als Paul VI. nach. Er gab sofort seine Absicht kund, das Konzil fortzuführen.

So trat dieses fast programmgemäß am 29. September 1963 zu seiner *2. Session* zusammen, die bis zum 4. Dezember tagte. Dem Papst lag ganz besonders an einer Klärung des Kirchenbegriffs. So wurde das Schema „Über die Kirche" vorgezogen. In heißen Debatten prallte das neugewonnene Selbstverständnis der Kirche mit den herkömmlichen, juridisch-nachtridentinisch bestimmten Vorstellungen zusammen. Strukturprobleme wurden aufgerollt, in denen insbesondere das Verhältnis des Primates zur Kollegialität und die Beteiligung des Bischofskollegiums mit dem Papst an der obersten Kirchenleitung behandelt wurde. Aber auch Fragen des inneren Kirchenverständnisses und der Zuordnung des Marienschemas zum Kirchenschema erhitzten die Gemüter. Ende Oktober kam es auf dem Konzil sogar zu einer ernsten Krise. Die nachfolgend behandelten Themenkreise „Über das Hirtenamt der Bischöfe und die Diözesanregierung" sowie „Über den Ökumenismus", in dem die umkämpften Kapitel über die Juden und über die Religionsfreiheit enthalten waren, dienten kaum zur Beruhigung der Atmosphäre. Man lieferte sich harte Rededuelle. Konservative und Progressive rangen um die Entscheidung. Einen großen Sieg trug die fortschrittliche Richtung davon, als das umgearbeitete Liturgieschema schließlich mit überwältigender Mehrheit (2158:19 Stimmen) angenommen und in der Schlußsitzung am 4. Dezember vom Papste bestätigt und publiziert wurde. Auch das Dekret über die Massenmedien wurde angenommen; ihm sollte jedoch noch eine besondere Instruktion als Ergänzung beigegeben werden. Wie eine Bestätigung und Bekräftigung der in der Debatte über den Ökumenismus behandelten Grundsätze erschien es, als der Papst zum Abschluß der Sitzung seine Absicht kundtat, nach Jerusalem zu reisen und dort am Grabe des Herrn mit dem ökumenischen Patriarchen

Athenagoras zusammenzukommen. Die Reise, die dann vom 4.–6. Januar 1964 tatsächlich stattfand, nimmt sich fast wie ein integrierender Bestandteil des Konzils selbst aus.

Die *3. Session* wurde am 14. September 1964 eröffnet und dauerte bis zum 21. November. Aus der 1. Session stand noch das Schema über die Offenbarung aus; von der 2. Session mußten die Diskussionen über die Kirche, das Bischofsamt und den Ökumenismus zu Ende geführt werden; neu hinzu kamen die Themenkreise des Laienapostolates und der Kirche in der Welt. Der Papst selbst bekannte sich in seiner Eröffnungsrede zum Kollegialitätsprinzip in der Kirche, nach dem der Primat durch den Episkopat wirkungsvoll ergänzt werde. Aber noch viele Einzelfragen waren zu klären, auch in den übrigen Themenkreisen. Erregende Höhepunkte der Diskussionen stellten etwa die Probleme der Erteilung der Diakonatsweihe an verheiratete Männer und die Frage der Zölibatsverpflichtung für diese dar; ferner, ob durch die Erklärung über die Religionsfreiheit nicht die Wahrheit relativiert und dem Indifferentismus Vorschub geleistet werde. Richtlinien über Leben und Dienst der Priester, über die Priesterbildung, über die Erneuerung des Ordensstandes, über die christliche Erziehung, das Laienapostolat, die Missionen wurden diskutiert. Vorschläge zur Reform des Eherechts, vor allem des heiß umkämpften Mischeherechtes wurden behandelt und über das Schema „Die Kirche in der Welt von heute“ debattiert. Im November spitzte sich bei der Diskussion über Kapitel 3 des Kirchenschemas, das die Stellung des Bischofskollegiums zum Gegenstande hat, die Lage noch einmal zu einer Krise zu. Nachdem aber dann am 20. 11. das Schema „Über die orientalischen Kirchen“ angenommen war, passierten am 21. November auch die Konstitution über die Kirche und das Ökumenismusdekret die Hürde der Schlußabstimmung.

Die *4. und letzte Session*, vom 14. September bis zum 8. Dezember 1965, hatte noch ein gerütteltes Maß an Arbeit zu leisten. Über 11 Entwürfe, die früher bereits behandelt worden waren, mußte abgestimmt werden. Gleich zu Beginn kündigte der Papst an, er werde einen *Bischofsrat* berufen, der 1967 erstmalig zusammentreten und im Sinne des Kollegialitätsprinzips als Vertretung des Gesamtepiskopates an der allgemeinen Kirchenleitung teilnehmen solle. Lange zog sich die Debatte *über die Religionsfreiheit* hin; es wurde klargestellt, daß durch dieses Dekret nicht die Begriffe von absoluter Wahrheit und Irrtum verwischt, sondern allein die Freiheit des Einzelmenschen von religiösem Zwang im zivilen Bereiche sichergestellt werden solle. Mit der feierlichen Erklärung des Rechtes auf Gewissensfreiheit im religiösen Bereiche sollte nachdrücklich geklärt werden, daß keine staatliche Macht die Verkündigung und Annahme des Evangeliums durch äußeren Druck verhindern dürfe. Aber gleichzeitig sagte auch die Kirche selbst sich endgültig von der seit der „Konstantinischen Wende" herrschenden Auffassung los, daß sie dort, wo ihr die Möglichkeit gegeben ist (in Spanien, Italien), sich der staatlichen Mittel bedienen dürfe, um mit Hilfe des „bracchium saeculare" ihren religiös-sittlichen Forderungen Nachdruck zu verleihen und ihr Heilswerk an den Menschen besser erfüllen zu können. Durch die Annahme dieses Dekretes erklärte sie feierlich, daß sie grundsätzlich jede Art von äußerem Zwang im Gewissensbereich ablehne. Seine Verkündigung am 7. Dezember markiert den radikalen Bruch mit einer anderthalbtausendjährigen Übung, die längst nicht mehr tragbar war.

Im Laufe des Oktobers 1965 verabschiedete das Konzil in rascher Folge eine Anzahl noch ausstehender Texte. Am 28. dieses Monats wurden die Dekrete über das bischöfliche Hirtenamt, über die Erneuerung des Ordenslebens, über die christliche Erziehung und über das Verhältnis der Kirche zu den nichtchristlichen Religionen vom Plenum angenommen und vom Papste verkündet. Am 18. November folgten die Dekrete über Laienapostolat und Missionen sowie die Erklärung über Leben und Dienst des Priesters. Die Debatte über den Zölibat war auf ausdrücklichen Wunsch des Papstes aus der Beratung ausgeklammert worden, da er den Gegenstand im gegenwärtigen Augenblick nicht für diskussionsreif ansah. Schwierigkeiten bereitete dem Konzil immer noch das Schema über die Kirche in der Welt von heute. Nach langwierigen Verhandlungen kam es erst in der letzten öffentlichen Sitzung am 7. 12. 1965 zusammen mit den Dekreten über das priesterliche Leben und Wirken, über die Missionen und über die Religionsfreiheit zur feierlichen Verkündigung.

An diesem Tage erlebte das Konzil einen historischen Akt, der in der christlichen Welt großes Aufsehen erregte. Papst Paul VI. verkündete mit tiefem Ernst und dem aufrichtigen Willen, ein altes Unrecht wieder gutzumachen, die Aufhebung des gegenseitigen Bannspruches, mit dem Rom und Byzanz im Jahre 1054 sich gegenseitig exkommuniziert und dadurch das große Schisma eingeleitet hatten; er sollte für immer aus dem Gedächtnis der Kirche getilgt werden.

Mit einer eindrucksvollen Schlußfeier auf dem Petersplatz beendete das Konzil am 8. Dezember 1965 seine Arbeit.

Sechzehn Dekrete, aber kein einziges Dogma! Das ist das Fazit dieses Konzils, das kein Lehrkonzil, sondern ein Reformkonzil mit betont pastoraler Ausrichtung sein wollte. Lehrsätze können registriert und in dogmatischen Lehrbüchern zur Kenntnis genommen werden. Die Pastoraldekrete des Konzils aber müssen befolgt und ins Leben übertragen werden. Das Konzil hat in ihnen Aufgaben, die erst vor uns stehen, formuliert und aufgezeigt; es hat sie nicht gelöst.

Bereits vor Konzilsschluß war eine Reihe von päpstlichen Kommissionen bestellt worden, die das neugewonnene Kapital in gangbare Münzen umprägen sollten: eine Kommission für die Reform des Kirchenrechts, der Rat für die Liturgiereform, die Sekretariate für die Einheit der Christen, für die Nichtchristen und für die Nicht-Glaubenden und die Kommission für die Massenmedien. Mit einem Erlaß vom 3. Januar 1966 setzte der Papst sechs neue nachkonziliare Kommissionen ein, fünf Sachkommissionen und eine zentrale Koordinierungskommission für die gesamte nachkonziliare Arbeit und zur Interpretation der Konzilsdekrete. Erstere sollten die näheren Ausführungsbestimmungen zu den Dekreten über die Bischöfe und die Diözesanregierung, über die Ordensleute, die Missionen, die christliche Erziehung und das Laienapostolat erarbeiten, die schon am 29. Juni 1966 in Kraft treten sollten. Der Zentralkommission aber sollte es obliegen, die Arbeit in Gang zu halten, die Texte authentisch zu interpretieren und die einheitliche Linie sicherzustellen; vor allem oblag es ihr, die Konzilsakten zu veröffentlichen und für ihre Verbreitung zu sorgen. Da das ganze Kirchenvolk angesprochen war, kam den Übersetzungen in die Landessprachen eine besondere Rolle zu. Aufgabe der Kirchenrechtskommission war es, die Konzilsdekrete in das geltende Kirchenrecht hineinzustellen, so daß die bisherigen Canones des Codex Juris Canonici nach den neuen Bestimmungen umgeändert werden.

Alle Kommissionen haben bisher in ihrem Bemühen, den Zweck des Konzils zu erreichen, schon manches geleistet. Am augenfälligsten war wohl die Tätigkeit auf dem Gebiete der Liturgiereform. Geradezu stürmisch und für manche Katholiken erschreckend vollzog sich die Neugestaltung der Meßfeier, die getragen war von der Absicht, das Wort Gottes wieder stärker hervortreten zu lassen, und von dem Bestreben, das Volk Gottes zur aktiveren Mitfeier heranzuziehen. Dabei gingen die Bemühungen, das Latein durch die Volkssprachen weitgehend zu ersetzen, noch über das hinaus, was das Konzil selbst vorzuschlagen sich getraute. Die von den deutschen Bischöfen für den Advent 1967 erstmalig erlaubte Verwendung des deutschen Kanons in der Messe hatte in anderen Ländern bereits praktizierte Vorbilder. Eine sich „Una-Voce-Bewegung" nennende Gegenaktion konservativer Katholiken, die für die Beibehaltung des Lateins eintreten zu müssen glaubt, vermag die Entwicklung nicht mehr aufzuhalten.

Von großer Bedeutung für die Entwicklung der kirchlichen Struktur war die von Papst Paul VI. bereits während der letzten Konzilsperiode angekündigte Neueinrichtung einer „Bischofssynode". Sie sollte als kollegiale Ergänzung in der obersten Kirchenregierung den päpstlichen Primat wirkungsvoll unterstützen. Ob sie nur eine beratende oder darüber hinaus auch eine mitentscheidende Funktion, als Präsenz des ganzen Bischofskollegiums gedacht, erhalten solle, war noch unklar. Am 29. September 1967 trat sie zum erstenmal in Rom zusammen. Ihre Dauerfunktion muß sich noch erst herausbilden. Bis zum 28. Oktober diskutierte sie alle anstehenden nachkonziliaren Probleme.

Den Schluß dieser Bischofssynode überstrahlte der eindrucksvolle Gegenbesuch, den Patriarch Athenagoras vom 26. bis 28. Oktober 1967 im Vatikan abstattete. Er schloß den Ring der gegenseitigen Annäherungsbemühungen zwischen Ost- und Westkirche, die mit dem Zusammentreffen von Papst und Patriarch in Jerusalem (4.–6. Januar 1964) begonnen, durch den Besuch des Papstes beim Patriarchen in Konstantinopel am 25. 7. 1967 fortgesetzt und nun durch den Gegenbesuch des Patriarchen in Rom vollendet wurden. Paul VI. hatte am 26. September 1964 das Haupt des hl. Apostels Andreas, das italienische Kreuzfahrer 1208 aus Konstantinopel geraubt hatten, der griechischen Kirche feierlich zurückerstatten lassen. Diese feine Geste hat mitgeholfen, das Klima zu verbessern und die Hoffnung auf eine Wiedervereinigung zu stärken.

Die Kirche steht heute im Dialog mit der Welt. Gebe Gott, daß die guten Ansätze Frucht bringen und ihr helfen, den göttlichen Auftrag in der „Verheutigung" („aggiornamento") zu erfüllen.

# REGISTER

# PAPSTLISTE

Die in Klammern gestellten Ziffern
verweisen auf den Text

1. Petrus † 64 (?) (Nr. 1–13 s. S. 27–29)
2. Linus 64–79 (?)
3. Anaklet I., 79–90/92 (?)
4. Clemens I., 90/92–101 (?) (27)
5. Evaristus, 99/101–107 (?)
6. Alexander I., 107–116 (?)
7. Sixtus (Xystus) I., 116–125 (?)
8. Telesphorus, 125–138 (?)
9. Hyginus 138–142 (?)
10. Pius I., 142–154/55 (?) (37)
11. Anicet, 154/155–166 (?)
12. Soter, 166–174 (?)
13. Eleutherus, 174–189 (?)
14. Victor I., 189–198/199 (?) (76 107)
15. Zephyrinus, 199–217 (?)
16. Calixtus I., 217–222 (41 47)
    Hippolytos, 217–235
17. Urban I., 222–230
18. Pontianus, 230–235 (42)
19. Anterus, 235–236
20. Fabianus, 236–250 (31 60)
21. Cornelius, 251–253 (60 61)
    Novatianus, 251–258 (?)
22. Lucius I., 253–254 (61)
23. Stephanus I., 254–257 (42 107)
24. Sixtus (Xystus) II., 257–258 (62)
25. Dionysius 259/260–267/268
26. Felix I., 268/269–273/274
27. Eutychianus 274/275–282/283
28. Cajus (Gaius) 282/283–295/296
29. Marcellinus 296–304
30. Marcellus I., 307–308 (?)
31. Eusebius 308 [309, 310]
32. Miltiades (Melchiades) 310–314
33. Silvester I., 314–335 (79 145)
34. Marcus 336
35. Julius I., 337–352 (80 109)
36. Liberius, 352–366
    Felix II., 355–358 (†365)
37. Damasus I., 366–384 (70 96 109)
    Ursinus 366–367
38. Siricius, 384–399 (73 109)
39. Anastasius I., 399–402
40. Innozenz I., 402–417 (109)
41. Zosimus, 417–418
    Eulalius, 418–422
42. Bonifatius I., 418–419
43. Coelestin I., 422–432 (83)
44. Sixtus III., 432–440
45. Leo I., d. Gr. 440–461 (85 91 110 124)
46. Hilarus, 461–468
47. Simplicius, 468–483
48. Felix II. (III.), 483–492
49. Gelasius I. 492–496 (92 110)
50. Anastasius II., 496–498
51. Symmachus, 498–514
    Laurentius, 498–506
52. Hormisdas, 514–523
53. Johannes I., 523–526
54. Felix III. (IV.), 526–530
55. Bonifatius II., 530–532
    Dioskur, 530
56. Johannes II. (Mercurius) 533–535
57. Agapet I., 535–536
58. Silverius 536–537
59. Vigilius, 537–555 (87)
60. Pelagius I., 556–561
61. Johannes III., 561–574
62. Benedikt I., 575–579
63. Pelagius II., 579–590 (97)
64. Gregor I., d. Gr. 590–604 (91 97 133ff. 142)
65. Sabinian, 604–606
66. Bonifatius III., 607
67. Bonifatius IV., 608–615
68. Deusdedit (Adeodatus I.) 615 bis 618
69. Bonifatius V., 619–625
70. Honorius I., 625–638 (88 342)

71. Severinus, 640
72. Johannes IV., 640–643
73. Theodor I., 643–649
74. Martin I., 649–653 (89)
75. Eugen I., 654–657
76. Vitalianus, 657–672
77. Adeodatus II., 672–676
78. Donus, 676–678
79. Agatho, 678–681
80. Leo II., 682–683 (89)
81. Benedikt II., 684–685
82. Johannes V., 685–686
83. Konon, 686–687
Theodor, 687
Paschalis, 687–692
84. Sergius I., 687–701
85. Johannes VI., 701–705
86. Johannes VII., 705–707
87. Sisinnius, 708
88. Constantinus I., 708–715
89. Gregor II., 715–731 (136)
90. Gregor III., 731–741 (137 142)
91. Zacharias, 741–752 (138 142 143)
Stephan II., 752
92. Stephan II. (III.), 752–757 (138f. 142 144ff.
93. Paul I., 757–767
Constantinus II., 767–768
Philipp, 768
94. Stephan III. (IV.), 768–772
95. Hadrian I., 772–795
96. Leo III., 795–816 (152 158)
97. Stephan IV. (V.), 816–817
98. Paschalis I., 817–824
99. Eugen II., 824–827
100. Valentin, 827
101. Gregor IV., 827–844
Johannes, 844
102. Sergius II., 844–847
103. Leo IV., 847–855 (162 163 165)
104. Benedikt III., 855–858
Anastasius III., 855
105. Nikolaus I., 858–867 (163f.)
106. Hadrian II., 867–872 (147 151)
107. Johannes VIII., 872–882 (163)
108. Marinus I. (Martin II.), 882–884
109. Hadrian III., 884–885
110. Stephan V. (VI.), 885–891
111. Formosus, 891–896 (165)
112. Bonifatius VI., 896
113. Stephan VI. (VII.), 896–897 (165)
114. Romanus, 897
115. Theodor II., 897
116. Johannes IX., 898–900
117. Benedikt IV., 900–903 (165)
118. Leo V., 903
119. Christophorus, 903–904
120. Sergius III., 904–911 (165)
121. Anastasius III., 911–913
122. Lando, 913–914
123. Johannes X., 914–928
124. Leo VI., 928
125. Stephan VII. (VIII.), 929–931
126. Johannes XI., 931–935
127. Leo VII., 936–939
128. Stephan VIII. (IX.), 939–942
129. Marinus II. (Martin III.), 942 bis 946
130. Agapet II., 946–955
131. Johannes XII., 955–963 (166 170)
132. Leo VIII., 963–965 (170)
133. Benedikt V., 964
134. Johannes XIII., 965–972
135. Benedikt VI., 973–974
Bonifatius VII. (Franco) 974
136. Benedikt VII., 974–983 (171)
137. Johannes XIV., 983–984
138. Bonifatius VII., 984–985 (171)
139. Johannes XV., 985–996
140. Gregor V., 996–999 (172)
Johannes XVI., 997–998
141. Silvester II., 999–1003 (172) ...
142. Johannes XVII., 1003
143. Johannes XVIII., 1003/04–1009
144. Sergius IV., 1009–1012
145. Benedikt VIII., 1012–1024 (173)
Gregor VI., 1012
146. Johannes XIX., 1024–1032
147. Benedikt IX., 1032–1045 (175)
Silvester III., 1045
148. Gregor VI., 1045–1046 (175)
149. Clemens II., 1046–1047 (175)
150. Damasus II., 1048 (175)
151. Leo IX., 1049–1054 (175 180 185ff.)
152. Victor II., 1055–1057 (175 188)
153. Stephan IX. (X.), 1057–1058
154. Benedikt X., 1058–1059
155. Nikolaus II., 1058–1061 (180)
156. Alexander II., 1061–1073
Honorius II., 1061–1071/72
157. Gregor VII., 1073–1085 (118 146 180 181ff. 213 227)

Clemens III., 1080–1100
158. Victor III., 1086–1087
159. Urban II., 1088–1099 (190 193 194ff.)
160. Paschalis II., 1099–1118 (183)
Theoderich, 1100–1102
Albert, 1102
Silvester IV., 1105–1111
161. Gelasius II., 1118–1119
Gregor VIII., 1118–1121
162. Calixtus II., 1119–1124
163. Honorius II., 1124–1130
Coelestin II., 1124
Innozenz II., 1130–1143
164. Anaklet II., 1130–1138
Victor IV., 1138
165. Coelestin II., 1143–1144
166. Lucius II., 1144–1145
167. Eugen III., 1145–1153
168. Anastasius IV., 1153–1154
169. Hadrian IV., 1154–1159
170. Alexander III., 1159–1181 (118 185 201)
Victor IV., 1159–1164
Paschalis III., 1164–1168
Calixtus III., 1168–1178
Innozenz III., 1179–1180
171. Lucius III., 1181–1185 (201)
172. Urban III., 1185–1187
173. Gregor VIII., 1187
174. Clemens III., 1187–1191
175. Coelestin III., 1191–1198 (213)
176. Innozenz III., 1198–1216 (118 184 185 196 202 204 206 208 212–217)
177. Honorius III., 1216–1227 (208)
178. Gregor IX., 1227–1241 (204 211 217)
179. Coelestin IV., 1241
180. Innozenz IV., 1243–1254 (218)
181. Alexander IV., 1254–1261
182. Urban IV., 1261–1264
183. Clemens IV., 1265–1268
184. Gregor X., 1271–1276 (181)
185. Innozenz V., 1276
186. Hadrian V., 1276
187. Johannes XXI., 1276–1277
188. Nikolaus III., 1277–1280
189. Martin IV., 1281–1285
190. Honorius IV., 1285–1287
191. Nikolaus IV., 1288–1292
192. Coelestin V., 1294
193. Bonifatius VIII., 1294–1303 (118 219 221 226ff.)
194. Benedikt XI., 1303–1304
195. Clemens V., 1305–1314 (220f.)
196. Johannes XXII., 1316–1334 (221)
Nikolaus V., 1328–1330
197. Benedikt XII., 1334–1342
198. Clemens VI., 1342–1352
199. Innozenz VI., 1352–1362
200. Urban V., 1362–1370
201. Gregor XI., 1370–1378 (223)
202. Urban VI., 1378–1389 (224ff.)
Clemens VII., 1378–1394 (224ff.)
203. Bonifatius IX., 1389–1404
Benedikt XIII., 1394–1423 (230)
204. Innozenz VII., 1404–1406
205. Gregor XII., 1406–1415 (225)
206. Alexander V., 1409–1410
207. Johannes XXIII., 1410–1415 (228)
208. Martin V., 1417–1431 (234)
Clemens VIII., 1423–1429
209. Eugen IV., 1431–1447 (235)
Felix V., 1439–1449 . .
210. Nikolaus V., 1447–1455 (234)
211. Calixtus III., 1455–1458 (238)
212. Pius II., 1458–1464 (238)
213. Paul II., 1464–1471 (238)
214. Sixtus IV., 1471–1484 (238)
215. Innozenz VIII., 1484–1492 (237)
216. Alexander VI., 1492–1503 (236 239 296)
217. Pius III., 1503
218. Julius II., 1503–1513 (239 241 297)
219. Leo X., 1513–1521 (239 262)
220. Hadrian VI., 1522–1523 (245 268 298)
221. Clemens VII., 1523–1534 (270 293 297ff.)
222. Paul III., 1534–1549 (237 273 299ff.)
223. Julius III., 1550–1555
224. Marcellus II., 1555
225. Paul IV., 1555–1559 (237 276 312 317)
226. Pius IV., 1559–1565 (304)
227. Pius V., 1566–1572 (291 295 306f.)
228. Gregor XIII., 1572–1585 (291 307)
229. Sixtus V., 1585–1590

230. Urban VII., 1590
231. Gregor XIV., 1590–1591
232. Innozenz IX., 1591
233. Clemens VIII., 1592–1605
234. Leo XI., 1605
235. Paul V., 1605–1621
236. Gregor XV., 1621–1623
237. Urban VIII., 1623–1644
238. Innozenz X., 1644–1655 (324)
239. Alexander VII., 1655–1667
240. Clemens IX., 1667–1669
241. Clemens X., 1670–1676
242. Innozenz XI., 1676–1689
243. Alexander VIII., 1689–1691
244. Innozenz XII., 1691–1700 (238)
245. Clemens XI., 1700–1721
246. Innozenz XIII., 1721–1724 (324)
247. Benedikt XIII., 1724–1730
248. Clemens XII., 1730–1740
249. Benedikt XIV., 1740–1758 (324)
250. Clemens XIII., 1758–1769
251. Clemens XIV., 1769–1774 (328)
252. Pius VI., 1775–1799 (336)
253. Pius VII., 1800–1823 (333 336)
254. Leo XII., 1823–1829
255. Pius VIII., 1829–1830
256. Gregor XVI., 1831–1846 (335 337)
257. Pius IX., 1846–1878 (337 ff.)
258. Leo XIII., 1878–1903 (349 ff.)
259. Pius X., 1903–1914 (352 f.)
260. Benedikt XV., 1914–1922 (354)
261. Pius XI., 1922–1939 (362 ff.)
262. Pius XII., 1939–1958 (238 324 364 ff. 378)
263. Johannes XXIII., 1958–1963 (377 ff.)
264. Paul VI., 1963 (360 380 ff.)

# BIBLIOGRAPHIE

Die nachfolgenden Literaturhinweise wollen den interessierten Lesern lediglich eine erste Hilfe leisten, sich in der Fachliteratur umzusehen. Da die „Kleine Kirchengeschichte“ nicht für Fachwissenschaftler, sondern für weitere Kreise geschrieben ist, wurden solche Werke bevorzugt, die leichter zugänglich und erreichbar sind; dabei empfahl es sich, für die vorliegende deutsche Ausgabe vor allem deutschsprachige Schriften zu verzeichnen, ohne indes das ausländische Schrifttum gänzlich auszuschließen.

*Gesamtdarstellungen:*

*K. Bihlmeyer – H. Tüchle*, Kirchengeschichte, 3 Bde. Paderborn [17]1961/1962; *J. Lortz*, Geschichte der Kirche in ideengeschichtlicher Betrachtung, 2 Bde. Münster [21]1962/64; *J. P. Kirsch*, Kirchengeschichte, Freiburg 1930ff., davon erschienen: Bd. I (Altertum), von J. P. Kirsch, 1930, Bd. II, 2 (1200–1450) von J. Hollnsteiner, 1940, Bd. III, 2 (1555–1648) von K. Eder, 1949, Bd. IV, 1 (1648 bis 1800) und Bd. IV, 2 (1800–1932) von L. A. Veit, 1931/33; *A. Ehrhard – W. Neuss*, Die katholische Kirche im Wandel der Zeiten und Völker, Bonn, Bd. I (Altertum), 2 Bde. von A. Ehrhard, 1937/1951, Bd. II (Mittelalter), und Bd. III (Neuzeit) von W. Neuss, [2]1950–1959; *A. Fliche – V. Martin*, Histoire de l'Église, 26 Bde. Paris 1934ff.; *H. Jedin*, Handbuch der Kirchengeschichte, Freiburg 1962, bisher erschienen: Bd. I (Einleitung) von H. Jedin, und Altertum (bis Konstantin) von K. Baus, 1962, Bd. III, 1 (Frühmittelalter) von F. Kempf, H. G. Beck, E. Ewig, J. A. Jungmann, 1966, Bd. III, 2 (Vom kirchlichen Hochmittelalter bis zum Vorabend der Reformation) von H. G. Beck, K. A. Fink, J. Glazik, E. Iserloh, H. Wolter, 1968, Bd. IV (Reformation, Kath. Reform und Gegenreformation) von E. Iserloh, J. Glazik, H. Jedin, 1967, Bd. V (Die Kirche im Zeitalter des Absolutismus und der Aufklärung) von W. Müller, Q. Aldea, J. Beckmann, L. Cognet, O. Köhler, H. Raab, B. Schneider, B. Stasiewski, 1970, Bd. VI, 1 (Die Kirche zwischen Revolution und Restauration) von R. Aubert, J. Beckmann, P. J. Corish, R. Lill, 1972; *L. J. Rogier, R. Aubert, M. D. Knowles*, Geschichte der Kirche, 5 Bde. Einsiedeln 1963ff., bisher erschienen: Bd. I (Altertum) von J. Daniélou und H. I. Marrou, 1963, Bd. III (Reformation und Gegenreformation) von H. Tüchle und C. A. Boumann, 1965, Bd. IV (Aufklärung, Revolution und Restauration) von L. J. Rogier, G. Bertier de Sauvigny und J. Hajjar, 1966.

*G. Krüger*, Handbuch der Kirchengeschichte, 4 Bde. Tübingen [2]1923–1931; *K. Müller – H. v. Campenhausen*, Kirchengeschichte, 2 Bde. in 4 Halbbden. Tübingen [3]1941; *K. Heussi*, Kompendium der Kirchengeschichte, Tübingen [12]1960; *K. D. Schmidt – E. Wolf*, Die Kirche in ihrer Geschichte, Göttingen 1962ff. (in Einzellieferungen).

*F. X. Seppelt – G. Schwaiger*, Geschichte der Päpste von den Anfängen bis zur Mitte des 20. Jh., 6 Bde. München [2]1954ff.; *dieselben*, Geschichte der Päpste. Von den Anfängen bis zur Gegenwart, München 1964; *J. Haller*, Das Papsttum, 5 Bde. (bis 1316), Eßlingen 1962; *W. M. Plöchl*, Geschichte des Kirchenrechts, 3 Bde. Wien – München [2]1960ff.; *H. E. Feine*, Kirchliche Rechtsgeschichte, Bd. I. Die katholische Kirche, Weimar [4]1967; *C. J. Hefele*, Conciliengeschichte, 9 Bde. (1855ff., 1–6 [2]1873ff.), erweiterte französische Ausgabe: *C. J. Hefele – H. Leclerq*, Histoire des Conciles, Paris 1907ff.; *H. Jedin*, Kleine Konziliengeschichte, Freiburg [7]1967 (Herder-Bücherei 51).

*Quellensammlungen:*

*J. P. Migne*, Patrologia latina, 221 Bde. Paris 1844–1864 (Ergänzungsbände von A. Hamman, Paris 1958ff.) (= PL); *J. P. Migne*, Patrologia graeca, 161 Bde. Paris 1857–1866 (= PG). Kritische Ausgaben fortlaufend in: „Corpus scriptorum ecclesiasticorum latinorum", Wien 1860ff. (= CSEL), und „Die griechischen christlichen Schriftsteller der ersten Jahrhunderte", Leipzig 1897ff. (= GCS). Eine Neuausgabe erscheint im „Corpus Christianorum seu nova Patrum collectio", Turnhout – Paris 1953ff. (= CChr.). Wichtiges Hilfsmittel: *E. Dekkers u. Aem. Gaar*, Clavis Patrum latinorum, Steenbrügge $^{2}$1961.

*Konzilssammlungen:*

*G. D. Mansi*, Sacrorum conciliorum nova et amplissima collectio, 1759ff., Neudruck und Fortsetzung, Paris 1899ff. (60 Bde.). Conciliorum oecumenicorum decreta, von *J. Alberigo*, Freiburg $^{2}$1962.

Dazu die Auswahlsammlungen: *C. Kirch – L. Ueding*, Enchiridion fontium historiae ecclesiasticae antiquae, Freiburg $^{8}$1960; *M. J. Rouët de Journal*, Enchiridion patristicum, Freiburg $^{21}$1959; *H. Denzinger – A. Schönmetzer*, Enchiridion symbolorum, definitionum et declarationum de rebus fidei et morum, Barcelona – Freiburg $^{33}$1965; *C. Mirbt*, Quellen zur Geschichte des Papsttums und des römischen Katholizismus, Tübingen $^{6}$1967 (hrsg. von K. Aland).

Deutsche Übersetzung der Kirchenväter: Bibliothek der Kirchenväter (BKV$^{2}$), hrsg. von O. Bardenhewer, 1. Reihe 63 Bde., 2. Reihe 20 Bde. Kempten – München $^{2}$1911–1939.

## *I. Zeitraum: Altertum*

*Allgemeine Literatur:*

*H. Lietzmann*, Geschichte der alten Kirche, 4 Bde. Berlin $^{4}$1961; *H. Daniel-Rops*, Die Kirche zur Zeit der Apostel und Martyrer, Innsbruck – München 1951; *A. Ehrhard*, Die Kirche der Märtyrer, München 1932; *W. von Loewenich*, Die Geschichte der Kirche, Bd. I. Altertum und Mittelalter, München 1964 (Siebenstern-Taschenb. 2). Auf die im vorigen genannten Gesamtdarstellungen wird hier nicht mehr einzeln verwiesen.

*Hilfsmittel: B. Altaner*, Patrologie. Leben, Schriften und Lehren der Kirchenväter, Freiburg $^{7}$1966; *Dictionnaire* d'archéologie chrétienne et de liturgie (= DACL), hrsg. von F. Cabrol u. H. Leclerq, Paris 1924ff. *Reallexikon* für Antike und Christentum, hrsg. von Th. Klauser, Stuttgart 1941ff. (= RAC). *Lexikon* für Theologie und Kirche, Freiburg $^{2}$1957ff. (= LThK$^{2}$); *Religion* in Geschichte und Gegenwart, Tübingen $^{3}$1956ff. (= RGG$^{3}$).

*Zu den §§ 1–3:*

*R. Schnackenburg*, Die Kirche im Neuen Testament, Freiburg 1961; *W. Joest*, Gedanken zur institutionellen Struktur der Kirche in der Sicht evangelischer Theologie, in: Volk Gottes, Festschrift J. Höfer, hrsg. von R. Bäumer u. H. Dolch, Freiburg 1967, 178–186; *O. Karrer*, Das Bischofsamt und das Petrusamt in der Kirche, ebd., 64–83; *Y. Congar*, Apostolicité de ministère et apostolicité de doctrine, ebd., 84–111; *Floyd V. Filson*, Geschichte des Christentums in neutestamentlicher Zeit, Düsseldorf 1967; *E. Dinkler*, Die Petrus-Rom-Frage. Ein Forschungsbericht, in: Theol. Rundschau NF (1961) 33–64; *E. Kirschbaum*, Die Gräber der Apostelfürsten, Frankfurt $^{2}$1959; *K. H. Schelkle*, Römische Kirche im Römerbrief, in: Zs. f. Kath. Theol. 81 (1959) 393–404; *L. Koep*, Bischofslisten, in: RAC II (1954) Sp. 407ff.; *A. Kolping*, Einführung in die kath. Theologie, Münster ²1963.

*Zu den §§ 4–7:*
*A. v. Harnack*, Mission und Ausbreitung des Christentums in den drei ersten Jahrhunderten, 3 Bde. Leipzig ⁴1924; *B. Kötting*, Christentum, in: RAC II (1954) 1138–1159; *F. van der Meer – Chr. Mohrmann*, Bildatlas der frühchristlichen Welt, Gütersloh 1959; *H. Leclercq*, Expansion du Christianisme, in: DACL V, 978–1014; *L. v. Hertling*, Die Zahl der Christen zu Beginn des 4. Jh., in: Zs. f. kath. Theol. 62 (1934) 243–253.

Bibliothek der Kirchenväter (= BKV²); *J. A. Fischer*, Die apostolischen Väter, Darmstadt 1956; *H. von Campenhausen*, Griechische Kirchenväter, Stuttgart 1955 (Urban-Bücher 11); *ders.*, Lateinische Kirchenväter, Stuttgart 1960 (Urban-Bücher 50); *A. Hamman*, Die Kirchenväter, Freiburg 1967 (Herder-Bücherei 268); *J. Daniélou*, Histoire des doctrines avant Nicée, 2 Bde. Paris 1958/1961; *W. Jaeger*, Das frühe Christentum und die griechische Bildung, Berlin 1963; *A. Knauber*, Katechetenschule oder Schulkatechumenat?, in: Trierer Theol. Zs. 60 (1951) 243–266; *F. Normann*, Christos Didaskalos, Münster 1967. Dazu die betreffenden Abschnitte bei Altaner, Patrologie.

*E. Hennecke – W. Schneemelcher*, Neutestamentliche Apokryphen in deutscher Übersetzung, Tübingen ³1959ff.; *E. Peterson*, Frühkirche, Judentum und Gnosis, Freiburg 1959.

*Zu den §§ 8–9 u. 13:*
*J. Moreau*, Die Christenverfolgung im Römischen Reich, Berlin 1961; *J. Vogt – H. Last*, Christenverfolgung, in: RAC II, 1159–1228; *K. Gross*, Decius, in: RAC III, 611–629; *W. Seston*, Diocletianus, in: RAC III, 1036–1053; *E. Stauffer*, Christus und die Cäsaren, ⁴1954; *L. Koep*, Antikes Kaisertum und Christusbekenntnis im Widerspruch, in: Jb. f. Antike u. Christentum 4 (1961) 58–76; *J. Vogt*, Zur Religiösität der Christenverfolger im Röm. Reich (Sitzungsberichte d. Heidelb. Akad. d. Wiss., Phil.-hist. Kl.) 1962.

*R. Knopf – G. Krüger*, Ausgewählte Märtyrerakten, Tübingen ⁴1965; *A. Hamman*, Das Heldentum der frühen Märtyrer, Aschaffenburg 1958; *W. Schamoni*, Bischöfe der alten afrikanischen Kirche, Düsseldorf 1964; *L. von Hertling – E. Kirschbaum*, Die römischen Katakomben und ihre Märtyrer, Wien ²1955.

*J. Vogt*, Constantin der Große und sein Jahrhundert, München ²1960; *derselbe*, Constantin d. Gr., in: RAC III, 306–379; *derselbe*, Konstantin d. Gr. und das Christentum, Zürich 1960; *H. Dörries*, Konstantin der Große, Stuttgart 1958; *derselbe*, Das Selbstzeugnis Kaiser Konstantins, Göttingen 1954; *H. Kraft*, Kaiser Konstantins religiöse Entwicklung, Tübingen 1955; *H. Rahner*, Kirche und Staat im frühen Christentum, München 1961; *R. Hernegger*, Macht ohne Auftrag, Olten – Freiburg 1963; *O. Treitinger*, Die oströmische Kaiser- und Reichsidee nach ihrer Gestaltung im höfischen Zeremoniell. Vom oströmischen Staats- und Reichsgedanken, Darmstadt ²1956; *H. G. Beck*, Kirche und theol. Literatur im byzantinischen Reich, München 1959, 27–98; *H. Marot*, Strukturelle Dezentralisierung und Primat in der Alten Kirche, in: Concilium 1 (1965) 548–555.

*Zu den §§ 10–11:*
*I. Ortiz de Urbino*, Nizäa und Konstantinopel (Gesch. der ökumenischen Konzilien, hrsg. von G. Dumeige u. H. Bacht, Bd. I), Mainz 1965; *Das Konzil* und die Konzile, hrsg. von der Abtei Chevetogne, dtsch. Stuttgart 1962; *A. Ritter*,

Das Konzil von Konstantinopel und sein Symbolum, Göttingen 1965; *A. Grillmeier – H. Bacht*, Das Konzil von Chalkedon, 2 Bde. Würzburg $^{2}$1959; *H. Dallmayer*, Die großen vier Konzilien: Nicaea, Konstantinopel, Ephesus, Chalcedon, München 1961.

*F. van der Meer*, Augustinus der Seelsorger. Leben und Wirken eines Kirchenvaters, Köln 1963; Bibligraphia Augustiniana, hrsg. von *C. Andresen*, Darmstadt 1962; *W. von Loewenich*, Augustin. Leben und Werk, München 1965 (Siebenstern-Tb. 56); *H. Marrou*, Augustinus in Selbstzeugnissen und Bilddokumenten, Hamburg 1965 (Rowohlt-Tb. 8).

*Zu § 12:*
*H. Bacht*, Antonius und Pachomius. Von der Anachorese zum Cönobitentum (Studia Anselmiana 38), Rom 1956; *derselbe*, Theologie de la vie monastique, Paris 1961; *U. Ranke-Heinemann*, Das frühe Mönchtum. Seine Motive nach den Selbstzeugnissen, Essen 1964; *S. Feldhohn*, Blühende Wüste. Aus dem Leben palästinensischer und ägyptischer Mönche des 5. u. 6. Jh., Düsseldorf 1961; *H. U. von Balthasar*, Die großen Ordensregeln, Einsiedeln $^{2}$1961; *A. Manrique*, La Vida monastica en San Augustin, El Escorial 1959.

*II. Zeitraum: Mittelalter*

*Allgemeine Darstellungen:*
*A. Hauck*, Kirchengeschichte Deutschlands, 6 Bde. 1904–1920, Neudruck 1954; *G. Schnürer*, Kirche und Kultur im Mittelalter, 3 Bde. Paderborn 1924–1929; *Gebhard-Grundmann*, Handb. der deutschen Geschichte, Bd. I, Stuttgart $^{8}$1954; *H. Günter*, Das deutsche Mittelalter, 2 Bde. Freiburg 1936; *J. Génicot*, Das Mittelalter, Graz – Wien – Köln 1957; *W. v. d. Steinen*, Der Kosmos des Mittelalters, Bern – München 1959; *K. Hampe*, Das Hochmittelalter 900–1250, München – Köln $^{4}$1953; *L. A. Veit*, Volksfrommes Brauchtum und Kirche im Mittelalter, Freiburg 1936; Historia Mundi, hrsg. von *F. Valjavec*, Bd. V u. VI, Bern 1958.

*Quellenkunde:*
*A. Potthast*, Bibliotheca hist. medii aevi, 2 Bde. 1896, Neudr. Graz 1954; *Dahlmann-Waitz*, Quellenkunde der deutschen Geschichte, 2 Bde. Leipzig $^{9}$1930/31; *Wattenbach-Levison*, Deutschlands Geschichtsquellen im Mittelalter: Vorzeit u. Karolinger, Weimar 1952/57, Nachdr. 1960; *Wattenbach-Holtzmann*, Deutsche Kaiserzeit, Bd. I (900–1125), Tübingen $^{3}$1948; *K. Jacob – H. Hohenleutner*, Quellenkunde der dtsch. Geschichte im Mittelalter, 2 Bde. Berlin 1959/1961; *M. Manitius*, Geschichte d. latein. Literatur des Mittelalters, 3 Bde. (1912, Neudr. 1959); *R. C. van Caenegen*, Kurze Quellenkunde des westeuropäischen Mittelalters, Göttingen 1964.

*Quellensammlungen:*

*Monumenta Germaniae* Historica (= MG), in 5 Serien: 1) Scriptores (= MG SS, Geschichtsschreiber i. w. S.), 2) Leges (= MG LL, Gesetze u. Rechtsaufzeichnungen), 3) Diplomata (= MG DD, Urkunden), 4) Antiquitates (= MG AA, Nekrologe, Inschriften), 5) Epistolae (= MG Ep., Briefliteratur); hierzu kommen neuere, angeschlossene Reihen. Deutsche Übersetzungen liegen vor in: Geschichtsschreiber der deutschen Vorzeit, 104 Bde., seit 1847; *L. A. Muratori*, Rerum italicarum scriptores, 25 Bde. Mailand 1723–51; Fonti per la storia italiana, 95 Bde. hrsg. vom Istituto Storico Italiano per il medio evo, Rom 1887 ff.; *M. Bouquet*, Recueil des historiens des Gaules et de la France, 24 Bde.

Paris 1738–1904; Rerum Britannicarum medii aevi scriptores, hrsg. von dem Master of the Rolls, 99 Bde. London 1858–1896.

*Zu den §§ 14–16:*

*H. Dannenbauer*, Die Entstehung Europas. Von der Spätantike zum Mittelalter, 2 Bde. Stuttgart 1959/1962; *G. Haendler*, Das Christentum und die Germanen bis Bonifatius, Berlin (Ost) 1961; *ders.*, Das Frühmittelalter, Göttingen 1961.

*Zu den §§ 17–19:*

*W. Delius*, Geschichte der irischen Kirche von ihren Anfängen bis zum 12. Jh., München 1954; *G. Schreiber*, Irland und Deutschland im abendländischen Sakralraum, Köln 1952; *L. Biehler*, Irland, Wegbereiter des Mittelalters, Olten 1961; *J. Décarreaux*, Die Mönche und die abendländische Zivilisation, Wiesbaden 1964; *Th. Schieffer*, Winfried-Bonifatius und die christliche Grundlegung Europas, Frankfurt 1954; *J. Lortz*, Bonifatius und die Grundlegung des Abendlandes, Wien 1954; *H. Löwe*, Das Bild des Bonifatius in der neueren deutschen Geschichtsschreibung, in: Gesch. in Wiss. u. Unterricht 6 (1955) 539–555.

*Zu den §§ 20–22:*

*G. Ostrogorsky*, Geschichte des byzantinischen Staates, München ³1962; *W. de Vries*, Rom und die Patriarchate des Ostens, Freiburg 1963; *W. Ohnsorge*, Das Zweikaiserproblem im frühen Mittelalter, Darmstadt 1947; *W. Braunfels* (Hrsg.), Karl der Große, Lebenswerk und Nachleben, 3 Bde. Düsseldorf 1965; *D. Bullough*, Karl der Große und seine Zeit, Wiesbaden 1966; *W. Mohr*, Die karolingische Reichsidee, Münster 1962; *W. Ohnsorge*, Abendland und Byzanz, Darmstadt 1958; *W. Ullmann*, Die Machtstellung des Papsttums im Mittelalter, Graz – Wien – Köln 1960; *J. Fleckenstein*, Die Bildungsreform Karls d. Gr., Freiburg 1953; *G. Haendler*, Epochen karolingischer Theologie, 1958.

*Zu den §§ 23–24:*

*R. Holtzmann*, Geschichte der sächsischen Kaiserzeit, Darmstadt ⁴1961; *P. E. Schramm*, Kaiser, Rom und Renovatio, Darmstadt ²1957; *A. Dempf*, Sacrum Imperium, München ³1962; *E. Eichmann*, Die Kaiserkrönung im Abendland, 2 Bde. Würzburg 1942; *ders.*, Weihe und Krönung des Papstes im Mittelalter, München 1951; *K. Hampe*, Deutsche Kaisergeschichte in der Zeit der Salier und Staufer, Heidelberg ¹¹1963; *O. Köhler*, Das Bild des geistlichen Fürsten, Berlin 1935.

*Zu den §§ 25, 26 u. 28:*

*E. Sackur*, Die Cluniacenser in ihrer kirchlichen und allgemeingeschichtl. Wirksamkeit bis zur Mitte des 11. Jh., 2 Bde. Neudruck Darmstadt 1965; *K. Hallinger*, Gorze – Cluny, 2 Bde. Rom 1950/1951; *ders.*, Neue Fragen der reformgeschichtl. Forschung, in: Archiv f. mittelrhein. KG 9 (1957); *G. Tellenbach*, Zum Wesen der Cluniacenser, in: Saeculum 9 (1958); ders., Neue Forschungen über Cluny und die Cluniacenser, Freiburg 1959; *H. Hoffmann*, Cluny und gregorianische Reform, in: Archiv f. Kulturgeschichte 45 (1963) 165–209; *G. Tellenbach*, Libertas. Kirche und Weltordnung im Zeitalter des Investiturstreites, Stuttgart 1936; *Studi Gregoriani*, hrsg. von *G. B. Borino*, Rom 1947ff., bisher 7 Bde. mit zahlreichen Abhandlungen verschiedener Autoren; *A. Fliche*, La réforme grégorienne, 3 Bde. Löwen 1924/1937; *Canossa als Wende*. Ausgewählte Aufsätze zur neueren Forschung, hrsg. von *H. Kämpf*, Darmstadt 1963. Zur Ordensbewegung im 11. Jh.: *Ph. Schmitz*, Geschichte des Benediktinerordens, II. (1949); *L. Lekai*,

Geschichte und Wirken der Weißen Mönche (dtsch. von A. Schneider), Köln 1958. Zur Reform der Weltpriester und Kanoniker: *G. Schreiber*, Gemeinschaften des Mittelalters, I (1948); *F. J. Schmale*, Kanonie, Seelsorge, Eigenkirche, in: Hist. Jahrbuch 78 (1959) 38–63; ders., Studien zum Schisma des J. 1130, Köln – Graz 1961; *A. Waas*, Der Mensch im deutschen Mittelalter, Graz – Köln 1964.

*Zu § 27:*

*M. Jugie*, Le schisme byzantin, Paris 1941; *A. Michel*, Humbert und Kerullarius, 2 Bde. Paderborn 1924/1930; ders., Die Kaisermacht in der Ostkirche, Darmstadt 1959; *Y. Congar*, Zerrissene Christenheit. Wo trennten sich Ost und West?, Wien 1959; *A. Michel*, Die folgenschweren Ideen des Kard. Humbert, in: Studi Gregoriani 1 (1947) 65–92; *P. Bratsiotis*, Die orthodoxe Kirche in griechischer Sicht, 2 Bde. Stuttgart 1960; *H. G. Beck*, in: Jedin, Hdb. der KG, III, 1 (1966) 462–484.

*Zu § 29:*

*A. Waas*, Geschichte der Kreuzzüge, 2 Bde. Freiburg 1956; *St. Runciman*, Geschichte der Kreuzzüge, 3 Bde. München 1957/1960; *C. Erdmann*, Die Entstehung des Kreuzzugsgedankens, Stuttgart 1955; *R. Pernoud*, Die Kreuzzüge in Augenzeugenberichten, Düsseldorf [3]1964; *H. E. Mayer*, Bibliographie zur Geschichte der Kreuzzüge, Hannover 1960; *ders.*, Geschichte der Kreuzzüge, Stuttgart 1965.

*Zu den §§ 30 u. 31:*

*H. Grundmann*, Religiöse Bewegungen im Mittelalter, Hildesheim [2]1961; ders., Ketzergeschichte des Mittelalters, Göttingen 1963; *A. Borst*, Die Katharer, Stuttgart 1953; *J. Hansen*, Quellen und Untersuchungen zur Geschichte des Hexenwahns und der Hexenverfolgung im Mittelalter, 1901, Neudr. Hildesheim 1961; ders., Zauberwahn, Inquisition und Hexenprozeß im Mittelalter und die Entstehung der großen Hexenverfolgung, 1900, Neudr. Aalen 1964; Die Schriften des hl. Franziskus von Assisi, übersetzt u. ausgew. von *K. Esser* u. *L. Hardick*, Werl 1951; *J. Jörgensen*, Der hl. Franziskus von Assisi 1182–1226, München 1952; *P. Sabatier*, Leben des hl. Franz von Assisi, Zürich 1953; *K. Esser*, Der Orden des hl. Franziskus, Werl [2]1952; M. H. *Vicaire*, Histoire de s. Dominique, 2 Bde. Paris 1957; *H. U. von Balthasar*, Die Großen Ordensregeln, Einsiedeln [2]1961; *W. Nigg*, Vom Geheimnis der Mönche, Zürich – Stuttgart 1953.

*Zu § 32:*

*M. Grabmann*, Mittelalterliches Geistesleben, 3 Bde. München 1925–1956; *ders.*, Thomas von Aquin, München [8]1949; *H. Grundmann*, Vom Ursprung der Universität im Mittelalter, Darmstadt 1960.

*Zu § 33:*

*H. Tillmann*, Papst Innozenz III., Bonn 1954; *F. Kempf*, Papsttum und Kaisertum bei Innozenz III., Rom 1954. Zu den mittelalterlichen Konzilien: Außer *Hefele-Leclercq*, *F. X. Seppelt*, Gesch. der Päpste, Bd. II–IV (1955–1957) und *J. Haller*, Das Papsttum III–V (1952–1953, oft einseitig) s. auch *Das Konzil und die Konzile* (Stuttgart 1962) 145–164; *H. Jedin*, Kleine Konziliengeschichte (Herder-Bücherei 51, [7]1966); *J. Hollnsteiner*, Die Kirche im Ringen um d. Christl. Gemeinschaft, Freiburg 1940.

*Zu den §§ 34 u. 35:*
Zum Wandel des Kirchenbildes: *A. L. Mayer*, Das Kirchenbild des späten Mittelalters, in: Festschrift Odo Casel, Düsseldorf 1951, 274–302; *F. Merzbacher*, Wandlungen des Kirchenbegriffs im Spätmittelalter, in: Zs. SavSt. RG kan. Abt. 39 (1953) 274–361; *B. Roberg*, Die Union zwischen der griechischen und der latein. Kirche auf dem 2. Konzil von Lyon, Bonn 1964; *E. Müller*, Das Konzil von Vienne, Münster 1934; *J. Lecler*, Vienne, Mainz 1965. Zum Konstanzer Konzil: *A. Franzen – W. Müller*, Das Konzil von Konstanz, Freiburg 1964; *A. Franzen*, Das Konstanzer Konzil. Probleme, Aufgaben und Stand der Konzilsforschung, in: Concilium 1 (1965) 555–574; ders., Zur Vorgeschichte des Konstanzer Konzils. Vom Ausbruch des Schismas bis zum Pisanum, in: Franzen-Müller, S. 3–35; *H. Jedin*, Bischöfliches Konzil oder Kirchenparlament?, Basel ²1966; *P. De Vooght*, Les pouvoirs du concile et l'autorité du Pape au concile de Constance, Paris 1955. Zur Hus-Frage: *P. De Vooght*, Hussiana, Löwen 1960; ders., L'Hérésie de Jean Huss, Löwen 1960; ders., Jean Huss et ses juges, in: Franzen-Müller, S. 152–173.

*Zu § 36:*
*J. Gill*, The Council of Florence, Oxford 1964; *L. von Pastor*, Geschichte der Päpste, I–III, Freiburg ¹²1955; *O. Ferrara*, Alexander VI. Borgia, Zürich 1957; *J. Schnitzer*, Savonarola, 2 Bde. München 1924; *M. Ferrara*, Savonarola, Salzburg 1957; G. *Gieraths*, Savonarola, Ketzer oder Heiliger?, Freiburg 1961.

## *III. Zeitraum: I. Epoche 1500–1700*

*Quellenkunde:*
*K. Schottenloher*, Bibliographie zur deutschen Geschichte im Zeitalter der Glaubensspaltung 1517–1585, I–VI (Leipzig ²1956/1958), VII, Das Schrifttum von 1938–1960, Stuttgart 1966; *Bibliographie de la Réforme* 1450–1648, I–IV, Leiden 1958–1963; *H. J. Hillebrand*, Bibliographie des Täufertums 1520–1630, Gütersloh 1962.

*Werke der Reformatoren:*
D. Martin *Luthers* Werke, 58 Bde. Weimar 1883ff. (= WA), Kritische Gesamtausgabe; dazu dasselbe, Die Deutsche Bibel, 12 Bde. Weimar 1906–1961, Tischreden, 6 Bde. Weimar 1912/1921, Briefwechsel, 12 Bde. Weimar 1930/1967. Die Werke *Melanchthons*, *Calvins* und *Zwinglis* sind zusammengefaßt im Corpus Reformatorum (= CR), bisher 101 Bde. Halle 1834ff., Braunschweig 1853ff.; Berlin 1905; Leipzig 1908ff.; Zürich 1959ff. Daneben gibt es zahlreiche Auswahl-Editionen. Katholischerseits steht ihnen gegenüber: *Corpus Catholicorum*, Werke katholischer Schriftsteller im Zeitalter der Glaubensspaltung, bisher 29 Bde. (= CC, Münster 1919ff.), hrsg. von A. Franzen.

*Sammelwerke und Publikationsreihen:*
*Reformationsgeschichtliche Studien und Texte*, 97 Bde. (= RST, Münster 1906ff.), hrsg. von A. Franzen; *Katholisches Leben und Kirchenreform* (früher: Kämpfen) im Zeitalter der Glaubensspaltung, 26 Bde. (= KLK, Münster 1927ff.), hrsg. von A. Franzen; *Acta Reformationis Catholicae*, bisher 3 Bde. (= ARC, Regensburg 1959ff.), hrsg. von G. Pfeilschifter. Die vier Reihen CC, RST, KLK und ARC werden von der „Gesellschaft zur Herausgabe des Corpus Catholicorum", gegr. von J. Greving, geleitet von A. Franzen, Freiburg, publiziert. Evangelischerseits entsprechen ihnen die *Schriften des Vereins für Reformationsgeschichte* (= SVRG,

Halle, Leipzig, Gütersloh 1883ff.); *Archiv für Reformationsgeschichte* (= ARG, Gütersloh 1903ff.).

*Gesamtdarstellungen:*
*J. Lortz*, Die Reformation in Deutschland, 2 Bde. Freiburg [4]1962; *F. Lau – E. Bizer*, Reformationsgeschichte Deutschlands, Göttingen 1964; *E. Hassinger*, Das Werden des neuzeitlichen Europas, 1300–1600, Braunschweig [2]1964; *St. Skalweit*, Reich und Reformation, Berlin 1967.

*Zu den §§ 37–38:*
*J. Huizinga*, Herbst des Mittelalters, Stuttgart [7]1953; *W. Andreas*, Deutschland vor der Reformation, Stuttgart [6]1959; *J. Lortz*, Zur Problematik der kirchlichen Mißstände im Spätmittelalter, in: TThZ 58 (1949) 1–26, 212–227, 257–279, 347–357; *K. A. Meissinger*, Erasmus von Rotterdam, Berlin [2]1948; *K. H. Oelrich*, Der späte Erasmus und die Reformation, Münster 1961 (RST 86).

*Zu den §§ 39–40:*
*J. Lortz*, Reformation in Deutschland, 2 Bde. Freiburg [4]1962; *ders.*, Martin Luther, Grundzüge seiner geistigen Struktur, in: Reformata Reformanda, Festschrift f. H. Jedin, hrsg. von E. Iserloh u. K. Repgen, I, Münster 1965, 214–246; *F. Lau*, Luther, Berlin 1959 (Göschen-Bd. 1187); *R. Stupperich*, Melanchthon, Berlin 1960 (Göschen-Bd. 1190); *E. Bizer*, Fides ex auditu, Neukirchen [2]1960; *E. Iserloh*, Luther zwischen Reform und Reformation. Der Thesenanschlag fand nicht statt, Münster [2]1967 (KLK 23/24); *K. Honselmann*, Urfassung und Drucke der Ablaßthesen Martin Luthers und ihre Veröffentlichung, Paderborn 1966; *F. Lau*, Die gegenwärtige Diskussion um Luthers Thesenanschlag, in: Luther-Jahrbuch 1967, 11–89.

*Zu den §§ 41–43:*
*F. Schmidt-Clausing*, Zwingli, Berlin 1965 (Göschen-Bd. 1219); *J. V. Pollet*, Huldrych Zwingli et la Réforme en Suisse, Paris 1963; *O. Vasella*, Reform und Reformation in der Schweiz, Münster 1958 (KLK 16); *Quellen zur Geschichte der Täufer*, Gütersloh 1930ff.; *E. Bernhofer-Pippert*, Täuferische Denkweisen und Lebensformen im Spiegel oberdeutscher Täuferverhöre, Münster 1967 (RST 96); *W. Niesel*, Calvin-Bibliographie 1901–1959, München 1961; *ders.*, Die Theologie Calvins, München 1938. (Eine moderne, befriedigende Calvin-Biographie fehlt.) *Ph. Hughes*, The Reformation in England, London [3]1963.

*Zu den §§ 44–46:*
*H. Jedin*, Katholische Reformation oder Gegenreformation?, Luzern 1946; *ders.*, Geschichte des Konzils von Trient, Bd. I, Freiburg [2]1951, Bd. II (1957); *ders.*, Der Abschluß des Trienter Konzils 1562/63, Münster [2]1964 (KLK 21); *H. Lutz*, Christianitas afflicta. Europa, das Reich und die päpstliche Politik im Niedergang der Hegemonie Kaiser Karls V., Göttingen 1964; *G. Alberigo*, Das Konzil von Trient in neuer Sicht, in: Concilium 1 (1965) 574–583; *G. Schreiber*, Das Weltkonzil von Trient. Sein Werden und Wirken, 2 Bde. Freiburg 1951; *H. Becher*, Die Jesuiten. Gestalt und Geschichte des Ordens, München 1951; *H. Rahner*, Ignatius von Loyola als Mensch und Theologe, Freiburg 1964; *L. Willaert*, Après le concile de Trente. La restauration catholique 1563–1648 (Histoire de l'Église 18), Paris 1960; *H. Bremond*, Histoire littéraire du